思想的·睿智的·獨見的

經典名著文庫

學術評議

丘為君　吳惠林　宋鎮照　林玉体　邱燮友
洪漢鼎　孫效智　秦夢群　高明士　高宣揚
張光宇　張炳陽　陳秀蓉　陳思賢　陳清秀
陳鼓應　曾永義　黃光國　黃光雄　黃昆輝
黃政傑　楊維哲　葉海煙　葉國良　廖達琪
劉滄龍　黎建球　盧美貴　薛化元　謝宗林
簡成熙　顏厥安（以姓氏筆畫排序）

策劃　楊榮川

五南圖書出版公司 印行

經典名著文庫

學術評議者簡介（依姓氏筆畫排序）

- 丘為君　美國俄亥俄州立大學歷史研究所博士
- 吳惠林　美國芝加哥大學經濟系訪問研究、臺灣大學經濟系博士
- 宋鎮照　美國佛羅里達大學社會學博士
- 林玉体　美國愛荷華大學哲學博士
- 邱燮友　國立臺灣師範大學國文研究所文學碩士
- 洪漢鼎　德國杜塞爾多夫大學榮譽博士
- 孫效智　德國慕尼黑哲學院哲學博士
- 秦夢群　美國麥迪遜威斯康辛大學博士
- 高明士　日本東京大學歷史學博士
- 高宣揚　巴黎第一大學哲學系博士
- 張光宇　美國加州大學柏克萊校區語言學博士
- 張炳陽　國立臺灣大學哲學研究所博士
- 陳秀蓉　國立臺灣大學理學院心理學研究所臨床心理學組博士
- 陳思賢　美國約翰霍普金斯大學政治學博士
- 陳清秀　美國喬治城大學訪問研究、臺灣大學法學博士
- 陳鼓應　國立臺灣大學哲學研究所
- 曾永義　國家文學博士、中央研究院院士
- 黃光國　美國夏威夷大學社會心理學博士
- 黃光雄　國家教育學博士
- 黃昆輝　美國北科羅拉多州立大學博士
- 黃政傑　美國麥迪遜威斯康辛大學博士
- 楊維哲　美國普林斯頓大學數學博士
- 葉海煙　私立輔仁大學哲學研究所博士
- 葉國良　國立臺灣大學中文所博士
- 廖達琪　美國密西根大學政治學博士
- 劉滄龍　德國柏林洪堡大學哲學博士
- 黎建球　私立輔仁大學哲學研究所博士
- 盧美貴　國立臺灣師範大學教育學博士
- 薛化元　國立臺灣大學歷史學系博士
- 謝宗林　美國聖路易華盛頓大學經濟研究所博士候選人
- 簡成熙　國立高雄師範大學教育研究所博士
- 顏厥安　德國慕尼黑大學法學博士

經典名著文庫037

美學 第三卷　下

Vorlesungen über die Ästhetik III (2)

【德】黑格爾 著
（Hegel, G. W. F.）
朱光潛 譯

經典永恆・名著常在

五十週年的獻禮・「經典名著文庫」出版緣起

總策劃 楊榮川

五南，五十年了。半個世紀，人生旅程的一大半，我們走過來了。不敢說有多大成就，至少沒有凋零。

五南忝爲學術出版的一員，在大專教材、學術專著、知識讀本已出版逾七千種之後，面對著當今圖書界媚俗的追逐、淺碟化的內容以及碎片化的資訊圖景當中，我們思索著：邁向百年的未來歷程裡，我們能爲知識界、文化學術界做些什麼？在速食文化的生態下，有什麼值得讓人雋永品味的？

歷代經典・當今名著，經過時間的洗禮，千錘百鍊，流傳至今，光芒耀人；不僅使我們能領悟前人的智慧，同時也增深我們思考的深度與視野。十九世紀唯意志論開創者叔本華，在其「論閱讀和書籍」文中指出：「對任何時代所謂的暢銷書要持謹慎的態度。」他覺得讀書應該精挑細選，把時間用來閱讀那些「古今中外的偉大人物的著作」，閱讀那些「站在人類之巔的著作及享受不朽聲譽的人們的作品」。閱讀就要「讀原著」，是他的體悟。他甚至認爲，閱讀經典原著，勝過於親炙教誨。他說：

「一個人的著作是這個人的思想菁華。所以，儘管一個人具有偉大的思想能力，但閱讀這個人的著作總會比與這個人的交往獲得更多的內容。就最重要的方面而言，閱讀這些著作的確可以取代，甚至遠遠超過與這個人的近身交往。」

爲什麼？原因正在於這些著作正是他思想的完整呈現，是他所有的思考、研究和學習的結果；而與這個人的交往卻是片斷的、支離的、隨機的。何況，想與之交談，如今時空，只能徒呼負負，空留神往而已。

三十歲就當芝加哥大學校長、四十六歲榮任名譽校長的赫欽斯（Robert M. Hutchins, 1899-1977），是力倡人文教育的大師。「教育要教眞理」，是其名言，強調「經典就是人文教育最佳的方式」。他認爲：

「西方學術思想傳遞下來的永恆學識，即那些不因時代變遷而有所減損其價值的古代經典及現代名著，乃是眞正的文化菁華所在。」

這些經典在一定程度上代表西方文明發展的軌跡，故而他爲大學擬訂了從柏拉圖的「理想國」，以至愛因斯坦的「相對論」，構成著名的「大學百本經典名著課程」。成爲大學通識教育課程的典範。

歷代經典·當今名著，超越了時空，價值永恆。五南跟業界一樣，過去已偶有引進，但都未系統化的完整舖陳。我們決心投入巨資，有計畫的系統梳選，成立「經典名著文庫」，希望收入古今中外思想性的、充滿睿智與獨見的經典、名著，包括：

- 歷經千百年的時間洗禮，依然耀明的著作。遠溯二千三百年前，亞里斯多德的「尼各馬科倫理學」、柏拉圖的「理想國」，還有奧古斯丁的「懺悔錄」。
- 聲震寰宇、澤流遐裔的著作。西方哲學不用說，東方哲學中，我國的孔孟、老莊哲學，古印度毗耶娑（Vyāsa）的「薄伽梵歌」、日本鈴木大拙的「禪與心理分析」，都不缺漏。
- 成就一家之言，獨領風騷之名著。諸如伽森狄（Pierre Gassendi）與笛卡兒論戰的「對笛卡兒『沉思』的詰難」、達爾文（Darwin）的「物種起源」、米塞斯（Mises）的「人的行為」，以至當今印度獲得諾貝爾經濟學獎阿馬蒂亞・森（Amartya Sen）的「貧困與饑荒」，及法國當代的哲學家及漢學家余蓮（François Jullien）的「功效論」。

梳選的書目已超過七百種，初期計劃首為三百種。先從思想性的經典開始，漸次及於專業性的論著。「江山代有才人出，各領風騷數百年」，這是一項理想性的、永續性的巨大出版工程。不在意讀者的眾寡，只考慮它的學術價值，力求完整展現先哲思想的軌跡。雖然不符合商業經營模式的考量，但只要能為知識界開啟一片智慧之窗，營造一座百花綻放的世界文明公園，任君遨遊、取菁吸蜜、嘉惠學子，於願足矣！

最後，要感謝學界的支持與熱心參與。擔任「學術評議」的專家，義務的提供建言；各書「導讀」的撰寫者，不計代價地導引讀者進入堂奧；而著譯者日以繼夜，伏案疾書，更是辛苦，感謝你們。也期待熱心文化傳承的智者參與耕耘，共同經營這座「世界文明公園」。如能得到廣大讀者的共鳴與滋潤，那麼經典永恆，名著常在。就不是夢想了！

二〇一七年八月一日

目錄

第三卷 下 各門藝術的體系（續）

第三部分 浪漫型藝術（續）

第三章　詩

序論

1.古典建築的廟宇要有一個神住在裡面，於是雕刻就把具有造型藝術美的神放在廟裡，供雕神所用的材料獲得在本質上並非外在於精神的形式，亦即既定內容本身所固有的形象。但是雕刻形象的軀體和感性外貌，以及觀念性的普遍理想既不宜於表現主體內心生活，又不宜於刻畫個別事物的特殊面貌，因此就必須有能運用這兩方面因素的新型藝術，才能體現宗教生活和世俗生活的內容意蘊。這種既能表達內心生活又能刻畫個別事物特徵的表現方式，按照造型藝術的原則來說，就要由繪畫提供，因爲繪畫把形象的實在外表轉化成爲觀念性較強的顏色現象，而且把內在心靈當作描繪的中心。以上三種藝術，第一種是象徵型的，第二種是造型藝術中的理想型（即古典型）的，第三種是浪漫型的，它們都在精神和自然界事物的感性外在形象這個共同範圍裡活動。

但是精神性內容在本質上屬於意識界內心生活，對於這種內容，外在形象提供觀照的一些純然外在現象的因素卻是一種異質的東西，所以藝術必須把它的構思從這種異質的東西解脫出來，移到一種在材料內容和表現方式兩方面都較爲內在即觀念性較強的領域裡去。我們前已說過，這就是音樂在藝術發展中向前邁進的一步，因爲音樂把單純的內心生活和主體情感，不是表現爲可以眼見的形象，而是表現爲專供心領神會的震動的聲音圖案。但是音樂也因此走到另一極端，走到未經明確化的主體凝神狀態，其內容在音調裡只獲得一種仍然是象徵式的表現。因爲音調本身並無內容意義，它的定性只能從數量比例上見出；而精神內容的質的方面，雖然也大體適應這種數量關係及其展現出的重要差異，矛盾對立與和解，而它的質的定性卻仍不能通過音調而完滿地表現出來。爲著表現這種質的定性，爲著克服音樂的片面性，就必須求助於文字的較精確的陳述，就要有一種歌詞，才能表達內容中特殊的和見出特徵的方面，才能使迸發於音調的那種主體因素得到較明確的充實。由於這種藉助文字來表達觀念和情感的方式，音樂所抽象地表現的內心生活固然得到一種較清楚和較明確的展現，但是由音樂這樣構成的卻不是觀念本身及其符合藝術的形式，而是觀念所伴隨的內心生活；另一方面，音樂也經常拋棄它和文字的結合，以便無拘無礙地在自己所特有的音調領域裡自由發展。因此，觀念的領域也分離出去，不再與單純的抽象的內心生活結合在一起，而要形成它所特有的具體的現實世界，這樣它也就離開了音樂，讓自己在詩的藝術裡獲得一種符合藝術的存在。

詩，語言的藝術，是第三種藝術，是把造型藝術和音樂這兩個極端，在一個更高的階段上，在精神內在領域本身裡，結合於它本身所形成的統一整體。一方面詩和音樂一樣，也根據把內心生活作爲內心生活來領會的原則，而這個原則卻是建築、雕刻和繪畫都無須遵守的。另一方面從內心的觀照和情感領域伸展到一種客觀世界，既不完全喪失雕刻和繪畫的明確性，而又能比任何其他藝術都更完滿地展示一個事件的全貌，一系列事件的先後承續，心情活動、情緒和思想的轉變以及一種動作情節的完整過程。❶

❶ 以上第一段說明詩在歷史發展中的地位。詩與繪畫和音樂同屬於浪漫型藝術，是繪畫和音樂兩極端在更高階

2. 繼繪畫和音樂之後，詩更確切地形成了浪漫型藝術的第三方面。

(1) 這一部分是因為詩的原則一般是精神生活的原則，它不像建築那樣用單純的有重量的物質，以象徵的方式去表現精神生活，即造成內在精神的環境或屏障；也不像雕刻那樣把精神的自然形象作為占空間的外在事物刻畫到實在的物質上去；而是把精神（連同精神憑想像和藝術的構思）直接表現給精神自己看，無須把精神內容表現為可以眼見的有形體的東西。另一部分也是因為比起音樂和繪畫來，詩不僅在更豐富的程度上能把主體的內心生活，以及客觀存在的特殊細節都統攝於內心生活的形式，而且能把廣泛的個別細節和偶然屬性都分別鋪陳出來。

(2) 但是從另一方面看，詩作為統攝繪畫和音樂的整體，也應和它所統攝的兩種藝術在本質上區別開來。

① 從這個觀點來看繪畫，凡是要按照外在現象去把一種內容提供觀照的地方，繪畫總是占優勢。詩固然也能運用豐富多彩的手段去使事物成為可供觀照的鮮明形象，因為藝術想像的基本原則一般都是要提供可供觀照的形象；但是詩特別要在觀念或思想中活動，而觀念或思想是精神性的，所以詩要顯出思想的普遍性，就不能達到感性觀照的那種明確性。此外，詩為著使一種內容成為可供觀照的具體形象，所使用的那些不同的項目細節，卻不能像在繪畫中那樣統攝於一個平面整體，使一切個別事物都同時並列地完全呈現於眼前，而是分散開來的，以致觀念中所含的許多事物，需以先後承續的方式，一件接著一件地呈現出來。

不過這只是從感性方面看才是一個缺點，而這個缺點是可由精神（心靈）來彌補的；因爲語言在喚起一種具體圖景時，並非用感官去感知一種眼前外在事物，而永遠是在心領神會，所以個別細節儘管是先後承續的，卻因轉化爲原來就是統一的精神中的因素而消除了先後承續的關係，把一系列形形色色的事物統攝於一個單整的形象裡，而且在想像中牢固地把握住這個形象而對它進行欣賞。此外，如果拿詩和繪畫來對比，在感性現實和外在定性方面的這種欠缺，在詩裡卻變成一種無可估計的富饒，因爲詩不像繪畫那樣局限於某一定的空間，以及某一情節中的某一一定的時刻，這就使詩有可能按照所寫對象的內在深度，以及時間上發展的廣度把它表現出來。眞實的東西只有在一種意義上才是具體的，那就是它統攝許多本質的定性於一個統一體。但是就顯現出來的來說，這些定性不僅展現爲空間上的並列，而且展現爲時間上的先後承續，成爲一種歷史，而這種歷史的過程如果讓繪畫來表現，卻只能使用不適合的方式。就連每一棵樹或每一個枝條在這個意義上都有它的歷史，都有一種轉變和先後承續，都有許多不同情況結合成的完備的整體。精神領域的情況尤其是如此。精神只有作爲實在的、顯現於現象的精神，才可以完備地表現出來，要做到這一點，就必須使它的歷史過

段上的統一。繪畫提供明確的外在形象，但在表現內心生活方面還有欠缺，於是才有音樂；音樂在表現內心生活的特殊具體方面又欠明確，於是才有詩。作爲語言的藝術，詩既能像音樂那樣表現主體的內心生活，又能表現客觀世界的具體事物，所以詩是藝術發展的最高峰，是抽象普遍性和具體形象的統一。

程呈現於我們的觀念裡。❷

②上文已經說過，詩所用的外在材料（媒介）是音調，這是它和音樂所共同的。隨著各門藝術逐漸上升的次第，完全外在的東西，即就壞的意義來說的客觀物質，在逐漸消失，以致最後消失在聲音這種主觀因素裡，聲音擺脫了可以眼見性，用外在的東西（媒介）去使內在的東西（內容）成爲可以感知的。音樂的基本目的是把音調僅僅作爲音調去構成形象。心靈在樂調及其和諧的基本關系發展中所感受的，儘管是對象的內在的東西或是心靈自身的內在的東西，使音樂具有它的獨特性格的卻不是單純的內在的東西，而是與音調最密切地交織在一起的心靈，是音調這種音樂的表現手段所構成的形象。由於這個緣故，在音樂裡占主要地位的愈是由內在的東西灌注生氣的音調，而不是單純孤立的內在的東西，音樂也就愈是音樂、愈是獨立的藝術。但是正是由於這個緣故，音樂只是在相對的或有限的程度上才能表現豐富多彩的、精神性的觀念和觀照，以及廣闊的意識生活領域，而且就表達方式來說，不免停留在它所採爲內容的那種對象的抽象普遍性上，只表達出模糊隱約內在心情。等到心靈愈能把這種抽象的普遍性展現爲具體的觀念、目的、動作和事件的整體，而且在這種展現中逐步加上個別化的認識，它也愈要拋棄單純情感的內心生活，憑著想像把這種單純情感的內心生活轉化爲客觀現實世界，而且由於這種轉化，它也就愈要放棄完全用音調爲媒介的辦法去表達由轉化而獲得的新的精神財富。正如雕刻所用的材料（媒介）太貧乏，不足以表達出繪畫能表達得很生動鮮明的那種較豐滿的現象，音調關係和樂調的表達方式也不能完全體

現詩憑想像所創造出來的那些形象。因爲這些形象不僅具有意識到的觀念的明確性，而且是用外界現象鑄成，來供內心觀照的。因此，心靈不用單純的音調而用文字作爲表達工具。文字固然沒有完全拋棄聲音因素，但是已把音調降低爲只供傳達用的單純外在的符號。這就是說，由於受到精神性觀念的充實，音調變成了語調，而文字也從本來有自在目的的東西變成失去獨立性的表現精神的工具。像我們前已確定了的，這就是音樂和詩的基本區別。語言藝術的內容是由豐富想像所造成的全部觀念（思想）領域，這個領域如果單就它本身來看，純粹是精神性的，而且從來不越出精神性範圍，但是當這種精神性的東西表現於一種外在的東西上面時，它也只把這種外在的東西當作一種與內容本身有別的符號。在音樂裡藝術已不再讓精神性的東西淹沒在一種感性的、可以眼見的就在目前的形象裡去（像在繪畫裡那樣）；在詩裡，藝術也放棄了音調這個對立因素及其感覺，至少是不把音調當作適合的外在媒介或

---

❷ 第二段總題是詩與繪畫和音樂的區別和優劣。這第一節就詩和繪畫進行對比，可以說是就萊辛在《拉奧孔》裡所提的詩畫異質說加以批判的接受。萊辛認爲畫較宜於描繪在平面上同時並列的靜態，詩較宜於敘述在時間上先後承續的動作，黑格爾基本上承認了這個分別，但是認爲詩不像繪畫那樣能使同時並列的事物一目瞭然地呈現出來，這只是從感性方面去看，才是一個缺點，但是詩主要訴諸精神而不只是訴諸感官，精神可以「統攝許多本質定性於一個統一體」，因而彌補了上述缺點。更重要的是詩能顯示事物的歷史發展過程而畫不能，所以詩高於畫。

表達內容的唯一工具。在詩裡內在的東西當然也表現出來了，但是它不願在雖然也是觀念性的而同時卻也是感性的音調裡去找它的眞正的客觀存在（體現），它的眞正的客觀存在只有在它本身上才找得到，這樣才能把精神內容按照它在純粹想像中的模樣去表現出來。❸

(3) 第三，如果我們從詩與音樂、繪畫以及其他造型藝術的區別來看詩的特性，那就可以看出：詩的特性就在上文提到的感性表現方式的降低，以及一切詩的內容的明確展現。這就是說，如果在詩裡聲音不能像在音樂裡那樣，顏色也不能像在繪畫裡那樣，用來表達全部內容，音樂按照拍子，和聲與旋律去處理內容的方式就不適用於詩了，剩下來的大體上就只有字和音節的時間長短的配合以及節奏和聲韻之類，這些因素並不是特別適合於表達詩的內容的，而是一種偶然的外在因素，但仍採取藝術的形式，只是因爲藝術不能讓作品的外在方面任意採取任何偶然的形式。

① 這樣把精神內容從感性材料（媒介）中抽回來，馬上就要引起一個問題：詩所特有的外在客觀因素既然不是音調，它究竟是什麼呢？我們可以簡單地回答說：那就是內心中的觀念和觀感本身。這些精神性的媒介代替了感性的媒介，成了詩的表現所用的材料，其作用就像大理石、青銅、顏色和音調在其他藝術裡一樣。我們在這裡不應發生誤解，認爲觀念和觀感應該看作詩的內容。這種看法當然也有正確的一面，下文還要詳談，不過同時卻要指出一個要點：觀念、觀感和情感等等是詩用來掌握和表達任何內容的特有的形式——既然傳達所用的感性媒介（聲音）只起輔助作用，這些形式就提供要由詩人加以藝術處理的獨特的

材料（媒介）。在詩裡，主題或內容固然也要成爲對心靈是客觀的或對象性的東西，不過這種客觀對象是用內在於心靈的東西代替前此其他藝術所用的外在現實中的事物，它只有意識本身中作爲心靈所觀照出和想像出的純然精神性的東西，才獲得一種客觀存在。這樣，心靈就在它的主位元變成自己的對象，❹把語言因素只當作工具，既用來傳達，又用來直接顯現於外在事物，這種外在事物仿佛是一種單純的符號，心靈一開始就要從這種外在事物中抽脫出來而回到它本身。❺因此，對於眞正的詩來說，接受詩作品的方式是聽還是讀，並無關宏旨；詩可以由一種語言譯成另一種語言或由韻文改成散文，儘管音調變了，詩的價值卻不會受到嚴重的損害。❻

---

❸ 這一節說明音樂與詩的基本區別在於：音樂是單純的聲音藝術，詩卻是語言藝術。詩是音樂進一步的發展，單純的音調變成語調，在內容方面音樂所表現的是內心生活的抽象的普遍性，詩所表現的卻是想像所創造的遠較深廣也遠較明確具體的思想境界。

❹ 意識到自己的內心活動，這種內心活動就變成自己的對象。心靈既是認識主體，又是認識對象，這樣它才是自覺的。

❺ 照原文直譯，意思艱晦。依黑格爾的辯證邏輯，精神外化於外在事物，這外在事物否定了精神的抽象性，但是同時因結合到精神意蘊，又否定了外在事物的純然外在性，這種否定的否定，又使精神返回它本身，以精神與物質的統一體（作品）呈現於觀照。

❻ 這一節進一步說明詩是語言的藝術。語言的聲音是憑感官接受的，只是標誌意義的符號，不像在音樂裡作爲

②其次，還有一個問題：在詩裡這種作爲材料和形式的內在觀念究竟運用到什麼上去呢？回答是：應該運用到一般精神旨趣方面的絕對眞實的東西上去。這不僅包括絕對眞實事物的實體性，即象徵型藝術所暗示的或古典型藝術所加以具體化的那種普遍性（理念），而且還要包括體現這種實體性的一切特殊的和個別的東西，因而幾乎全部包括凡是精神（心靈）所關心和打交道的事物。因此，語言的藝術在內容上和在表現形式上比起其他藝術都遠較廣闊，每一種內容，一切精神事物和自然事物、事件、行動、情節、內在的和外在的情況都可以納入詩，由詩加以形象化。❼

③但是這樣最豐富多彩的材料並不因爲一般都可形成觀念而就成爲詩的，因爲日常的意識也能用完全同樣的內容來形成觀念和個別具體化爲一些零星的知覺，但不能因此就成爲詩的。我們在上文就是著眼到這一點，才把觀念稱爲材料和因素。這種材料只有通過藝術才獲得一種新的形象，一種適合於詩的形式。這就像顏色不直接成爲繪畫的顏色，聲音也不直接成爲音樂的聲音一樣。這種區別可以概括爲一句話：使一種內容成其爲詩的並不是單作爲觀念來看的觀念，而是藝術的想像。這就是說，如果藝術的想像把觀念掌握住，用語言、用文字及其在語言中的美妙的組合，來把這觀念傳達出去，而不是把它表現爲建築的雕刻的或繪畫的形象，也不是使它變成音樂的音調而發出聲響。

由此必然要產生的最迫切的要求就只有兩方面：一方面內容既不應理解爲理智性的思辨性的思想，也不應理解爲未經語文表達的情感或純然外在事物的鮮明和精確；另一方面內容也不應以有限事物的那種偶然的、零散的和相對的形式呈現於觀念。因此，詩的想像有兩個特點：第一，它應該介乎思維的抽象普遍性和感覺的具體物質性這二者之間，像我們在論造型藝術作品時已經說明過的。其次，詩的想像應該滿足我們在第一卷裡對每一種藝術作品所提的要求，這就是：詩的想像在內容上必須有獨立的自覺的目的，把它表現成為從純粹認識的興趣來看是一種獨立自足的完整的世界。內容只有這樣通過適合它的表現方式才形成藝術所要求的有機整體，其中各部分顯出緊密的聯繫和配合。它和相對的有限世界相反，是獨立自由的，只為它本身而存在的。❽

3. 關於詩和其他各門藝術的區別，我們最後還要討論的一點是，詩的想像把它所造的意象表現於外在材料（語言媒介）時所處的與其他藝術不同的情境。

唯一的傳達媒介，而只是傳達媒介中的次要素。詩的主要媒介是字音所標誌的意義或觀念，所以觀念在詩裡既是內容又是傳達媒介。觀念是精神性的、內在的，所以黑格爾認為詩是用精神性的媒介傳達精神性的內容，外在的感性物質的作用降低了，因此詩成為最高的藝術。

❼ 這一節說明詩應表現絕對真實的理念的普遍性和體現普遍理念的一切具體事物的特殊性，所以它的內容包括全部精神界和自然界的事物。

❽ 這一節說明詩的內容不是單純的觀念而是藝術的想像，即詩人按照語言藝術的特性進行藝術處理過的觀念。這種觀念既不是抽象的思想，也不是對具體事物的直接感覺，而是介乎這二者之間的詩的想像。這種詩的想像所形成的是一種排除偶然性的、具有自覺目的的有機整體。

前此所討論過的那些藝術都極其認眞地對待它們所運用的感性因素（媒介），因爲它們給內容所造的形象只能是用青銅、大理石、木材之類，有體積和重量的物質以及顏色和聲音所能表現的。在某種意義上，詩要完成的任務當然也與此類似，因爲在詩的創作過程中，詩人也必經常考慮到所創造的形象是要通過語言的媒介去傳達給心靈領會的。但是整個情境就因此改變了。

(1) 這就是說，在造型藝術和音樂裡，感性媒介起著重要的作用，而這種材料（媒介）又各有特殊定性，能完全靠石頭、青銅、顏色，或聲音去獲得具體的實際存在（獲得表現）的東西，就要局限於比較小的範圍裡了，所以前此所討論過的那些藝術在內容上和在藝術構思方式上都不免局限在一種框子裡。因此我們前此曾把每一門藝術和一定的藝術類型緊密地聯繫起來，每一類型所特有的表現方式只對某一門藝術才適合，對其他各門藝術卻不適合，例如建築與象徵型藝術、雕刻與古典型藝術、繪畫和音樂與浪漫型藝術，都是緊密聯繫在一起的。當然，每門藝術在它的這一邊緣或那一邊緣，也有越界侵犯到其他藝術類型裡去的情況，因此我們曾有可能談到古典型和浪漫型的建築，象徵型和基督教型（浪漫型）的雕刻，乃至還必須提到古典型的繪畫和音樂。但是這些反常越界的現象並不能達到各門藝術所特有的最高成就，時而只是某門藝術開始分出旁支時一種準備性的探索，時而標誌某門藝術的轉變的開始，這門藝術所掌握的內容的處理材料的方式只有等待藝術的進一步發展，才可以形成完全適合於它的藝術類型。大體說來，在內容的表現方式上最貧乏的是建築，雕刻已較豐富，而繪畫和音樂的範圍則可能推廣到很大。隨著外在材料的觀念性日益上升，❾隨著每門藝術向多方面專門化的傾向日益增長，內容本身以及表達內容的形式也就日益多樣化了。至於詩則一般力求擺脫外在材料（媒介）的重壓，因而感性表現方式的明確性並不致迫使詩局限於某一種特定的內容，以及某些特定構思方式和表現方式的窄狹框子裡。因此，詩也可以不局限於某一藝術類型；它變成了一種普遍的藝術，可以用一切藝術類型去表現一切可以納入想像的內容。本來詩所特有的材料就是想像本身，而想像是一切藝術類型和藝術部門的共同基礎。

在另一部分（第二卷）討論各種藝術類型結束時，我們就已得過與此類似的結論：藝術類型發展到了最後階段，藝術就不再局限於某一類型的特殊表現方式，而是超然於一切特殊類型之上。在各門藝術之中，只有詩才有可能這樣向多方面發展。這種可能性在詩的創作過程中以兩種方式得到實現；一種是通過對每一種特殊類型的實際加工，使其儘量發展；另一種是通過解放束縛，不再受某一類型的特殊內容和構思方式的限制，無論它是象徵型的、古典型的，還是浪漫型的。❿

---

❾ 外在材料（媒介）的感性方面（如木、石、銅之類）的作用日益降低，觀念性媒介（如聲音和語言）的作用就日益上升。

❿ 這一節說明詩在藝術發展中達到了最高階段。詩作為語言的藝術，所用的材料或媒介是觀念性的而不是單純

(2)從以上所說的看來，我們所已確定的詩在科學發展中的地位也可以得到證實。詩比任何其他藝術的創作方式都要更涉及藝術的普遍原則，因此，對藝術的科學研究似應從詩開始，然後才轉到其他各門藝術根據感性材料的特點而分化成的特殊支派。但是根據我們在各種藝術類型方面所已見到的情況來看，哲學闡明過程就應分兩方面，一方面是對精神內容的深入研究，另一方面要證明藝術開始只在尋找適合的內容，然後找到它，最後就要越出它的範圍。美和藝術的這種概念或原則也應在各門藝術本身上得到證實。所以我們曾經從建築開始，建築還只是在努力尋求怎樣用一種感性材料來充分表現一種精神內容，只有通過雕刻，藝術才達到內容與形式的眞正的統一，到了繪畫和音樂，由於要顯出內容意蘊的內在性和主體性，已經達到的統一又開始分裂了，無論從構思方面看還是從感性表達方面看，都是如此。這種情況在詩裡顯得最突出，因爲詩在它的藝術體現中基本上要脫離和降低現實感性因素，絕不是還不敢貿然進入外在現實去施展身手和體現藝術的一種創作態度。如果要對這種解放[11]進行科學的解釋，首先就要弄清楚藝術所要設法擺脫的究竟是什麼。這個問題和詩能採取一切內容和一切藝術形式這一情況是有密切聯繫的。我們也應把這種情況看作爭取整體的成就，從科學[12]眼光來看，這種成就只應看作對局限於個別特殊這一情況的否定或揚棄。要理解這一點，我們就必須先研究由整體所否定冒充爲唯一有效的那些片面性的表現。

只有通過這樣的研究，才可以看出詩也是這樣一種特殊的藝術：到了詩，藝術本身就開始解體。從哲學觀點來看，這是藝術的轉捩點：一方面轉到純然宗教性的表象，另一方面轉到科學思維的散文。我們前已說過，美（藝術）這世界的界線之外一邊是有限世界和日常意識的散文，藝術力求從這種散文領域裡掙脫出來，走向眞理；另一邊是宗教和科學的更高的領域，到了這裡藝術就越界轉到用一種儘量不涉及感性方面的方式去掌握絕對。⓭

(3) 因此，儘管詩用精神的（觀念性的）方式把美的事物的整體再現得很完滿，這種精神性畢竟也造成詩這最後一個藝術領域的缺點。爲著說明這一點，我們從藝術體系中挑出建

感性的，所以不受造型藝術和音樂所受到的感性材料的局限。詩憑想像而訴諸想像，而想像是一切藝術類型的共同基礎，所以詩是「普遍的藝術」，不專屬於某一藝術類型。但是黑格爾實際上卻把詩和繪畫和音樂同歸到浪漫型藝術裡討論。

⓫ 指詩從外在感性材料中解放出來。

⓬ 黑格爾把哲學也包括在科學裡，往往用「科學」稱呼哲學，特別是辯證哲學。

⓭ 這一節討論藝術哲學的兩種可能的研究程式。就詩是最高的藝術，具有一般藝術的普遍原則和共同基礎來說，藝術哲學似應從詩開始，然後由一般轉到特殊，即其他各門藝術；但是黑格爾所採取的不是這種從概念出發的程式，而是由低級到高級的歷史發展的程式，高低是以精神內容與感性表現方式是否相適合爲標準的。順歷史發展程式，黑格爾從建築開始，經過雕刻轉到繪畫和音樂，最後終結於詩。到了詩，藝術就要解體，精神活動於是上升到宗教和哲學的領域。黑格爾想藉此說明藝術發展的歷史過程是精神因素逐漸上升而感性因素（實際就是物質因素）逐漸降低的過程，亦即精神逐漸從物質的局限中解放出來的過程。從他的辯證觀點看，這也就是統一體或整體否定片面的個別特殊事物的過程。這種觀點是以精神外化爲自然（物質世界），對立面經過調和而達到較高階段的統一這種黑格爾式的客觀唯心主義辯證法爲基礎的。

築來和詩對比。建築藝術還不能使精神內容統治客觀材料，還不能用客觀材料造成適合於精神的形象。詩卻不然，它在否定感性因素方面走得很遠，把和具有重量占空間的物質相對立的聲音降低成爲一種起暗示作用的符號，而不是像建築那樣用建築材料造成一種象徵性的符號。因此，詩就拆散了精神內容和現實客觀存在的統一，以至於開始違反藝術的本來原則，走到脫離感性事物的領域，而完全迷失在精神領域的這種危險境地。在建築和詩這兩極端之間，雕刻以及繪畫和音樂站在一種不偏不倚的中間地位，因爲這幾門藝術還能把精神內容充分體現於一種自然因素（感性材料）裡，而且既可以用感官去接受，也可以用精神去領會。儘管繪畫和音樂，作爲浪漫型藝術，已經運用較富於觀念性的材料，它們畢竟還顯出客觀存在的直接性（使客觀存在直接顯現於感官），而這種直接性隨著觀念性的強化，就開始消失。另一方面這兩門藝術由於運用顏色和聲音，比起建築所用的材料來，能更豐富地顯示出特殊細節的全貌和多種多樣的形狀構造。

詩當然也要找出一個彌補缺陷的辦法，這就是使客觀世界呈現到眼前，達到連繪畫（至少是單幅畫）也不能達到的廣度和多樣化。不過詩所表現的永遠只是一種內在於意識的現實，如果詩也要憑藝術的體現去產生強烈的感性印象，它就只有兩條路可走，一條是藉助於音樂和繪畫，運用不屬於它本行的手段，另一條是堅守眞正的詩的地位，只用音樂和繪畫這兩門姊妹藝術作爲助手，把精神的觀念，即向內心的想像說話的那種詩的想像，作爲詩應特別關心的主要任務，提到突出的地位。

詩和其他藝術的基本關係大致如上所述。關於詩藝本身的較詳盡的研究，我們需按照下列幾個觀點來進行。

上文已經說過，內在觀念本身既提供了詩的內容，又提供了詩的材料（媒介）。但是在藝術範圍以外，觀念已是意識活動的最通常的形式，所以我們首先要把詩的觀念和散文的觀念區別開來。詩也不能停留在內心的詩的觀念上，而是要用語言把臆造的形象表達出來。在這方面詩又有兩件事要做：第一，詩必須使內在的（心裡的）形象適應語言的表達能力，使二者完全契合；其次詩用語言，不能像日常意識那樣運用語言，必須對語言進行詩的處理，無論在詞的選擇和安排上還是在文字的音調上，都要有別於散文的表達方式。

儘管詩用語言的表達方式，詩卻最不受其他各門藝術所必受的特殊材料所帶來的局限和約束，所以詩具有最廣泛的可能去儘量運用各種不同的藝術的表現方式，卻不帶任何一門其他藝術的片面性。詩的種類因此也顯得最完備。

按照這個觀點，我們在下文將討論：

1. 詩的一般意義和詩的藝術作品；
2. 詩的表現；
3. 詩的分類：史詩、抒情詩和戲劇體詩。⑭

---

⑭ 這一節討論詩由高度觀念化，脫離感性材料所產生的缺陷在於破壞精神內容與客觀現實的統一，補救的辦法在於藉助其他藝術，同時卻保持詩訴諸想像的特點；最後給詩的全部題材畫了一個輪廓。

一、詩的藝術作品和散文的藝術作品的區別

凡是寫過論詩著作的人幾乎全都避免替詩下定義，或說明詩之所以爲詩。事實上如果一個人事先沒有研究過什麼才是一般藝術的內容和表象方式，一開始就談詩之所以爲詩，就想確定詩的眞正本質，那確是很困難的。這種困難會顯得更大，如果從一些個別作品的特殊屬性出發，就想根據這方面的認識去確定可以適用於各種詩的一般原則，這樣做就會把許多性質極不相同的作品都算作詩了。如果人們接受了這種辦法，然後再追問有什麼理由要承認這些作品是詩，馬上就會碰到上文所說的困難了。很幸運，我們在自己所站的立場上就可以克服這種困難。就一方面來說，我們一般並不是從個別現象出發去找到關於事物本質的普遍概念，而是設法從概念中抽繹出概念的實際體現，因此我們無須把一般人所稱爲詩的一切作品都放在我們現在所研究的範圍裡，都納入我們的詩的概念裡，先要知道詩的概念，然後才能確定一部作品是不是詩。就另一方面看，我們現在也無須說明詩的概念，因爲詩的概念就是我們在第一卷裡關於一般美和理想所已闡明過的道理。詩的本質在大體上是和一般藝術美和藝術作品的概念一致的，因爲詩的想像並不像在造型藝術和音樂裡那樣受到材料（媒介）的限制和創作中的多方面的約束，被迫落到片面性裡去，而是只要服從一種觀念性的符合藝術的表現方式的基本要求就行了。所以我在這裡從許多適用於詩的觀點之中，只挑選下面幾個最重要的：

1. 詩的掌握方式和散文的掌握方式的區別；
2. 詩的藝術作品和散文的藝術作品；
3. 關於創作主體（即詩人）的一些看法。

1. 詩的掌握方式[15]和散文的掌握方式

A. 兩種掌握方式的內容

首先關於適合於詩的構思的內容，我們可以馬上把純然外在的自然界事物排除在外，至少是在相對的程度上排除。詩所特有的對象或題材不是太陽、森林、山水風景或是人的外表形狀，如血液、脈絡、筋肉之類，而是精神方面的旨趣。詩縱然也訴諸感性觀照，也進行生動鮮明的描繪，但是就連在這方面，詩也還是一種精神活動，它只爲提供內心觀照而工作。所對這種內心觀照，精神性的事物比起具體顯現於感官的外在事物畢竟是較親切較適合的。所以在全部事物之中，只有那些可以向精神活動提供動力或材料的才可以出現在詩裡。例如作爲人的環境或外在世界的那些外在事物本身並沒有什麼意義，只有在和人的意識中精神因素

[15] 掌握方式譯原文Auffassungweise, Auffassen的原義爲「掌握」，引申爲認識事物，構思和表達一系列心理活動，法譯作「構思」，俄譯作「認識」，英譯作「寫作」，都嫌片面，實際上指的是「思維方式」。下文提到「觀念方式」，是把它和「掌握方式」看成同義詞。

發生聯繫時，它們才有重要的意義，才成爲詩所特有的對象，適合於詩的對象是精神的無限領域。它所用的語文這種彈性最大的材料（媒介）也是直接屬於精神的，是最有能力掌握精神的旨趣和活動，並且顯現出它們在內心中那種生動鮮明模樣的。語文這種材料就應用來完成它所最勝任的表現，正如其他各門藝術各按自己的特性去運用石頭，顏色或聲音一樣。從這個觀點來看，詩的首要任務就在於使人認識到精神生活中各種力量，這就是凡是在人類情緒和情感中迴旋動盪的，或是平靜地掠過眼前的那些東西，例如人類思想、事蹟、情節和命運的廣大領域，塵世中紛紜擾攘的事務以及神在世界中的統治。所以詩過去是，現在仍是，人類的最普遍最博大的教師，因爲教與學都是對凡是存在的事物的認識和閱歷。星辰、動物和植物都不能認識和閱歷它們本身的規律，但是人只有在認識他自己和他周圍的事物時，才是符合他本身的存在規律而存在著。人必須認識到推動他和統治他的那些力量，而向他提供這種認識的就是形式符合實體內容的詩。⑯

B. 兩種掌握方式的區別

但是散文的意識也可以掌握上文所說的內容，也能教人認識到普遍規律，也會就五光十彩的現象世界的分散的個別現象來進行區分，整理和解釋。這就引起了一個問題：內容既可能類似，散文和詩在觀念方式上究竟有什麼基本區別呢？

1. 比起藝術發展成熟的散文語言來，詩是較爲古老的。詩是原始的對眞實事物的觀念，是一種還沒有把一般和體現一般的個別具體事物割裂開來的認識，它並不是把規律和現象、目的和手段都互相對立起來，然後又通過理智把它聯繫起來，而是就在另一方面（現象）之中並且通過另一方面來掌握這一方面（規律）。因此，詩並不是把已被人就其普遍性認識到的那種內容意蘊，用形象化的方式表現出來；而是按照詩本身的概念，停留在內容與形式的未經割裂和聯繫的實體性的統一體上。

(1)由於運用這種觀照（認識）方式，詩把它所掌握的一切都納入一個獨立自足的整體裡，這種整體固然內容豐富，可以包括範圍廣闊的情境、人物、動作、事蹟、情感和思想，但是這些廣泛複雜的東西卻是緊密聯繫在一起的，是由一個原則產生和推動的，其中每一個別事物都是這一原則的具體表現。所以在詩裡凡是普遍性的理性的東西並不表現爲抽象的普遍性，也不是用哲學證明和通過知解力來領會的各因素之間的聯繫，而是一種有生氣的、現出形象的、由靈魂貫注的、對一切起約制作用的，而同時表達的方式又使得包羅一切的統一體，即眞正灌注生氣的靈魂，暗中由內及外地發揮作用。⑰

---

⑯ 這一節說明詩所掌握的內容主要是精神性的而不是單純感性的，其作用是教育人認識他本身和周圍世界的客觀規律，使人可以自覺地生活著。

⑰ 這一節強調詩應表現精神內容的普遍性和繁複具體現象之間未曾分裂的原始的統一體。這統一體是詩的靈魂，對全詩各部分起統攝作用、約製作用，以及灌注生氣的作用。

(2)在詩裡這種掌握，塑造形象和表達還是純粹認識性的。詩的目的不在事物及其實踐性的存在，而在形象和語言。人一旦要從事於表達他自己，詩就開始出現了。有表達出來的話就是因爲有表達的需要。人一旦從實踐活動和實踐需要中轉到認識性的靜觀默想，要把自己的認識傳達給旁人，他就要找到一種成形的表達方式、一種和詩同調的東西。姑且只舉一個例子，希羅多德在他的《歷史》裡載過一首兩行體的短詩，歌頌因守衛托莫庇萊關口而犧牲的將士們，詩的內容很簡單，只是一句枯燥的敘述：三百個斯巴達人在這裡和四千敵軍進行過戰鬥，但是有意思的是要刻個墓碑銘，使當代人和後世人知道這一英勇事蹟，所以碑銘採取了詩的表達方式，這就是說，碑銘要顯得是一種「製作」（詩），讓內容保持它原有的簡單面貌，而表達出來的話卻是著意製作出來的：這樣表達觀念的語文著意要使自己有別於尋常的話語，造成了一首兩行體短詩，因此就具有較高的價值。⑱

(3)從此可見，就連單從語言方面來看，詩也是一個獨特的領域，爲著要和日常語言有別，詩的表達方式就需比日常語言有較高的價值。總之，無論從語言來看，還是從一般觀照方式來看，我們都必須把在尋常的藝術性散文還未發展成熟之前就已存在的原始的詩，和在散文的生活情況和語言都已完全發展成熟時發展出來的詩的掌握和語言，區別開來。前者在思想和語言兩方面之成爲詩是無意的或自發的，後者爲著要跨進自由的藝術領域，有意地要脫離前一個領域，所以有意地或自覺地要和散文對立起來。⑲

2. 其次，詩所要脫離的那種散文意識要有一種和詩不同的思想和語言。

(1)這就是說，從一方面看，散文意識看待現實界的廣闊材料，是按照原因與結果、目的與手段，以及有限思維所用的其他範疇之間的通過知解力去了解的關係，總之，按照外在有限世界的關係去看待。因此，每一個特殊事物時而被錯誤地看成獨立的，時而又被簡單地聯繫到其他事物上去，因而也就只按照它的相對性和依存性來認識的，不能達到一種自由的統一。這種自由的統一在它的一切派生和具體化（分化）中始終還是一個完整的自由的整體，其中各個方面（因素）都只是這一個內容所特有的開展和顯現，這一個內容就是中心和起融合（聯繫）作用的靈魂，實際上起灌注生氣於整體的作用。所以上述通過知解力的思維

⓲ 這裡所舉的例，來自西元前五世紀希臘歷史家希羅多德的《歷史》第七卷，所敘述的是希臘人抵禦波斯入侵戰爭中一段英勇事蹟。托莫庇萊關口是波斯入侵必經的要塞，守衛這個要塞的是三百個斯巴達人，他們至終不屈，由於寡不敵眾，全部犧牲了。希臘詩人西莫尼德斯替他們寫了一首只有兩行的墓碑銘是有名的，意譯如下：

「過路人，請傳句話給斯巴達人，
爲了聽他們的囑咐，我們躺在這裡。」

以上一節說明人從實踐活動轉到靜觀默想，有意要用一種藝術性的語言把自己的認識傳達給旁人，於是就開始有詩，所以說詩的活動是認識性的。

⓳ 這一節說明詩的特徵之一是自覺性，詩愈向前發展，自覺性就愈高。黑格爾把「自覺」、「自爲」和「自由」都看成同義的。「自由的藝術」就是自覺的藝術。

方式只能得出一些關於現象的特殊規律，既要使特殊事物與普遍規律之間的割裂和簡單的聯繫僵化起來（成爲死板的），又要使這些規律本身互相分裂成爲一些固定的特殊現象，它們的關係也只能以外在有限事物的形式被人認識。[20]

(2)從另一方面看，日常的（散文的）意識完全不能深入事物的內在聯繫和本質，以及它們的理由、原因、目的等等，它只滿足於把一切存在和發生的事物當作純然零星孤立的現象，也就是按照事物的毫無意義的偶然狀態去認識事物。詩的觀照把事物的內在理性和它的實際外在顯現結合成的活的統一體，在散文意識裡固然也並非由於知解力加以割裂而完全被消滅，但是散文意識所缺乏的正是上文所說的對事物的內在理性和意義的洞察，因而這種內在理性和意義對於意識就成爲空洞的，不能滿足理性方面的興趣。這樣，對世界及其各種關係融貫一致的理解，就被對一些並列雜陳、無關輕重的事物的浮面認識所代替。這些事物固然也可以顯出外表方面的豐富生動，卻終不能滿足更深刻的需要。因爲正確的觀照和純潔的心智，只有在從現象中確實可以看到和感到現象所體現的本質與眞理時，才獲得滿足。外在的有生命的事物如果不能顯現出獨特的意義豐富的靈魂，對於較深刻的心靈來說，就還是死的。[21]

(3)第三，玄學的思維[22]可以克服憑知解力的思維和日常散文意識的觀照方式的上述缺陷，就這一點來說，它與詩的想像有血緣關係。因爲理性認識既不單看偶然的個別特殊現象而忽視現象的本質，也不滿足於上文所說的憑知解力的觀念和感想所犯的割裂和簡單聯繫的毛病，而是要把有限的觀察（憑知解力的思維）所視爲彼此分散孤立的，或是沒有形成統一體而簡單聯繫在一起的事物結合成爲自由的整體。但是玄學的思維只以產生思想爲它的結果，它把實在事物的形式變成純概念的形式。縱使它也能按照現實事物的基本特殊性和客觀存在去認識事物，也畢竟要把這些特殊性相提升爲一般的觀念性的因素，它只有靠這種一般的觀念性的因素才能自由活動。因此，玄學的思維就造成一個和現象世界對立的新的世界。這個新的世界固然也顯出現實世界的眞理，但是這種眞理在現實世界本身裡，卻顯不出自己就是它所特有的靈魂或使它成其爲它的那種力量。玄學思維只是眞理和現實世界在思維中的和解，詩的創造活動卻是眞理和現實世界在現實現象本身中的和解，儘管這種和解所採取的形式仍然只是精神性的。㉓

---

⑳ 這一節說明散文意識的思維方式是單憑知解力的，看不到活的統一體，只能得出一部分特殊事物的特殊規律，實際上是割裂規律與現象的統一，而且把這種割裂固定下來。這種思維方式把事物看成片面孤立的和靜止的，實際上就是形而上學的方式。注意：黑格爾把「知解力」看成比「理智」或「理性」低一級，參看第一卷全書序論注(66)。

㉑ 這一節說明散文意識不如詩的意識，不能見出事物的內在聯繫和本質，達不到內在理性和外在現象的統一，因此不能滿足理性的要求。

㉒ 「玄學的思維」即辯證的思維，黑格爾把自己的辯證邏輯稱爲「玄學」，即最高的哲學。

㉓ 這一節說明詩的想像與玄學的思維的類似和區別：類似在於二者都不滿足於散文意識單憑知解力的思維方式，把事物看成分散孤立的或只有偶然的和相對的聯繫，而重視事物的本質和內在聯繫以及由此形成的統一

3.從此可見，詩和散文是兩個不同的意識領域。在古代，還沒有一種依據宗教信仰和其他範圍知識的明確世界觀，來形成一套有條有理的觀念和知識的體系，也還沒有規定人類實際活動要符合這套知識體系，詩就比較輕而易舉地發揮它的作用。因爲當時散文還沒有作爲內心世界和外在世界的一種獨立的領域而與詩對立，即還沒有成爲詩首先要克服的一個領域。詩的任務還只限於就尋常意識進行加工，使它的意義深化、使它的形象明朗化。等到散文已把精神界全部內容都納入它的掌握方式之中，並在其中一切之上都打下散文掌握方式的烙印的時候，詩就要接受澈底重新熔鑄的任務，它就會發現散文意識不那麼易聽指使，而是從各方面給詩製造困難。詩就不僅要擺脫日常意識對於瑣屑的偶然現象的頑強執著，要把對事物之間聯繫的單憑知解力的觀察提高到理性，要把玄學思維彷彿在精神本身上重新具體化爲詩的想像，而且爲著達到這些目的，還要把散文意識的尋常表現方式轉化爲詩的表現方式，在這種矛盾所必然引起的意匠經營之中，還必須完全保持藝術所應有的自然流露和原始狀態的自由。[24]

C.詩的觀照向特殊方面分化

我們已經極概括地討論了詩的內容，並且把詩的形式和散文的形式也區別開來了。最後還要提到的第三點就是詩向特殊方面的分化。在這一點上比起其他發展不那麼豐富的藝術來，詩的發展就較爲豐富。建築固然是許多不同的民族都有的而且持續到許多世紀之久的，雕刻卻只在古代已由希臘人和羅馬人發展到它的最高峰，繪畫和音樂則到近代才由信基督教的各民族發展到它們的高峰。詩卻不同，它幾乎在一切民族中和一切時代中都很繁榮，只要那些民族和時代有什麼藝術成就的話。因爲詩是包羅全部人類精神的，而人類向特殊方面的分化是很複雜的。

1. 因爲詩的題材並不是科學抽象的一般，而是體現於個別具體事物的理性，所以詩始終要受民族特性的約制。詩出自民族，民族的內容和表現方式也就是詩的內容和表現方式，這就導致詩向許多特殊方面分化。東方詩、義大利詩、西班牙詩、英國詩、羅馬詩、德國詩

體；分別在於玄學思維只產生一些普遍概念，詩的想像卻產生具體的藝術形象，用黑格爾的原話來說，「玄學思維只是眞理和現實世界在思維中的和解，詩的創造活動卻是眞理和現實世界在現實現象本身中的和解。」依黑格爾的客觀唯心主義的辯證法，矛盾都由對立達到和解，即達到較高階段的統一（正→反→合），「和解」就是「統一」或「合」。從本章可以見出，黑格爾把思維方式分成三種，第一種是散文所用的日常意識的單憑知解力的思維方式，第二種是哲學所用的憑理性的玄學思維方式，第三是用形象顯現眞理的詩的思維方式。他在本章概括說明詩的想像既不同於散文的單憑知解力的思維方式，又不同於單憑理性的玄學思維方式。從此可見，黑格爾雖強調形象思維，卻也不排除詩也用近乎哲學的理性思維（與一般知解力的抽象思維有別），詩要在形象思維中顯出理性。

㉔ 這一節說明詩在古代還沒有散文和它對立，任務比較輕鬆；等到散文發展成爲一個獨立領域時，詩在克服散文意識和改變散文表現方式方面就會遇到種種困難的任務。

等等，在精神、情感、世界觀、表現方式等方面都各不相同。

詩也隨時代的不同而出現與此類似的複雜的差別。例如現代德國詩是不會在中世紀乃至三十年戰爭時代出現的。目前使我們感到最大興趣的一些具體問題都是和整個現代歷史發展分不開的。每個時代各有它的較寬或較窄的，較高尚自由或較低劣的觀感方式，一般都有它的特殊的世界觀，正是要由詩盡可能地運用表達人類精神的語言，最明確地、最完善地表達於符合藝術的意識。

2. 在這些民族特性、時代觀感和世界觀之中又有某一些比另一些更適宜於詩，例如東方的意識方式比起西方的（希臘的是例外）就較適宜於詩。在東方，未經分裂的、固定的、統一的、有實體性的東西總是起著主導作用，這樣一種觀照方式本來就是最眞純的，儘管它還不具有理想的自由。西方卻不然，特別是在近代，出發點總是由無限（絕對眞理）分裂出來的無限個別特殊的東西，由於這樣把事物劃分成爲一些孤立的點，每種有限事物在意識中就獲得一種獨立性，儘管如此，有限事物畢竟還是逃不脫相對性的。對於東方人來說，沒有什麼東西是眞正獨立的，一切顯得是偶然的東西都要還原到太一和絕對，都要在太一和絕對中找到它們的不變的中心和完備的形式。

3. 儘管各民族之間，以及許多世紀的歷史發展過程的各階段之間有這些複雜的差別，但是作爲共同因素而貫串在這些差別之中的，畢竟一方面有共同的人性，另一方面有藝術性，所以這民族和這一時代的詩對於其他民族和其他時代還是同樣可理解、可欣賞的。在上述兩方面，希臘詩特別不斷地重新受到許多民族的欣賞和摹仿，因爲在希臘詩裡，純粹的有關人性的東西無論在內容上還是在藝術形式上，都達到最完美的展現。㉕再如印度詩，不管其中世界觀和表現方式和我們的有多麼大的隔閡，對於我們卻不是完全陌生的。我們可以看出近代一個主要的優點就在吸收藝術和一般人類精神財富的敏感日益發展起來了。

詩既然在上述幾方面經常趨向個別特殊化，我們在這裡就一般來討論詩藝，這種可以單作爲一般來確定下來的一般，就不免很抽象、很枯燥。所以如果我們要談眞正具體的詩，就必須按民族和時代的特點來理解觀照的精神所創造的形象，而且連詩人的主體方面的個性也不應忽視。

以上就是我對於一般詩的掌握方式所要提出的一些觀點。㉖

㉕ 希臘詩何以在不同時代和不同民族中長久「給我們以藝術享受，而且就某方面說還是一種規範和高不可及的範本」的問題，馬克思在《政治經濟學批判導言》裡也提出過。黑格爾的答案是希臘詩的人性內容和藝術形式都達到最完美的程度，馬克思的答案是希臘詩寫出了「發展得完美的」、「歷史上人類童年時代」。這問題似還值得進一步的批判和探討。

㉖ 這第三段說明詩在發展中經常受時代特性和民族特性的約制，所以不同時代和不同民族的詩顯出很複雜的差異。但是儘管有這些差異，在普遍人性和藝術性兩方面畢竟有共同點，所以某一民族和某一時代的詩對於其他民族和其他時代還是可了解、可欣賞，甚至可仿效的。黑格爾在這裡提出了普遍人性論。

2. 詩的藝術作品和散文的藝術作品

詩不能停留在單純的內心觀念上，它必須表現於既有四肢五官而又構成整體的詩的藝術作品。這個新題目所要求的多方面的研究可以按下列次序來總結和排列：

第一，提出詩的藝術作品一般所必有的最重要的因素。

其次，劃分散文表現的主要種類，這只就可以用藝術處理的那部分散文來說。

第三，只有從此出發，我們才可以詳論自由的藝術作品這個概念。

A. 詩的藝術作品的一般性格

就一般來討論詩的藝術作品，我們只需複述已經提過的要求：像一切其他自由想像的產品一樣，詩的藝術作品必須表現成爲一個完滿自足的有機的整體。這個要求只能用以下的方式來滿足：

1. 第一，貫串一切的內容本身就應是一個統一體，不管這內容是一種動作和事件的明確目的，還是一種情感和情慾。

(1) 一切部分都要依存於內容的這種統一體，才顯得出具體的自由的融貫一致。要達到這一點，就只有一個辦法：所選的內容不是抽象的一般，而是人的行動和情感，人的目的和情慾，這些因素屬於某一具體個人的精神、心情和意志，是從這個人的個性本身這種特殊土壤中生發出來的。

(2)因此，應該表現出來的一般和通過性格事件和動作，來使這一般達到詩的表現的個別人物這二者之間既不應彼此脫節，又不應只有個別人物僅爲抽象一般服務的聯繫，這兩方面必須生動具體地交融在一起。例如《伊利亞特》史詩裡希臘人和特洛伊人的戰爭，以及希臘人的勝利都是與阿基里斯的狂怒分不開的，這位希臘將領的狂怒成了在全詩中起聯貫作用的中心。[27]我們當然也看到一些詩作品，其中基本內容時而只是一般性的，時而這一般性也獲得較具體的展現。例如但丁的偉大史詩《神曲》所寫的是整個神的世界，卻也寫出極多種多樣的個別人物在受地獄的懲罰，淨界的洗罪和樂園的幸福。但是就連在《神曲》裡一般和個別也並沒有抽象地割裂開來，個別具體人物也不是只爲一般（神）服務。因爲在基督教的世界裡，主體（個別人物）並不是被理解爲神性的一種純粹偶然的體現，而是被理解爲本身就是一種無限的（絕對的）目的。所以在這裡普遍的目的，即在降災與降福中所顯示的神的公道，都顯現爲個別人物本身所固有的東西，本身的永恆旨趣和生命。在這種神的世界裡占重要地位的是個人：在國家政權下，個人可以被犧牲，以便拯救一般，即國家政權；但是在對神的關係上，在神的領域裡，個人卻是自在自爲的目的。[28]

---

[27] 參看第一卷，第一卷第三章注[106]，以及下文論史詩動作起點和終點部分。

[28] 個人是自在自由的，本身的存在就是一種絕對的目的。但丁（毋寧說是黑格爾）認爲在世俗政權之下，個人處在服從的地位，在神的世界裡個人卻是完全自由的。這反映近代資產階級個人主義的開始。

(3) 第三，向人類情感和動作提供內容的那種，一般也應該表現成爲本身就形成一種獨立自足的完整的世界。例如我們在現代聽到人提起某一個武官、將軍、職員或教授之類人物，就會想起這類人物在他們的地位和環境中想做些什麼事和能做些什麼事，我們對這類人物的旨趣和活動就只能想到一種空洞的內容，這種內容有時本身不是一個獨立自足的完整體，而是和外在事物有千絲萬縷的牽連和依存關係，有時這種內容只是一個抽象的整體，即和本來完整的人格個性割裂開來的一般，例如「義務」之類。另外也有一種與此相反的情況，內容比較眞實，本身也形成一個獨立自足的整體，卻只用一句話就可以說完，沒有進一步地發揮、沒有運動，很難說這種內容屬於詩還是屬於散文。例如《舊約》中的「上帝說要有光，於是就有了光」那句偉大的話，從它的純眞品質和深刻意義來看，既是最雄偉的詩，也是很好的散文。此外還有「我是主，是你的上帝，我以外你不能有別的上帝」和「你應該孝敬父母」之類神諭，以及畢達哥拉斯的金箴和所羅門的格言也屬於這一類。像這類意味深長的語句仿佛是存在於詩和散文尚未分開之前的。但是這類語句縱使有許多結集在一起，也很難說就是詩的藝術作品，因爲一篇獨立自足的完整的詩需有發展，需有部分的結構，因此需是這樣一個統一體：它按照本質從自身中產生出它的不同方面和部分的實際具體化。這一要求在造型藝術中，至少是從形象方面來看，是顯而易見的，在詩的藝術作品中尤其重要。[29]

2. 從這裡我們就要轉到第二點，即有機的肢體結構，亦即藝術作品分化爲一些個別特殊部分，爲著要構成一個有機的統一體，這些個別特殊部分就需顯得是各自獨立地形成的。

(1)這個重要的特色有一個根由：一般說來，藝術有留戀個別特殊事物的傾向。它和知解力不同，知解力總是急忙地跑著，它對待繁複的現象不外取兩種方式：一種是認識的方式，從一般觀點出發，把繁複的現象擺在一起來看，把它們抽象成爲感想和範疇（概念）；另一種是實踐的方式，使它們服從某些具體的目的，因而使個別特殊的東西不能充分行使它們的獨立自在權。從知解力的角度來看，個別特殊的東西都只有相對的價值，在它們上面多操心，是徒勞無益、令人厭倦的。但是從詩的掌握和創作的角度來看，每一個部分和每一個細節都有獨立的興趣和生動性，所以詩總是喜歡在個別特殊事物上低徊往復、流連不捨，帶著喜愛的心情去描寫它們，把它們看成各自獨立的整體。無論詩用作藝術作品中心的旨趣或內容意蘊多麼重大，它畢竟要通過細節來使這種旨趣具體化，正如人體上每一個組成部分乃至每一個指頭都以最精巧的方式構成一個完滿的整體一樣；一般說來，現實中每種個別特殊事物都各自形成一個獨立自足的世界。所以比起追求斷語和結論的知解力來看，詩的前進步伐要遲緩些。對於知解力（無論就認識性的觀察，還是就實踐性的目的和意圖來說），關鍵

㉙ 以上三小節說明詩的藝術作品必須是一個完滿自足的有機整體，特別是它的內容本身應該是一般（主旨）與特殊（具體個別人物的性格、心情、行動、事蹟等）的融貫一致，不能彼此脫節，也不能只是用具體的人物事件來說明抽象的一般。特殊應該是由一般本身生發出來的，不是附加到一般上去的，作爲藝術作品，詩也應有各部分的劃分和結合，要有發展和運動，不是一兩句話就可以表現詩的內容。

在於最後的結果而不大在於達到結果所經歷的過程。

至於詩留戀細節的描繪，究竟應該達到多麼大的程度，我們已經說過，詩的任務並不在於按照顯現於感官的形狀，去詳細描繪純粹外在的事物。如果詩以此爲主要任務而不使這種描繪反映出外在事物的精神聯繫和旨趣，它就變成冗長乏味了。詩尤其要避免在描繪細節上和自然界現實事物比賽詳細的程度。就連繪畫在描繪細節上也應謹愼，不要超過繪畫所應做到的限度。在詩方面還要考慮到兩點：一點是詩只能在內心觀照上起作用，另一點是詩要把一眼就能看遍和認識清楚的事物分散爲一些陸續呈現於意識的運行行列，過分詳細的細節描繪必然使對整體的認識遭到混亂和破壞。所以詩如果要把在現實中同時發生而且因此互相聯繫的許多不同的行動和情節展現在我們的眼前，它就要克服它所特有的困難，因爲它只能把同時發生的動作和情節當作先後承續的序列來描述——關於這一點以及上文所說的留戀細節和步伐遲緩之類情況，不同種類的詩卻有不同的要求。例如就史詩來說，它在描寫個別特殊的外在事物上所花的工夫既不同於戲劇體詩，也不同於抒情詩，因爲戲劇體詩的進展速度較快，抒情詩只涉及內心生活。[30]

(2) 其次，通過上述辦法，藝術作品的各個特殊部分就成爲獨立的。這種情況好像和我們原先定爲首要條件的統一就要直接發生矛盾，但是這種矛盾其實只是一種假象。因爲各個特殊部分達到獨立，並非通過它們之間的互相割裂，而只是由於表現方式能顯示出各個不同的方面和部分之所以被描述出來，正因爲它們各有自己所特有的生氣，都站在各自特有的自由的立足點上。如果各個特殊部分沒有各自特有的生氣，這種作品就會變成枯燥的、死板的，因爲藝術通常都要把一般表現於實在的特殊事物，才能使一般獲得客觀存在（生命）。[31]

(3) 但是這些個別特殊部分儘管各有獨立性，畢竟還是要互相聯繫，使它們所展開和表現的那個單整的基本主題思想，顯現爲對全部個別特殊因素起統攝和結合的作用的統一體。如果詩不能站在它所應站的高度上，它就經受不起這一要求的考驗，很容易遭到失敗，使作品由自由想像的境界退到散文的領域。使各部分結合在一起的那種聯繫不應該只是一種單純的符合目的的要求。因爲從目的論的觀點來看，目的就是單就它本身而被人設想和願望的一般，這種一般固然也要使它所藉以實現的那些個別特殊因素和它自己（一般，即目的）相符合，但是畢竟把這些特殊因素只當作一種手段或工具來利用，這樣就剝奪了它們各自的獨立自由，因而也就剝奪了它們的生氣。在這種情況下，個別特殊因素只是著意地（人爲地）聯繫到一個目的上去，而這個目的需作爲唯一的能發生效用力量而被突出地擺出來，如果把一

---

[30] 這一節說明詩有留戀個別特殊細節的傾向，不像知解力那樣只追求最後的結果（認識上的結論或實踐上的目的實現），不很關心達到結果的過程，所以詩的步伐較慢。詩留戀細節，因爲詩是一般與特殊的統一，一般要通過特殊才能顯現，而且在詩裡每一個特殊細節就是一個獨立自足的整體。但是細節描繪要表現出精神的聯繫和意蘊，不能爲單純的外在事物而描寫外在事物，要避免浮面的逼眞。

[31] 這一節說明藝術作品各個部分的獨立性和整體的統一（融貫一致）並不矛盾。

切其他因素都隸屬於目的而抽象地加以利用，自由的藝術美對這種基於知解力的不自由的情況是要抗拒的。㉜

3. 因此，藝術作品中各部分所應顯示出的統一和上文所說的那種人爲的統一不能相同。我們現在可以把藝術統一的雙重特性分述如下：

(1) 第一，每一部分都要保持上文所要求的各自特有的生氣，如果我們追問個別特殊因素一般有什麼理由被納入藝術作品，那麼，我們就說：這種理由就在藝術作品所要表現的那個單整的基本主題思想，所以一切個別具體的東西都應以這個主題思想爲它們的眞正的根源。這就是說，一部詩作品的內容本身應該不是抽象的而是具體的，因而憑內容（主題思想）本身就足以導致各個不同方面的豐富多彩的展現。這些不同方面在實現中儘管好像互相矛盾，卻都以本身統一的主題內容爲基礎。情況也只能是這樣，如果主題內容本身，按照它的概念和本質，就是一種由各個特殊方面所組成的本身完滿的協調一致的整體。所以這些特殊方面本來就是主題內容所特有的，只有通過它們，內容的獨特意義也才能眞正展現出來。總之，只有本來就屬於主題內容的這些特殊部分才應在藝術作品中表現爲實在的、本身能發揮效用的和有生命的東西，而且它們一開始就有一種植根於本質的隱藏的（潛伏的）協調一致，儘管它們在展現出各自的特性時，可能顯得好像互相矛盾。㉝

(2) 其次，藝術作品既然表現於實在現象的形式，爲著不致損害對實在事物的生動的反映，藝術的統一就應只是一種內在的聯繫，把各部分聯繫在一起，成爲一個有機的整體，而且沒有著意聯繫的痕跡。只有這樣由精神灌注生命的有機的統一體才是眞正的詩。這和散文的符合目的性的統一是對立的。這就是說，只要個別特殊的因素還顯得只是服務於某一具體目的的手段，它們就只是爲另一事物（即所想望的目的）而存在，就沒有而且也不應有它們本身所特有的價值和生命。這種符合目的性顯示出它對客觀事物的統治，客觀事物就是被利用來實現目的，但是藝術作品卻可以使它用來展現中心內容的那些個別特殊因素顯得是獨立自由的，而且它也必然要這樣，因爲這些個別特殊因素就只是上述內容本身採取了和它相適應的那種實際客觀存在的形式。

我們可以因此回想玄學思維的活動。玄學思維也是一方面要從本來不具體的一般中推演出特殊，使它具有獨立性，但是另一方面也要明確地證明：在由特殊所構成的整體之內，只有本來就已含在一般裡的特殊才展現出來，因而恢復到一般與特殊的統一，只有這樣，才成

㉜ 在這一節裡黑格爾以藝術整體的獨立自由名義，反對詩從抽象的一般（目的）出發，利用個別特殊因素來爲目的服務，使一般與特殊只有人爲的聯繫。依黑格爾看，一般必然要顯現於特殊，特殊也必然從一般生發出，二者是不可分割的。

㉝ 這一節說明藝術統一的特點之一，在於它的單整的基本主題思想是基礎，表現這主題思想的各個特殊部分本來就是從主題思想中生發出來的，而不是後來人爲地附加上去的。這種「具體的統一」保證許多不同的特殊部分紛然雜陳而不互相矛盾。

爲眞正具體的統一，才是通過它本身所含的差異及其和解而實現的統一。用玄學思維的哲學通過這種處理方式也能創造出作品來，和詩的作品頗相似，通過內容本身而獲得一種本身完滿自足的統一以及各部分的劃分。但是在對這兩種活動進行比較之中，除掉純粹玄學思維和專事描述，或表現的藝術之間的差別以外，我們還應指出另一個重要的差別：哲學的演繹固然要證實特殊方面的必然性和實在性，但是它還要通過對特殊方面進行辯證的否定，明確的證明，只有在具體的統一體裡，特殊方面才可獲得它的眞實性和穩定性。詩卻不進一步作出這種明確的證明。在每一部詩作品裡，協調的統一固然也應充分表現出來，作爲灌注生氣於整體的力量，也要對一切個別特殊因素起作用，但是這種統一的出現並不是由藝術明確證明，而是內在於（潛伏在）作品本身的，正如靈魂直接活躍在身體的每一部分，並不因此就消除這些部分的獨立存在的模樣。這種情況在聲音和顏色裡也可以見出。黃、藍、綠、紅是些不同的顏色，彼此可以完全對立，卻仍可以按顏色的本質，構成和諧的整體，並無須就它們的統一說出明確的理由。基音、第三度音和第五度音也是一些不同的聲音，卻能構成三和音的協調，而且這些聲音只有保持各自特有的獨立自由的聲響，才能構成這種三和音的協調。[34]

(3) 關於藝術作品的有機統一和各部分的劃分，還有些重要差別是由藝術作品所屬的特殊的藝術類型，和所用爲表現方式的詩的種類所造成的。例如象徵型的詩由於內容的意義比較抽象、不大明確，就達不到古典型的詩所能達到的那樣高度純眞的有機結構。我們在第一卷裡已經說過，在象徵型藝術裡，普遍意義的內容與體現內容的實際現象之間的聯繫是比較鬆散的，因此，個別特殊因素時而保持較大的獨立性，時而像在崇高風格裡那樣，特殊遭到否定（抹煞），以便使所要表現的那種獨特的力量和實體較易於掌握，時而把自然界和精神界的一些彼此異質，或互不相干的個別特殊因素打謎語似地結合在一起。在浪漫型藝術裡情況就不同，內心生活內省默察它本身，只向心靈揭示它本身，讓個別特殊的外在現實事物有較廣闊的獨立展現的餘地，所以浪漫型藝術固然也必須顯出全體各部分的聯繫和統一，卻不能像在古典型藝術裡那樣清楚、那樣牢固。

與此類似，史詩對外在事物可以進行範圍較廣的描繪，在情節和事蹟的穿插上也可以多花些工夫，因此，各部分的獨立性加強了，整體的統一也就不那麼貫徹到底。比起史詩來，戲劇體詩卻要有較緊湊的聯繫，不過浪漫型的詩在運用戲劇體時也允許有許多穿插，對內心世界和外在世界的具體事物特徵也進行詳細的描繪。抒情體詩有各種各樣，所用的表現方式最爲繁複，它時而敘事、時而只是表達情緒和觀感，時而平靜地向前發展，較嚴格地遵守起

---

34 這一節說明藝術統一的特點之二，在於它的各個組成部分之間的聯繫是內在。在這一點上它和玄學思維顯然不同。玄學思維也是從一般中推演出特殊，也是一般的起統攝作用而各個特殊因素仍保持其獨立性的統一體，但是重要的差別在於玄學思維對整體的統一和各特殊因素之間的互相聯繫，是通過辯證法推演出來而且說出明確的理由來。詩卻不用推演和證明，所以詩的統一中的各部分的聯繫是內在的或隱含的。

貫串作用的統一，時而縱情奔放、毫無約束，見不出統一。[35]

以上就是詩的藝術作品的大概情況。

B. 詩與歷史寫作和演講術的區別

其次，爲著更明確地指出由上述有機方式形成的詩和散文的描述之間的差別，我們想專談兩種散文，這兩種散文在各自的界限之內是最能接近藝術的，它們主要是歷史寫作的藝術和說話修辭的藝術。

1. 關於歷史寫作，它至少在一個方面容許藝術活動有充分發揮作用的餘地。

(1) 人類宗教生活和政治生活的發展以及在這些領域裡積極活動，實現偉大目的於事業，或在事業中遭到失敗的那些最傑出的人物和民族的事蹟和命運，這些就是歷史敘述的對象和內容。這些對象和內容本身就是有重大意義的、眞實的、引人入勝的，但是歷史家儘管要竭力忠實地再現眞人眞事，他卻仍應把這些眞人眞事的豐富多彩的內容擺在心裡想一想，納入自己的觀念體系裡，然後把這種內容加以再造和表現。在這種改造中，歷史家還不能滿足於個別史實的單純的正確，而是要把所理解的忠實加以排比和整理，使一些分散的個別的情況和事件互相聯繫起來，組織成爲一個聯貫的整體；一方面使讀者可以根據這種敘述，對有關的民族、時代以及當事人物的外在環境和內心的偉大或弱點，形成一幅明確的顯出性格特徵的圖景，另一方面也可以看出全體各部分之間的聯繫以及它們對一個民族或一個事件的內在的歷史意義。就是在這種理解上我們現在還常談到希羅多德、修昔底德、克塞諾芬尼[36]

以及其他少數幾位歷史家的藝術，並且把他們的記載當作語言藝術的經典作品來讚賞。[37]

(2) 儘管如此，連最完美的歷史著作畢竟不屬於自由的藝術，甚至用詩的辭藻和韻律來寫成歷史著作，也不因此就變成詩。因爲歷史著作不僅在寫作方式上，尤其在歷史內容上，都是散文性的。我們現在更仔細一點來看看這個問題。

最初要求用詩和藝術去表現的是英雄時代的事蹟，只有到英雄時代終止時，在題材和本質上都眞正是屬於歷史的東西才開始：因爲到了那個時候，生活的明確性和散文氣味的實際情況，以及理解和表現這種實際情況的能力都才開始出現。例如希羅多德所描述的不是希臘人對特洛伊的遠征而是波斯戰爭，他從多方面進行過辛勤的研究和審愼的考察，以便對他想要敘的那段歷史掌握住充分的知識。印度人，一般地說，東方人（幾乎只有中國人是例外）都沒有眞正歷史寫作所必須的散文感覺，他們對當前事物不是憑宗教觀念就是憑幻想作出歪曲的解釋和穿鑿附會。[38]

---

35 這一節說明詩的統一隨藝術類型和門類不同而顯出差別。

36 這三人都是著名的希臘史學家。

37 這一節說明具有藝術性的歷史著作需就史實加以思索、排比和整理，顯出各部分之間的聯繫和歷史意義。

38 這一節說明歷史畢竟不是詩，因爲二者最初出現是在兩個不同的時代，內容不同，詩的開始出現是在英雄時代，英雄時代終止時，才有散文氣味的生活情況，也才開始有歷史。西方所謂「英雄時代」又稱「史詩時代」，指一個民族還未開化時，只有少數偉大人物做出令人驚贊的奇蹟的時代，例如荷馬史詩時代。

一個民族的歷史時期的散文因素可以分述如下：

第一，要有歷史，就要有一個基於宗教的或世俗政權的公團（社會），其中有法律和制度之類，這些是特別制定的，或是已作爲普遍的法律而生效，或是將使其生效。

其次，這種公團爲著維持或改革它的現狀，就要採取一些具體的行動，這種行動可能是一般性的，形成當時所要涉及的主要任務。要決定和執行這些行動，就必然要有些相應的個別人物。這些個別人物如果能證明自己的個性適應當前情況的內在規律所提出的共同目的，他們就是偉大的傑出的人物；如果他們沒有能力去實現這種共同目的，他們就是些庸人；如果他們不爲當時大事業而奮鬥，只聽他們自己的那種與共同目的不相容的個性去擺布，他們就是些壞人。如這幾種情況之中有哪一種出現，我們在第一段裡對眞正的詩的內容和世界情況所要求的那些條件就還不存在。就連偉大人物所要實現的那種有實體性的目的也還多少是既定的、強加於他們的，因此他們就還沒有達到普遍目的[39]和整個個性完全相等的那種個性的統一，普遍目的和個性還沒有融合成爲一種完滿自立的整體，成爲一種自爲的本身就是目的的目的。縱使這些個別人物由自己定出自己的目標，形成歷史對象的畢竟不是個別人物的精神和心情自由或不自由；不是他們個人的生動的面貌，而是原已存在的不依存於個人的現實世界對所追求的目的所起的作用。此外，在歷史的情況中偶然因素的作用也常出現。一方面是本身具有實體的東西，另一方面是個別現象和事件的相對性，以及人物在他們的情慾，意圖和命運中所顯示的主體性，這兩方面發生了破裂脫節。這種情況在散文式的生活裡比起詩中的奇蹟還更離奇莫測，詩總是要抓住帶有普遍性的東西。

第三，歷史的動作（情節）和眞正詩的動作（情節）在實現方式上也有差別，在實現歷史的動作之中，散文生活所特有的人物主體的特性和實現普遍目的時所必須的關於法律，原則和箴規之類的思想意識之間常發生分裂；此外，要實現預定的目的，就要做許多準備工作，而這些準備工作所要用的外在手段範圍很廣，和許多其他事物有牽連和依存關係，當事人需運用知解力，機智和散文性的觀點，根據所採取的行動目的，對這些準備工作手段加以調節和利用。這並非一伸手就可以做到的事，往往要經過周詳的準備。因此，爲達到一個目的所採取的許多實現措施在內容上往往是完全偶然的，沒有內在的統一；或是只從對目的的見解出發，只著眼到那些措施的實際效用，它們並不是從直接的獨立自由的生命灌注來的。[40]

---

[39] 在黑格爾的客觀唯心主義的體系裡，「目的」並不是個人的主觀方面的意圖，而是世界情況和有實體性的理想所決定的任務和所走的方向，所以是客觀的、普遍的。

[40] 以上三小節說明產生歷史的散文生活情況的三個特徵。第一是宗教性或政治性的公團（社會）生活；其次是公團爲維持或變革現狀所採取的行動需由個別人物來實現，這些行動的目的往往是當時社會情況決定的，不是由當事的個別人物決定的，因此主體方面的個性和客觀決定的共同目的不能完全統一而發生分裂，偶然因素常起作用；第三是在實現共同目的中也出現主客觀的分裂，實現目的所採取的手段和措施也往往帶有偶然性，不是由主客觀統一的當事人所決定的。

(3) 歷史家沒有理由拋開他所處理的內容中的散文性的性格特徵，或是把它們轉變爲詩的。他需如其本然地描述擺在面前的事實，而不加以歪曲或是用詩的方式去改造。儘管歷史家可以努力把他所描述的那個時代、民族或具體事蹟的內在意義和精神，作爲他所敘述的內容的內在核心和聯繫各個環節的紐帶，他卻不應強使擺在面前的情境、人物和事蹟來削足就履似地牽就他所懸的這個目標。他縱然可以拋掉完全偶然和毫無意義的東西，仍然應該保持情境，人物和事蹟本來就有的那種偶然性、依存性和盲目任意性。在傳記裡情況略有不同，傳記當然有可能顯出個別人物的活生生的性格和獨立的統一，因爲在傳記裡，個別人物是敘述的中心，一方面是從他發出的言行，另一方面是對他發生影響的外在事物。但是一個歷史人物顯出兩個不同極端中的一個[41]。因爲一個歷史人物儘管也顯出一種主體的統一，另一方面卻也要碰到許多事件和情況，它們彼此並無內在聯繫，或是不由當事人的意志而把他牽連進去的。例如亞歷山大當然是他那個時代的最傑出的人物，他是憑他那種與當時世界情況合拍的個性，去決定遠征波斯皇帝的，但是他所征服的那部分亞洲卻只是由許多民族拼湊起來的一種偶然的整體，他所經歷的那些事件只是一些外在於他的，而他直接面臨的客觀現象——最後，如果歷史家憑主觀的見解，替這類事情找出絕對的根由，把一切歸原到神，在神的面前，一切偶然的東西都消失了，一種較高的必然性就被揭示出來了。有這種想法的歷史家應該考慮到事情的眞實情況，不能侵犯詩的特權。對於詩，這種實體性的方面才是主要的，只有詩才有改造現成材料的自由，使外在事物符合內在的眞理。[42]

2. 其次，演講術[43]顯得是較接近自由的藝術。

(1)因爲演說家雖然也要從現實世界某些實際情況和意圖中取得他說話的機會和內容，但是他所說出來的東西首先出自他的自由判斷，他所特有的思想方式以及他這個主體固有的，他可以全心全意地堅決擁護的目的（宗旨）。其次，他對選擇內容和處理內容兩方面都有絕對的自由，所以往往給人一種印象，仿佛他的話語是一種完全獨立的精神產品；第三，演說家不能只針對我們的科學的，或其他單憑知解力的思維來說話，他要說服我們相信某些信念，爲了達到這個目的，就要設法影響整個的人，如情感和觀點等等。所以他的內容不能

㊶ 一個極端是人物的統一的個性，另一個極端是他所牽連進去的許多沒有內在聯繫的事件和情況，黑格爾強調詩側重前者，歷史側重後者。他把傳記中人物和歷史人物對立起來，傳記以人物爲中心，歷史以事件爲中心。

㊷ 這一節重申歷史與詩的差別。詩以精神內容或實體性的主旨爲中心，可以自由處理現成的材料，使外在事物符合內在的眞理。詩的具體的整體不容許有偶然性的東西。歷史卻不然，它應如其本然地描述客觀事實，儘管它也需找到客觀事實的內在聯繫，對客觀事實有所剪裁和整理，卻不能拋棄客觀事實本來就有的偶然性，尤其不能歪曲客觀事實去證實主觀偏見。

㊸ 演講術（Redekunst）和一般所謂「修辭學」（Rhetorik）意義不同，前者是一種藝術，重在達到實踐目的，後者是一種科學，重在獲得系統知識。在西方演講術主要用在教會的布道，法庭的申訴和辯護和議會的報告和辯論。

只是他想我們發生興趣的那個主旨，以及他想我們去實現的那個目的這兩方面的抽象概念，而是在絕大部分也要根據一定的現實情況，使他的陳述一方面含有實體性的普遍眞理，另一方面又採取具體現象的形式，把它輸入我們的具體意識。所以他不能單憑邏輯推理和下結論的方式去滿足我們的知解力，而是也要激發我們的情感和情慾，震撼我們的心靈、充實我們的認識，總之，通過心靈的一切方面來感動聽眾、說服聽眾。[44]

(2) 從正確的角度來看，演講術儘管有這種表面的自由，卻仍在最大程度上受實踐方面的目的性規律的管轄。

第一，一篇演講的眞正的感動力並不在於演講當前所針對的那個目的（個別具體事例），而在個別事例可以納入的法律、規則、原則之類普遍規範。這些規範作爲國家的現行法，或是作爲倫理的，法律的或宗教的箴規、情操、教義等等，原已採取普遍的形式而獨立存在。作爲演講出發點的那種具體情況和目的和這些普遍規範，本來就是分裂開的而且還要分裂下去。演說家當然有意圖要把個別事例和普遍規範統一（結合）起來，但是在詩裡（正因爲詩總是詩）一開始就是現成的那種統一，在演講術裡卻只是演說家所企圖實現的主觀目的，至於這個目的的實現卻不是演講詞本身範圍以內的事。所以演說家所能採取的唯一辦法就是納特殊於一般，這樣就使得演講的個別具體事例，並不是憑它本身自由發展而達到與普遍規範結成直接的統一，而是被擺到原已獨立存在的法律道德習俗之類普遍規範之下，才顯出它的意義。演講術的基本類型不是在具體顯現中的主題思想所顯出的自由生命，而是對概念（普遍原則）與實際存在（個別事例）的分裂進行簡單的聯繫以及對統一的要求。

舉例來說，傳教士往往就需採取上述納特殊於一般的方式去布道。他的依據就是一般性的教義，以及這教義所派生的倫理政治等方面的基本原則和行爲規範，碰到各種各樣的個別事例，就把它們擺在這類教義和原則下面去看，因爲這類教義在一般人的宗教意識中原已作爲實體性的東西而存在，應該在一切個別事例中得到運用、信仰和承認。傳教士當然可以向心靈申訴，先讓神的法律從自己的心靈中湧現出來，然後把聽眾引導到也從這種源泉裡去認識神的法律；但是神的法律並無須靠個別的具體事例得到體現，而是要作爲命令、規章和信條，以它們的統攝一切的形式被輸入聽眾的意識。

這種情況在法庭的演說裡更爲明顯。法律也涉及兩方面：一方面主要是一個具體的案件，另一方面是把這具體案件擺在普遍觀點和法律之下去看。關於第一方面，對案件中實際發生的事情進行必要的審查，以及就一切個別情境和偶然事件進行搜集和排比參較之類工作，這種工作就已具有散文性。比起自由創造的詩藝來，這種法律程式就不同，既迫切需要對實際情況的知識，而掌握和傳達這種知識又很費事。具體事實要經過分析，不僅要分析涉及的各個方面，而且還要把每個方面以及整個案情都結合到原已獨立存在的固定的法律前提

---

44 這一節說明演講術在演說家能憑自己的意志去選擇內容和處理方式，不僅有普遍原則的根據，也要有具體事實的佐證，不僅訴諸理智，也要訴諸情感這幾點上與詩有接近之處。

去看——不過就連在法律事務之中，打動人心和激發情感的工作也還有發揮作用的餘地。因爲對所審案件中的是非曲直可以描繪得很生動，這樣就不會導致單靠單純的判斷和一般說服。生動具體的描繪可以使聽眾對全部案件有親領身受之感，不會漠然無動於衷，而會從案件中看到切身的利害關係。㊺

其次，一般說來，演說家在演講裡的最高終極旨趣，並不在於藝術的描述和完美的刻畫，他還有一個越出藝術範圍的目的，他的演講的形式結構毋寧說只是一種最有效的手段，利用來實現一種非藝術性的目的或旨趣。從這個觀點來看，他感動聽眾，也不單是爲感動而感動，聽眾的感動和信服也只是一種手段，便於達到演說家想要實現的意圖。所以對聽眾來說，演說家的描述也不是爲描述而描述，也只是一種手段，用來使聽眾達到某一種信念，做出某一種決定，或採取某一種行動。

由於這些緣故，演講術就喪失了它的自由面貌，變成了一種有意圖的東西、一種履行職責的號召，而這種意圖的實現並不是演講及其藝術處理的結果——這是我們要提的第三點。詩的藝術作品卻只有一個目的：創造美和欣賞美；在詩裡，目的和目的的實現都直接在於獨立自足的完成的作品本身，藝術的活動不是爲著達到藝術範圍以外的某種結果的手段，而是一種隨作品完成而馬上就達到實現的目的。在演講術裡卻不然，演講術只把藝術當作一種聽用的助手；它的眞正目的卻和藝術不相干，而是實踐方面的教訓，鼓舞和政治情況和法律規定之類，因此，演講術只著眼到一種要採取的行動或決定，但是這種行動或決定並非隨演講而終結和完成，而是還有待於許多另樣的活動。一篇演講往往在結束時還留下一種不協調或矛盾，要由聽眾作爲裁判人去解決，然後按照這個解決去行事。例如宗教方面的布道就往往一開始就針對著聽眾的矛盾心情，讓聽眾對自己和自己的內心狀態進行裁判。傳教士的目的是要提高聽眾的宗教意識，但是這種提高和目的的實現並不是他的演講本身所能辦到的，不管他的滔滔雄辯多麼娓娓動聽，而是還要有待於許多與演講本身不相干的情況。㊻

(3)從這一切方面來看，演講術的基本原則不在於藝術作品所應有的詩的自由組織，而更多地在於尋求單純的符合目的性，演說家的主要著眼點應該是他的主觀意圖，這是他的作品的根源，全篇和各部分都要服從這個意圖，因此就要放棄描述方面的獨立自由，以便服務於一個明確的非藝術性的目的。既然要產生一種活的實踐效果，演說家首先就要充分考慮

㊺ 這一節說明演講術有一個實踐目的：要說服人。主要的辦法是把當前的具體事例，納入原已獨立存在的普遍原則，來揭示這個具體事例的性質和意義。一般與特殊不像在詩裡那樣，始終融成一個活生生的有機的統一體，而是始終分裂的，勉強聯繫在一起的。而且演講術不像詩那樣自由創造，它要做些調查研究分析綜合之類散文性的工作。

㊻ 這一節著重說明演講術和詩的區別。詩的目的在創造美和欣賞美，作品完成了，目的也就達到了，所以詩本身就是目的，也就是目的的實現。演講術的目的不在演講本身，而在說服人相信一種看法和採取一種行動。這種實踐目的的實現並不靠演講本身，而要聽眾自己的判斷和許多與演講無關的現實情況。從此可見，黑格爾的藝術觀點否認了藝術對實踐的作用，把藝術的價値限於認識方面和審美方面。

到演講的場合以及聽眾的理解力和一般性格，否則他的語調就會由於對時間、地點和聽眾都不適合而不能達到所想望的實踐效果。既然這樣受到外在的情況和條件的束縛，他的作品無論在全篇還是在各部分，就不可能出自藝術家的自由心靈，全篇和各部分之間就只能有一種符合目的性的聯繫，而這種聯繫需受制於原因與結果，以及理由與結論之類知解力方面的範疇。[47]

C. 自由的詩藝術作品

既已說明了真正的詩一方面與歷史寫作，另一方面與演講術之間的差別，現在就可以轉到第三點，對於真正詩的藝術作品確定下列幾個觀點。

1. 歷史寫作的散文性主要見於這一事實：儘管歷史寫作的內容意蘊也可以具有內在的實體性，並且發生真正的效力，顯現這內容意蘊的實際形象卻往往牽連到相對的（有限的，依存於其他事物的）情境，受到一些任意性的、偶然性的事物的干擾和搗亂。歷史家沒有權去改造直接現實中所固有的這類實在情況。

(1) 如果詩藝在題材方面走進歷史寫作的領域，進行上述改造正是它的主要任務。在這種情況下，詩藝要找出一個情節或事件，一個民族的代表人物或一個傑出的歷史人物的最本質的核心和意義，把周圍同時發生作用的一些偶然因素和不關要旨的附帶情節，以及只是相對的情境和人物性格都一齊拋開，只用能突出地顯現主題內在實體的那些人物和事蹟，這樣就會使得上述最本質的核心和意義通過對外在事物面貌的改造而獲得適合的客觀存在。只有這樣，詩才能把自在自爲的（絕對的）理性概念具體展現於和它絕對相適應的現實事物。只有通過這種辦法，詩才能使具體作品圍繞著一個固定的中心點來界定它的內容範圍，使內容展現爲一個完滿的整體，一方面使各部分緊密地聯繫起來，另一方面又使各部分既不危害整體的統一，而又各有正當權利去使人感到它們本身也是獨立的印象。

(2) 詩在運用歷史材料這個方面還可以走得更遠，它用作主要內容的不是實際歷史事蹟的內容和意義，而是某一個與這種內容和意義多少有點聯繫的基本思想（這一般是人間的衝突），至於歷史的事實，人物和地點之類被利用，更多地是作爲刻畫個性的裝潢或手段。這就要產生雙重困難：不是納入作品中的人所熟知的史實並不能完全適合上述基本思想，就是一種與此相反的情況，詩人部分地保留史實，部分地改動其中要點去牽就他的目的，從而使在我們腦中原已根深柢固的知識和詩所新創的東西發生矛盾。要消除這種分裂和矛盾，建立眞正的協調一致，這個任務是困難的但是必要的，因爲現實在它的本質性的現象裡也有無可否認的權利。

(3) 與上述類似的要求還可以適用於範圍更廣的詩。凡是詩就外在的地點、人物、情境、衝突、事蹟、情節和命運所描述的東西，全部都已存在於生活的現實中，這要超過人們

---

47 這一節說明演講術要服從非藝術性的實踐目的，就不能有充分的藝術自由。爲了更好地達到實踐目的，演說家還需考慮到時間、地點和聽眾，這也是實踐方面的事。

通常所能置信的程度。在這裡詩也還是在一種歷史領域裡活動，它在這方面所作的變更和改造，也根據事物的理性以及要替內在意義找到最恰當的表現這一要求，而不是由於缺乏對實際情況的深刻的認識和體驗，或是主觀武斷以及標奇獵新的企圖。㊽

2. 其次，演講術由於追求實踐性的目的，所以屬於散文，爲著要實現這種實踐目的，它的職責就是要自始至終都按照這個目的行事。

(1) 從這個觀點來看，詩如果要避免流於散文，就要謹防藝術和藝術欣賞範圍以外的目的闖進來干擾。如果詩讓這類外在目的占重要地位，因而影響到全部構思和表現的方式，詩作品就會馬上從它自在自爲的崇高領域，降落到有限事物的領域。這就會導致兩種結果之一，不是藝術的要求與非藝術性的意圖之間的分裂脫節，就是違反藝術的本質，用藝術作爲一種手段，因而降到爲本身以外的目的服務的地位。例如教會中許多虔誠的頌聖詩歌就有這種情況，其中某些觀念之所以被採用，只是因爲它們在宗教上可起作用，而表現的方式卻與詩的美背道而馳。一般說來，詩作爲詩，絕不應從宗教方面而且只從宗教方面去提高人，實際上這是把人帶到一種與詩和藝術既有關聯而又有差別的領域。這番話也適用於說教勸世、宣揚道德、政治宣傳乃至提供消遣娛樂之類作品。詩比其他一切藝術固然都更能有助於實現這類目的，但是如果詩只應在它自己所特有的領域裡自由活動，它就不應擔負做這種助手的任務，因爲在詩的藝術裡應該作爲明確目的而起統治作用的只有在本質上是詩的東西，而不是詩以外的東西。事實上旁的目的用旁的手段去實現，結果會更爲圓滿些。

(2)但是從另一方面去看，詩的藝術卻也不應在具體現實世界裡要求保持一種絕對孤立的地位。詩本身既是有生命的東西，就應深入到生活裡去。在第一卷裡我們已經說過，藝術同藝術以外的客觀存在有很多的聯繫，藝術所用的內容和形式正是客觀存在的內容意蘊和顯現的方式。在所謂「即興詩」（隨機應景的詩）裡，這種詩與當前現實生活以及其中個別事件和公私事務的生動聯繫顯得最爲豐富多彩。就「即興詩」這一詞的廣義來說，大多數詩作品都可以用這個稱呼；就這一詞的狹義或本義來說，它就只能包括由當前某一事件所引起的，而且作者有意要提高、美化和頌揚這一事件的一類詩。但是這樣與現實生活交織在一起，詩也不應落到依存或不獨立的地位，所以人們往往認爲「即興詩」這類作品只有一種次要的價值，儘管其中有一部分，特別是抒情詩，是最享盛名的。

(3)這裡就發生了一個問題：詩怎樣才能在上述衝突中還保住它的獨立地位？辦法很簡單：詩用外在的現成事件（機緣）不是作爲基本目的而是作爲手段，而且對吸收進來的現實

48 以上三小節就詩與歷史的關係說明詩的本質。對歷史的眞實情況，歷史不能加以改造而詩卻應加以改造。縱使詩運用歷史題材，它也要把一個主題思想定作中心點，根據這個中心點來界定內容，拋開一切偶然的不說明問題的東西，只挑選最能顯出「最本質的內核和意義」的東西。詩還可以運用歷史人物事蹟作爲表現一個帶有普遍意義的主題思想的手段，但也不能違反歷史的實際情況。就較廣的意義來說，詩所描述的都是歷史，也都是現實，都要根據理性，對歷史和現實加以改造，形成一般與特殊的有機的統一體。

材料，要運用想像力的權利和自由去加以塑造和琢磨。這樣辦，詩就不是臨機應景和處於依存地位的，現實材料對詩人是一種外在機緣，詩人在這種機緣推動之下，就對這種材料進行深刻的體驗和精細的洗練，從而從他自己心靈裡創造出在當前情況下沒有他這位詩人就不能有以這樣自由的方式表現出來的作品。[49]

3. 總之，每一件眞正的詩的藝術作品都是一個本身無限的（獨立自由的）有機體：豐富的內容意義展現於適合的具體現象。它是統一的，但是統一體中的個別特殊因素並不是抽象地服從形式和符合目的性，而是各個部分都現出有生命的獨立，而整體則把它們聯繫成爲融貫的圓滿結構，表面卻不露出意匠經營的痕跡。它的材料是從現實生活中搜來的，但它並不對這種內容及其客觀存在（實際體現）乃至任何生活領域處於依存關係，而是憑它自己自由造型，來使事物的本質達到正確的表現，使外在的事物和它的最內在的本質經過和解而達到協調。[50]

3. 關於詩創作主體（即詩人）的一些看法

第一卷已詳細談到藝術家的才能和天才以及靈感和獨創性等等，所以現在只就詩與造型藝術和音樂這幾個領域裡的主體（創作者）的活動進行對比，指出以下幾個要點：

1. 建築家、雕刻家、畫家和音樂家所運用的都是完全具體的感性材料（物質媒介），他們需通過這類材料來表現他們的內容。這類材料的局限性就要決定他們各自的那門藝術的全部構思方式和藝術處理方式。所以藝術家所要集中全力去掌握的那門藝術的特定方式愈專門（特殊），表現那種特定方式所需要的才能以及連帶的創作技巧也就隨之愈專門。詩既然無須通過一種特殊物質媒介，詩的才能也就比較不大受到上述媒介條件的局限，因而也就較爲一般的和沒有依存性的。一般說來，詩所需要的只是憑想像力去塑造形象的才能。詩只受到一種限制：由於它用來表現的是語言，所以一方面不應要求達到造型藝術藝術家用外在形象表現內容時所能達到的那種感性的圓滿鮮明，另一方面也不能停止在音樂運用發自內心的聲音時，所能達到的那種非文字可表達的需由心領神會的妙境。從這方面來看，詩人的任務比起其他藝術家的任務較容易也較困難。說它較容易，因爲對語言進行詩的處理固然也需要一種有修養的敏捷才能，但是畢竟不需克服那麼多的技巧方面的困難。說它也較困難，因爲詩愈能把內容意蘊體現於具體外在事物，也就愈需要以藝術的眞正內核（即深刻的想像和眞正的藝術構思方式）之中去找到對感性方面缺陷的彌補。[51]

㊾ 以上三小節說明詩不應流於散文性的爲外在目的服務的演講術，要維持它應有的自由獨立地位，但這種「獨立」也不等於「孤立」，作爲有生命的東西，詩必須深入生活，不能脫離現實。「即興詩」與現實生活的聯繫最爲密切。要點在於詩運用現實材料，要憑詩的想像加以洗練和鑄造，顯出它們的內在意蘊，這樣才能保持詩的獨立地位。

㊿ 這最後一節總結全段關於「自由的詩的藝術作品」的一些觀點。最後一句就是應用黑格爾式辯證法的公式：一般與特殊的對立經過和解而達到統一。

51 這一節說明詩和其他藝術相較，因爲用的是語言，不受其他藝術的物質媒介的局限，不需要其他藝術所需要

2. 其次，詩人因此能深入到精神內容意蘊的深處，把隱藏在那裡的東西搜尋出來，帶到意識的光輝裡。儘管其他各門藝術憑軀體形式也能有效地顯現出內心世界，但是語文畢竟是最易理解的、最適合於精神的手段，能掌握住而且表達出高深領域的一切意識活動和內心世界中的一切東西。從此也可以看出詩人所遭到的困難，上述情況給他帶來了一些要克服或解決的任務。這些任務在其他各門藝術裡都不像在詩裡那樣迫切。正由於詩只在內心觀念世界裡活動，無須把它的意象體現於、獨立於內心世界之外的具體事物，它就不免要和宗教的、科學的之類散文意識處在同一個活動範圍裡，因而也就要避免闖入這些意識領域及其構思方式，或是和這些意識領域混淆起來。這種越界或混淆現象在每門藝術裡固然也都會發生，因為凡是藝術作品都出自同一來源，即精神，而精神要包括一切自覺生活的領域，但是在其他藝術裡，整個構思方式是不同的，因為它們在打腹稿時，就已隨時考慮到要用各自特有的感性材料（媒介）去進行創作，這種構思方式一開始就和宗教表象、科學思維，以及憑知解力的散文式區別開來了。詩卻不同，它和宗教、科學和散文都運用同一種傳達手段（媒介），即語言。在運用語言這一點上詩不同於造型藝術和音樂，是另用一種構思方式和表現方式的。[52]

3. 第三，詩既然能最深刻地表現全部豐滿的精神內在意蘊，我們就應該要求詩人對他所表現的題材也有最深刻、最豐富的內心體驗。這種體驗隨各門藝術的不同而不同：造型藝術主要通過建築的雕刻的或繪畫的外在形象，音樂家則通過集中的情感和情慾的內在靈魂，以及其迸發於旋律的音調，總之，無論是造型藝術還是音樂，都要讓內容的內在意義和實體滲透到作者自己的心靈裡。詩人所要深入體驗的事物在範圍上卻遠較廣闊，他不僅要掌握心情和自覺的觀念這一內心世界，而且還要替這種內心世界找到一種適合的外在顯現，通過這種外在顯現，詩比其他藝術表現方式能更充分、更圓滿地表現出上述理想的完整體。詩人必須從內心和外表兩方面去認識人類生活，把廣闊的世界及其紛紜萬象吸收到他的自我裡去，對它們起同情共鳴，深入體驗，使它們深刻化和明朗化。爲著從他這個主體個性出發（儘管這要受到一種窄狹的特殊範圍的局限），去創造出一種不像由外因決定的自由整體，詩人就必須擺脫這種題材的實踐方面或其他方面的約束，對這種題材以巡視內心世界和外在世界的自由眼光去臨高俯視。從這方面的天生資稟來看，我們要特別讚揚東方的伊斯蘭教徒詩人們。他們從來就生活在這種自由氣氛裡，就連在情緒之中也能超然於情緒之外，在人生的繁複的旨趣之中，他們始終都抱定唯一個實體，作爲一切旨趣的眞正核心，和這個實體相較，其他一切都顯得渺小和幻變無常，值不得引起情感和欲念。這是一種著眼於認識的世界觀，

的那種專門知識和技能，所以詩的才能是一般人都可以有的。詩人需要的是想像力，語言的修養和眞正的藝術構思方式。

52 這一節說明在運用語言爲媒介這一點上，詩與宗教和科學之類散文意識相同，所以詩人需克服詩易闖入散文意識領域的危險。

是精神對待世間事物的態度。這種世界觀和態度對老年人比對青年人較相宜，因爲在老年時期，各種生活旨趣固然也還存在，但是已沒有青年時期的那種強烈情慾的驅遣力，老年人的生活旨趣仿佛像一種鏡花水月，比較容易發展成爲藝術所要求的那種著眼於認識的態度。通常的看法是熾熱的青年時期是詩創作的黃金時代，我們卻要提出一個相反的意見，老年時期只要還能保持住觀照和感受的活力，正是詩創作的最成熟的爐火純青的時期。以荷馬的名字流傳下來的那些美妙的詩篇正是他的晚年失明時期的作品。我們對於歌德也可以說這樣的話，只有到了晚年，到了他擺脫了一切束縛他的特殊事物以後，歌德才達到他的詩創作的高峰。[53]

二、詩的表現

第一部分已涉及詩的一般性質，詩的內容以及體現內容於詩的藝術作品的構思和組織。這方面的範圍是無限廣闊的，我們在第一部分只能滿足於指出一些帶有普遍性的特徵。現在要談到詩的第二方面，即詩的表現，亦即用本身就是內在的客觀的東西，即用作觀念符號的文字和文字的音樂，作爲表現觀念的手段。

關於詩的表現和其他藝術表現的一般關係，我們可以從第一部分關於詩的性質所已提出的那些看法中推演出來。文字和字音只是一種單純的符號，既不是表現精神觀念的一種象徵，又不是適合於表現內心生活的占空間的外在形象，像雕刻和繪畫所用的肉體形狀那樣，或是像表現整個靈魂的音樂的音調那樣。此外，作爲詩的觀念的傳達手段，文字這個因素也和用在散文表現裡的有所不同，它在詩裡本身就是目的，應該顯得是精煉的。

關於詩的表現可以較精確地區分三個要點：

第一，詩的表現用文字，好像只涉及語言。但是文字本身既然只是觀念的符號，詩的語言的眞正根源就不在於個別詞彙的選擇和用詞彙組成片語和語句的安排，也不在於和諧、節奏和押韻之類，而在於觀念本身的種類和性質。所以精煉的表現要從精煉的觀念中去找根源或出發點。我們的第一個問題就是：觀念應採取什麼樣形式才能成爲詩的表現？

其次，詩的觀念本身只有通過文字才能變爲客觀的東西，所以我們要先單從語言的角度去研究語言的表現，以便把詩的文字和散文的文字，以及詩運用語言的方式與散文思維中運用語言的方式區別開來。我們暫時還不談文字對於聽覺的效果。

第三，詩實際是一種語言，發出聲音的文字要按它的時間長短和音質來構成，因此就要

---

❺❸ 這一節說明詩人要深入體驗生活，要「讓內容的內在意義和實體滲透到作者自己的心靈裡」，「把廣闊的世界及其紛紜萬象吸收到他的自我裡去，對它們起同情共鳴，深入體驗」。這需要擺脫實踐方面的束縛，建立一種著眼於認識的世界觀，用自由的眼光臨高俯視一切。這種境界老年人比青年人較容易達到，所以荷馬和歌德都是到了晚年才做出他們的最好的詩篇。

談到時間尺度（音節）、節奏、音質、韻之類。[54]

1. 詩的觀念方式[55]

造型藝術通過石頭和顏色之類造成可以眼見的感性形狀，音樂通過受到生氣灌注的和聲和旋律，這就是按照藝術方式顯現一種內容的外表。詩卻不然，它只能通過觀念本身去表現[56]，這一點是我們要經常回顧的。所以詩人的創造力表現於能把一個內容在心裡塑造成形象，但不外現爲實在的外在形狀或旋律結構，因此，詩把其他藝術的外在對象轉化爲內在對象。心靈把這種內在對象外現給觀念本身去看，就採取它原來在心靈裡始終要採取的那個樣式。[57]

我們前已指出，原始的詩與後來從散文意識出發所改造成的詩，這二者之間的差別，現在還要再涉及這個差別。

A. 原始詩的觀念方式

原始的表現觀念的詩還沒有分裂成爲日常意識所表現的兩個極端：一個極端是把一切對象都按照直接呈現的因而是偶然的個別現象的原有的樣式帶到意識裡來，而不去掌握其中的內在本質及其現象；另一個極端是時而把具體的客觀事物拆散爲不同因素去看，然後抽出它們的抽象的普遍性，時而就這種抽象品憑知解力去進行聯繫和綜合。觀念如果要成爲詩的，卻只有一條路可走，使這兩個極端處於尚未分裂的和解[58]，所以詩的觀念方式介在日常直覺和思維之間。

一般說來，詩的觀念功能可以稱爲製造形象的功能，因爲它帶到我們眼前的不是抽象概念而是具體的現實事物，不是偶然現象而是顯現實體內容的形象，從這種形象我們可以通過外貌本身，以及尚未和外貌割裂開來的個性，就直接認識到實體，也就認識到事物的本質（概念）及其實際存在（現象）是內心觀念世界中的一個整體。從此可見，使我們見到形象的觀念方式和不用形象而單憑知解力的表現方式之間的巨大差別。與此類似的差別在閱讀中也可以見出，我們眼睛看到用作語言符號的字，馬上就懂得字的意義，無須用耳朵去聽字音。只有沒有流暢閱讀能力的人，才有必要把所閱讀的文字逐句念了出來才了解其中的意

---

54 這個提綱首先強調語言不能離開語言所表達的思想來看，研究詩的語言就要研究詩的思想（黑格爾所謂「觀念」），其次是要區別詩的語言和散文的語言，先要研究語言的表現方式本身，最後是要研究詩的音律。

55 「觀念」這個詞前已屢見，在德文是Vorstellung，原義是擺在心眼前的一個對象，作爲動詞，就指在心中見到或想到一個對象，所以在中文裡通常譯爲「觀念」是正確的。觀念應包括在廣義的「思想」裡，所以觀念方式也就是思維方式，所不同者「思想」可以是抽象的、經過推理的，詩的「觀念」一般是具體的意象，是想像活動的產物。

56 觀念對於詩既是內容又是表現內容的媒介，文字只是觀念的符號。

57 詩的內容，媒介和表現方式都是觀念性的。

58 即一般與特殊的統一。

義。這是一種不熟練的現象，它在詩裡卻是一種美好的優異的品質，因爲詩不滿足於抽象的了解，不滿足於把對象僅按照它在思考中，或記憶中的那種無形象的普遍概念的樣式帶到意識裡來，它所應做的是把本質（概念）及其客觀存在（現象），即類性及其具體個性，這兩方面的統一體揭示給我們看。憑日常的知解力，我聽到或讀到一句話，馬上就懂得它的意義，無須想到它的形象。例如說到「早晨」或「太陽」，我們就明白這是什麼意思，不必想到「早晨」和「太陽」的具體形狀。但是當詩人說「當晨曦女神伸出玫瑰色的手指向上升起的時候」，他就把早晨的太陽形象化了。詩的表現所提供的還不止，此它要對所理解的對象除掉理解以外，還要加上一種觀照或直覺，或則毋寧說，它把單純的抽象理解推開，讓位給實在具體的東西。例如說，「亞歷山大征服了波斯帝國」，就內容來說，這句話也表達了一個具體的觀念，但是用「征服」這個詞來表達的許多具體的征服事實，卻總結爲一個毫無形象的抽象概念，並沒有能使我們把亞歷山大的實際成就的本質和現象都看得一目了然。一切與此類似的表現方式都有同樣情況：我們了解了，但是所了解到的東西是蒼白暗淡的，從個別對象來看，是不明確的、抽象的。所以詩的觀念方式要展示現實界現象的豐富完滿，把事物和事物的內在本質融成一種原始的（未經分裂的）整體。

直接由此產生的結果就是詩的觀念方式對事物外表留戀不捨的興趣，它把外表看作本身值得描繪和重視的，因爲它表現出事物的眞實情況。所以詩的表現方式一般是解釋性的，不過用「解釋」這個詞還不妥，因爲我們通常把大量不是詩人本意的東西也叫做「解釋」，好比抽象的定義所界定的內容沒有這種定義還是可以理解的，所以從散文的觀點看，詩的表現方式可以被看成走彎路或是說無用的多餘的廢話。不過對於詩人來說，他對所要做的事是帶著偏愛的心情，憑他的想像把他所寫的眞實現象鋪開來加以描繪。例如荷馬就是用這種方法，在他所寫的每一個英雄人物的名字前面加上一個形容詞，例如「捷足的」阿基里斯，「穿著明亮的護腿甲」的希臘人，「頭盔閃閃發光的」赫克特，「各部落的統帥」阿伽門農等等。一個名字固然標誌著一個人物，不過單憑名字對於想像不能提供更多的內容，要產生一種明確的印象，就還要比名字更多的東西。此外，還有一些本身就可以產生具體印象的東西，例如海、船、刀等等，荷馬也要加上形容詞，抓住所寫對象的某一重要屬性把它描繪出來，成爲一個鮮明的形象，使我們可以想像到對象的較具體的面貌[59]。

其次，上述表現特性的形象化和不表現特性的形象化之間也有差別，因爲表現特性的形象按照所寫事物本身固有的實在情況把對象表現出來，而不表現特性的形象則不在所寫對象本身上留戀，卻轉而描繪另一個對象，使我們更能明白所寫對象的意義，得到更具體的印象。屬於這種表現方式的有隱喻、顯喻、比擬等等。這種表現方式在所寫內容上蒙上一層

---

[59] 這一節說明起源比散文較早的詩所用的觀念方式處於直接觀感和抽象思維之間，是內容意蘊與現實現象的統一。詩的功能就是製造形象的功能。製造形象的方式首先是用一種具體形象描繪所寫對象本身固有的某種特性。因此，詩有留戀事物外表的傾向。

不同於內容的面紗，只是作爲裝飾，想把內容描寫得更精確一點，卻不能充分做到，因爲它只是在某一點上才與內容有些聯繫。例如荷馬把不肯逃跑的希臘將領阿雅斯比作一條頑強的驢子。東方詩在運用圖景和比喻方面特別顯得輝煌富麗，這一方面是由於東方詩的象徵傾向必然要使詩人在周圍尋找可以比擬的類似現象，一個普遍意義本來就可以涉及範圍很廣的類似現象，這就使得東方詩把世間一切最輝煌、最莊嚴的五光十色的事物，都被用來裝飾心中的唯一值得歌頌的對象。詩的觀念方式所用的比喻和圖像，依我們看來，只在一種主觀的臆造和比擬，本身並不眞實。不過東方詩人卻不這樣看，他把由一切客觀事物轉化成的，由想像掌握住和構成形象的那種理念的顯現，看成就是一切，此外就沒有什麼實際獨立存在或有獨立存在權的東西。我們憑知解力用散文眼光來對待的對世界的信念就被轉化爲對想像的信念，對於這種信念，只有由詩的意識所創造的那個唯一的世界才是存在的。

與此相反的是浪漫型的想像，它也愛用比喻來表現，因爲具有這種想像的收視返聽的主體來說，外在事物只是一種附贅懸瘤，沒有充足的實在性。用深刻的情感，對豐富細節的觀照，或是詼諧離奇的拼合，來把這種仿佛沒有特性的外在事物塑成形象的企圖就成爲一種推動力，促使浪漫型的詩不斷有新的發現。浪漫型的詩所要做的並不是把事物表現得很明確、一目了然，而是把對疏遠現象進行隱喻式的運用看成本身就是一個目的。情感成了中心，巡視自己的豐富多彩的周圍，就把它吸收到這中心裡來，很機巧地把它轉化爲自己的裝飾，灌注生氣給它，而自己就在這種翻來覆去中，這種體物入微，物我同一的境界中得到樂趣[60]。

B.散文的觀念方式

其次，與詩的觀念方式相對立的是散文的觀念方式。在散文的觀念方式裡，關鍵不是形象，而是用作內容的那種單純的意義，因此，觀念成爲認識內容的單純手段。所以散文的觀念方式既沒有必要把對象的明確的實在形狀展現在眼前，也無須像上文所說的不表現本身特性的方式，在所寫對象之外還引起另一對象的觀念。散文固然也要把對象的外貌寫得很明確，但目的不在喚起具體形象而在達到某一特殊目的。所以一般地說，散文的規範是精確、鮮明和可理解性，而用圖像比擬的觀念方式則較不精確鮮明。詩用來喚起意象的那種根據所寫對象本身特性的觀念方式，卻要使單純的事物跳開它的直接意義轉到實際存在的現象，因爲在詩裡事物是要憑這種實際現象來認識的。至於詩用不根據對象本身特性的觀念方式，則利用一種與內容意義本不相干的只有某些關聯的現象來起圖解比擬的作用，所以對詩作品用散文進行詮釋的人要費很大的事才能通過憑知解力的分析，把形象和意義割裂開來，從活生生的形象裡，抽繹出它的抽象的內容意義，從而使人憑散文的意識去了解用詩的觀念方式所

60 這一節說明詩製造形象的另一方式是不表現所寫對象本身固有的特性，轉到與這對象略有關聯的另一對象上去描寫，其目的有二，一是有助於更好地表達所寫對象的意義；一是用作裝飾，即我國古代修辭家所說的「藻繪」。這種方式一般是比擬，有隱喻、顯喻之類分別，即「先言他物以引起所興之詞」。黑格爾認爲東方象徵型詩人和西方浪漫型詩人都愛用這種比擬方式。

表現的東西。詩的主要規範不是精確，不是把內容聯繫起來的那種簡單的妥帖。如果散文及其觀念方式在題材類似詩的範圍裡，需謹守內容意義的界限和抽象的精確，詩卻與此相反，要把人引導到另一境界，即內容意義的具體顯現或其他有關現象。因爲在詩裡應該獨立出現的正是這種實際具體事物，一方面固然是要藉此表現內容意蘊，一方面也是要藉此擺脫抽象內容意義的拘束，把注意力引到顯現內容意義的實際具體事物上去，使生動的形象對認識性的興趣成爲主要目標。[61]

C. 從散文氣氛中恢復過來的詩的觀念方式

如果在散文觀念方式的單純精確已變成常規的時代，提出上文向詩提出的那些要求，詩和它的形象性就會處在一種難境。因爲在這種散文時代裡，到處占上風的意識方式，是情感和感覺與憑知解力的思考之間的割裂，而這種思考對待情感和感覺的內在和外在的材料，都是把它只用來發動知識和意志，或是使它服務於研究和行動。在這種情況下，詩就要有一種自覺的努力，才能使自己跳出散文觀念的慣常的抽象性，轉到具體事物的生動性。如果詩要達到這個目的，它就不僅要避免以一般爲對象的思考，與只掌握特殊的感覺和情感之間的割裂，而且使感覺和情感及其材料內容擺脫爲實踐目的的服務的地位，勝利地達到它與一般的和解或統一。不過這是把詩和散文的兩種觀念方式和世界觀在同一種意識裡結合在一起，這裡就不免露出互相妨礙和干擾甚至互相衝突的痕跡。就拿德國現代詩來說，只有極大的天才才能使這種衝突達到和解，此外還有其他困難，我在這裡只想指出有關具體形象的幾點。如果散文的知解力已代替了原始的詩的觀念方式，詩的觀念方式的重新蘇醒（恢復），在根據本身特性和不根據本身特性的兩種表現方式方面，都不免有些矯揉造作。就連在它仿佛並非有意如此的時候，它也很難恢復到詩所應有的兩種自然流露的眞實，在過去時代裡許多本來是新鮮的東西，經過重複地沿用，就變成了習慣，逐漸習以為常，轉到散文領域裡去了。如果在這種情況下詩要追求新奇，它在辭藻和描繪等方面，縱使沒有達到誇張和堆砌，總不免不由自主地流於人工造作、雕飾、尖酸、纖巧、弄姿作態之類毛病。這些毛病都不是出自健康的感覺和情感，而是出自勉強追求效果的意圖。這些毛病在下面的情況中特別突出：用隱喻式的表現方式來代替根據對象本身特性的表現方式，想以此勝過散文，顯得不平凡，這就很容易流於尖新和追求還不太陳腐的效果。[62]

---

[61] 這一節就詩的觀念方式與散文的觀念方式的區別進一步說明詩的特徵，散文訴諸知解力，目的不在製造形象，而在闡明內容的抽象意義；詩訴諸想像，目的不在因形見義，而在「藉形象擺脫抽象的意義，把注意力引到顯現內容意義的實際具體事物上去」。

[62] 這一節說明詩到了散文時代，困難在於把既已割裂的一般內容意蘊與特殊具體事物的統一恢復過來，這就要「把詩和散文的兩種觀念方式和世界觀在同一意識裡結合在一起」。近代很少有詩人能克服這個矛盾，其結果是矯揉造作、追求新奇、流於雕飾、尖酸、纖巧之類弊病。

2. 語言的表現

詩人的想像和一切其他藝術家的創作方式的區別，既然在於詩人必須把他的意象（腹稿）體現於文字而且用語言傳達出去。所以他的任務就在於一開始就要使他心中觀念恰好能用語言所提供的手段傳達出去。一般說來，只有在觀念已實際體現於語文的時候，詩才眞正成其爲詩。

詩的語言方面可以提供無限廣闊複雜的研究資料，因爲要節省篇幅去討論一些尚待討論的重要問題，這裡只能略談幾個要點。

A. 泛論詩的語言

藝術在一切方面都要把我們帶到一個不同於日常生活、宗教觀念和行動乃至科學思考的嶄新領域，所以詩不僅一方面要防止表現方式降落到平凡猥瑣的散文領域，另一方面要避免宗教信仰和科學思考的語調。詩尤其要避免可以破壞形象鮮明性的憑知解力的生硬的割裂和聯繫，以及下判斷作結論之類哲學形式，因爲這類形式會立即把我們從想像的領域裡搬到另一個領域裡去。不過在所有這些考慮中，詩到哪裡止和散文從哪裡起的界線畢竟很難劃定，一般不可能很精確地下普遍性定義。

B. 詩的語言所用的手段

詩在完成它的任務之中所用的特殊手段有如下幾種。

1.首先是詩所特有的一些單詞和稱謂語。它們是用來提高風格或是達到喜劇性的降低或誇張的，這也適用於不同的詞的組合和語形變化之類。在這方面，詩有時可以用古字，即在日常生活中不常用的字；有時也可以鑄新詞，從而顯出大膽的創造性，只要不違反民族語言的特性。

2.其次，是詞的安排屬於這一類的有所謂辭藻，也就是語言的裝飾。辭藻的運用很容易產生修辭和宣講（用這兩詞的壞意義）的味道，破壞語言的具體生動性，特別是在用刻板通套的表現方式來代替情感的自然流露的時候。這種通套的表現方式是和親切、簡練、零星片段[63]的表現方式相反的。深刻的心情本來用不著說很多的話，特別是在浪漫型的詩裡，凝煉的心情宜於用親切簡練的方式，才會產生巨大的效果。總之，詞的安排是詩的一種最豐富的外在手段。

3.第三還要提一下複合長句的結構。它把其他語言因素都包括在內，它用或簡或繁的銜接、動盪的迴旋曲折，或是靜靜地流動，忽而一瀉直下、波瀾壯闊，所以最適宜於描述各種情境，表現各種情感和情慾。在這一切方面，內在的（心靈方面的）東西都需通過外在的語言表現反映出來，而且決定著這種語言表現的性質。[64]

---

[63] 例如箴言語錄體。

[64] 以上關於詩的語言手段的三小節，只涉及詩所特有的遣詞造句的方式，通常是在修辭學裡討論的。

C. 運用語言手段的差異

上述語言手段的運用方式也可以區分爲在上文談到詩的觀念方式時，所已指出的那些不同發展階段。

1. 詩的用語產生於一個民族的早期，當時語言還沒有形成，正是要通過詩才能獲得眞正的發展。當時詩人的話語，作爲內心生活的表達，通常已是本身引人驚贊的新鮮事物，因爲通過語言，詩人把前此尚未揭露的東西揭露出來了。這種新創像是出自一種人們所不經見的神奇的本領和能力，能使隱藏在深心中的東西破天荒地第一次展現出來，所以令人驚異。在這種情況下，關鍵不在語言的形成和發展的繁複程度，而在表現的魄力和語言創造這件事本身。所以語句的用法還是很簡單的。在那樣古老的時代既不能有思想的敏捷，也不能有表現方式的豐富多彩和迂回曲折。凡是要表現的東西都表現於一些樸質無文的符號，還沒有後來藝術技巧所用濃淡陰影，以及起承轉合之類方便法門。當時詩人仿佛是第一個人在教全民族把口張開來說話，使思想轉化爲語言、使語言又還原到思想。當時說話這件事還不是共同生活中的一件尋常事，詩利用這種共同生活的語言加以提高，使它產生新鮮的效果。例如荷馬的表現方式對於我們近代人來說，已成爲習以爲常的東西：每一個觀念都有一個它所特有的字，不根據本義的字句[65]還是稀少的，就連在詳細描述時，語言本身還是極簡單的。與此類似的還是但丁，他在替義大利民族創造出一種活的詩的語言，[66]也顯出創造天才的大膽和魄力。[67]

2. 其次，隨著反省思索的出現，觀念的範圍就日益擴大，觀念的結合方式就複雜化起來，駕御觀念的能力就逐漸增長，語言的表現也就日益流暢了。這時一個民族已經掌握了一種發展成熟的表達日常生活的散文語言。爲著要引起興趣，詩的表現就需背離這種散文語言，對它進行更新和提高，變成富於精神性的。在日常生活裡，語言的起因是眼前的臨時偶然事物，但是藝術作品就不能根據這種對個別事物的臨時觀感，就連在精神振奮中的熱情也應受到節制，精神的產品必須從藝術的寧靜氣氛中生展出來，在心靈的神智清醒中塑造成形。在詩的最早期就可以從詩作品和語言本身中見出這種寧靜氣氛和凝神狀態，但是在較晚的時代裡，詩創作卻需顯出詩的表現不同於散文的表現，散文發展成熟時代的詩和各民族原始時代的詩之間的基本差別就在於此。

詩創作在追求詩的用語這方面可以走得很遠，以致把這種特殊表現方式看成一種主要任務，著眼點很少在內心生活的眞實情況，而更多地在語言方面的美妙、光潤、文雅及其效

---

65 例如「引申」、「假借」、比喻之類。

66 但丁不用拉丁文而用義大利土語寫成《神曲》，還用拉丁文寫過《論光輝的土語》替他的實踐進行理論的辯護。

67 這一節說明詩的語言比散文的語言起源較早，「詩人是第一個人在教全民族張口說話」。黑格爾舉荷馬和但丁爲例，說明詩人是民族語言的締造者。

果。於是詩就降落到修辭和演講的地位。我前已說過，這種表現方式對於詩的內在生命會起破壞作用，因爲詩創作中的清醒理智轉到著意安排，眞正的詩的效果應該是不著意的，自然流露的，一種著意安排的藝術就會損害眞正的詩的效果。有一些民族幾乎就只會產生這種修辭式的詩作品。例如拉丁語言在西塞羅[68]的作品裡還是夠純樸自然的，但是在維吉爾和賀拉斯之類詩人的作品裡，讀者就感覺到它們都是人爲的、著意雕琢的。在這種作品裡內容實際是散文性的，只是配搭上一些外在的裝飾；這種詩人缺乏獨創才能，設法在語言技巧和修辭效果方面尋求一些東西，去彌補他在創造才能和眞正效果方面的缺陷。法國人在他們的所謂古典文學時期[69]也有過這樣的詩。這種詩特別適宜於教訓詩和諷刺詩兩種體裁，其中大量修辭性的辭藻占最突出的地位，但是所陳述的內容卻完全是散文性的，只是語言極端富於形象和雕飾，頗類似赫爾德和席勒的語言風格。這兩位詩人也運用這種表現方式來描繪散文性的內容，不過他們會通過思想的深刻和表達的美妙，使這種描繪博得讀者的容忍和許可。連西班牙人也不是完全沒有著意雕琢的詩歌所常有的華麗辭藻，一般說來，南方各民族，例如西班牙人和義大利人，以及他們之前信伊斯蘭教的阿拉伯人和波斯人，都愛用廣泛的、繁蕪的圖像和比喻。在古代人特別是在荷馬的作品裡，語言的表現總是很柔和平靜的，而在上述那些民族作品裡，語言所表現的觀感卻像一般積蓄過滿的泉水，四面擴散噴濺，知解力忙於進行理論性的工作，時而進行嚴格的區別和瑣碎的分類，時而進行滑稽的巧妙的遊戲似的拼湊或結合，而內心裡卻不動情感。[70]

3. 眞正的詩的表現既要避免上述純粹宣講式的修辭，也要避免用語的鋪張堂皇和憑巧智的文字遊戲（儘管這也可以顯出自由創造的美妙樂趣）。如不避免這些毛病，那就會危害內心世界的自然眞實，忘去內容意義在遣詞造句中所應起的決定作用。詩的用語不應獨立，變成詩的唯一的重要因素。一般說來，用心雕琢的作品不應喪失自然流露的面貌，應該給人以它彷彿是從主題內核中自己生長出來的印象。

3. 詩的音律

這是詩的表現方式中第三個因素。它之所以必要，是因爲詩的觀念不僅要體現於文字，而且要用實在的話語說出來，因而涉及語調和字音這些感性因素。因此我們要跨進詩的音律領域。用音律的散文不能算是詩，只能算是韻文，正如用散文來創作詩，也只能產生一種帶有詩意的散文。至於詩則絕對要有音節或韻，因爲音節和韻是詩的原始的唯一的愉悅感官的芬芳氣息，甚至比所謂富於意象的富麗辭藻還更重要。

---

68 西塞羅（西元前106-43），羅馬的最大的演說家；不以詩聞名。

69 指十七世紀和十八世紀。

70 這一節說明詩在散文時代容易降落到修辭和演講的地位，專在辭藻上下功夫，缺乏實在的內容，也缺乏創造的天才。我國過去的四六駢文就是典型的例子。

如果對音律這種感性因素進行藝術刻畫，就立即置身於詩所要求的另一領域和另一種土壤。要進入這一境界，我們要先拋開日常生活和日常意識中的那種認識性和實踐性的散文觀念，同時對音律的藝術刻畫也迫使詩人跨過日常語言的框框之外去活動，只按照藝術的規律和要求去說他所要說的話。有人認爲音律不自然應該廢除，這種看法是極膚淺的。萊辛由於反對法國的那種表達虛僞激情的亞歷山大格，而主張在悲劇裡用散文的表達方式，認爲這比較合式；席勒和歌德在他們的早年作品裡由於側重內容和詩創作的自然傾向，也採用了用散文寫戲劇的原則。但是萊辛本人在他的《智者訥坦》裡畢竟回到用抑揚格的音律；席勒寫《唐·卡洛斯》，也就已放棄前此所走的散文道路；而歌德對他在早年用散文寫《在陶里斯的伊菲革涅亞》和《托爾夸托·塔索》兩個劇本也極爲不滿，把它們的表達方式和音律都重新加以藝術刻畫，使它們獲得不斷博得讚賞的那種較純眞的形式。

人工造作氣味很重的詩的音節和韻律，當然像是在內在觀念和感性因素之間造成一種不易駕御的關係，比顏色對於繪畫還更不易駕御。因爲外在事物和人的形體在自然界就是有顏色的，無色的東西只是一種勉強的（不自然的）抽象品，至於觀念與只用來傳達的人爲的語音符號之間卻只有很疏遠的關係，甚至毫無內在的關係，所以詩的音律的嚴格要求仿佛很容易對想像成爲一種桎梏，使詩人不能按照他心裡所想的樣子，把他的觀念傳達出來。因此有人就認爲節奏的抑揚頓挫和韻腳的鏗鏘和諧儘管確實有一種悅人的魔力，但是如果對音律方面要求過多，就往往不免由於追求感官的快感而使最美好的情感思想受到犧牲。其實這種指責是站不住腳的。第一，說詩的音律妨礙自然流露，這是不正確的，一般說來，眞正有才能的詩人對於詩的感性媒介（音律）都能運用自如，感性材料對他不但不是阻力或壓力，而且還能起激發他和支持他的作用。事實上我們看到過凡是偉大的詩人在自己獨創的時間尺度、節奏和韻腳之中，都很自由地、有把握地迴旋自如，只有在把詩從原文譯成外國文時，拘守原詩的音節和韻律等等，才會顯得勉強生硬，引起不快感。其次，在自由詩裡，要把思想表現得迴旋蕩漾，時而凝煉、時而波瀾壯闊，這種強制性的音律要求還能激發詩人「因文生情」，獲得新的意思和新的獨創，如果沒有這種衝擊，新的東西就不會來。除掉音律的這些優點不算，感性的客觀因素（這在詩裡就是語言）也本來就是藝術的重要因素，所以不能像聽命於直接的偶然事物的日常語言那樣沒有形式、沒有定性，而是要經過藝術加工，顯得既精煉而又生動。儘管語音在詩裡聽起來只是一種外在手段，它畢竟是應當看作本身就是目的來處理的，要具有明確而諧和的輪廓。對這種感性因素的注意在一切藝術裡，都在嚴肅的內容之外添上一個特色，通過這種特色，內容的嚴肅就立即顯得仿佛推遠（或沖淡）了，使詩人和聽眾都擺脫這種嚴肅的束縛，置身於一種超越嚴肅內容之上的更高、更優美的境界[71]。在繪畫和雕刻裡，藝術家用來就人體、岩石、樹林、雲彩和花卉之類對象進行素描和著色的

---

71 這句原文比較艱晦，意思其實很簡單。主要有兩點：一、音律這種感性因素是嚴肅內容之外的一種因素；二、這種因素對嚴肅內容起著推遠或沖淡作用，使人能更好地欣賞藝術美，而不是把注意力集中到內容一方面。

方式本來就有感性空間的限制；建築也要適應建築物的目的要求，去規定牆壁和屋頂的形狀。音樂也是如此，它要服從和聲學的一些絕對必要的基本規律，才能獲得明確固定的輪廓。詩卻不然，語言的感性聲響在配合結構方面本來沒有拘束，因此詩人的任務就在於在這種無規律之中顯出一種秩序、一種感性的界限，因而替他的構思及其結構和感性美，界定出一種較固定的輪廓和聲音的框架。

正像在音樂的表現裡，節奏和旋律需取決於內容的性質，要和內容相符合，詩的音律也是一種音樂，它用一種比較不太顯著的方式，去使思想的時而朦朧、時而明確的發展方向和性質在聲音中獲得反映。從這一點看，詩的音節需表現出全詩的一般調質和精神性的芬芳氣息，例如用的是抑揚格還是揚抑格，是八行一節還是用其他劃分章節的方式，並非無關宏旨的。[72]

涉及較詳細的題材劃分，主要有兩個體系，現在先說明這兩個體系的區別。

第一個體系是根據節奏的詩的音律，它要按音節的長短形成不同類型的見出、迴旋的組合和時間上的承續運動。

第二個體系是由突出單純的音質來形成的，它要考慮個別字母是母音（母音）還是子音（輔音），也要看整個音節和整個字的音質，有時有規則地重複同一個或類似的音質，也有時按照對稱的輪換的原則。雙聲、疊韻、半諧音[73]和韻腳等等都屬於音質體系。

這兩個體系和民族語言本身的音律密切相關，有些語言的音律一開始就以音節的自然長短爲基礎，也有些語言的音律卻以單靠意義決定的便於理解的重音爲基礎。

第三，按節奏的進展和按音質的組合這兩個體系也可以結合在一起。不過在這種結合中，如果韻腳的集中而又突出的回聲使耳朵聽起來過分強烈，它就會壓倒時間長短的進展運動，也就是說，節奏就被沖淡，不大能引起注意了。

A. 根據節奏的詩的音律

這裡指的是不用韻只根據節奏的體系，其中最重要的有以下幾種：

第一是音節有固定的時間尺度（這裡還只說單純的長音和短音的分別），以及由長音和短音組合成的各種各樣的比例關係和詩的音節尺度。

其次是由重音、頓，以及詩的重音與語言的重音之間的衝突所形成的生動化的節奏。

第三是由在節奏運動中，由字的音質所形成的悅耳的音調，但這裡還不包括押韻。

1. 節奏的形成不是靠一些單純的孤立的字音而是靠時間的長短和運動。

---

72 詩是否可廢除音律而專用散文，在近代是一個爭論紛紜的問題。黑格爾特別強調詩與散文的分別，替詩的音律作了頗有力的辯護。馬克思給拉薩爾論《弗蘭茨・馮・濟金根》悲劇的信，所指出的缺點之一是「應該把音律安排得更藝術一點」，恩格斯爲同一目的寫給拉薩爾的信也指出他在音律方面過於自由，給朗誦和上演都帶來麻煩，足見馬克思主義創始人都很重視詩的音律。

73 「半諧音」（Asonnanz）用同母音、不同子音押韻，例如an和am就是半諧音，英法古詩中有時用這種韻。

(1) 這種節奏的簡單出發點是音節的自然的長和短，這種自然長短的差別取決於民族語言的發音方式本身，是由字母、子音和母音這些因素形成的。

自然的長音是ai、oi、ae之類複母音，不管近代音律理論家怎麼說，複母音畢竟是一種具體的由兩個母音複合在一起的雙音，就像顏色中的綠色是複合色一樣。響聲很長的母音也是如此。此外還要加上各種字音所處的位置，這在梵文、希臘文和拉丁文裡都是在不同的位置就可以產生不同的效果。如果兩個母音之間夾著兩個或兩個以上的子音，在說話中發音前後承續就有些困難，就會拗口；發音器官爲著從多子音轉到母音就需花較長的時間，這就要產生一種停頓。儘管母音是短音，這一停頓就會使子母音合成的那個音節顯得很長。例如我讀mentem nec secus這幾個音節，從一個母音轉到另一個母音時，例如在讀mentem和nec時就比讀secus就較爲困難。近代各民族語言並不嚴格重視這個差別，在計算音的長短時卻用一些其他標準。但是不管所占的位置如何，而當作短音來用的那些音節往往至少顯得生硬，阻礙或延宕了本來要求的那種運動速度。

和上述由複母音和長母音以及由位置而形成的那些長音不同，自然的短音的音節是由短母音形成的，第一個母音和第二個母音之間不夾著兩個或兩個以上的子音。

(2) 文字有時由於是多音節的，一個單字本身就有幾個長音和短音，有時儘管是單音節的，卻由於和前後其他的字聯在一起，就產生了不同的音節和單字偶然交替出現的現象，不能按一個固定的音的尺度。詩的任務就和音樂的任務一樣，要調整這種偶然現象，用時間長短尺度的單位，去使一些時間長短本無規律的個別的音見出足夠的規律。所以詩把長音和短音的一些規定的排列方式定爲規律，來顯出前後承續的各字音的時間比例。例如在揚抑抑格和抑抑揚格裡，兩個短音按照一定的規律可以合成一個長音，成爲揚揚格。[74]其次，一個長音和一個短音並列在一起，時間長短的差別就更爲顯著，儘管形式最簡單，抑揚格和揚抑格就是如此。如果一個短音夾在兩個長音之間，成了揚抑揚格，或是一個短音放在兩個長音之前成了抑揚揚格，這種排列就較爲複雜了。[75]

(3) 但是這些孤立的音步單位的時間比例的關係（即抑與揚的關係），如果不管彼此不同而任意拼湊成先後承續的系列[76]，它就會形成不規則的偶然排列，一方面要破壞原來要使

[74] 揚代表長音或重音，抑代表短音或輕音：

揚抑抑格一般用 –⏑⏑ 表示

抑抑揚格一般用 ⏑⏑– 表示

揚揚格用 –– 表示

抑揚近似中文詩的平仄，但不完全相同，因爲仄聲的上去入在輕重短長上又各不相同。

[75] 這一小節只說明節奏體系的詩律的最低單位是一個音步，其中長音和短音依格式不同而各有固定的位置。

[76] 一個單位音組叫做「音步」，一行詩通常有幾個音步。如果一個五音步的詩行中抑揚關係排成：

–⏑|⏑–|–⏑⏑|⏑–⏑|––|

就會造成本節所說的任意拼湊的情況。

這些時間比例關係見出規律性的目的，不能形成長音節和短音節的有規律的先後承續的系列了；另一方面整段詩的開頭，中間和結尾就會毫無明確的界限，這就會導致隨意任性，也就違反了我們在討論音樂的時間尺度和拍子時，所指出的聽者和聲音長短尺度之間的關係。聽者要求聚精會神，不願在聲音不斷地向前流轉中受到干擾，這只有一個辦法，就是要有一定的時間單位，以及這些時間單位的顯著的開始，以及有規律的承續和終結。就是因爲這個緣故，詩還要把個別孤立的時間比例關係排列成爲詩行[77]。詩行是詩律的第三個因素，每一行詩在音步的種類和數目上，以及在開始、進展和終結上都要按照一定的規則。例如三韻格的抑揚格詩行包括六個抑揚格的音步，其中每兩個音步形成一個抑揚格的雙音步；六音步的詩行包括六個揚抑抑格的音步，在一定的位置上揚抑抑格要縮成揚揚格。這些詩行既然可以按照同一個或類似的方式反覆重複下去，這種先後承續的序列就不免一方面很難確定詩行究竟到哪裡終止的現象，另一方面顯得單調，使人感到缺乏一種內部多樣化的結構。爲著彌補這個缺陷，詩終於發展到發明章節及其多樣化的結構，特別便於抒情的表現方式。例如希臘的輓詩格律，阿爾卡埃烏斯和莎芙兩位詩人所創的章節格式，以及品達和一些著名的戲劇體詩人在抒情詩和合唱隊的歌唱裡所創造的一些章節格式。[78]

儘管在時間尺度上，音樂和詩都要滿足同樣的需要，我們卻不應忽視音樂和詩的差別，最重要的差別在於拍子。古希臘詩律是否把眞正相等的時間段落定成拍子，讓它重複地出現，這還是一個爭論不休的問題。大體上可以這樣說，詩把文字作爲單純的傳達手段來用，在這種傳達所占的時間上就不能定出一個絕對固定的尺度（時間的長度），去抽象地支配語言的前進運動，像音樂中的拍子那樣。在音樂裡，聲音是一直響下去的、流動不定的，所以絕對需要拍子所帶來的固定性。語言卻不需要這樣固定點，因爲語言本身在思想內容上就可找到停頓點，語言並不完全等於外在的聲響，它的基本的藝術因素在於內在的思想或意義。事實上詩在它用語言所明白表達出的思想和情感裡就已可以直接找到實質性的界定方式，作爲停止、繼續、流連、徘徊、猶疑等等運動形式的依據。就連在音樂裡，輪到朗誦（說白）部分也就不再用呆板一律的拍子，也就是這個道理。所以詩的音節如果完全要受拍子規律的約束，至少就用拍子這一點來說，音樂和詩的差別就會完全消失了，時間因素在詩裡所占的比重就要超過詩的本質所能允許的程度了。我們可以根據這個理由提出這樣主張：在詩裡儘管有一種時間尺度在起重要的作用，但是並不用拍子，對詩方面起決定性作用的是文字的意義。如果從這個觀點對古代詩律進行較細緻的研究，六音節格式當然像是最能嚴格地按拍子

---

77 西方詩以「行」爲單位，一行不一定是一句，一句話的意思往往要由上行跨到下行才完止。每行分幾個音步，每個音步包含兩個或三個音節，用抑揚相間見節奏。

78 這一小節說明集音步成行，集行成章節都需要一定的格律，但是寓變化於整齊，既不能無規律，也不能呆板單調。詩章（Strophe）大半出現在抒情詩裡，全篇分幾個章節，每個章節有一定的行數和音律，各章之間往往有對稱呼應的關係，頗類似中國《詩經》的章法。

進展的，例如老沃斯[79]就有這種看法，但是六音步格式中最後一個音步的縮短就足以駁倒這種看法。沃斯還認爲讀阿爾卡埃烏斯和莎芙的詩章時，也要按這樣抽象的整齊一律的拍子，那就只能說是任意武斷，把詩句勉強加以割裂了。沃斯有這種看法，因爲我們德國人習慣把德文詩的抑揚格看作整齊一律的音節和時間尺度。其實古代六音步的抑揚格詩行之所以美，並不是因爲每行都有在時間尺度上整齊一律的六個抑揚格音步，而主要是因爲每行開始時換用揚揚格，收尾時換用揚抑抑格或抑抑揚格，這樣就避免了同一時間尺度的毫無變化的複現，也就是說，不至於形成拍子。抒情詩的格律變化就更多，如果要證明拍子在這裡也絕對必要，那就只能是根據先驗而不是根據經驗。

2. 只有重音和頓才能使節奏的時間尺度（長短）獲得眞正的生動化。這兩個因素相當於我們在音樂裡所說的拍子節奏。

(1) 這就是說，在詩裡每一個特定的時間比例也有一個特別的重音，即按詩律在一定位置上應該突出的音[80]，牽連到其他這樣突出的音，才形成一個完整體。因此，由於各個音節的價值不同，多樣化就有很大的發揮作用的餘地，一方面長音節比短音節一般較突出。如果詩律重音也落在這個長音節上，它就比短音節加倍地突出，比不是重音的長音也較突出。但是另一方面詩律重音也可落在短音節上，效果就與上面所說的相反。

但是特別重要的是我在上面已提過的情況，個別音步的開頭和收尾與個別單字的開頭和收尾並不是一律吻合。如果多音節的單字需由前一音步的收尾跨到下一音步，這個單字在音節上就拆開了，而在節奏上前後兩半還是聯起來的。其次，如果重音落在跨到下一音步的那個字尾音上，就會產生比只有重音時更爲明顯的時間段落，因爲字尾本來一般都要停頓，這一停頓再加上重音，就在不斷的時間之流中劃出一個可以感覺到的段落了，這就叫做「頓」，頓在每個詩行裡都是不可少的，因爲儘管明確的重音就足以使一些個別的音步見出較清楚的差別，因而也見出一定的多樣性，但是這種變化畢竟時而是完全抽象的、呆板單調的，時而使各個音步之間彼此無聯繫，只是呆板地一步接著一步複現，像我們德國詩的抑揚格那樣整齊一律地重複同一格式的音步，這種毛病尤其顯著。頓的功用就在於防止這種枯燥的單調，在整齊一律、毫無變化、呆板複現的音步之中，放進一種聯繫和一種較活躍的生氣。由於頓可以在各種不同的地位出現，就使音調見出變化，而同時由於頓受規律的約制，也就不至於回到無規則的隨意狀態。

最後，詩律的重音和頓之外，還要加上第三個因素，即語言本身的重音[81]，這是文字離

---

79 沃斯（Voss），十八世紀德國詩人，已見前注。他曾把荷馬史詩譯成德文，他主張沿用希臘詩節奏體系的音律。黑格爾在這一節批駁了他的詩的時間尺度等於音樂的拍子的主張，詩的音節長短雖有一定的規律，但由於意義的影響，還不能形成可以精密測量的拍子。他強調意義的重要，反對格律過分形式化。

80 黑格爾說的「重音」一般指詩律重音，以別於由意義決定的重音。

81 語言本身的重音和詩律的重音有時一致，也有時不一致。上文所說的「頓」也是如此，它是詩律所要求的，不一定就是語言中的頓。這在法文詩中特別清楚。

開在音律中的運用本來就有的。這第三種重音又使各音節的抑揚起伏的性質和程度顯出更多的變化，因爲一方面它可以和詩律的重音和頓疊合，這樣就加強詩律的重音和頓的效果；另一方面它也可以不和詩律的重音和頓疊合，即落在按詩律不宜突出的音節上，但是從意義的觀點看，它仍需保留重音，這樣它就仿佛與詩律的節奏發生衝突，從而使整個節奏獲得一種新的助長生動性的因素。對於我們近代人來說，要從上述幾個因素聽出節奏的美，那是一件很難的事，因爲在近代語言中，需結合在一起才見出古代詩律優點的上述幾種因素已不很明顯固定。我們近代人爲著滿足另樣的藝術要求，就用另樣的手段來代替那些因素。[82]

(2) 比字和音節在詩律的地位更重要的，是字和音節從詩的觀念（思想內容）方面所獲得的價值。正是這種文字和音節本身所固有的意義，才使詩律中那些因素的效果顯出不同程度的突出，如果沒有意義或是音義不大，音律因素的效果也就要減弱。只有通過意義，詩在音律方面才獲得最高度的精神方面的生氣。不過詩在著重意義這一點上也不宜太過，免得和詩的節奏規律發生衝突。

(3) 特別是從節奏運動方面來看，詩的格律的性質是和內容的具體性質相對應的，尤其是在這內容是特殊情感運動的時候。例如六音步格式的音節進展頗似輕波蕩漾，特別宜於史詩敘述的平順流暢。如果六音步格式和五音步格式及其固定的對稱的頓結合在一起，變成劃分章節的，但仍見出簡單的規律性，就宜於用在輓歌體詩裡。抑揚格進展輕快，特別適合於戲劇的對話；抑揚揚格雄壯，則宜表現凱旋的歡樂情緒。其他格式也很容易見出各有特性。[83]

3. 在根據節奏的音律裡，要求並不只限於按時間段落來構成格式和加強生動性，而是還要考慮到字和音節的實際的音質。在音質這方面，以節奏爲主要因素的古代語言和特別宜於用韻的近代語言之間就有一個重要的差別。

(1) 例如在希臘文和拉丁文裡，通過語法上字首和字尾的變化，字根所含的音節就派生出許多豐富多彩的音質不同的音節，不過這些派生的音節仍只是字根音節的變格，所以字根音節儘管對派生的變格提供基本的意義，而在音質上卻不一定就仍然保持主要的乃至唯一的統治地位。例如我們聽到amaverunt這個字時，就聽到在字根上加上了三個音節，由於這些附加的音節的數目和延長程度，重音就不落在字根上了，儘管三個附加的音節之中並沒有自然的長音，因此字的基本的意義和被突出的重音就不是落在同一個音節上了，彼此分開了。在這種情況之下，重音既然不是落在主要意義所在的音節上，而是落在僅表達派生意義的音節上，聽者的耳朵仍可以聽出各音節的起伏呼應的運動過程，仍保持充分的自由去從這種運

---

82 以上說明西方古代詩律中節奏三個重要因素：韻律的重音、頓和語言本身的重音、近代西方詩各國不一致，例如詩律重音在英德詩裡還很重要，頓在法文詩中作用也很大。詩律重音與語言重音的矛盾在近代詩中也還存在，但不像在古代詩裡那樣突出。西方古今詩律的差異頗近似中國律詩與語體詩的差異。

83 以上兩節強調語言的意義在詩律中的重要性。抒情詩的格律還應符合所表達的情感。

動過程中聽出自然的長音和短音所形成的節奏來。[84]

(2) 近代德語的情況卻完全不同。希臘文和拉丁文加字頭和字尾的派生新字的方式在近代語言裡，特別是在動詞裡，派生音節卻從字根音節分離開來了，因此從前由一個字變格而展現出來的許多次要的或派生的意義，已變成由獨立的字來表達了。屬於這一類的有常用的助動詞（表示時態的詞），獨立表示願望或希求的動詞，以及分開獨立的代名詞等等。因此，從一方面看，從前一個字根派生出幾個音節的音，以致表達基本意義的字根的重音就消失了，而現在這種派生的音節卻自身形成一字簡單的整體（字），不像從前那樣合成一個多音節的字了。這些音節既然只是派生的，就不能單憑它們的意義而引人注意，也就不致使聽者的耳朵無暇去傾聽它們的自由獨立的聲響和時間上的運動。從另一方面看，由於這種派生音節各自凝成整體的情況，基本意義就獲得很大的重量，迫使重音完全落在自己的（字根）音節上。正因爲重音和基本意義緊密聯繫在一起，其餘派生音節的自然長短就顯不出來，被結合基本意義的重音壓下去了。大多數字根照例都是很短小精悍的，由一個或兩個音節組成的。如果這些字根幾乎壟斷了重音，例如在近代德語裡這種情況特別突出，這種重音就是主要意義的重音，而不是一種不管內容而單憑音節的長短和輕重，而允許自由規定的聲音媒介了。這樣就不再有脫離字根音節及其意義的按時間運動和人爲的重音，而形成的那種節奏組織格式了。和上文所說的古代語言讓人可以聽出長音和短音的多種多樣的組合的情況不同，在近代語言裡，耳朵只能從在意義上需重讀的主要音節上聽出一般性的節奏了。此外，像上文已經說過的，字根在變格中所派生的那些音節都已變成了獨立的字，也就各有獨立的音義和重要性，因此又使人聽出意義與重音的疊合一致，和它們所自出的字根一樣了。這就迫使我們把注意力集中到每個字的意義上，不注意自然的長音和短音和它們在時間上的運動和感性的（自然的）重音，而只聽到由基本意義決定的重音了。[85]

(3) 在近代語言裡，節奏已不起多大的作用，或則說，心靈已沒有多大的自由去摸索節奏了，因爲時間上的長短和通過時間運動，而有規則地複現的各音節的聲音節奏，已被一種觀念性的關係即字的意義淹沒下去了，因此，脫離意義而按格式獨立形成的節奏也就失去它的效力了。

我們可以拿根據節奏原則的詩律和造型藝術進行比較。這種音律和造型藝術一樣，還不能使精神性的意義獨立表現出來，文字的意義還不能憑它本身去決定音節的長短輕重之類感性媒介，而是和自然的字音長短及其聲響混合在一起，以便在較爽朗舒暢的氣氛中，讓這種

---

84 這一節說明在古代詩中字根和派生的音節連在一起，詩律重音和語言重音不一致，聽到的節奏是自然的長音和短音所形成的節奏，意義的作用較小。

85 這一節說明西方近代語言裡字頭字尾已脫離字根而獨立，儘管主要意義仍由字根表達，派生部分也各有獨立的意義，所以詩律節奏和語言節奏的矛盾較小，意義的作用較大。近代詩的節奏不像古代詩那樣一種偏重形式的比較單調一律的節奏。

外在感性媒介有充分發揮作用的權利，只要有一種觀念性的形象和節奏運動就行了。

但是如果按照藝術有必要一方面放棄節奏原則，而同時仍讓感性因素作爲一種對等重量，和單純地憑精神意義去決定音節長短輕重的辦法保持平衡，那麼，上述按照自然的長音和短音，而不按照意義去定節奏規律那種造型藝術的方式既已遭到破壞了，爲著迫使耳朵注意，可利用的材料（媒介）只有著意孤立某些語音，而把它們複現定成一定格式的聲音呼應了。[86]

這就要涉及韻，這是詩的音律中第二個因素。

B. 韻

語言在感性因素方面何以需要採取一種新的處理方式的問題，人們可以用古代語言在外族影響之下的退化來解釋，[87]但這是一種根據表面現象的解釋，其實這種發展的原因卻在事物的本質。詩要使外在媒介符合內在意義，最簡便的辦法就是運用不依存於音節意義的長音和短音及其配合。長短音的配合以頓之類的規則乃是由藝術制定的，在大體上固然也要符合每次所要表達的內容的性質，但是在具體細節上，詩律所要求的長音短音和加重音卻不是單憑精神性的意義來決定的，而只是抽象地（若即若離地）隸屬到精神意義下面的。但是隨著觀念愈向內心深入和愈經過精神化，它也就愈要脫離自然界外在因素，因爲這種觀念性的內容不再能以造型藝術的方式用外在感性媒介去表達。這樣，觀念從此就凝聚在觀念本身上

（返躬內省），以致把語言的軀體方面部分地拋棄掉，只挑出足以傳達精神性意義的那一部分，其餘部分則作爲無意義的東西扔到旁邊去。

浪漫型藝術在構思方式和表現方式上，都標誌著精神凝聚於它本身的這種轉變，所以它就從聲音裡去找最適合於表達主體內心生活的材料（媒介）。浪漫型詩一般著重感情的「心聲」，所以專心致志地沉浸在字母、音節和字的獨立音質的微妙作用裡；它發展到對聲音的陶醉，學會把聲音各種因素區分開來，加以各種形式的配合和交織，構成巧妙的音樂結構，以便適應內心的情感。從此可見，韻在浪漫型詩裡得到發展並不是偶然而是必然的。心靈要傾聽自己的聲音這個需要更充分地突出了，它在同韻複現中獲得了滿足。這種同韻複現的音質，於是就把過去依音律調節的固定的時間尺度的節奏推到無足輕重的地位了。通過同韻複現，韻把我們帶回到我們自己的內心世界。韻使詩的音律更接近單純的音樂，也更接近內心的聲音，而且擺脫了語言的物質方面，即長音和短音的自然的長短尺度。[88]

---

86 這一節說節奏體系的音律在近代語言中已失去了作用。近代語言的音律首先從文字意義出發。但是爲著保持藝術所要求的感性表達方式，就要在時間尺度之外，另找感性因素。這主要是韻。

87 在英國十七世紀，詩人密爾頓和一些詩論家都以韻是蠻族帶到西方的爲理由，反對西方詩用韻。

88 以上說明韻是相同或相似的音質在一定位置的複現，最宜於表達主體在靜觀內省中對自己情感生活的認識，所以浪漫型詩與韻是分不開的。

關於這方面，我只想略談幾點一般看法：

第一，韻的起源；

第二，韻和根據節奏的詩律的差別；

第三，韻的種類。

1. 我們已經說過，韻適宜於浪漫型詩，浪漫型詩之所以要求突出一種單根據音質獨立形成的韻律，是因爲主體內心活動要從這種聲音媒介中聽出它自己的運動。當這種「返聽」的需要出現時，浪漫型詩就有兩種辦法可選擇：一種是一開始就利用一種近代語言，只要這種語言能滿足上文所提到的用韻的條件；另一種是利用一種古代語言，例如拉丁。古代語言和近代語言性質不同，要求用根據節奏的詩律，浪漫型詩要按照新的原則來運用古代語言，就得把它改造爲一種新的語言，使節奏消失掉，韻變成主要因素，義大利語和法語都是如此。

(1) 我們看到基督教很早想把韻勉強納入拉丁詩的音律裡，儘管拉丁詩的音律是根據不同的原則的。這些原則是從希臘文沿襲來的，但是並顯不出希臘文的根源，由於經過語言的變革，反而更接近浪漫型的原則。一方面羅馬（拉丁）詩的音律在最早的時期就不以自然的長音和短音爲基礎，而是以重音爲測定音節的標準。因此，只有到了羅馬人對希臘詩有較精確的知識和摹仿時，拉丁詩才開始採用了希臘詩律的原則。另一方面羅馬人把希臘詩律的流暢爽朗的悅耳性加以硬化了，特別是在六音步格式及其他格式用比較固定的頓，顯出輪廓更突出的結構和更嚴格的整齊一律。此外，就連在羅馬文學繁榮時期，在最有修養的詩人們的作品裡，就有不少的用韻的例子，例如賀拉斯的《詩藝》第九九——一百行：

Non satis est, pulchra esse poëmata: dulcia *sunto*，

Et quocunque volent, animum auditoris *agunto*.

如果詩人在這裡不是有意要用韻，我們畢竟認爲這種巧合是罕見的：正當他強調詩應柔和悅耳的地方，他就用了韻。在奧維德[89]的作品裡，類似這樣的韻出現得更多。縱使假定這是偶然的，從此畢竟可以見出韻對於有修養的羅馬詩人們並不是不悅耳的，所以有時不知不覺地韻就冒出來，儘管只是些零星的例外。不過這種聲音遊戲還見不出浪漫型詩的韻的深刻意義，這就是說，韻所突出的並不是單純的音質而是這種音質中的精神意義。拿古代印度詩的韻和近代印度詩的韻相比，也可以見出這個差別。

在蠻族入侵之後，由於古代語言的重音的衰退，以及基督教帶來的情感的主體因素的上升，較古老的根據節奏的詩律體系就將變爲根據韻的詩律體系了。在聖安波羅修[90]的《頌聖詩》裡音律已按照口語的重音，並且用韻。聖奧古斯丁[91]在第一篇反對多納徒派的作品裡也

---

[89] 奧維德（Ovide，西元前43—西元16）拉丁詩人，《變形記》的作者。

[90] 聖安波羅修（St. Ambrosius）西元四世紀米蘭大主教。他的《頌聖詩》在天主教會中廣泛採用。

[91] 聖奧古斯丁（St. Augustine）西元四世紀的神父，多納徒派是當時天主教會中的「異端」。

是一首用韻的歌。所謂里俄寧詩格[92]是有意用韻的六音步格和五音步格，和上文所說的偶然用韻就大不相同了。這些以及類似的例子都足以說明韻是由較古老的節奏體系本身中演變出來的。

(2)此外，也有人到阿拉伯人中間去找新的詩律的起源。但是阿拉伯詩的發展成熟比韻在西方基督教世界裡的出現爲時較晚，至於伊斯蘭教以前的阿拉伯藝術對西方並沒有發生過影響。在阿拉伯詩裡一開始就已見出一種與浪漫原則很契合的精神，這是十字軍東征時代中西方騎士們早就熟悉的。東方伊斯蘭教詩和西方基督教詩既然各自獨立地發源於不同的精神土壤，一種新的詩律在這兩種詩裡的初次出現也就可以不是交互影響的結果。

(3)韻的起源還有第三個因素，其中既沒有古代語言的影響，也沒有阿拉伯的影響，那就是古代日爾曼族語言，這種語言最早在斯堪的那維亞地區發展時就可以見出韻的因素。古「埃達」詩歌[93]就是一個例證。這些詩歌的搜集雖是較晚的事，它們的起源很早卻是不可否認的。我們將來還會看到，這些詩歌中所用的還不是真正發展成熟的韻，而是某些個別語音的特別加重和有規則的複現。[94]

2. 其次，比起源還更重要的是古今兩個音律體系在特徵上的差別。上文已約略涉及這方面的要點，現在再說詳細一點。

根據節奏的詩的音律在希臘詩裡就已達到最美和最豐富的發展階段，我們從此可以抽繹出整個節奏體系的最重要的特徵，茲略舉如下：

第一，這個體系用作材料的並不是字母、音節和單字的單純的音質，而是每個音節按照時間長短來劃分的聲響，所以注意力不應單放在某些個別的音節和字母上，也不應單放在單純的音質的類似或等同上。與此相反，這種聲響和它的固定的時間長短處於緊密的統一體，耳朵既要聽到每一音節的音量，又要聽到所有音節的節奏運動所含的規律。其次，長音和短音的標準，節奏上的抑揚的標準，以及通過明顯的頓和段落劃分所形成的多樣的生動圖案，都要根據語言的自然因素，不能由文字的精神意義來影響字音的輕重。這種詩律在安排音步，輕重音和頓等等方面可以像語言本身一樣享有獨立性。語言本身在不是用在詩裡的時候，也就有一種根據自然的長音和短音以及長短先後承續的系列，而不是根據字根音節的意義來劃分輕重音的方式。第三，由此產生的結果是：某些音節受到生動化和重讀，取決於兩個因素，一個是按詩律的重音和定型的節奏，另一個是其他重讀或強調的方式。這兩個因素的結合加倍地增強全體的豐富化而又不至互相妨礙。這樣就使詩可以通過字音的排列和運

---

92 里俄寧詩格（Leoninischen Uerse）指中世紀流行的一種在用六步格的行內也用韻的詩格。

93 埃達（Edda）是北歐的民間神話傳說，近似史詩。

94 這三小節說明在西方拉丁詩裡就已偶爾用韻，但是韻的發展主要從基督教時期浪漫型詩的出現開始。日爾曼古詩也有用韻的痕跡，但不同於近代詩的韻。阿拉伯詩比西方詩成熟較遲，對西方詩律沒有影響。

動，保證在精神意義上比較重要的字顯出應有的重量。[95]

(1) 用韻的音律對節奏的音律體系首先改變了自然音量的未曾被辯駁過的價値。因此時間尺度如果還要保留，用韻的音律就不能像過去那樣仍在自然的音長上找到量的快慢基礎，而是要從另一個領域，即精神的因素或音節和字的意義方面去找了。假如音節的量的尺度還有必要，最後起決定作用的正是意義。既然要由意義去決定音量，標準就不再是語言的外表方面及其自然的性質，而是轉變成爲內在實質了。

(2) 由此還產生另一個重要的結果。上文已經指出，這種把重音集中到意義重要的字根音節上的情況，就要破壞上述那種多樣化的派生的變格形式的獨立擴展，而在根據節奏的音律體系裡，還沒有必要把這些派生形式看成比起字根就是無足輕重的，因爲節奏體系本來就不根據精神的意義來決定音的長短尺度和突出重音。但是如果派生的變格形式的擴展和按音節的固定的自然音量來安排音步的辦法都不存在了，根據時間尺度及其規則的整個節奏體系也就勢必隨之垮台了。例如義大利和法國的詩的音律就屬於這種情況，古代詩所用的音步和節奏完全消失了，只要求一個詩行之內用一定數目的音節就行了。

(3) 唯一能補償這種損失的就是韻。因爲一方面構成音律格式的已不再是時間長短，各音節的音質也不再按照時間長短自然地有規則流轉下去；另一方面精神的意義霸占了字根的音節，無須經過進一步的有機的發展，就已和字根的音節處於緊密的統一體，所以剩下來的就只有音節的單純的音質作爲最後的感性材料，而這種感性材料是可以離開時間尺度和字根音節的突出重音而自由獨立的。這種音節的音質如果要單憑它本身而引起注意，它首先就要比古代詩律裡所見到的那種使不同的語音輪流出現的辦法遠較強烈才行，而且比日常語言中音節的音質所應有的語勢也遠較宏壯才行，因爲音質現在不僅要代替劃分段落的時間尺度，而且還有另一個任務，就是要使這種感性因素顯得不同於過去那種突出重音和讓意義壓倒一切的方式。事實上觀念一旦深入到精神的內在的深刻的方面，語言的感性因素就變成無關重要的，音質如果要引起注意，它就必須更響亮地從內心深處迸發出來。所以比起節奏的和婉，韻是一種粗重的聲響，不需要有聽希臘詩的音律所必有的那種銳敏的有教養的耳朵就可以聽出來。

其次，韻固然也不是脫離字根音節和一般觀念的精神意義而獨立的，不過它究竟有助於使感性的音質起相對獨立的作用。要做到這一點，唯一的辦法就是使某些占確定位置的字的音質和其他字的音質分別開來，通過這種孤立化，獲得一種獨立的存在，便於憑它的宏壯和沉重，使感性因素恢復它在詩中的地位。總之，韻不同於節奏的和婉，它是一種孤立化的特別加以突出的一種聲響。

第三，上文已經說過，這種音質是在主體的內心方面，在聚精會神默察觀念中才迸發出

---

95 這一節說明節奏體系按照自然的長音和短音（或重音和輕音）來定出格律，所謂「自然的」是說依發音本身的必要，不受文字意義的決定。

來而且使主體感到滿足的。如果上文所說的節奏體系中那些音律手段及其豐富多彩的變化已不再發生作用，在感性方面剩下來可使主體聽出自己的「心聲」的因素，就只有使相同或類似的一些音質的重複出現這一比較側重形式的原則了。從精神方面來說，主體就用這種音質複現的辦法組成韻律，把有關的意味突出和聯繫起來。比起節奏體系的格律用多種方式來劃分和組織各種長音和短音而形成的結構，韻一方面固然較偏重物質方面，另一方面在運用物質上卻也比較抽象：韻只是讓心靈和耳朵注意到一些相同或相似的音質及其意味的往復迴旋，主體從這種往復迴旋中意識到他自己，意識到自己在進行既發出聲音而同時又在傾聽這種聲音的活動，並且感到滿足。[96]

3. 韻這個主要屬於浪漫型詩的新的音律體系分成一些特殊的品種，這裡只約略地談一下其中最重要的三種，即字首韻、母音韻和正式韻。[97]

(1) 第一，字首韻在古代斯堪的那維亞的詩裡得到最充分的發展，成爲它的一個主要的音律基礎，至於母音韻和韻腳也起著次要的作用。字首韻或字母韻是一種最不完全的韻，因爲它只要求字首的字母用韻，而不要求整個音節的複現。這種字首韻有兩個弱點，一個是用來押這種韻的字就必須第一個音節本身原已帶重音，另一個是押這種韻的字還不能相隔太遠，否則耳朵就不易聽到字首的音質相同。此外，押字首韻的字母可以是單子音或雙子音，也可以是一個母音，但是按照字首韻占優勢的語言的性質，用子音是主要的。例如冰洲的詩就定下一條主要規則：凡是押字首韻的字母都需在帶重音的音節裡，這個音節的第一個字母不能在同一詩行裡其他第一個音節帶重音的名詞裡複現，而且在押字首韻的三個字之中需有兩個字在前一行，第三個字需擺在後一行的開始，成爲字首韻中主導因素。[98]此外，由於這種字首字母同音質的抽象性，用來押字首韻的字主要是同時意義重要的字，所以字音和字義還是有聯繫的。

(2) 其次，是母音韻它不落在字首的字母，它是同音字母在字的中部或結尾的複現，所以它已接近正式的韻。押母音韻的字倒不一定都要在行尾，也可以在其他位置，不過主要是

---

96 這一節說明由於語言變革，節奏體系所用音長和音勢（輕重），已日漸喪失其在音律中的作用，但是詩不能完全脫離感性因素，而現在感性因素中唯一剩下來的只有音質，韻就是相同或類似的音質在一定位置上往復複現。韻適宜於詩創作主體在聚精會神內省自己的內心活動時的狀態，所以韻是浪漫型詩歌所特有的音律。

97 字首韻（Alliteration），類似中文的「雙聲」，但兩個同「聲母」的字音不一定聯在一起，例如lisp of leaves中l複現，這叫做字首韻。母音韻（Assonanz），類似中文的「疊韻」，母韻同或相近，子音不同，例如Sweet sleep裡，ee雙母音複現。正式的韻就是押「韻腳」，韻落在詩行的末一個音節上，例如：

The long light shakes

across the lakes

這裡兩行短詩中shakes和lakes押韻，不但母音a同，後面的子音也相同，都用kes。這兩行詩中l出現三次，就是「雙聲」。

98 原注：參看臘斯克的《冰洲詩律》；慕尼克的德文譯本十四—十七頁，一八三〇年柏林出版。

在行尾最後一個音節，和字首韻出現在行首正相反。母音韻在拉丁民族中得到最豐富的發展，特別是在西班牙人中間，他們的響亮的語言特別宜於同一母音的複現。母音韻一般固然限於母音，但是偶爾也可以和子音結合在一起。

(3) 最後，正式的韻使字首韻和母音韻只以不完備的方式表現出來的東西達到最成熟的顯現。因爲在正式韻裡除字首字母以外，所有字根都是完全同音質的，它們正是因爲同音質才被有意地聯繫在一起的。音節的數目多寡並不重要，單音節、雙音節乃至多音節的字都可以成韻，因此韻就有限於單音節的「陽性韻」，涉及雙音節的「陰性韻」，和涉及三四個音節的「流滑韻」之分。北歐語言側重「陽性韻」，南歐語言例如義大利語和西班牙語則側重「陰性韻」。德語和法語處在這二者之間。至於「流滑韻」只有在少數語言裡才大量出現。

韻的位置在行尾，行尾押韻的字雖然不一定在每一個場合下都集中表現出字義的加強，但是憑音質卻可以引起注意。全章各行可以一韻到底，遵守一種抽象的同音複現的原則，也可以通過較精巧的形式換韻，使多種不同的韻有規律地交錯和配合，或合或離、或前後呼應，這就顯出韻的豐富多彩。這些韻時而直接相遇、時而互相逃避、時而互相追尋，這就使傾聽和期待的耳朵時而立刻感到滿足、時而被較長久的停滯所嘲弄、欺騙和勾引，但是終於發現到有規則的安排和往復迴旋而感到快慰。

在各種詩之中，抒情詩由於所表現的是主體的內心生活，最傾向於用韻，使語言本身變成一種感情的音樂和諧和對稱的音律。這種音律不是取決於時間尺度和節奏運動，而是取決於音質，這種音質的音樂是和「心聲」對應的。這種用韻的方式形成了詩章的或繁或簡的結構，每章自成完滿的整體，例如十四行詩體，義大利詩的分段小曲體、情歌體、八行疊句體都是運用音質的玩藝兒，時而情感深厚、時而意味雋永。很少摻雜抒情因素的史詩就不分章，踏著整齊的步伐前進。例如但丁在史詩《神曲》裡從頭到尾都用三行韻組體，不同於他的用分段歌曲體和十四行體的抒情詩。[99]

C. 節奏的音律和韻的結合

第三，我們在上文把根據節奏的音律和韻區別開來，顯出這兩個體系互相對立，現在要問：這兩個體系的結合是否可能或是實際發生過呢？對於回答這個問題，某些近代語言的情況是重要的。在這些近代語言裡，確實有恢復節奏體系以及節奏和韻相結合的現象。單就德語來說，關於恢復節奏體系，我只需提到克洛普斯托克，他不大愛用韻，無論在敘事詩還是在抒情詩裡，他都極認眞地努力摹仿古代的音律。沃斯和其他詩人步他的後塵，設法按固定的規律，對德國語言進行節奏式的處理，歌德卻不大擅長於運用古代音節格律。他在詩裡曾問得很對：「我們是否能像古代人，還愛看這樣寬廣的皺紋呢？」

1. 我在這裡只需再提一下我在上文關於古代語言和近代語言的區別所說過的話。根據

[99] 這一節說明字首韻，母音韻以及正式韻三種韻的區別和技巧，以及近代語言中不同的民族在用韻上的差別。

古代的節奏音律，要憑文字音節的自然的長音和短音，一開始就已有一個固定的尺度，字義的力量對這個尺度不能加以制約、改變或動搖。對近代語言來說，這種自然的長短尺度是不適合的，因爲在近代語言裡，只有意義決定的重音才使一個音節比另一個音節長。這樣加重語氣的方式，並不能很恰當地代替自然的長短尺度，因爲它使長短本身變成搖擺不定的，一個因意義而加重語勢的字，可以使另一個本來帶重音的字語勢減弱，所以既定的尺度只是相對有效的。例如Du liebst（你愛）這兩個字，可以隨語氣的不同而把重音擺在前一個字或後一個字上，甚至使兩個字都帶重音，也就是兩個字可以隨便構成揚抑格、抑揚格或揚揚格。固然也有人在力圖在德語裡也恢復音節的自然的長短，並且定下一些規則，但是字義及其所突出的重音終於使這些規則行不通。事實上這是符合事物本質的。因爲如果要把自然的長短定爲音律的基礎，就勢必失去近代語言所必須的精神化（對精神意義的側重），但是近代語言既已發展到使精神意義上升到統治感性材料（自然的音節長短）的地位，決定字的音節價値的就不再是感性的或自然的長短，而是文字所標誌的意義了。精神方面的情感自由不容許語言的時間尺度，獨立地以它的客觀自然狀態而發生作用。[100]

2. 這並不是說，我們在德語裡就必須完全拋棄用韻而只根據音節長短尺度定節奏的方式，我們只是要指出一個重要的事實：按照近代語言的本質，就不可能使音節格律達到古代人所達到的那種造型藝術式的穩實，所以就必須有另一種因素作爲代替品，而這種因素要比固定的音節自然長短更能符合精神意義才行。這種因素就是詩行中的重音和頓。這些都不再離開字義的重音而獨立運行而是和它協調一致，因而獲得一種雖較抽象而卻較明顯的突出語勢。由於這種協調一致，我們在古代音律中所看到的那種三重強調方式所產生的複雜情況就勢必消失了。由於同樣理由，現在我們也很難成功地摹仿古代的節奏音律，可摹仿的只有其中聽起來比較明顯的那些因素，至於按固定的量的基礎所形成的比較微妙的差別，和比較複雜的配合卻無法摹仿。我們沒有節奏體系的量的基礎，近代代替節奏而起決定作用的比較粗重的加強語勢的方式也不能彌補這個缺陷。[101]

3. 節奏體系和韻的實際結合是可以允許的，但是比起在近代詩律裡參用古代詩的長短尺度還更不適合。

(1)因爲由字的重音所決定的差別，並不完全是一個充分根據實質內容的原則，從感性方面來說，這種長短差別並不是使耳朵聽得足夠分明。凡是詩的精神意義占優勢的地方，就沒有必要去利用字和音節的起伏呼應作爲補充的表現手段。

(2)但是從音節長短尺度的規律來看，卻有必要找出一個對等力量，來和韻的強烈聲響

---

[100] 這一節重申近代語言對精神意義的側重，反對在近代語言中恢復古代憑自然的長音和短音的配合而成的節奏系統的音律，擁護根據音質的押韻體系，因爲這較符合近代語言的本質。

[101] 這一節說明節奏體系中只有音律重音和頓在近代詩中仍起次要的作用，至於長短尺度所產生的複雜微妙的變化則在近代語言中無法摹仿。

保持平衡，不致爲它所淹沒。但是現在應該分列和起統治作用的，並不是音樂的自然長短的差別極其複雜變化，所以關於時間長短比例就只有一個辦法，就是讓同樣的時間長短比例以整齊一律的方式一直複現下去，從而使拍子開始發生比節奏體系所能允許的遠較強烈的效果。例如德文詩中用韻的抑揚格和揚抑格時就有這種情況。在朗誦這種詩時所現出的拍子，比朗誦古代不用韻的抑揚格時還更整齊劃一，儘管在頓的地位稍停，可以突出某些按意義應強調的字，而且在這些字上的停頓也可以略微打破抽象的整齊劃一，產生一種較生動的多樣化。在這種情況下，像在一般詩裡一樣，用在詩裡的拍子也不像用在音樂的那樣嚴格固定。

(3) 一般說來，韻只有在一種情況下才可以與節奏體系的音律結合，那就是這種節奏音律由於單靠長音和短音的、簡單的輪流交替，以及同樣的、音步的不斷複現，這種辦法在近代語言裡不能單靠它本身就足以使感性因素顯得足夠強烈，於是韻就可用來助勢，彌補這個缺陷。但是在摹仿古代阿爾卡埃烏斯和莎芙諸人所創的那種較豐富多彩的節奏格律裡，用韻就不僅是多餘的，而且還會成爲一種無法解決的矛盾。因爲用韻的音律體系和按節奏的音律體系所根據的是兩種對立的原則，如果勉強把它們結合在一起，那就只能是既結合而仍對立，所以這種矛盾是無法解決的、不可允許的。從此可見，只有在古代音律原則已成爲一種強弩之末，比較疏遠，而且在用韻的音律體系影響之下已發生過根本變化的情況下，才可以用韻。[102]

以上就是詩的表現方式不同於散文的一些帶本質性的要點。[103]

三、詩的分類

1. 前此我們已就兩個主要方面來研究詩的藝術：一方面是詩的一般原則，涉及詩作品的觀照方式和組織方式，以及詩創作主體的活動；另一方面是詩的表現，涉及詩用語文去掌握的觀念，語言的表現方式本身以及詩的音律。我們要說的要點可以概括如下：詩需用精神性的東西作爲內容，不過在對內容進行藝術加工之中，詩不能像造型藝術那樣僅滿足於提供感性觀照的形象，也不能滿足於像音樂那樣從內心迸發出的聲音，只讓心靈去領會，此外也不能採取抽象思維的形式，而是要處在直接憑感官形象的生動性和情感思想的主體性這兩極之間。由於詩的觀念方式處在這種中間地位，詩就同時分屬於左右兩極的領域：詩從思維

---

102 黑格爾在這一節裡基本上反對古代節奏體系和近代用韻體系的結合，認爲近代語言運用長短尺度容易流於呆板的整齊劃一，在這種情況下，用韻和頓的配合稍可打破呆板的整齊劃一。但是這種韻與節奏的結合，原來的對立矛盾仍沒有克服，因爲側重節奏形式與側重內容意義是兩個根本對立的原則。

103 這個詩的音律部分比較偏重技術，而且專就西方語文來看，一般讀者不必在這部分上糾纏。黑格爾的基本論點是古代詩的音律偏重語言長短輕重相間的節奏，近代詩偏重根據音質的押韻。希臘拉丁詩不用韻，中國古詩一般用韻，中國的平仄既有音長和音勢的差別，也有音質的差別。這些都由於漢語和西文在本質上有些不一致。不過中國古詩（以《詩經》、《楚辭》爲代表）較重節奏，近代律詩較重音質和韻，似與西方詩仍有相類似處。

裡取得精神方面帶有普遍性的東西，這就是從直接呈現於感官的分散的事物之中抽出它們的較單純的定性；詩在觀念方式方面還保留著造型藝術所用的在空間中同時並列的關係。觀念和思維的差別主要在於觀念以感性觀照爲出發點，讓所觀照到的事物仍照原來的樣子不相聯繫地同時並列；思維卻要顯出各有定性的事物互相依存，具有交互的關係，作爲下判斷下結論之類推理活動的根據。所以詩的觀念在藝術作品裡，要有可能把分散的個別的東西結合成爲有內在聯繫的統一體，但是由於觀念一般都不免帶有鬆散性，所要求的統一本來是隱藏著的，這就使詩有可能使內容的各個部分和方面，融成一個生動的有機體而同時在表面上又好像各自獨立。這就是說，詩有可能使所選定的內容時而較多地朝思想方面發展，時而較多地朝外在現象方面發展。所以詩既不排除哲學的最高思辨，也不排除外在的自然現象，只要它不把哲學思想按照推理或科學論斷的方式揭示出來，也不把自然現象按照原來的見不出意義的樣子描繪出來。總之，詩要提供一個完整的世界，其中實體本質要以藝術的方式展現於人類動作、事件和情感流露所組成的客觀現實。[104]

2. 但是要得到這種完整世界的展現，並不是通過木石和顏色，而是只通過語言。語言的音律、重音之類，正如語言的表情姿勢，通過它們精神內容意蘊才獲得表現。如果要問這種表現方式的材料基礎（媒介的擔當者）何在，我們就可以回答說，語言並不像造型藝術作品那樣獨立自在，不依存於藝術創造的主體，而是只有活的人，即說話的人，才是一篇詩作品的感性現實存在的擔當者。所以詩作品必須通過活的人去朗誦出、唱出或表演出，就像音樂作品離不開音樂家那樣。我們固然習慣了默讀史詩和抒情詩，只有在戲劇體詩裡才聽到說話，看到做姿勢；但是詩在本質上是有聲的，如果要使詩儘量地作爲藝術而出現，它就不可沒有聲響，因爲詩只有通過聲響才眞正和客觀存在發生聯繫。印刷的或書寫的字母當然也是客觀存在的，但只是任意用來標誌語言和文字的符號。我們前已說過，文字只是標誌觀念的手段，詩至少還要就這種符號的時間因素（音長）和聲響（音質）進行加工，把它提高到成爲受到它所標誌的那種精神意義灌注生命的材料（媒介）；至於印刷只使文字符號成爲可以眼見的，見不出這種生命灌注，也不再與精神內容有聯繫，只讓我們按習慣去把眼睛見到的符號，轉化爲具有時間長短和聲響的因素，並不是眞正讓我們聽到有聲的和占一定時間的字。所以如果我們滿足於默讀，那是一半由於我們很容易把所閱讀的東西想像爲聽人說出的東西，一半也由於詩在各門藝術之中，它的一些重要方面都已在心靈中刻畫成形，它的精髓是既不單憑目見，也不單憑耳聞而沁入意識的。但是正由於詩具有這種精神性，詩作爲藝術就必不可完全拋棄它的實際表現的一方面。腹稿比起外現的作品，就像一幅簡單的素描比起

---

104 這一節總結上文第二部分的要點，說明詩處在造型藝術和哲學思考兩極之間，和它們既有區別，又有牽連。所以詩既不排除哲學思想，也不排除對自然事物的描繪，它的任務在把內外兩種因素統一成爲有機整體。

著色大師的彩繪一樣，是很不完滿的。[105]

3. 作爲藝術的整體，詩不再由於材料（媒介）的片面性而只限於某一種創作方式，它一般可以把各種藝術的各種創作方式用作它自己的方式。因此，詩的品種和分類標準就只能根據一般藝術表現的普遍原則。

1. 第一，從這種普遍原則來看，詩一方面把外在現實事物的形式，當作把在精神世界已發展成的整體展現給內在觀念去領會的手段，在這方面詩採用了造型藝術的原則；另一方面詩把觀念中這種雕塑成的形象，展現爲是由人和神的行動所決定的，所以凡是發生的事物一部分來自神或人的外在倫理上獨立的力量，一部分則來自外在阻力所引起的反響或反作用；它的外在顯現方式就是一件事蹟，其中事態是自生自發的，詩人退到台後去了。史詩的任務就是把這種事蹟敘述得完整。它按照詩的方式，採取一種廣泛的自生自展的形式，去描述一個本身完整的動作以及發出動作的人物。人物之所以發出動作，時而是根據某種實體性動機，時而是由於碰到外在的偶然事變。這樣，史詩就是按照本來的客觀形狀去描述客觀事物。

歌詩人在歌唱這種供精神觀照和感受的客觀化的世界時所採取的方式，並不是要藉它來發洩他自己的活的思想情感。誦詩人一般用機械的方式去背誦，用一種整齊而單調的節拍，就像一般河流那樣平靜安穩地流下去。因爲他所敘述的無論在內容上還是在外表形式上都應該顯得是一個獨立自足的現實世界，和作爲主體的誦詩人隔得很遠，所以誦詩人無論就內容本身來說，還是就誦的方式來說，都不應主觀地使自己和所歌誦的獨立自足的世界統一（混同）起來。[106]

2. 其次，與史詩相對立的是抒情詩，抒情詩的內容是主體（詩人）的內心世界，是觀照和感受的心靈，這種心靈並不表現於行動，毋寧說，它作爲內心生活而守在自己的家裡。所以抒情詩採取主體自我表現作爲它的唯一的形式和終極的目的。它所處理的不是展現爲外在事蹟的那種具有實體性的整體，而是某一個返躬內省的主體的一些零星的觀感、情緒和見解。抒情詩人把最有實體性的、最本質的東西也看作是他自己的東西，作爲他自己的情慾、心情和感想，作爲這些心理活動的產品而表達出來。要表達這種內心活動，就不能用背誦史詩時所宜用的那種機械的單調的語言，歌詩人就必須把抒情作品中的觀念和思想方式看作他自己人格的體現，看作親身的感受而表達出來。應當使抒情詩的歌誦顯出生氣的正是這種親切感，表現這種親切感特別要靠音樂方面的歌唱聲調的抑揚頓挫，以及有時是可以允許的有

---

[105] 這一節說明詩的特殊媒介是語言，而語言是由活的人說出來的，是有聲的。木石、顏色之類媒介可以獨立存在，語言的聲音卻不能離開說話的人而獨立存在。所以說話的人就是語言這種媒介的負擔者，詩不能憑默讀而充分發揮作用，必須通過朗誦、歌唱，甚至通過姿勢去表演。

[106] 這一節強調史詩用客觀實在形式敘述客觀世界的人物和事蹟，無論是歌詩人（作者）還是誦詩人（以口誦史詩爲職業者）都應嚴格保持史詩的客觀性，不應滲入自己的主觀情感和思想。

時還是必要的樂器伴奏。[107]

3.最後，第三種表現方式把以上兩種表現方式結合成爲一個新的整體，在其中我們既看到一種客觀的展現，也看到這種展現的根源在於個別人物（角色）的內心生活，所以客觀的事物被表現爲屬於主體的，反過來說，主體的性格一方面在向客觀表現轉化，另一方面詩的結局使人看到主體的遭遇，是主體的行爲所必然引起的後果。在這裡像在史詩裡一樣，展現在我們眼前的是一個動作（情節）從鬥爭到結局的過程，一些精神因素在起作用，互相衝突，一些偶然因素又闖進來引起糾紛，而人的活動又聯繫到決定一切的命運，或是主宰世界的神的意志作用；但是它和史詩畢竟不同，動作（情節）卻不是按照實際發生時的外在形式，作爲一件本已過去而僅憑敘述才復活過來的事蹟而展現在我們眼前，而是我們親身臨場看到動作來自某種特殊的意志，來自某些人物性格中的道德的或不道德的品質，因此個別人物性格成爲中心，這就是按照抒情詩的原則了。但是與抒情詩仍有分別，這些個別人物並不是按照他們的單純內心生活而表現自己，而是在實現憑情慾抉擇的目的中把自己顯現出來，並且按照史詩突出堅固實體性的原則，來衡量上述情慾和目的的價值，看它們是否符合客觀情況和具體現實中的理性規律。用這樣衡量出來的價值和作出決定時所處的情境爲標準，去指導行動，來決定他們自己的命運。這種出自主體的客觀事物，也就是表現於實現過程和客觀價值的主體性格，總之，就是處在整體狀態的精神（內在精神與客觀事物的統一）；它作爲動作，向戲劇體詩既提供形式，也提供內容。

這種具體的整體本身也是主體的，因爲它是主體性格的客觀表現，所以戲劇體詩的描述方式，除掉要使地點之類因素具有繪畫式的鮮明性之外，還要由歌誦者或表演者用整個人身去體現眞正的詩，這就是說，戲劇表現所用的材料（媒介）就是活的人。因此，戲劇中的人物一方面要把他內心中的東西作爲他所特有的東西（性格特徵）而表現出來，像在抒情詩裡那樣；另一方面又需在實際生活中發出動作，作爲一個完整的主體而與其他人物對立，也就要有些外表活動、要做些姿勢。姿勢像語言一樣，也是一種內心生活的表現，也要求藝術的處理。在抒情詩裡已可以看出近似戲劇的辦法，它分配不同的人物在不同的場面表現不同的情感。在戲劇體詩裡主體的情感需外現於動作，所以可以眼見的姿勢動作就成爲必要的。姿勢把文字的一般意義表達得更生動具體，通過站相、面相、手勢等等顯出各人各樣的表情，使文字所表達的一般意義達到個性化和完滿化。如果通過藝術處理，使姿勢達到高度的發展，就可以不用語言了，默劇就是這樣產生的。默劇把詩的節奏運動轉化爲肢體的節奏和繪畫式的運動，在這種身體姿勢和運動的造型性的音樂裡，冷靜的雕刻作品受到生氣灌注，就

---

107 這一節說明抒情詩是史詩的對立面，它的內容是主體的情感思想，縱使這主體是旁人，歌詩人和誦詩人也應設身處境，把旁人的思想情感當作自己的而把它充分表達出來，這就有時要藉助於音樂的伴奏。

變成了舞蹈，所以舞蹈把音樂和雕刻統一起來了。108

1. 史詩

「史詩」在希臘文裡是Epos，原義是「平話」或故事，一般地說，「話」要說出的是事物是什麼，它要求有一種本身獨立的內容，以便把內容是什麼和內容經過怎樣都說出來。史詩提供給意識去領略的是對象本身所處的關係和所經歷的事蹟，這就是對象所處的情境及其發展的廣闊圖景，也就是對象處在它們整個客觀存在中的狀態。

在這裡我們首先要確定史詩的一般性質；

其次要指出眞正史詩的特別重要的特點；

第三要列舉一些不同的史詩作品，在史詩形成的歷史過程中實際採用過的一些特殊的表現方式。

A. 史詩的一般性質

(一) 箴銘、格言和教科詩

最簡單的史詩表現方式由於抽象的凝縮，是片面的、不完備的。它從具體的世界和豐富多彩而變化無常的現象中，挑出某種本身有根由和必要性的東西，用史詩的文字把它集中表現出來。

1. 研究這種表現方式可以從箴銘這第一種開始。箴銘實際是寫或刻在石柱、器具、紀念碑、禮品等等上面的。它就像指向某一種東西的手指，用寫刻在對象上面的話去說明沒有文字描述時原已擺在眼前的地方性的雕塑出形狀的東西，只簡單地標出這件東西是什麼。在這裡人還沒有說出他的具體的自我，他環視四周，看到一個引起他興趣的對象或地點，於是就在上面寫上一點簡練的話把對象的核心說出來。

2. 進一步就是消除既有實物擺在眼前，而又加上箴銘的這種屋上架屋的辦法，即對象不在眼前，詩把對象的觀念說出來。屬於這種的有古老的格言或道德箴規。它們用凝煉的語言寫下了比感性事物更堅固，比紀功坊更持久和更有普遍意義，比祭祀禮品、石柱和廟宇還更不可磨滅的東西。它們涉及人生職責、生活智慧以及關於在精神界形成人類知識行為的牢固基礎和聯繫繩索之類東西的看法。這種掌握方式之所以具有史詩性質，是因為這類格言所揭示的不是主體的情感和純粹個人的感想，而且目的也不在打動人心、激起情感，而在使人認識到它對於人類就是職責，就是光榮，就是正當道理的那種意義深遠的東西。古希臘史

108 這一節說明戲劇體詩是史詩與抒情詩的統一。史詩的特點是客觀性，抒情詩的特點是主體性，戲劇體則以事蹟（動作情節）為內容，要表現主體的性格、情慾和理想於客觀的情境和行動。戲劇體詩的特點是用活的人（演員）做媒介、動作之外還有姿勢。姿勢一方面發展成為默劇，另一方面發展成為舞蹈，舞蹈是音樂和雕刻的統一。

詩有時就帶有這種史詩的語調，例如流傳下來的梭倫[109]的某些輓歌就往往用勸誡的口吻和風格，內容大半是關於社會公共生活、法律和道德之類的教訓和告誡。傳說是畢達哥拉斯寫的《金言》也可以歸到這一類，不過其中作品全是混合種，大體上雖用某一種體裁的語調，但由於題材的缺陷，卻不能使這種體裁達到完滿的發展，不免摻雜其他體裁例如抒情詩的語調。

3.第三，我前已提到過，這類表達方式可以把原來零星的各自獨立的片段聯繫成爲較大的完滿的整體。這就簡直是史詩的體裁了。因爲在這裡形成統一體和提供中心的不是單純的抒情詩的情調，也不是一件戲劇的動作（情節），而是某一確定範圍的現實生活，詩人把這種現實生活的本質在整體上和在各個特殊因素方面（例如完善、職責等等）都帶到意識裡來。按照這一發展階段的史詩的性質，它所要揭示的內容是本身永恆普遍的東西，都帶有一種最富於倫理意味的目的，例爲告誡、教訓和促進道德生活之類。所以這類作品一般都帶有教科詩的語調，由於這類金科玉律還是新鮮的，人生觀是新穎的，觀點是天眞素樸的，比起近代乾燥無味的教訓詩卻有天淵之別。而且這類詩讓描繪因素發揮必要的作用，教訓和描繪所形成的整體，就顯得在實質上是直接根據經歷過而且理解透的現實生活本身的。作爲一種便當的例子，我只想舉赫西俄德的〈工作和日令〉，[110]這部史詩用素樸的風格進行教訓和描繪，從詩的方面也使人得到樂趣，和維吉爾的田園詩[111]的那種典雅淵博、條理井然，但是跟枯燥的風格相比，風味就大不相同了。

㈡ 哲學的教科詩、宇宙譜和神譜

上述箴銘、格言和教科詩之類品種都取材於某些特殊領域的自然現象和人類生活，用簡練的語言，把某一對象、情境和範圍中帶有永恆意義和眞正本質的東西，比較零星地或比較完整地表現出來，使人可以認識到。由於當時詩還比較密切地結合現實生活，詩的藝術就成爲起實踐作用的工具。此外也還有一種詩形成第二個系統，比前一種有時較深刻，有時對教訓和促進道德較少注意。屬於這種的有宇宙譜、神譜和還沒有完全放棄詩形式的哲學作品。

1. 例如克塞諾芬尼和巴門尼德[112]敘述愛利亞派哲學的詩篇，特別是巴門尼德在他的哲學著作的導言部分就採取了詩的形式。詩的內容是變化無常的個別特殊現象和永恆不朽的太一

---

[109] 梭倫是西元前七世紀雅典立法者；畢達哥拉斯是西元前六世紀希臘哲學家和數學家，一個神祕學派的開山祖。

[110] 赫西俄德是西元前八世紀希臘詩人，他的〈工作和日令〉是一部農事詩，內容頗似中國的《四民月令》，寫農村生活，也包括政治和道德方面的格言。他還寫了《神譜》，見下文。

[111] 羅馬史詩家維吉爾也寫過一些田園詩和牧歌體詩，大半是古希臘田園詩和牧歌的摹仿，以宮廷詩人而寫農村生活，當然沒有現實生活的基礎。

[112] 這兩人都是西元前六世紀希臘愛利亞派哲學家，這個學派代表懷疑主義，較知名的成員是芝諾。克塞諾芬尼寫過一篇詩，叫做〈事物的本性〉。巴門尼德的主要著作是《論自然》，是用詩的形式寫的，僅流傳下一些斷簡殘篇。

之間的對立。個別特殊的東西不能滿足心靈的要求，心靈要追求眞理，要用思維的意識去掌握眞理的抽象的統一和完滿。心靈面對這種對象的偉大而感到開闊，就和它的威力進行搏鬥，在心情振奮之中，就傾向於採取抒情詩的語調。不過對深思過的內容進行闡述仍帶有實事求是的史詩性質。

2. 在宇宙譜裡提供內容的是事物，特別是自然事物的變化，是它們在火熱的活動中的壓力和鬥爭，這種變化激發了詩的想像，把發生的動作和事蹟表現得更豐富、更具體，所採用的方法是對紛紜萬狀的自然力量隱約地或明確地加以人格化和象徵化，使它們具有人類動作和事蹟的形式。這種史詩的內容和表現方式特別適宜於東方的一些自然宗教，首先是印度詩最擅長於對世界起源以及在世界中起作用的各種力量，想像出和描繪出往往是離奇怪誕的神話。

3. 神譜也有些類似情況。要使神譜獲得正當的地位，需有兩個條件：第一，多種多樣的神不應專以自然生活爲他們威力和創造力的主要內容而排除其他，第二也不能有獨一的神憑思想和精神去創造世界，抱著妒嫉的一神教的態度，不許有其他的神在他周圍。希臘宗教觀正是處在這種恰到好處的中間地位。它以天神宙斯家族抗拒不受控制的原始自然力量所得到的解放，以及對這些原始自然力量所進行的鬥爭中，替神譜找到了一種永恆不變的題材，這題材就是變化和鬥爭。這正是希臘史詩中的那些永恆的神的眞實起源史。流傳下來的赫西俄德的《神譜》就是這種史詩現念形式的著例，其中凡所發生的事都採取人類事蹟的形式。

隨著召喚來進行精神統治的那些神愈獲得解放，而達到符合他們本質的顯出精神個性的形象，神譜也就愈來愈少用象徵的方式，因爲有理由把神當作人來處理和描述了。

但是這種史詩（神譜）還缺乏詩所應有的圓滿刻畫，它所能描述的一系列行動事蹟雖顯出必然的先後次第，但是沒有哪一個個別事蹟或動作，是從某一個中心出發而且從這中心找到它的統一和完整。此外，這種史詩的內容在本質上還不能提供一個本身完滿的整體的觀念，因爲它在本質上還缺乏眞正是人類的現實生活，而只有這種現實生活才能提供眞正具體的材料去表現神力的統治。所以史詩如果要獲得完滿的形式，就還要克服這種缺點。[113]

㈢正式的史詩

在我們稱之爲正式的史詩裡，這種缺點才得到克服。在上述那些一般不加討論的史詩品種裡，語調雖是史詩的，內容卻不眞正是詩的。因爲從確定的材料來看，道德箴規和哲學格言都還停留在抽象的一般上，而眞正是詩的內容卻需把具體的精神意蘊體現於具有個性的形象。至於史詩以敘事爲職責，就需用一個動作（情節）的過程爲對象，而這一動作在它的情境和廣泛的聯繫上，需使人認識到它是一個與一個民族和一個時代的本身完整的世界密切相關的意義深遠的事蹟。所以一種民族精神的全部世界觀和客觀存在，經過由它本身所對象化

---

[113] 以上a、b兩段約略列舉箴銘、格言、教訓詩之類雛形史詩。黑格爾在這裡提出了神是原始自然力量的人格化的觀點。費爾巴哈在《基督教的本質》裡，馬克思在《政治經濟學批判》裡都發揮了這個觀點。

成的具體形象，即實際發生的事蹟，就形成了正式史詩的內容和形式。屬於這個整體的一方面是人類精神深處的宗教意識，另一方面是具體的客觀存在，即政治生活、家庭生活乃至物質生活的方式，需要和滿足需要的手段。史詩把這一切緊密地結合到一些個別人物身上，從而使這一切具有生命，因爲對於詩來說，普遍的具有實體性的東西只有作爲精神的活生生的體現，才算存在。這樣一種把整體和個體結合在一起的世界在實現過程中需以平靜的步伐前進，不是像在實踐行動和戲劇裡那樣匆忙地達到目的和結果，這樣就便於我們在所發生的事情上流連，對事變過程中某些個別的畫面深入玩索，對描述的周密鮮明進行欣賞。全部描述的進展在它的客觀形象之中就是連成一片的，但是這種連貫的基礎和界限卻由已定的史詩題材的內在本質來定，只是不把這種基礎和界限明顯地指出來。史詩儘管有較多的節外生枝，並且由於各部分有較大的獨立性，聯繫是比較鬆散的。我們卻不能因此就設想史詩可以無休止地一直歌唱下去，史詩像其他詩作品一樣，也需構成一個本身完滿的有機整體，只是它的進展卻保持著客觀的平靜，便於我們能對個別細節以及生動現實的圖景發生興趣。

1. 作爲這樣一種原始整體，史詩就是一個民族的「傳奇故事」、「書」或《聖經》。每一個偉大的民族都有這樣絕對原始的書，來表現全民族的原始精神。在這個意義上史詩這種紀念坊簡直就是一個民族所特有的意識基礎。如果把這些史詩性的聖經搜集成一部集子，那會是引人入勝的。這樣一部史詩集，如果不包括後來的人工仿製品，就會成爲一種民族精神標本的展覽館。不過並不是所有的民族聖經都具有史詩所應有的詩形式，也不是把所有宗教和世俗生活中最神聖的東西，表現於雄偉的史詩作品的民族都有基本的宗教經典。舉例來說，《舊約》固然包含許多傳說故事，實在的歷史乃至一些零星的詩歌，但就整體來說，卻不能算是一部藝術作品。《新約》和《古蘭經》同樣地局限於宗教生活，這些民族的宗教以外的生活是宗教生活的後來的結果。另一方面，希臘人有荷馬史詩作爲他們在詩方面的聖經，卻沒有印度人和波斯人所有的基本的宗教經典。不過在有原始史詩的地方，我們需把一個民族的原始史詩和後來的經典作品區別開來，後者不再能反映全民族精神的全部觀點，而只是較抽象地反映其中某些個別方面。例如印度的詩劇或是索福克勒斯的悲劇就不能像印度的《臘瑪耶那》和《摩訶婆羅多》兩部史詩或是荷馬的《伊利亞特》和《奧德賽》那樣顯示出民族精神的全貌。[114]

2. 正式的史詩既然第一次以詩的形式表現一個民族的樸素的意識，它在本質上就應屬於這樣一個中間時代：一方面一個民族已從混沌狀態中醒覺過來，精神已有力量去創造自己的世界，而且感到能自由自在地生活在這種世界裡；但是另一方面，凡是到後來成爲固定的宗教教條或政治道德的法律，都還只是些很靈活的或流動的思想信仰，民族信仰和個人信仰

---

114 這一節說明正式史詩是在詩的歷史發展最初的階段，通過神和人的事蹟，來表現一個民族和一個時代的民族精神（特別是宗教意識）和客觀現實生活的藝術形式。各民族的史詩就是各民族的聖經，但是有史詩的民族不一定就有宗教經典，例如希臘人；有宗教經典的也不一定有史詩，例如猶太人。

還未分裂，意志和情感也還未分裂。

(1)後來個人的自我和全民族的精神信仰整體以及客觀現實情況，以及所用的思想方式、所做的事及其結果都分裂開來了，個人本身的情感和意志也分裂開來了，只有到了這樣的時代，史詩才讓位給抒情詩和戲劇體詩，讓這兩個詩品種達到最成熟的發展。這種情況到一個民族的較晚的生活時代才會充分實現，當時人們定下來指導行動的普遍規定已不再從屬於全民族的情感思想體系，而是獨立地顯現為一種固定的法律、政治制度和道德規範之類散文性的安排，這就使得遵行的義務對於人成為不是內在固有的、而是外來的、與人對立的，人被迫要服從的一種必然的約束。面對著這種本身已成定局的現實情況，人的心靈有時就轉向由主體情感思想所形成的一種彷彿是獨立自在的世界，不使情感思想之類因素表現於行動，而只是在它們上面流連玩索，於是就表現個人的內心生活於抒情詩；另一種情況是心靈把實踐性的欲望提升到首位，要在行動中去實現它自己的獨立，要剝奪客觀情境和事蹟在史詩中所享受的獨立權。導致產生戲劇體詩的就是這種人物性格和目的，在行動方面所表現的個性尊嚴的加強。但是史詩卻不然，它卻要求情感與行動的統一，以及內心所要實現的目的與客觀世界事態的統一，這種尚未分裂的原始的統一，只有在民族生活的最初期和詩的發展的最初階段才會出現。

(2)但是我們不能因此就認為一個民族在他們的英雄時代即史詩的搖籃期，就已有用詩來描述自己的藝術了，因為一個在實際生活上已具有詩的性質的民族是一回事，而對詩的材料有意識地要去表現而且有藝術本領能去表現，卻另是一回事。對世界進行描述的要求，即藝術的形成，必然要比自由自在地直接享受詩的生活的那種精神出現得較晚。荷馬和傳說出於荷馬之手的詩篇要比所歌詠的特洛伊戰爭晚幾百年。特洛伊戰爭是一件實際發生過的事，正如我所相信的荷馬本人也確是一個歷史人物。奧森（假如用他的名字流傳下來的那些詩歌眞正是他寫的話）[115]也是歌頌過去的一個英雄時代的，這個英雄時代的已沉沒的光輝使人感到有必要用詩來表現它和紀念它。

(3) 不過民族的詩的生活和民族史詩的出現儘管在時間上有間隔，詩人和他的題材之間仍必須有緊密的聯繫。詩人必須完全熟悉他所描述的情況、觀照方式和信仰，對他基本上仍是現實的題材只需提供詩的意識和描述的藝術。如果當前現實所強加於詩人的那種正起作用的信仰、生活和習慣觀念，和詩人以史詩方式去描述的事蹟之間毫無親切的聯繫，他的作品就必然是支離破碎的。因爲一方面是詩人所要描述的內容，即史詩的世界，另一方面是原來離開這內容而獨立的詩人自己的時代意識和觀念的世界，這兩方面雖然都是精神性的，卻依據不同時代的原則而有不同的特徵。如果詩人自己的精神和他所描述的民族生活和事蹟所由產生的那種精神根本不同，那就會產生一種分裂現象，使人感到不合式乃至不耐煩。因爲一

[115] 《奧森詩篇》，已見第一卷第三章注[193]。

方面我們看到過去世界情況的各種場面，另一方面又看到毫不相同的詩人所處時代的形狀，思想方式和對待事物的方式，其結果是從文化較發達時代的眼光去看這種對過去信仰的描述，就感到枯燥無味，簡直是迷信，是詩人所虛構的無聊裝飾，這就使原始心靈所特有的那種生命力完全喪失了。[116]

3. 這就牽涉到詩人在正式史詩裡所應處的地位。

(1) 儘管史詩需客觀地實事求是地描述一個有內在理由的，按照本身的必然規律來實現的世界，儘管詩人自己的觀念方式還接近這個世界，並且還能使自己和這個世界等同起來，描述這個世界藝術作品卻還是他個人的一部自由創作。關於這一點，我們可以回憶希羅多德的一句名言：荷馬和赫西俄德替希臘人創造了神。希羅多德稱讚這兩位大史詩作者所具有的這種自由創造的大膽，也可以說明史詩在一個民族中必然是古老的，它所要描述的卻還不是最古老的情況。幾乎每一個民族在它的最早的起源時代，都或多或少地接受過某一種外來文化和異族宗教崇拜的影響。正是這種外來影響導致精神方面的奴役，導致迷信和野蠻狀態。在這種情況之下，精神對最崇高的對象不感到家常親切而感到陌生，不是由本民族和個人的意識所產生出來的。例如印度在它的偉大的史詩時代以前，在宗教觀點和其他情況方面就已經歷過多次大革命。希臘像我曾經提到過的，也要在埃及、腓尼基和小亞細亞等外來文化基礎上進行改革。羅馬人沿襲了希臘文化的一些因素，民族大遷徙中，一些蠻族也接受了羅馬的和基督教的影響，如此等等。只有到了詩人憑自由的精神拋棄了這種外來桎梏，對事物有自己的獨立看法，重視自己的精神，因而克服了意識領域的混亂，這時才能開始產生眞正的史詩。另一方面，在一個時代裡，如果已出現了抽象的信仰，訂得很完備的教條，固定的政治的和道德的基本原則，那也就已離開史詩所要求的具體（一般與特殊尙未分裂）而家常親切（擺脫了外來文化的束縛）的精神狀態了。眞正的史詩作者所處的情況卻與此不同，儘管他在創作上享有自由獨立，他對所描述的世界，從在個人內心中起作用的那些普遍力量、情慾和旨趣，到一切外在事物，卻都要瞭若指掌。例如荷馬描述他的史詩世界就親切如道家常，對旁人家常親切，對我們也就家常親切，因爲我們從這裡看到眞實情況，看到生活在那個史詩世界裡而感到自在的精神，又看到詩人自己和他的全副心思和精神都顯現在詩裡，這就使我們更感到心情舒暢。這樣一個時代可以處在文化發展的較低階段，但是仍然處在詩和美的階段，所以我們可以從內容意蘊上領會到眞正的人的高尙要求——即每一個英雄人物的榮譽、思想和情感、計謀和行動——並且欣賞這些描繪得很詳細的，既高尙而又生動鮮明的

---

116 第二段三節說明史詩的產生時代，民族精神已覺醒，但是關於宗教、道德、法律等觀念，還沒有固定成爲對個人有約束力的教條和規章制度，民族理想和個人理想還沒有分裂。到了後來民族與個人在意識型態上分裂了，個人本身的情感和意志也分裂了，於是史詩就讓位給偏重主體情感的抒情詩和偏重表現主體性格於客觀事蹟的戲劇體詩。史詩的出現比史詩所寫的生活時代較晚。但史詩作者與他所寫的過去時代相隔也不能太遠，否則詩人的時代意識和所寫的史詩的時代意識有本質的差別，作品就會顯出這種分裂，不能表現過去史詩時代的眞正的民族精神。

人物形象。[117]

(2)爲著顯出整部史詩的客觀性，詩人作爲主體必須從所寫對象退到後台，在對象裡見不到他。表現出來的是詩作品而不是詩人本人，可是在詩裡表現出來的畢竟還是他自己的，他按照自己的看法寫成了這部作品，把他自己的整個靈魂和精神都放進去了。他這樣做，並不露痕跡。例如在《伊利亞特》這部史詩裡，敘述事蹟的有時是一位卡爾克斯，有時是一位涅斯特，[118]但是眞正的敘述者還是詩人自己。就連在人物角色的內心變化詩人也往往藉神來加以客觀的描述，例如阿基里斯發怒時，雅典娜女神就出現在他面前，勸他息怒保持鎭靜。這是詩人的意造，但是所敘述的畢竟是客觀事實而不是詩人自己的內心世界，所以創作主體的因素應完全退到後台，正如詩人也不應在他展示給我們看的那個世界裡露面一樣。從這個觀點看，偉大史詩風格特徵就在於作品仿佛是在自歌唱、自出現，不需要有一個作家在那裡牽線。[119]

(3)但是史詩作爲一部實在的作品，畢竟只能由某一個人生產出來。儘管史詩所敘述的是全民族的大事，作詩者畢竟不是民族集體而是某某個人。儘管一個時代和一個民族的精神是史詩的有實體性的起作用的根源，要使這種精神實現於藝術作品，畢竟要由一個詩人憑他的天才把它集中地掌握住，使這種精神的內容意蘊滲透到他的意識裡，你爲他自己的觀感和作品而表現出來。因爲詩創作是一種精神生產，而精神只有作爲個別人的實在的意識和自意識才能存在。按一定語調寫成的作品既已存在，它就成了一種現存的榜樣，可以供人摹仿，按照類似的或相同的語調去歌唱。例如我們現在聽到一大批一大批的詩人都在摹仿歌德的語調歌唱。但是許多首詩都按照同一個語調歌唱下去，並不形成一部首尾聯貫完整的作品，這種完整的作品只有從某一個人的精神中才能產生出來，這一點對於荷馬史詩乃至於《尼伯龍根之歌》[120]的認識都特別重要。《尼伯龍根之歌》的作者是誰，並沒有確鑿的歷史根據。關於《伊利亞特》和《奧德賽》卻有一種眾所周知的意見，認爲實際上並沒有荷馬這樣一個人作出這兩部史詩的全體，而是先由一些個別的作者作出其中一些個別的部分，然後這些部分被結集成爲兩大部作品。[121]涉及這個看法，首先就要問：這兩部史詩之中是否每一部都自成

---

117 這一節說明史詩作者的地位：他應該保持客觀態度，但是史詩還是他個人的自由創作。史詩起源於民族早期但不是最早期。因爲在最早期民族文化一般都要受外來文化的干擾或奴役，只有詩人擺脫這種奴役，眞正能代表本民族的精神和意識，他才有自由創作的可能，他的作品也才顯得家常親切，能得到聽眾的同情共鳴和欣賞。

118 卡爾克斯是一位星相家，涅斯特是一位老謀士，《伊利亞特》裡有些故事片段是由他們敘述的。

119 這一節重申史詩的客觀性，詩人不應在史詩裡露面，但這並不是說，他的作品不是他的整個靈魂和精神的體現。

120 《尼伯龍根之歌》是中世紀日爾曼民族的史詩，上文已屢見。詳見下文「正式史詩的特徵」。

121 關於荷馬史詩的看法，西方文學史家至今還沒有定論。比較可信的是史詩起源於民間歌唱，後來才由文人結集起來、加工整理過。現存的荷馬史詩是西元前七世紀才結集的，而荷馬卻傳說是西元前十世紀左右的以唱詩爲職業的盲人。

一部史詩的有機整體，還是像現時流行的主張所說的，這兩部史詩都沒有必然的開頭和結尾，所以可以無休止地歌唱下去？荷馬史詩的結構在本質上固然比較鬆散，不像戲劇體詩那樣緊湊，其中各部分不免顯得彼此獨立，乃至還有一些題外的穿插和異文；但是它們畢竟各自形成一個有內在聯繫的整體，而這樣的整體只能出於一個人的手筆。如果說荷馬史詩缺乏整一性，只是由一些用同一個語調的史詩片段拼湊成的，這種看法是粗陋的，不符合藝術性質的。如果這種看法所指的，只是詩人作爲主體在他的作品裡不曾露面，那倒是對他最高的表揚；那就等於說，人們從這些史詩裡看不出詩人自己的主體的思想和情感，這倒是荷馬史詩的眞實情況。其中所表現的只是事實，只是全民族的客觀的觀照方式。不過就連民族詩歌也要一張口或一副喉舌，從充滿民族情感的內心裡放聲歌唱出來。一部本身整一的藝術作品就需要某一個人的整一的精神。[122]

B. 正式史詩的特徵

上文討論史詩的一般性質時，我已約略提到一些雛形的史詩品種。它們儘管用的是史詩語調，卻還不是完整的史詩，因爲它們並沒有把一種民族情況和一種整體世界中發生的具體事蹟表現出來，而只有這種情況和事蹟才是完整史詩的適合的內容，完整史詩的基本特點和條件上文已經指出了。

在這番回顧之後，我們現在就要研究可以從史詩藝術作品的本質中抽繹出來的一些特殊的要求。這裡馬上碰到的困難在於就特殊的方面進行一般性的討論，就沒有多少話可說，我們就不得不研究歷史發展以及各民族的個別史詩作品，而各民族和各時代在這方面有很大的差異，就很難得到適用於一般的結論。不過這種困難倒有一種解決辦法，這就是從許多民族的史詩經典中挑出一種來，把它作爲正式史詩的標本或例證。荷馬史詩就可以作這種標本。所以我想主要地根據荷馬史詩來找出一些我認爲符合史詩本質的基本定性。這種基本定性可以總結如下：

第一，我們要研究一般世界情況具有什麼樣性質，才可以使史詩的事蹟得到恰當的表現；

其次，我們要研究這種個別的史詩事蹟本身的性質；

第三，我們要看看用什麼形式才可以使上述兩方面在一部藝術作品裡達到統一，形成史詩的完整體。

(一)史詩的一般世界情況

我們開始時就已經說過，在眞正的史詩事蹟裡，要完成的因而要描述的並不是一件孤立

(122) 在這一節裡黑格爾舉荷馬史詩爲例，說明一部首尾聯貫的完整作品必須由某一個作者作出。他還沒有集體創作的概念，也不明白眞正的原始的民族史詩一般都起源於民間歌唱，在流傳中陸續增刪修改成的。

的偶然的事，而是一件從時代與民族情況的整體中派生出來的動作（情節），所以只有把這個動作放在一個較廣大的世界裡，才能把它認識清楚，在描述中也要求反映出這種結合在一起的實際情況——我現在只能約略提一提這種一般世界情況基礎所應有的正確的詩的形狀，因爲在第一卷討論理想的動作情節所要求的一般世界情況時，已指出這方面的要點了[123]。現在我只談對史詩特別重要的幾點。

1. 史詩用爲背景的最適宜的世界生活情況可以略述如下：這種生活情況對於個別人物已成了現成的具體現實，但是和原始生活氣息還有緊密的聯繫，如果讓高高在上的英雄們去開創一種世界情況，決定什麼才存在或什麼才應該存在，這種決定就帶有主觀性，不能顯現爲客觀現實，這就不符合史詩的性格。

(1) 在史詩的世界情況裡，倫理生活的關係、家庭的結合，乃至全體人民在戰爭時期和在和平時期作爲一個民族的團結，都應該已經建立起來而且經過了發展；但是同時也還沒有固定的道德規章和法律條文之類普遍生效的東西，不顧個人主觀方面生動具體的特殊情況，即使違反個人意願，對個人還是有嚴格的約束力。與此相反，在史詩的世界情況裡，應該成爲唯一根源和支柱的是是非感、正義感、道德風俗、心情和性格，而這些因素還沒有由知解力固定下來成爲散文現實的形式，和人心或個人思想情感相對立。一個社會如果已發展成爲組織得很周密的具有憲法的國家政權，有制定的法律，有統治一切的司法機構，有管理得很好的行政部門，有部長、參議員和員警之類人物，它就不能作爲眞正史詩動作（情節）的基礎。客觀的道德習俗情況固然是意志和實現意志的結果，但是起意志和實現意志都只能靠行動的人物和他們的性格，並不是由於道德習俗本已普遍生效而且本身有存在理由，它就能獲得客觀存在（實現）。我們在史詩裡固然看到客觀的生活和行動具有根本的共同一致性，但是也看到這種生活和行動中畢竟還有自由，這種自由就顯出個人的主觀意志[124]。

(2) 這番話也適用於人對周圍自然的關係，人從自然中所取得的滿足需要的手段以及這種滿足的性質。關於這一點，我第一卷談理想從外在世界得到定性時也已討論得很詳細。凡是人在物質生活方面所需要的東西，例如居房和園地、帳篷、床、刀矛、航海的船、載人去打仗的車、烹調、屠宰、飲食等等，沒有哪一件對人只是一種死板的手段，而是每一件都必使人感到其中有他的全部聰明才智、有他自己。所以本來是外在的東西因為和人有緊密的聯繫，而就打下了人的個性的烙印。從這個觀點來看，我們近代的機器工廠及其產品，以及一般滿足物質生活需要的方式，正如近代國家機構一樣，也完全不宜於做原始史詩所要求的那種生活背景。正如知解力及其抽象普遍概念，以及完全不依存於個人心願的統治權，在真正史詩的世界觀裡還不能起作用一樣，人在史詩世界裡也還沒有脫離和自然的生動的聯繫，還

---

[123] 見第一卷第三章二、㈠理想的定性，就它本身來看；㈡動作或情節。

[124] 這一節說明在史詩的世界情況中，還沒有出現與個人相對立的、固定的、嚴格的道德法律等等的規章制度，個人還有憑主體的情感和意志去行動的自由。在近代國家政權之下，個人與社會分裂對立，就不可能產生史詩。

與自然在一起過著時而友好時而鬥爭的強烈而新鮮的共同生活。[125]

(3)這就是我在第一卷（第三章二㈡A個體的獨立自足性：英雄時代）所說的與牧歌時代不同的英雄時代（史詩時代）的世界情況。我們看到荷馬用最優美的詩歌和豐富多彩的人物性格，把這種英雄時代的世界情況描繪出來了。在他的史詩裡，家庭生活和社會生活既沒有野蠻時代的那種實在情況，也沒有家庭關係和國家秩序都已固定下來時，那種單憑知解力的散文氣息的生活，而是處在我所指出的原始詩的那種中間狀態。這裡有一個基本要點：人物形象都現出自由的個性。例如在《伊利亞特》裡，阿伽門農固然是王中之王，其餘的將領都在他的王杖指揮之下，但是他的統轄權並不是主奴之間命令與服從的死板關係。他要考慮到許多方面、謹愼從事，因爲他下面的那許多君主，並不是一些招之即來的將官，而是和他享有同樣的獨立自主權。他們都憑自願團聚在他的麾下，或是由於各種機緣前來參加這次遠征。他遇事要和他們商量，如果他們不聽話，就會像阿基里斯那樣離開戰場、拒絕參戰。正是這種自由參加，憑自己的意志作抉擇，保證了個性的獨立不遭到損害，也使整個局面具有詩的模樣。同樣的情況在《奧森詩篇》也可以見到，席德[126]這位代表浪漫的騎士風的民族史詩的英雄，和隨從他的那些將領之間的關係也是如此。就連在亞力奧斯托和塔索的史詩作品裡，[127]這種自由的關係也還沒有遭到損害，特別是在亞力奧斯托的作品裡，那些分散的英雄們彼此幾乎沒有什麼聯繫，各自獨立地進行冒險事業。其中人民對領袖的關係，也正和希臘將領們對阿伽門農的關係一樣，並沒有人民要被迫服從的法律；他們服從是根據榮譽感、崇敬心，在能用暴力的強漢面前的羞恥以及英雄性格令人折服的力量等等。家庭內部的秩序也不是靠固定的主僕關係，而是靠情感和道德習俗來維持的。一切都仿佛本來就是如此。例如荷馬敘述希臘人和特洛伊人在一次戰役中，希臘人固然也損失了一些英勇的戰士，但是傷亡沒有特洛伊方面那麼多，因爲（荷馬說）希臘人總是想到在危急中互相救援，他們有互助的風格。如果我們今天要確定一個紀律嚴明的軍隊和一個沒有文化的軍隊之間的差別，我們也會認爲有教養的軍隊的本質特徵在於這種團結一致，這種自己和旁人處在統一體中才好發揮效能的意識。野蠻的軍隊只是些烏合之眾，其中沒有人能依靠旁人。但是在我們現代需憑辛苦的嚴格軍事訓練才能得到的結果，像是在督促和命令之下苦練成的一種秩序，在荷馬史詩裡卻是一種自生自長的道德習俗，很有生氣地體現在每一個人身上。

由於同樣的緣故，荷馬對外在的事物和情況進行了豐富多彩的描繪，他並不在近代小說

---

125 這一節說明史詩時代人與自然和物質生活的緊密聯繫，自然向人提供滿足需要的手段，而人的性格和行動也在這種手段上打下了自己的烙印。馬克思在《政治經濟學批判》裡討論文藝與物質生產的緊密聯繫時，所談的也是這個問題，讀者最好仔細參較。

126 席德是同名的中世紀西班牙民族史詩中的主角，敘述他領導西班牙人抗拒非洲伊斯蘭教徒摩爾族入侵的戰爭事蹟。

127 亞力奧斯托（1474-1533）的史詩作品是《發狂的羅蘭》，塔索（一五四四—一五九五）的史詩作品是《耶路撒冷的解放》。兩人都是義大利詩人，所寫的都是中世紀基督教徒與伊斯蘭教徒的戰爭。

所喜歡描寫的自然風景上浪費工夫，但是對一根手杖、一根王笏、一張床、武器、衣服、門杜之類卻描繪得極細緻，甚至把戶樞也描繪出來。這些東西對於我們近代人好像瑣屑不足道，我們受了近代教養的影響，對許多外在事物和表達方式都抱著傲然不屑一看的態度，而把衣服器皿和陳設之類事物的等級卻劃分得很細密。此外，近代滿足需要的手段都是分成許多零件，由許多不同的工藝行業分途製造，這樣拼湊起來的成品中每一特殊部分都降到附屬品的地位，我們就覺得它們不值得注意和列舉。古代英雄生活中的器具及其製造都很原始簡樸，他們之所以肯花工夫去描繪它們，是因爲人們還不曾把這一切事物分出高低等級，它們都是有使用價值的。人們也還不曾使整個生活脫離有實用的具體事物，而轉到純粹理智的領域，所以他們還能從這些原始簡樸的器具及其製造中，看到自己的熟練手藝、財富和正當的興趣而感到光榮。屠宰、烹調、斟酒之類工作還要由英雄們自己去做，他們把這類工作當作目的和享受來進行。至於我們近代人哪怕吃一餐午飯，要使它顯得不是一件日常瑣事，就不僅要有佳餚，還要弄一點有風趣的談話。荷馬對日常事物的詳細描繪，並不應看作對枯燥事物所附加上的一種詩的裝飾，而是符合所寫人物和情況本身的精神。這正如我們現代農民不厭其詳地談瑣碎事，我們的騎兵們談到馬廄、馬、馬靴、踢馬刺、馬褲之類，也就津津有味地談個不休一樣。比起較高貴的知識分子的生活，這類日常事物當然就顯得枯燥無味。

史詩世界還不應局限於只在一個既定場所發生的特殊事蹟的有限的一般情況，而是要推廣到包括全民族見識的整體。最好的例證是《奧德賽》，這部史詩不僅使我們認識到希臘將領們的家庭生活，以及他們的奴僕和僚屬，而且還詳細描述了外國人的生活、海上的危險遭遇、隱士的住所等等。在《伊利亞特》裡也是如此，按照題材的性質，這部史詩中事蹟發生的場所比較窄狹，在戰場上不會出現和平生活的場面，荷馬卻仍然在阿基里斯的盾牌[128]上，對整個大地和人類生活，例如婚禮、法庭審判、耕種、牛羊群、城市中的內戰之類，用高明的藝術手腕做出令人驚贊的描繪，這種描繪就不應看作題外的穿插。與此相反，在據說是奧森創作的那些詩篇裡，所寫的世界就太窄狹、太不明朗，像是抒情詩了。但丁的天使和魔鬼們所居住的世界，也不是一個與我們人類相干的獨立的世界，而只是對人類進行獎懲的一種手段。在《尼伯龍根之歌》裡，更看不出一個明確的實在的形象鮮明的背景場所，故事的敘述帶有街頭賣唱人的調子，敘述儘管夠詳細，但是很像一個賣藝的學徒把路上聽到的東西複述一遍，自己又在裡面添油加醋。我們感覺不到所描述的事蹟如在目前，只感覺到詩人的無能和使勁賣力。這種冗長軟弱的情況，在德國流行的一些英雄傳記裡當然還更糟，直到最後落到地道的藝徒們即工匠歌者[129]的手裡，就每況愈下了。[130]

---

128 《伊利亞特》中很有名的一個穿插。這面盾牌是火神替阿基里斯鑄造和雕刻的，雕刻題材涉及各方面的生活，頗近似中國畫中的《清明上河圖》。

129 「工匠歌者」（Meister swänger）德國十四至十六世紀城市工匠們所發展成的一個詩派，受到前期宮廷情詩歌手的影響，在格律形式上很拘謹，題材也很陳腐。

130 這一節主要舉荷馬爲例，說明史詩對一個時代和一個民族的全部生活情況都提供生動鮮明的圖畫，要點在於

2. 史詩作爲藝術，既然要表現出一個在各個特殊方面都界定得很明確的世界，這個世界就必然有它所特有的個性，史詩所反映出來的就是某一確定的民族的世界。

(1) 從這個觀點來看，一切眞正原始的史詩對表現在倫理的家庭生活，戰爭與和平時期社會生活情況，乃至需要、技藝、習俗和興趣等方面的民族精神，也就是一個民族在整個歷史階段的意識方式，都要描繪出一幅圖畫。要對史詩進行評價、鑽研和分析，就等於用心靈的眼睛去檢閱各民族的各具個性的精神。如果把各民族史詩都結集在一起，那就成了一部世界史，而且是一部把生命力、成就和勳績，都表現得最優美、自由和明確的世界史。例如我們如果想學會認識希臘的民族精神和歷史，或是至少他們在起源時所憑藉的基礎，以及他們用些什麼辦法去進行使他們自己的歷史繼續下去的鬥爭，那麼，荷馬史詩就是最生動最單純的資料來源了。[131]

(2) 民族的實在情況有兩種：第一種是某一民族處在某一確定的時代，和某一確定的地理氣候、山川林野之類自然環境之中，形成特殊習俗的那種完全實實在在的世界，第二種是宗教、家庭和社會等方面的精神意識中的民族實體（理想）。如果原始史詩應該像我們前已提出的要求那樣，要成爲有永久價值的全民族的經典，過去時代的第一種實在情況，只有在和民族生活的眞正實體（第二種實在情況）有內在聯繫而成爲確實的性格特徵時，才可以用在史詩裡，才能引起持久的生動的興趣；否則它就成爲完全偶然、可有可無的。例如本鄉本土的地理固然是屬於民族的，但是使一個民族具有特殊性格的並不是地理因素。異方的另樣的自然環境只要不違反本民族的特性，就不致有什麼妨害，甚至對想像還有某種吸引力。直接看到本鄉本土的山河，當然可以引起青年時代的回憶，但是它們如果和觀照方式與思想方式的整體沒有較深刻的聯繫，光是引起回憶這一點聯繫也就是題外的不大相干的東西。此外，像在《伊利亞特》所寫的遠征，就不可能寫希臘本土的地方色彩，異域的自然環境在這部史詩裡還是有很大的吸引力。

如果一個民族在許多世紀的過程中精神意識和生活情況的改變很大，以致較近的時代和遠古出發點之間已完全割斷聯繫，一部在這種情況之下寫出的史詩，就會更沒有持久的生命力。例如克洛普斯托克在詩的另一個領域裡企圖建立一種民族宗教詩，而在後來又把赫爾曼和吐絲涅達搬上舞台，就是如此。[132]《尼伯龍根之歌》[133]的情況也類似，其中所寫的勃艮第

英雄時代人物雖有民族感和集體感，服從民族的道德習俗，但還不受死板的法律規章制度的約束，還能自由地抉擇自己的行動。黑格爾在這裡提到近代分工制，以及體力勞動與腦力勞動的脫離對個人和社會的影響。讀者可參較馬克思在《經濟學哲學手稿》裡，論分工和「異化」部分所作的更明確更正確的發揮。

131 這一節說明史詩表現一個民族的獨特精神，各民族的史詩彙集起來，就成爲一部生動的世界史。

132 克洛普斯托克（1724-1803），德國浪漫派詩人，曾花了三十年仿效密爾頓的《失樂園》，寫了一部史詩《救世主》。赫爾曼和吐絲涅達是他後來寫的德國民族歷史劇中的人物。

133 《尼伯龍根之歌》這部日爾曼民族史詩起源於北歐民間傳說，以齊格菲爲主角，他奪得了由仙鬼守衛的一批黃金珍寶，和勃艮第公主克里姆希爾特結了婚，後來被她的家奴殺死。她改嫁了艾策爾王（即侵入西歐

人、克里姆希爾特的報仇、齊格菲的事蹟、全部生活情況、全族覆滅的命運、北歐的人情風俗、艾策爾王等等，都和我們現在家庭、政治、法律等方面的生活，以及規章制度沒有任何活的聯繫。比起《尼伯龍根之歌》中事蹟來看，基督的傳記、耶路撒冷、伯利恒、羅馬法乃至特洛伊戰爭，對我們都還有較多的現實聯繫。在德意志民族意識中，尼伯龍根之類傳說事蹟都已一去不復返了。如果今天還有人想根據這種傳說事蹟，去創作一部有民族意義的作品或經典，那就簡直是一種最荒謬的幻想了。在幼年熱情仿佛重新燃起的日子裡，就可以看出一個時代的老年期的徵兆，就像臨死前的返老還童一樣，這種徵兆就在於企圖靠死亡衰朽的東西來恢復元氣，從其中獲得情感和現實感，而且還期望旁人也這樣辦。134

(3) 如果一部民族史詩要使其他民族和其他時代也長久地感到興趣，它所描繪的世界就不能專屬某一特殊民族，而是要使這一特殊民族和它的英雄的品質和事蹟，能深刻地反映出一般人類的東西。例如荷馬史詩在直接的宗教倫理的題材、優美的人物性格和一般生活，以詩人把最崇高和最猥瑣的事物都寫得活靈活現的藝術手腕，這種幾方面都顯得是一部永遠有現實意義的不朽著作。不過在這方面各民族之間有很大的差別。例如《臘瑪耶那》當然生動地表現了印度民族精神，特別是宗教方面的，但是全部印度生活卻極特殊，使人不能憑眞正是人所特有的東西，去衝破這種特殊性的框框來理解它。以史詩方式描述出來的整個基督教的世界卻完全不同。例如《舊約》，特別是描述宗法社會的部分，所顯示的世界一開始就是土生土長的，而且是通過事蹟生動鮮明地表現出來的，所以永遠不斷地重新受到欣賞。歌德在回憶童年時期時就說過：「儘管他的生活和學習都很分散零亂，可是他的精神和情感都集中在這一點（《舊約》）上，從而獲得心情的寧靜」，直到晚年他還談到這一點，在「東方漫遊的全部途程之中，我們總是不斷地回到這些著作，就像回到最涼爽的清泉一樣，儘管這裡的水也有時是渾濁的，也有時轉到地下潛流，但是馬上又噴出來，純潔而清鮮。」[135]

3. 第三，一個特殊民族不能憑民族個性中的靜止的一般情況，提供眞正史詩的題材並且把它獨立地描繪出來。這種一般情況只能是一種基礎，要有一件自發展的事蹟在這基礎上發生著，聯繫到民族實際生活的各個方面，使它們都自然而然地牽涉進來。這種事蹟不能只

的匈奴酋長阿提拉）。她的弟兄們劫去了齊格菲贈給他妻子的黃金珍寶，把它投到萊茵河裡。她爲著報殺夫之仇和奪回黃金珍寶，把她的弟兄們和家奴騙到厄澤爾的朝廷，把他們殺死。她自己也被一位騎士希爾德布朗特殺死。後來德國音樂家華格納根據這個傳說創作出他的幾部有名的歌劇，如《齊格菲》、《萊茵河的黃金》等等。

134 這一節說明史詩時代既已過去就不能再寫史詩。過去史詩事蹟要和今天現實有活的聯繫，否則就不能再引起興趣。黑格爾痛斥當時德國詩人克洛普斯托克用與德國現實無關的過去傳說寫史詩，說這種「靠死亡衰朽的東西來恢復元氣」是「臨死前的返老還童」。這種看法還是反對復古倒退。

135 這一節說明某一民族史詩要使其他民族和其他時代發生興趣，就要在民族性中表現出普遍的人性。作者認爲荷馬史詩和基督教的《舊約》都能做到這一點。印度史詩《臘瑪耶那》的生活內容就太特殊，不易理解。黑格爾在這裡還是從普遍人性論出發，去解釋過去古典作品何以還有持久的吸引力。

是一種外在的偶然事件，它必須有一個根據實體精神而通過意志去實現的目的。民族的一般情況和個別的動作情節既然不應互相脫節，一個具體事蹟就必須在一般情況這個基礎裡找到它的動因，而且在這個基礎上進行著。這就等於說，上文說的史詩世界必須就個別具體情境去掌握，史詩所要敘述其實現過程的那個具體目的必然是由這個情境產生的。我們在第一卷裡（二八一—二九七頁論「衝突」的部分）泛論理想的動作情節時就已指出，理想的動作情節首先要有這樣一種情況或情境：它要能導致衝突、引起糾紛的動作，以及必然跟著來的反動作。所以能揭示某一民族的史詩世界情況的那種具體情境，必須是本身導致衝突的。因此，在衝突這一點上史詩和戲劇體詩處於同一領域，我們在這裡首先要確定史詩的衝突和戲劇的衝突之間的差別。[136]

(1) 一般地說，戰爭情況中的衝突提供最適宜的史詩情境，因爲在戰爭中整個民族都被動員起來，在集體情況中經歷著一種新鮮的激情和活動，因爲這裡的動因是全民族作爲整體去保衛自己。這個原則適用於絕大多數史詩，荷馬的《奧德賽》和許多宗教詩好像是例外。但是《奧德賽》所描述的衝突事件也是用特洛伊戰爭爲基礎的，就連尤利西斯航海回家的航程，和他回家後在故鄉伊薩卡的情況儘管不是敘述希臘人和特洛伊人的戰爭，卻仍是敘述這次戰爭的後果。實際上《奧德賽》所寫的還是一種戰爭，因爲希臘將領們再經過十年離鄉背井之後，回家時發現他們的家鄉領土已變了樣子，要重新征服[137]。關於宗教史詩，我們要研究的主要是但丁的《神曲》。這裡基本衝突仍然是導源於戰爭，即惡魔背叛上帝那場原始的鬥爭，由此在人世現實領域裡便派生出反抗上帝，和崇敬上帝兩種勢力之間的不斷的內外戰爭，其結果是懲罰、淨化和降福三種報應，也就是地獄、淨界和樂園。[138]在克洛普斯托克的《救世主》裡中心也是反對耶穌基督的戰爭。但是最生動最適宜於史詩描述的還是一場實際發生過的戰爭，例如我們在《臘瑪耶那》裡，特別是在《伊利亞特》裡所見到的。此外，奧森、塔索、亞力奧斯托以及賈梅士[139]諸人的名著也可以爲證。在戰爭中主要興趣在於英勇，而英勇這種心靈狀態和活動，既不宜於抒情詩的表現，也不宜於用作戲劇的情節，但特別宜於史詩的描繪。因爲在戲劇體詩裡主要關鍵在人物內心裡精神性的剛強或軟弱，從倫理觀點

---

[136] 這一大段的導言，說明世界一般情況只是史詩事蹟進行的一個基礎，還必須有一個具體情境作爲史詩事蹟所由發生的動因，這種情境必須是能導致衝突的。

[137] 《奧德賽》是《伊利亞特》的續編，後者敘述希臘人遠征小亞細亞的特洛伊的十年戰爭，前者敘述戰爭結束後希臘人乘船回國，其中尤利西斯所帶領的官兵在海上遭大風浪迷失方向，在海上浪遊了十年，經歷了許多險境和奇遇，終於回到故鄉伊薩卡，發現他的妻子被許多求婚者包圍，情形很嚴重。尤利西斯設計戰勝了那些求婚者，才把秩序恢復過來。

[138] 《神曲》敘述詩人但丁自己靈魂冒險的歷程，他先入地獄，次登淨界，最後登天國樂園，描述沿途所見所聞，宣傳基督教的因果報應和關於個人修行的教義。

[139] 賈梅士（Camoëns, 1525-1580）葡萄牙詩人，他寫了一部史詩《路濟塔尼亞人之歌》，敘述葡萄牙人達・伽馬航海的冒險經歷和發現東印度的經過。

有理由可辯護或可鄙棄的情致；在史詩裡主要關鍵卻是人物性格中的自然（本性）方面，所以在民族戰爭裡英勇卻有正當的地位。英勇本來就不是一種倫理的品質，因爲倫理的品質是由意志作爲精神的意識和決斷力來決定的，而英勇卻要靠人物性格中的自然方面（本性），它要和精神方面融合起來、達到平衡，才能實現實踐性的目的。這類目的比起抒情詩的情感和觀感來，較宜於用史詩方式去描述。這番關於英勇的話也適用於戰爭中的行動及其後果。意志的作用和外在事件的偶然性，這兩方面也要平衡起來。在戲劇裡卻不然，單純的事件及其外在的（偶然的）阻礙是要被排除的，外在的東西也要和人物的目的和意圖發生因果聯繫；否則無權獨立存在；如果偶然因素也闖進來對後果起決定作用，那也只是表面現象，實際上這種偶然因素歸根究底還要來自人物性格和目的中的內在本質，以及衝突及其必然的結果。[140]

(2)用戰爭情況做史詩情節的基礎，就有廣闊豐富的題材出現，有許多引人入勝的事蹟都可以描述，其中起主要作用的是英勇，而環境和偶然事故的力量也還有它的地位，不致削弱。不過這種史詩題材的局限性也不應忽視，只有一個民族對另一個民族的戰爭才眞正有史詩性質。改朝換代的鬥爭、內戰和市民騷動，則只宜用作戲劇題材。亞里斯多德在《詩學》第十四章曾勸告悲劇詩人選用弟兄之間的鬥爭作題材。屬於這一類的有《七英雄進攻忒拜》。[141]進攻忒拜的就是本國王子，而保衛忒拜的敵手就是他的弟兄。這裡敵對行動並沒有絕對道理，只是由於互相鬥爭的兩弟兄的特殊性格。只有和好協調才是他們之間的合理的關係，而破壞這和協調一致的原因只是個人的恩怨和各自以爲是的理由。同樣的例子在莎士比亞的歷史悲劇裡可以找出很多，其中當事人物本來理應和睦相處，他們卻單憑情慾和自私的動機，引起了衝突和戰爭。關於用這種有缺點的情節來作史詩的例子我只舉一個，即路康的《法沙利亞》。[142]儘管這部史詩裡互相衝突的兩種目的好像都很重大，交戰的雙方畢竟都是羅馬人，有同胞的關係。這就使得他們之間的鬥爭不是全民族的鬥爭，而只是派系之間的侵軋。派系的侵軋總要破壞民族的實體性的統一，使主角陷到悲劇性的罪過和毀滅，同時也使客觀方面的事蹟不夠簡單明瞭而顯得混雜錯亂。伏爾泰的《亨利歌》也有同樣的情況。[143]

至於不同民族之間的敵對行動卻具有實體性。每一個民族都形成一個獨立的整體，和其

---

[140] 這一節說明最適宜的史詩情況是戰爭，荷馬史詩可以爲證。在戰爭中主要興趣在英勇，而英勇由史詩表現比由戲劇表現較好，因爲戲劇的關鍵在人物內心裡精神性的倫理目的，而英勇只是自然的本能，本身不是精神性的或倫理的。自然的本能卻正是史詩人物性格主要方面。此外，戲劇需緊湊，需排除與本題無密切關係的偶然事故和外在因素，史詩可以鋪開來寫，只要偶然因素和外在事故能和精神性的意志目的融合一致就可納入題材。

[141] 《七英雄進攻忒拜》見第一卷第三章注[99]。

[142] 路康（Lucan）西元一世紀羅馬詩人，寫過一部史詩《法沙利亞》，敘述羅馬兩巨頭龐培和凱薩爭權的內戰。

[143] 伏爾泰的史詩是歌頌法王亨利四世的，他的野心是要寫一部近代法國民族史詩，但是連法國多數文學史家也公認《亨利歌》是枯燥無味的作品。

他民族區別開來而且對立。如果這些民族互相敵視，倫理的聯繫並不因此遭到破壞，絕對有價值的東西並不因此受到損害，必須有的整體也並不因此遭到割裂。與此相反，這種鬥爭正是爲著保衛這種整體及其存在權，所以這種異族之間的敵對行動完全符合史詩的實體性（理想）。[144]

(3) 但是也不是互相敵視的民族之間的每一場普通戰爭都有史詩的性質。這裡還要加上第三個因素，這就是要有世界歷史的辯護理由，一個民族才可以對另一個民族進行戰爭。只有在這種情況之下，展現在我們面前的才是一個新的崇高事業的畫面，這種事業顯得並不是出於主觀私圖或是奴役其他民族的動機，而是根據一種本身絕對的高度必然性，儘管表面的動機一方面像要侮辱對方，另一方面像要報復。印度史詩《臘瑪耶那》就有這種情況，但是在《伊利亞特》裡表現得最明顯。這裡是希臘人遠征亞洲人，爲著解決巨大矛盾而進行了最早的傳奇式的鬥爭。這些戰役形成了希臘歷史在世界史中的轉捩點。西班牙民族英雄席德反對伊斯蘭教徒摩爾族人的鬥爭也有類似的性質。此外還有前已提到的塔索和亞力奧斯托所寫的基督教徒反抗伊斯蘭教徒薩拉森族人的戰爭，賈梅士所寫的葡萄牙人反對印度人的鬥爭。我們看到幾乎所有的歐洲大民族都曾由於倫理、宗教、語言、內心和外表都不同而互相鬥爭，使我們感到安慰的是，這些鬥爭的結果總是在世界史裡有辯護理由的較高的原則對較低的原則的勝利，義勇占了上風，不讓被征服的民族保存任何東西。過去時代的史詩都描繪出西方對東方的勝利，也就是歐洲人的權衡力和受理性節制的個性美，對亞洲的組織簡陋、聯繫鬆散、貌似統一而經常瀕於瓦解的那種宗法社會的耀眼浮華的勝利。如果我們根據這些過去的史詩去設想歐洲未來可能出現的史詩，那就很可能是描述未來的美洲人的生動活潑的理性，對禁錮在永無休止的衡量計算，和向特殊分配之中的那種精神的勝利。因爲在今天的歐洲，每一個民族都被其他民族所限制住，不能單憑自己的力量去和另一個歐洲民族進行戰爭，如果人們想跳出歐洲這個框框，那就只有面向美洲。[145]

(二)個別的史詩動作（情節）

其次，在兩方全民族衝突的基礎上發生著史詩的事蹟，我們現在就要確定這種事蹟的一般定性，關於這方面可以提出以下幾個觀點：

第一，我們要指出史詩動作的目的，儘管要以一般情況爲基礎，卻必須在個別方面生動具體地表現出來；

其次，史詩動作既然只能由個別人物發出，我們就要研究史詩人物性格的一般性質；

---

[144] 這一節說明戰爭情況之中，以兩敵國之間的戰爭提供最理想的史詩情境。

[145] 這一節說明兩敵國之間的戰爭，也要以從世界歷史觀點來看有正當理由的一種爲最理想的史詩題材。根據歐洲從古希臘到文藝復興的一些有名的史詩，黑格爾得到文明的歐洲人戰勝了野蠻的亞洲人和非洲人的這一反動的「西方中心」的結論。最後他對歐洲情況很失望，把史詩的未來的希望寄託在新興的美洲，這不但是純粹的幻想，而且也在自打耳光，因爲他曾堅持近代的世界情況不宜於做史詩的題材。

第三，客觀現實事物不能只作爲單純的外在現象，而是還要見出它們本身的必然性和實體性意義，才能出現於史詩的動作情節，所以我們也要確定事蹟的這種實體性以什麼形式出現，無論它是隱藏的內在必然性，還是顯露的永恆的力量或神的意旨。

1. 我們在上文曾要求有一種民族事業作爲史詩世界的基礎，在這種民族事業中，處在英雄時代情況具有原始新鮮活力的全部民族精神都可以表現出來。但是此外還要有一個特殊的目的從這種基礎上湧現出來。這個目的必須和當時全部現實情況有密切的聯繫，才能達到實現，所以在這實現過程中，民族的性格、信仰和行動的一切方面都會呈現出來。

(1) 上述目的是整個動作情節的歸宿，要從某些個別人物身上獲得它的生命。我們前已說過，這種目的在史詩裡需以某一件事蹟的形式出現，所以我們要研究意志和行動一般以什麼明確的方式變成事蹟。動作和事蹟這兩方面都發源於精神的內在生活，這種內在生活的內容意蘊，不僅以認識方式表現於思想情感之類，而且還要在實踐中獲得實現。這種實現有兩方面：第一是經過考慮而預定下來的目的，當事的個別人物對這目的的一般性質和後果必須有了認識、起了意志、抉擇了它，決定爲它負責；其次是周圍的精神界和自然界的客觀現實情況，人只有在這種客觀現實情況裡才能行動。這種情況之中有一些偶然因素對人有時起推動作用，有時起阻礙作用，所以他或是由於偶然因素對他有利而順利地達到目的，或是他如果不肯向阻礙屈服，就要憑自己個性的力量去克服它。如果把意志世界理解爲內外兩方面的不可分割的統一，雙方都同樣有存在的理由，那麼，最內在的內容意蘊就會立即獲得實現，使行動獲得事蹟的形式。在事蹟中原來內在的意志連同它的計謀、主體動機和情慾、原則和目的都不再是主要因素了。在動作裡，一切都要回溯到內在的性格、責任感、見解和意圖之類；在事蹟裡卻不然，外在因素也享有不可侵犯的權利，因爲正是客觀現實一方面賦予整個事蹟過程以形式，另一方面也形成了內容本身的主要因素。就是由於考慮到這一點，我在上文曾說過史詩的任務在於描述一個動作情節的發生經過，所以它不僅要把握住實現目的所涉及的外在因素，而且要分配給外在環境、自然情況，以及其他偶然事故在動作情節中和內在因素中享有同樣發揮作用的權利。[146]

(2)如果要進一步探討史詩以事蹟的形式去敘述其實現過程的那種特殊目的的性質，那麼，根據上文所說的，這種目的不能只是一個抽象概念，而應該有完全具體的定性。它既然要在具有實體性的民族生活整體裡實現，就不能只是主觀任意的。例如政權機構、祖國，或是某一政權機構或國家的歷史，都是本身帶有普遍性的，由於這種普遍性，它就不能表現爲某某主體的個別存在，也就是說，不能和個別的活人處於不可分割的密切聯繫。所以一個國家的歷史，政治生活和規章制度的發展以及它的命運，儘管都可以通過事蹟去敘述，但是

---

146 這一節說明史詩事蹟的特徵之一在於它需有一個特殊目的，這個目的的實現一方面要靠人物性格中的主體因素，一方面也要靠環境中的客觀因素。實現以後，主體的目的和計謀所導致的行動便變成了客觀的事蹟。黑格爾把動作和事蹟區分開來，還是要強調史詩的客觀性。

凡所發生的事如果不是作爲某些具體的英雄人物的具體行動、內在目的、情慾、苦難和成就的結果，不是由他們的個性向所敘述全部現實情況提供了形式和內容，事蹟也就會以自己向前流轉下去的呆板形式表現爲一個民族或國家的歷史了。從這個觀點來看，精神的最高動作就會是世界史本身，人們就可以把普遍精神的戰場上所發生的普遍行動寫成絕對的（包羅萬象的）史詩，其中主角就會是全人類的精神，就會是全人類從意識的混沌狀態把自己提升到世界史裡去。不過正由於這種抽象的人類普遍性，這種材料就不能達到藝術所要求的個別具體化。因爲這種史詩根本就缺乏一種確定的背景和世界情況，既沒有外在的活動場所，又沒有道德習俗之類情況。唯一可設想的基礎就是普遍的世界精神本身，它不可能作爲一種特殊具體情況而呈現於觀照，而且要以整個大地爲它的活動場所。縱使這種史詩所實現的目的也就是世界精神的目的，而這種世界精神卻只能由思想去掌握，由思想按照它的眞正意義加以確定和闡明。儘管如此，如果還硬要用詩的形式來表現這種世界精神，爲著使整體具有恰當的意義和融貫一致，那就只能假設這種世界精神由自己獨立地發出動作。對於詩來說，這只有在兩種情況下才有可能，一種是假定創造歷史的內在的（精神的）匠人，即需由全人類來實現的那種永恆的絕對理念，顯現爲活躍的既指揮而又執行的某一個體；另一種是這種絕對理念顯現爲一直在暗中起作用的必然。但是就前一種情況來說，這種內容的無限性會永遠衝破由個別詩人來用藝術表現的窄狹的框框，或是爲著避免這種局限性，這種無限的內容也就勢必降到用一種枯燥的寓言來表現對人類的使命和教養、目的和道德完善，或其他固定的世界史目的的一般感想。就後一種情況來說，不同的民族精神需由相應的不同的英雄人物來表現，這些不同的英雄人物的鬥爭生活就各自爲政地造成歷史及其進展。但是各民族精神如果要以詩的形式顯現於現實，那就只有使實在的世界史裡，以行動或事蹟的形式陸續展現於我們眼前。那麼，我們就會看到一系列的個別具體人物以純然外在的次序，湧現出來接著又消失去，這樣他們這些個別人物之間就缺乏統一和聯繫，因爲引著世界走的世界精神，作爲一種內在的自在之物和命運主宰，就不應作爲一個本身也在行動的人物而處在首位。如果我們也要按照它的普遍性來掌握民族精神，讓它憑這種實體性（普遍性）去行動，那也會產生像上文所說的那樣一系列的個別人物，他們就會像印度的借屍還魂，只有一種客觀存在的假象。這種虛構儘管披著詩的外衣，比起在眞實歷史中實現的那種世界精神的眞相，就暗淡無光了。[147]

---

[147] 這一節說明史詩事蹟所實現的目的不能是抽象的，只能是具體的。所謂「具體」是指目的需根據一個民族的實際生活情況。黑格爾認爲只能有民族史詩，不能有世界史詩或全人類史詩。因爲假如有世界史詩，它就應表現世界精神，而世界精神是絕對普遍的、無限的，既沒有個別具體的活動場所（它的活動場所是整個大地），又沒有具體的眞人眞事爲道德習俗之類實際情況，不符合藝術所要求的個別特殊化。黑格爾哲學的基本出發點是精神性的理念，是第一性的，理念否定自己才轉化爲物質世界，物質世界只是精神世界的「另一體」或「異化」。世界精神就屬於理念範疇，它既是無限的，就不能由有限的知解力或有限的藝術去掌握，只能由包羅萬象的哲學思考去掌握。所以在人類精神發展中哲學處於最高階段。「精神的最高動作就是世界史本身」這句名言就是說「哲學與歷史的統一」。「精神的最高動作」就是哲學思考。

(3) 由此可以得出一條帶有普遍性的規則：特殊的史詩事蹟只有在它能和一個人物最緊密地融合在一起時，才可以達到詩的生動性。正如詩的整體是由一個詩人構思和創作出來的，詩中也要有一個人物處在首位，使事蹟都結合到他身上去，並且從他這一個形象上發生出來和達到結局。不過這裡還有其他重要的條件。我們在上文關於世界史所說的那番話現在似乎可以反過來說，用詩的形式來寫的一個具體人物的傳記似乎可以成為最完美的正式史詩的材料了。其實並不然。在傳記裡儘管個別人物始終都是同一個人，牽涉到他的各種各樣的事件卻可以各自獨立、互不相干，而主體和這些事件只是完全外在地偶然地結合在一起的。但是史詩如果本身需是一個整體，它用作內容來描述的事蹟也就應本身具有整一性。主體和客觀事蹟這兩方面的整一性必須互相協調結合起來；但是像西班牙民族英雄席德的生平事蹟那種傳記的興趣中心，固然在於以西班牙為背景的一個始終忠實於自己性格的偉大人物，他的發展、英雄氣概和結局；他的事蹟在他眼前掠過，就像在一個雕刻的神眼前掠過一樣漠然無動於衷，而且這個人物本身終於對於我們成為過去的了，對於他自己也成為過去的了；描述席德的那些詩篇卻也只是一些押韻的編年紀事而不是真正的史詩。至於後來敘述席德事蹟的那些傳奇故事，按照這種體裁的要求，只是把這位民族英雄的生平分裂成為若干零星片段，根本無須結合成一個具有整一性的事蹟。上述條件在荷馬的兩部史詩裡卻實現得最好，其中阿基里斯和尤利西斯是中心人物。印度史詩《臘瑪耶那》也是如此。從這個觀點來看，但丁的《神曲》處在一種值得注意的特殊地位。在這部史詩裡，詩人自己就是上文所要求的一個人物，詩中一切都結合到他在地獄、淨界和樂園中的遊歷，所以他可以把自己憑想像所創造出來的那些畫面當作他自己的經歷來描述，因而有權做一般史詩所不宜做的事，把自己的情感和觀感穿插到一部客觀的作品裡去。[148]

2. 史詩的任務一般在於敘事，所以客觀事物同時向它提供了內容和形式，但是另一方面事蹟就是在我們眼前掠過去的動作，所以個別人物及其行動和遭遇，就成了眞正突出的東西。只有個別人物，無論是人還是神，才能眞正發出行動，他們愈是活躍地和眼前發生的事交織在一起，也就愈有理由引起較大的興趣。從這一點來看，史詩與抒情詩和戲劇體詩的基礎是相同的，所以現在要做的重要的事就是確定在描繪個別人物方面有什麼特別屬於史詩的方式。

(1) 如果要使史詩人物特別是主角顯出客觀性，他們就要本身是許多特徵的整體，是完整的人，從他們身上可以見出一般心靈的各個方面，特別是全民族的已發展出來的思想和行

---

148 這一節說明史詩不但要有人物的整一性，還要有動作情節的整一性。席德的傳記只有人物的整一性，卻沒有動作情節的整一性，所以不能算是史詩。史詩需要一個英雄人物做主角，卻不等於一部英雄人物的傳記，因爲傳記中許多個別事物可以是各不相關的。文藝復興以後的文藝批評家根據亞里斯多德的《詩學》，要求戲劇要有動作、時間和地點的「三一律」（稱作「三整一」較好，因爲強調的不只是「一個」，而且更重要的是「整體」）。黑格爾要求史詩有動作和人物的兩種整一性。

動的方式。關於這一點，我們已在第一卷（三二六—三二九頁）裡提到荷馬的英雄人物們，特別是阿基里斯，在他一個人身上集中地而且生動地表現出多方面的人性和民族性，《奧德賽》的主角尤利西斯對於阿基里斯也是一個豐富多彩的陪襯人物。西班牙民族英雄席德也表現出類似的多方面的人物性格和情境：我們可以看出他怎樣當兒子、當英雄、當情人、當丈夫、當父親、當家主，以及他對國王、朋友和敵人的關係。中世紀一些其他史詩在描繪人物性格方面就比較抽象，特別是其中英雄們只為騎士階層利益而奮鬥，脫離眞正帶有實體性民族內容的生活理想。

由此可見，史詩人物性格描繪的主要任務，是使上述整體在各種場合和情境中展現出來。戲劇的情況就不同，悲劇人物和喜劇人物固然也可以有內在的豐富性，但是在他們身上發生的尖銳衝突，只限於一定範圍和目的之內的某一種片面的情致和對立方的某一種有同樣局限性的情慾之間的衝突，就是這種衝突形成戲劇的主題。所以這裡人物性格的多方面性時而是一種偶來的假如不是多餘的富裕，時而是被其中某一種情慾及其根由為倫理觀點之類所壓倒，在描繪中被擠到後面去了。在史詩的整體裡，一切方面卻都有各自獨立地廣闊發展的權利。這一方面是根據史詩的一般原則，另一方面是由於史詩人物根據當時整個世界情況有權按照他本來是什樣人就做那樣人，作為那樣人而存在和發生作用，因為他之所以是那樣人，所以他那一種個性，是由他所處的時代決定的。例如阿基里斯的狂怒，人們固然可以從道德觀點來看它所造成的災禍和損失，從而得出結論，否認他的優異和偉大，責備他不是一個完全的英雄和完全的人，因爲他不只一次狂怒，沒有足夠的溫和氣和自制力。但是這種責備對阿基里斯是不對的，我們並不是因爲他有些偉大的品質而就寬恕他的狂怒，而是因爲他本來是那樣人，就做那樣人，從史詩的觀點來看，這就夠了。對他的貪功好名，我們也可以這樣看，因爲這類偉大人物的特長就在於他們的徹底實現自己的魄力，他們的特殊同時代表了一般；而尋常的道德卻表現於對自己的人格缺乏自尊心，而且盡全力去克服這種自尊心。請試想亞歷山大憑多麼深厚的自尊心，而高出於他的朋輩乃至於成千成萬的人之上。報私仇和殘酷也是英雄時代所特有的魄力。從這個觀點來看，阿基里斯作爲一個史詩人物是不應受到苛責的。[149]

(2) 正因爲他們都是些完整的個體，把民族性格中分散在許多人身上的品質光輝地集中在自己身上，使自己成爲偉大、自由、顯出人性美的人物，他們才有權處在首位，當時大事都要聯繫到他們的個性來看。全民族都集中到他們身上，成了有生氣的個別主體，所以他們在主要戰役中戰鬥到底，承受著事變的命運。舉例來說，塔索的《耶路撒冷的解放》裡的高特弗里特・封・布揚[150]，儘管因爲在十字軍戰士中是最聰明正直而勇敢的人，被選爲全軍的

---

[149] 這一節說明史詩人物的客觀性表現於形成許多特徵的整體，能代表史詩時代全民族的一般的思想和行動的方式，不能憑近代的道德觀點去衡量。例如阿基里斯的狂怒並不損害他的偉大。

[150] 布揚是塔索的史詩中的主角，在十一世紀左右領導十字軍東征，攻下了耶路撒冷，即基督的墓所在的「聖地」。

統帥，他卻趕不上阿基里斯那樣卓越的人物，阿基里斯這位風華正茂的少年體現著全希臘民族的精神；他也趕不上尤利西斯。希臘人如果沒有阿基里斯參戰就不能戰勝；他戰勝了特洛伊的統帥赫克特，也就戰勝了特洛伊。至於尤利西斯，他一個人的還鄉反映了希臘全軍的還鄉，《奧德賽》全詩所描述的那些災難、人生觀和情境的整體，都在他一個人身上得到充分的表現。拿戲劇體詩來比較，人物就不是作爲本身完整的個體而單獨地出現在一個集團的首位，使集團精神在他們身上成爲客觀的（得到體現），而是更多地堅持他們個人的目的，而這種目的又只取決於他們個人的性格或是與他們的個性合拍的一些原由。[151]

(3) 史詩不是把一個動作單作爲一個動作來描述，而是把它當作一個客觀的事蹟，這就使史詩人物具有第三個特徵。在戲劇裡個別人物須顯出有力量去實現他自己的目的，戲劇正要表現出他在這方面的活動及其後果。在史詩裡卻沒有個別人物這樣專心致志地實現某一目的。史詩人物固然也各有願望和目的，但是要點不在於他們是否有力量去實現自己的目的，而在於他們在當時場合中的一切遭遇。環境也在發生作用，往往比他們自己所發生的作用還更大。例如尤利西斯的實際企圖是回到伊薩卡故鄉，而《奧德賽》讓我們看到的卻不只是他怎樣努力去實現這個既定的目的，而是關於他在迷途中全部遭遇的敘述；他所碰到的阻礙，他所克服的艱險以及他的心情所受到的攪擾。而這一切經歷並不是像在戲劇裡那樣是他的行動的後果，而是大半和主角毫不相干的而在航途中卻難免的一些事故。在食忘憂果的人們[152]、獨眼巨人、吃人的人們之中經歷了一些艱險之後，他被仙女柯爾克留在她身邊住了一年之久，接著他遊歷了陰曹地府，遭遇了沉船之險，他在卡呂普索家裡住下，後來他思念家鄉發愁，這位仙女不能再引起他的歡心，他舉起淚眼望著蒼茫的大海，最後由仙女本人供給他器材，讓他造了一隻船，她還給他準備了糧食、酒和衣服，很體貼地友愛地同他分了手。最後，他在西極的斐艾斯人那裡住了一些時候之後，自己也不知道在睡夢中怎樣就被運送到他的家鄉島國海岸上。如果用這方式去實現一個目的，就不符合戲劇的性質了。再如在《伊利亞特》裡，阿基里斯的狂怒及其一切後果就是所敘述的題材，但是這根本不是一個目的而只是一種情況。阿基里斯因被奪去女俘的侮辱就狂怒起來，以後就沒有參與什麼戲劇性的事件。他袖手不動和帕特羅克洛斯留在軍艦旁邊海灘上，為統帥不尊重他而銜恨在心。接著就見出他拒絕參戰的後果（希臘人打了敗仗）。只有等到赫克特打死了他的摯友（帕特羅克洛斯），他才積極投入戰鬥。特洛伊的將領埃涅阿斯在特洛伊陷落後逃到義大利，也有一個待實現的目的，維吉爾在他的史詩裡所敘述的也是一系列的事故多方阻撓了目的的實現。[153]

---

[151] 這一節說明人物性格在史詩中與在戲劇中的差異，史詩人物需體現全民族的精神，需是多方面的整體，不能突出個人的特殊個性和目的。戲劇體詩中人物卻突出個人的特殊個性和目的。

[152] 忘憂果傳說是像蓮藕的植物，其效果等於鴉片煙。以下都指尤利西斯在十年航程中的經歷。

[153] 這一節說明戲劇以動作為主，動作是為著實現主角個人的目的，與此無關的其他事蹟就要拋開；史詩以事蹟為主，客觀事蹟不是為著實現個別人物的目的，而主要是周圍客觀情況演變的結果，因此就要涉及大量的偶

3.關於史詩事蹟的形式，我們還需提到第三個重要方面。我前已說過，戲劇中一切事蹟的基本決定因素和長久基礎是內在的意志，以及意志所要求實現和應該實現的目的，所發生的事需顯得完全是由人物性格及其目的來決定的。因此，戲劇的主要興趣在於在既定的情境及其衝突的範圍之內，所採取的行動是否有辯護的理由。縱使外在環境在戲劇裡也起作用，這種作用的意義也僅在它們對心情和意志的影響，以及人物對它們所起的反應。但是在史詩裡，環境和外在偶然事故跟主體的意志都同樣發生作用，人所做的事和外界發生的事都同樣呈現在我們眼前，人的行動實際上也要受到環境糾紛的制約和促成。因爲史詩人物並非自由自爲地行動，而是置身於一個整體，這個整體的目的和客觀存在與一種本身完整的內在世界和外在世界都有廣闊的聯繫，就是這種整體的目的和客觀存在形成每一個別人物的不可移動的基礎。史詩裡的一切情慾、決斷和執行都要保持住這個類型。外在環境和其中獨立發生的偶然事故既然和主體意志具有同等價值，這就好像讓一切任意偶然的東西都可以起決定作用了。其實不然，史詩所應表現的客觀存在都是眞正客觀的，本身具有實體性的。要克服這種表面的矛盾，就只有使一切發生的事都顯出必然性。

(1)就這個意義來說，在史詩裡，命運在統治著，並不像人們所常說的只有在戲劇裡才是如此。戲劇中的人物憑他在認識到的既定的情境之下，克服衝突去實現自己的目的，按照這種目的的性質來看，他就是使自己成爲自己的命運的主宰。史詩人物卻不然，對於他命運是既定的，環境的力量正是命運的統治力，它使事蹟具有它所特有的個別形狀，決定人物行動所導致的終局，分配給人物他所應得的一份。凡是發生的事都是應該發生的、必然發生的。抒情詩讓人聽到情感、感想、個人興趣和惆悵的聲音；戲劇把動作的內在的道理翻到外面來，使它成為客觀的；史詩所表現的卻是本身必然的完整的客觀存在的環境，對於這種具有實體性的實際存在的客觀事物，史詩人物處在受制約的地位，不是服從，就是違反，從而遭遇到必然的後果。總之，凡是應當發生和實際發生的事都是命運決定的，個別人物本身是有伸縮性的，因而他所得到的結果，成功和失敗、生和死，也是有伸縮性的。展現給我們的眞正的東西是一種宏偉的一般情況，其中人物的行動和命運都顯現為零散的來去無常的現象。這種宿命是偉大的公道。它不能在戲劇的意義上成為悲劇性的，因為在戲劇裡個別人物是按照他的人格而受到審判的；它只有在史詩的意義上才是悲劇性的，因為在史詩裡人物是按照他的事業而受到審判的。悲劇性的報應正在於這種事業太大，不是個別人物所能勝任的。因此，史詩在整體上總不免蕩漾著一種悲哀的音調。我們看到最美好的人死得很早；阿基里斯還在活著就為他的死而哀歎；在《奧德賽》結尾部分我們看到阿基里斯和阿伽門農，作為居在陰曹地府裡的陰魂，還意識到自己不過是陰魂。特洛伊陷落了，老國王普里阿摩斯在自家祭壇下被屠殺了，妻女們都當了女俘；只有埃涅阿斯聽從神詔，離開特洛伊到拉丁去

然事故。最後埃涅阿斯的例子見羅馬詩人維吉爾的史詩《埃涅阿斯記》，敘述主角埃涅阿斯在特洛埃城陷落後航行到義大利開創羅馬的種種遭遇。

建立一個新的王國（羅馬）。至於取得勝利的英雄們，也只有在經歷許多災難之後才回到本鄉本土，結局有幸運的也有慘痛的。[154]

(2) 事蹟的這種必然性可以有各種不同的表現方式。

最簡樸的方式是只把事蹟擺出來，詩人並不放進一些操縱的神，用永恆神力的決定，干預和合作去解釋個別事件及其一般結果的必然性。在這種情況下，敘述的語調要使人感到所敘述的個別人物乃至全家族的事蹟及其命運，並不是來自人類生活中的一些來去無常的偶然因素，而是來自本身有理由的命運，不過這種命運的必然性還只是一種暗中起作用的力量，還不曾具體化爲某一種神的統治力，也不曾由詩把它的活動表現出來。例如《尼伯龍根之歌》就始終維持著這種語調，沒有把一切事蹟的血腥終局推原到基督教的上帝或是邪教的神。關於基督教，《尼伯龍根之歌》只偶爾提到做禮拜和行彌撒典禮，還有在英雄們想訪問艾策爾王國時，斯庇爾主教向美麗的烏提（Ute）說過「願上帝保佑他們」一句話。此外還有夢中的警告，多瑙河婦女們向哈根說的預言之類，但是並不曾說到有什麼操縱和干預的神。這種情況就使全詩的描述顯得嚴峻拘束、不是暢所欲言，還有一種很客觀的符合史詩的哀傷氣氛。《奧森詩篇》就與此完全相反，一方面沒有出現神，另一方面對全族英雄們的死亡和毀滅的哀悼，卻表現爲傷心的詩人的主體痛苦和對淒涼往事的酸辛回憶。[155]

與此不同的掌握方式是把人類命運和自然現象和多神世界，以及神的決斷、意旨和行動完全交織在一起，例如偉大的印度史詩以及荷馬和維吉爾諸人的作品都是如此。關於詩人用神的出現和干預，來對表面像是偶然的事蹟進行多方面的解釋，我前面（第二卷第二部分第二章第一節）已經談過，並且從荷馬史詩裡舉例來說明過。現在要特別提出一個要求：神的行動和人的行動之間，在詩中應該保持住各自獨立的關係，這樣才使神不至於成爲無生氣的抽象品，而個別人物也不至於降落到只聽神指使的地位。至於怎樣才可以避免這種危險，我在上文（第一卷，三一七—三三二頁）也已詳細討論過。從這個觀點看，印度史詩還不能澈底表現出神與人的眞正理想的關係，因爲它處在象徵式想像階段，其中人這一方面儘管過著自由而美好的現實生活，卻被擠到不重要的地位，人的個別行動時而表現爲神的體現，時而表現爲一種終歸消逝的次要因素，除非是人憑苦行節欲而提升到神的地位，享有神的威力——與此相反的是基督教的情況。一些人格化的特殊力量，例如情慾，人的護神、天使之類大半沒有各自獨立的性格，因而容易變成枯燥的抽象品。伊斯蘭教也有類似的情況。它把人和自然的世界和神完全割裂開來，在意識裡一切事物都只有一種散文式（枯燥）的秩序。這

154 這一節說明戲劇人物憑自己的意志，決定自己的行動，因而接受到應得的結果，是自己命運的主宰；史詩人物卻更多地受環境影響，即客觀世界必然規律的制約，所以在史詩裡統治的力量是命運。史詩人物所擔任的任務是他力不勝任的，成敗不完全由他自己決定的，所以史詩的音調總是悲慘的。

155 這一節說明在表現史詩事蹟必然性的各種方式之中，最簡樸的一種還見不出神力的操縱，儘管見出暗中起作用的命運，例如《尼伯龍根之歌》。

種世界觀，特別是當它表現爲神話和仙界故事的時候，很難避免一種危險：就是把外在環境中一些絕對偶然的無足輕重的現象，即只是作爲人的活動場所和展現人物性格的機緣才擺在那裡的一些現象，都解釋爲具有神奇意義的，沒有任何根據和理由。這就使普遍生效的因果律遭到破壞，而各種環境的這種散文式的因果鎖鏈中許多環節本來無法聯繫在一起，卻一霎就結合在一起而成了統一體，這種結合絲毫沒有必然性和內在的理性。所以這種表現方式，就像在《天方夜譚》故事中往往發生的那樣，顯得只是一種幻想的遊戲，憑這類虛構把本來不可置信的東西表現成爲可能發生而且實際發生過的。

在這方面，希臘史詩也處在一種恰到好處的中間地位，因爲按照它的基本觀點，它使天神們與英雄和人們都有並行不悖的獨立個性的力量和自由。[156]

(3) 我前已指出史詩中神的世界有一點值得注意，那就是原始史詩和後世人工造作的史詩之間的矛盾對立。這種差別在荷馬和維吉爾兩人作品中最爲突出。荷馬史詩所自出的那個文化教養階段和題材本身還處在很好的和諧狀態；而維吉爾的作品裡，每一行詩都令人想起詩人的觀照方式和他所描繪的世界完全脫節了，其中神們尤其沒有新鮮的生命。他們不是過著自己的生活，不能使人相信他們確實存在，而是一些單純的虛構和外在手段，無論是詩人自己還是聽眾，都不能認眞對待他們，儘管詩人給人一種他在認眞的假象。在維吉爾的全部史詩裡，始終都是由一種尋常的日光照耀著，古老的傳說、英雄故事、詩中仙境氣氛，都以散文式的明白曉暢地出現在明確的知解力所定的框框裡。《埃涅阿斯記》這部史詩正像李維寫的《羅馬史》一樣[157]，其中古代的國王和執政們發表演說，氣派正和李維時代的演說家在羅馬廣場上或是在修辭家的學校裡一樣。在保存古老傳說的時候，例如阿格里巴[158]的胃的寓言那一個穿插保存了古代的修辭風格，與全書其他部分卻不倫不類。但是在荷馬史詩裡，神們卻飄蕩在詩與現實之間的神奇光輝裡。他們離我們的觀念既不太遠，我們還可以把他們想像成爲和日常現實人物一樣具有完整的形象，同時他們的形狀也還不太明確，看起來又不像現實生活中的人物。他們所作所爲也可以按照凡人在行動時的內心動機去解釋，所以能使人相信他們也和凡人一樣根據實體性的意旨去行事。在這一點上詩人是在認眞對待他們的，但是在描繪神們的形狀和外在實際情況時，卻露出一種暗諷態度。古代人好像也相信神們所顯現的這種外在形狀只是一種藝術創作，通過詩人才獲得它的實際意義。神們憑這種凡人的新鮮爽朗的外貌，才顯得近乎人情、合乎自然，正是在這裡可以見出荷馬的一個主要功績。至

---

156 這一節說明史詩事蹟應表現出人和神交織在一起，而同時保持各自的獨立自由，希臘史詩做到了這一點。印度史詩把人降到全憑神力操縱的地位。基督教和伊斯蘭教的神都是抽象概念的人格化，相信奇蹟，破壞了普遍有效的因果律。

157 李維（Li-Vius，西元前59—西元後17），他的《羅馬史》從羅馬建國寫起，所以與維吉爾的史詩有些聯繫。

158 原注：見《羅馬史》卷二，第三十二節。

於維吉爾所寫的神們只是些枯燥的、虛構的奇蹟和出自人巧的機械，在日常實際生活範圍裡上升到天或下降到地。維吉爾儘管認眞，可是正因爲這種認眞的外貌，他不免流於滑稽。十八世紀德國詩人布魯茂把交通神寫成了一個通信員，穿著馬靴和踢馬刺，手裡提著馬鞭，倒還有些道理。荷馬的神們用不著旁人改寫成爲滑稽可笑，他自己的描寫就已經夠滑稽可笑了。[159]在他的作品裡，像跛腿的火神，戰神和女愛神睡在一幅精巧的網裡，她挨到了耳光，而他跌落下去時放聲嚎叫之類形狀，神們自己看到也會哂笑取樂。詩人就通過這種輕鬆愉快的自然氣氛，使我們不受他所描繪的外在形狀的拘束，把他所揭示的這種生活現象丟開，從而保持住本身必然的具有實體性的力量以及對這種力量的信心。

再舉一兩個例子。狄多的悲劇性插曲[160]很有些近代色彩，所以引起義大利詩人塔索去摹仿，甚至部分地抄襲了他。現在法國人對這段插曲五體投地，實際上它比起荷馬所寫的柯爾克和卡呂普索[161]的故事那樣平易近人、樸素天眞，就大爲遜色了。荷馬寫尤利西斯遊歷陰曹地府的插曲也是如此。這種陰魂寄宿的幽暗境界仿佛煙霧彌漫，是一種幻想與現實的雜糅，對我們有一種奇妙的魔力。荷馬並不是讓尤利西斯下到一個現成的陰曹地府，而是讓他本人在地下挖一個洞，宰了一頭羊，把血灌到洞裡去召喚亡魂，於是亡魂才不得不跑到他身邊來，他叫一些亡魂喝了恢復元氣的血，以便能夠和他交談、向他報告一些消息，至於其他擠上來要喝血的亡魂卻被他用劍驅走。這裡凡所發生的事都通過主角本人而顯得生動活躍，尤利西斯並不像埃涅阿斯和但丁遊地獄時那樣低聲下氣。在維吉爾的史詩裡，埃涅阿斯逐級下降，台階、守門的惡狗、常渴的湯塔路斯，以及其餘一切都像一個管理得井井有條的住家人戶，像一部乾枯的神話詞典裡所寫的那樣。

如果所描述的故事在它的實際發生時的新鮮形式或是在歷史事實裡的形式，原已爲人所熟知，詩人憑人工造作的作品就會更顯得矯揉造作而不根據事實。屬於這一類的有密爾頓的《失樂園》、博德默爾的《諾亞的後裔》、克洛普斯托克的《救世主》、伏爾泰的《亨利歌》等等[162]，其中都不難看出內容與詩人的感想之間的裂痕，詩人是憑他的感想去描述客觀事蹟、人物和情境的。例如在密爾頓的《失樂園》裡，我們看到十七世紀的想像方式和道德觀念所產生的一些近代人的情感和觀感。在克洛普斯托克的《救世主》裡，我們所看到的一方面是上帝、基督的生平、教長們、天仙們等等，另一方面卻是十八世紀德國的文化教養和

---

[159] 布魯茂（Blumauer, 1755-1798）德國滑稽詩人，著有《僞裝過的埃涅阿斯記》，以滑稽的口吻摹仿維吉爾的史詩。

[160] 狄多（Dido）是維吉爾史詩中一個最有名的女角色。特洛伊陷落後她逃到非洲迦泰基，遇到埃涅阿斯和他發生了愛情，在一起同居，埃涅阿斯服從神詔，拋棄了她，她憤而自殺。

[161] 這兩個女仙已見前注。尤利西斯在航行途程中先後同這兩個女仙同居過。

[162] 博德默爾（Bodmer）是十八世紀瑞士詩人，他的史詩據《舊約．創世記》敘述人類始祖諾亞得了上帝的指示，造船逃過洪水之災。餘已見前注。

沃爾夫派的哲學概念。這樣雙重性格在每一行詩裡都可以認出。在這些例子裡題材內容本身當然有許多困難，因爲基督教的上帝、天國和天使們，不像荷馬的神們那樣容易憑自由想像去加以個別具體化。荷馬的神們在外貌上頗似亞力奧斯托的作品中那些憑幻想虛構的部分，如果他們不是（像荷馬所寫的那樣）作爲人類動作的動因，而是只作爲各自獨立和互相對立的個體而出現，他們的外貌就會馬上顯得滑稽可笑。克洛普斯托克由於他的觀點，落到一個懸空的世界裡，想憑氾濫的幻想把這種世界點染得光輝燦爛，從而要求我們一切人都要像他自己那樣認眞對待他所寫的一切。這種情況在他寫天使和魔鬼時特別糟。如果他們能像荷馬所寫的神們那樣，動作（情節）材料是根據人情和現實生活的，例如當他們作爲某個人或某城市的護神而受到尊敬的時候，克洛普斯托克的這種虛構，也可以具有若干內容和個別具體的本地風光。但是既然沒有這種具體的意義，愈認眞對待這種天使和魔鬼，他們也就愈顯得只是空洞幻想的產品。例如懺悔的魔鬼阿巴多那（《救世主》第二章，六二七—八五〇行）既沒有眞正的寓言的意義（因爲作爲固定的抽象品，這個魔鬼的改邪歸正是不合情理的），也沒有本身實在的具體形象。如果阿巴多那是一個凡人，他皈依上帝倒還可以有理由，但是他既然代表抽象的惡，他的皈依就只是一種庸俗的道德情操的表現。克洛普斯特克所沾沾自喜的正是虛構這樣不眞實的人物、情況和事蹟，不讓它們植根於客觀存在的世界，及其所含的詩的內容意蘊。當他以世界審判人的身分去譴責宮廷荒淫生活時，他也不見得高明，特別在但丁面前就相形見絀。但丁把當時一些名人打下地獄，卻顯出克洛普斯托克所缺乏的現實感。同樣缺乏詩的現實感的還有他寫亞當、諾亞、閃、雅弗等人[163]的靈魂超生，圍繞在上帝身旁而狂喜大樂那部分，這些人到了第十一章又奉天使加百列的命令，又回到他們的墳墓。這一切都是毫無理性根據的。這些人的靈魂在上帝面前生活過，現在又回到大地，可是和大地沒有發生任何新的關係。他們最好能顯現在世間凡人面前讓凡人看見，可是他們沒有一次同凡人打過交道。詩裡也並不缺乏美妙的情感和引人入勝的情境，特別是對靈魂重新結合到肉體那一段描繪是頗動人的，但是內容卻是一種不能令人置信的虛構。比起這種抽象的表現，荷馬所寫的陰魂們喝了血就恢復了生命以及記憶和說話的能力，具有遠較深刻的詩的眞實和現實感。單從想像方面來看，克洛普斯托克的這類描繪也是裝飾得很富麗的，但是其中最重要的部分總是天使們的抒情的修辭，而這些天使顯得只是一些工具和聽使喚的僕人，否則就是教長們和主教們的演說，他們的言論又不符合我們所熟知的這些人物的性格。瑪爾斯（戰神）和阿波羅（文藝神），戰爭和知識之類力量，在內容意義上既不像天使們那樣純屬虛構，又不像教長們那樣有歷史實據的歷史人物，而是一些永久存在的力量，只有他們所顯現的形狀才是由詩創造出來的。在《救世主》裡卻不然，儘管它有純潔的心情和光輝的想像力之類優點，但是正由於這種想像的方式，就出現了沒有底止的憑主觀意圖勉強塞進去

---

163 人類的遠祖，見《舊約・創世記》第五章。

的空洞抽象的知解力的產品，再加上內容的零亂和表現方式的抽象，就使這部詩很快就成爲被人遺忘的過去的東西。因爲只有本身融貫一致，用新鮮方式表現新鮮生活和活動的作品才會享長久的壽命。所以我們如果要欣賞和研究各民族的原始的世界觀，或這類偉大精神的自然史，我們就必須掌握住原始的史詩，要把那些違反當前現實的觀點和錯誤的美學理論的要求完全拋開。但願我們可以爲我們的這個時代和我們德國民族祝福，祝我們爲著達到上述目的，能衝破以往的窄狹知解力的桎梏，從一些狹隘的觀點中解放出來，使我們能接受我們作爲個人所必須接受的觀點，個人要有按照本來是什麼樣人就做什麼樣人的權利，要體現已證明爲正確的民族精神，使這種民族精神的意義和事業由史詩來展現在我們面前。[164]

㈢史詩作為統一的整體

上文已就兩方面討論了正式史詩所要滿足的要求：一方面是一般的世界背景，另一方面是在這一般背景的基礎上，所發生的個別的事蹟以及在神和命運的指引之下行動的個別人物。現在要討論的第三點是這兩個主要因素必須結合成爲一個史詩的整體。關於這一層，我想只談以下幾點：

第一，對象的整體；爲著把特殊的動作（情節）和它的實體性的基礎聯繫起來，就必須表現出對象的整體；

其次，史詩在展現方式上與戲劇體詩和抒情詩的本質差別；

第三，史詩作品儘管有廣泛的派生枝節，仍應熔鑄成爲具體的整一體。

1. 上文已經說過，史詩的內容是發生某一個別動作（情節）的那個世界的整體，所以其中要包括和這一世界的觀點、事蹟和情況，有密切聯繫的最多種多樣的對象（事物）。

(1) 抒情詩固然也要涉及具體的情境，主體在這種情境之中可以把各種各樣的內容納入他的情感和觀感裡，但是決定抒情詩這個基本類型的是內心生活，所以抒情詩不容許對外在現實進行廣泛的描繪。另一方面，戲劇作品要把人物和動作過程表現得和在實際生活中一樣生動，所以根本不能描述動作發生的地點，劇中人物的外表形狀和不關緊要的事故，而是要把重點擺在內在的動機和目的上，不是擺在和廣大世界的聯繫和人物的實際情況上。在史詩裡卻不然，除掉要寫動作所根據的廣泛的民族現實生活之外，內心世界和外在世界具有同樣重要的地位。所以史詩所要表現的是一切可以納入人類生活詩篇中的那些分散的事物的整體。這裡我們一方面要把自然環境計算進去，當然不僅限於發生動作的那個具體地點，而是要見出自然的全貌。就像上文引過的《奧德賽》的例子，從這部史詩裡我們可以看出希臘人在荷馬時代對大地和環繞大地的海洋的形狀是怎樣想的。但是這些自然因素並不是主要的題材而只是一種基地或背景。更重要的一方面是要展現出對整個的神的世界以及神們的生活、作用和行動的看法。在這兩方面之間，還有第三個因素，即單純的人這個因素的整體，包括

164 這一節以荷馬和維吉爾、密爾頓、克洛普斯托克一類詩人的史詩作品爲例，說明原始史詩的樸素自然風格和仿製的史詩的矯揉造作的風格之間的差別。

家庭生活、社會生活、和平時期和戰爭時期的情況、道德習俗、人物性格和事蹟之類，對這些當然都要從兩方面來看，既要看到個別的事蹟，也要看到民族生活和現實生活中其他方面的一般情況。最後，關於精神的內容，所表現出來的不只是一些外在的客觀事蹟，還要使人能從此認識到內心的情感、目的、意圖，以及個別行動有無可辯護的理由。所以史詩並不完全排除抒情詩和戲劇體詩的題材，不過不把這兩種詩的題材形成全部作品的基本形式，而只是讓它們作爲組成部分而發生作用，不能因爲採用它們而就使史詩喪失它所特有的性格。如果全部史詩的語調和色彩都是抒情式的，像在《奧森詩篇》裡那樣，或是抒情的表現方式成爲詩中的突出部分，詩人在這部分儘量發揮了他的最大本領，例如塔索的作品有時就是這樣，在密爾頓和克洛普斯托克的作品裡這種情況尤其突出，在這兩種情況之下，作品就不應看作史詩了。在史詩裡，抒情詩的情感和觀感應像客觀事物一樣，當作已經發生過的事，已經說過的話和已經想過的思想來敘述，不應破壞史詩所應有的平靜的穩步前進的語調。所以情感迸發的嘈雜叫喊，特別是發自內心的歌唱，爲著要表現主體自己，就氾濫橫流的那種表現方式在史詩裡沒有地位。史詩也不肯用戲劇裡那種生動的對話，其中人物按照當前直接現實情況說話，主要目的在於揭示人物之間顯出性格特徵的辯論，互相說服、吩咐和迫脅，或是熱情奔放地各自陳述理由。165

(2) 其次，史詩之所以展示上述各種內容，並不是只讓我們看到它們各自獨立的客觀面貌，而是使這些內容能形成史詩所必有的個別事蹟。如果這種本已界定的個別動作應當和後來要加上去的材料結合在一起，就要使這種範圍較廣的材料與這個別事件的發生過程經常發生聯繫，不應脫離這個別事件而獨立。個別事件與其他材料交織得最好的典範是《奧德賽》，其中希臘人家庭生活的和平情況，關於一些野蠻民族和地區以及關於陰曹地府之類觀念都和尤利西斯回國迷航，以及他的兒子離家尋父這種個別事件緊密地交織在一起，沒有任何材料離開這種個別事件而獨立，不像悲劇中的合唱隊那樣不參加劇中動作而只在旁觀，發表一般性的感想，而是要參加進來影響事件的進展。此外，自然界和神的世界也不是單爲它們本身而獨立出現，而是因爲和某一具體動作有聯繫（神的職責本來就在指引凡人的動作），才獲得一種有個性的生活的表現。只有在這種情況下，故事才會顯得不是對一些彼此各自獨立的對象的描繪，而是詩人對他所選爲貫串全詩的線索的那件事蹟的敘述。但是另一方面，個別事蹟也不能把它所倚爲樞紐的那種具有實體性的民族基礎整體都全盤吸收，以致使自己喪失一切獨立性，而顯得只是處於服從的地位。舉例來說，亞歷山大遠征東方的事蹟，從這個觀點來看，就不是寫史詩的好材料，因爲這件英雄事業在決策和執行兩方面都只靠亞歷山大一個人物，只有他個人的精神和性格才起作用，而民族基礎，希臘大軍和將領們

165 這一節說明抒情詩以寫內心生活爲主，戲劇體詩以寫人物性格、動機、目的和動作及其結果爲主，都要避免寫世界情況和具體情境的派生枝節；史詩既可寫內心生活，又可寫人物動作，但是重點在用客觀態度描述事蹟，從事蹟進展中見出全部客觀世界情況。

都完全沒有上文對史詩所要求的那種獨立地位。亞歷山大的軍隊是對他唯命是聽的人，只能服從他，並且不是自願地追隨他。但是正式史詩的生命就在於個別動作和發出動作的個別人物，與一般世界情況這兩個主要方面既要經常處於統一中，又要在這種交互聯繫之中各自保持必要的獨立，才算得上一個憑自己而掙得獨立存在的人。[166]

(3) 我們已對史詩的實體性的基礎提出了兩點要求：一點是這種基礎要產生一種個別的動作，就需是含有衝突的，另一點是這種一般基礎不應表現爲獨立的，應採取一個具體事蹟的形式，而且要和這個具體事蹟聯繫起來，所以這個個別事蹟就是全部史詩的出發點。這一點對於情境應從哪裡開始的問題特別重要。在這方面還是《伊利亞特》和《奧德賽》提供了範例。在前一部史詩裡，特洛伊戰爭是一般的背景，它只是在與阿基里斯的狂怒結合在一起的那個具體事蹟的範圍之內，才展現在我們眼前，所以史詩以引起主角阿伽門農憤恨的情境爲起點，就把一切擺得很清楚。在後一部史詩裡，有兩個不同的情境可以作爲全詩的起點：一個是尤利西斯的迷路的航行，一個是他的伊薩卡故鄉的家庭糾紛。荷馬把這兩個情節擺得很接近，先約略敘述尤利西斯在歸途中被仙女卡呂普索留住下，耽擱一些時候，然後馬上就轉到他的妻子所遭遇的痛苦，以及他的兒子離家去尋父。因此，我們馬上就可以看出是什麼延誤了他的歸程，以及他回國以後，原來留在家鄉的人們使他有必要採取哪些措施。[167]

2. 其次，從這種起點出發，史詩的進展方式既不同於抒情詩，也不同於戲劇體詩。

(1) 首先要考慮的一點是史詩在派生枝節方面的廣度，其原由在史詩的內容和形式兩方面。我們前已說過，完全發展出來的史詩世界是由多種多樣的對象（事物）來形成的，它既包括精神的內在力量、動機和希求，又包括外在的情境和環境。這一切因素既然都採取客觀實在現象的形式，其中每一因素就形成一種本身獨立的、內在的或外在的形狀，史詩的作者在描寫和敘述中，應該在這種形狀上多花工夫，而且應該展現它們的客觀外在性相。至於抒情詩卻把它所掌握的一切，集中成爲親切的情感或轉化爲概括的一般性的感想。客觀事物直接呈現出多種多樣的特徵，彼此分散的情況和五光十彩的豐富性。就憑這一點，史詩就已比其他種類的詩都更有節外生枝的權利，甚至可以使每一枝節都顯得是自由獨立的。但是上文已經說過，對客觀實在事物及其形狀的愛好也不宜過分，以致把與本題情節及其基礎毫不相干的情況和現象都扯進詩裡；派生的枝節必須對事蹟的進展起促進或阻礙的作用。儘管如此，由於要如實地反映客觀事物的形狀，史詩各部分的銜接是比較鬆散的，因爲在客觀事物之間起仲介或結合作用的是內在本質的聯繫，而單從外表來看，個別特殊方面卻各有獨立的存在。由於史詩各部分之間缺乏這種謹嚴的統一和明顯的聯繫，而且由於史詩起源於原始時代，它的形式也是原始的，史詩比起抒情詩和戲劇體詩一方面較容易有後來的增刪，另一方

166 這一節說明史詩敘述的以個別事蹟爲主，關於全部世界情況、民族精神以及一般外在事物的描述，都必須與這一個別事蹟有經常的密切聯繫，不應是各自獨立的。

167 這一節討論史詩應以導致衝突的情境爲起點。

面可以吸收過去一些獨立的已經具有某種程度的藝術形式的傳說故事，作爲它的組成部分，形成一種新的相容並包的整體。[168]

(2) 其次，就史詩給予事蹟生展以動力時所採取的方式來看，凡所發生的事既不應只導源於主體的心情，也不應只導源於人物的個性，因而侵犯到抒情詩和戲劇體詩的領域。在這方面史詩也要保持客觀事物的形式，這是形成史詩基本類型的。關於這方面我已說過多次。對於敘事的表現方式來說，外在環境之重要並不亞於人物內心生活的特性。在史詩裡，人物性格和客觀事物的必然性，兩者是以同等重要性而並列在一起的。所以史詩人物可以服從外在環境而不至損害他的詩的個性，他的行動可以顯得是環境情況的結果，所以環境情況在史詩裡是強大的動力，不像在戲劇體詩裡那樣，只有人物性格在起主導作用。例如在《奧德賽》裡，事蹟的發展幾乎始終伏因於外在環境。亞力奧斯托以及其他取材於中世紀的史詩所敘述的奇遇也是如此。再如在維吉爾的史詩裡，埃涅阿斯奉神詔去建立羅馬的事蹟及其廣泛的派生枝節，如果從戲劇的觀點來看，對事蹟提供動力的方式就很不高明。塔索的《耶路撒冷的解放》也是如此，其中基督教的十字軍不僅遭到伊斯蘭教軍的英勇抵抗，而且還碰到許多自然界事故的阻礙。幾乎一切著名的史詩都可以提供類似的例證，事實上史詩作者選擇這種材料正是因爲它使敘事的表現方式成爲可能和必要的。

這番話也適用於行動結果應該導源於個別人物的實際決斷的情況。這裡所應突出表現的也不是戲劇意義的人物性格，按照以片面方式來激發他的那種目的和個人的情慾，利用環境情況，去針對外在事物和其他個別人物來保持他自己的個性；史詩的人物性格既要排除這種取決於主體性格的行動，也要排除單純的主體心情和偶然情感的流露，而是一方面要緊緊掌握住環境及其實際情況，另一方面要使事蹟的動力來自具有絕對價值和普遍意義的倫理觀點。在這方面特別是荷馬的作品提供了取之不竭的研究資料。例如特洛伊的老王后赫庫芭對她的兒子赫克特的哀悼、阿基里斯對他的摯友帕特羅克洛斯的哀悼之類，在內容完全可以用抒情詩的方式去處理，荷馬卻從來不離開史詩的語調。荷馬史詩中也有許多情境可以用戲劇的方式去表現，例如將領會議中阿迦門農和阿基里斯的爭吵，赫克特向他的妻子安卓瑪希的告別之類，可是荷馬在這些場合從來不用戲劇的風格。舉上述告別的場面為例，這一段敘述在這部史詩裡算是最美的。就連在席勒的戲劇作品《強盜》裡，阿瑪利亞和卡爾的唱和也是夫妻告別，本來是應當全用抒情方式處理的題材，我們卻還可以聽出摹仿荷馬史詩的韻味。荷馬在《伊利亞特》第六卷裡寫上述告別場面，所產生的史詩效果多麼美妙！赫克特在家裡沒有找到妻子，後來在到城牆的斯康門的路上才碰見她。她急忙地走上前來，到了他身邊。他帶著安靜的微笑，看著她懷裡抱著的小男孩，她就說：「神奇的人啊，你的英勇會終於使你遭到毀滅啊！你既不憐惜這弱小的兒子，也不憐惜我這個不幸的女人，我不久就要成寡婦

---

168 這一節說明史詩既容許有廣泛的旁生枝節，所以結構比較鬆散。但是史詩反映客觀事物，客觀事物在表面上雖彷彿是各自獨立的，卻仍有內在本質的聯繫，史詩的各部分也是如此。

了。希臘人就要把你殺掉，他們集合起來圍攻你一個人。如果我失去你，我寧可埋到黃土裡去。如果你死了，留給我的就沒有什麼安慰，就只有痛苦了！我既沒有父親，又沒有母親。」接著她詳細地敘述她父親的遭遇和她的七個弟兄都死在阿基里斯手裡，她母親也成了俘虜，贖回來就死去了。然後她又向赫克特哀求，要這位既是她父母又是她弟兄的丈夫，這位還在青春鼎盛時期的丈夫，留在城堡上，不要讓兒子成爲孤兒、妻子成爲寡婦。赫克特懷著同樣沉痛的心情回答了她：「我也在爲這些事憂慮，妻子，但是我也很擔心特洛伊人民，如果我留在這裡逃避戰鬥，做一個懦夫。我也不會受暫時激動心情的驅遣，因爲我一向慣於奮不顧身地站在特洛伊軍隊的最前列戰鬥，保衛我父親的榮譽，也保衛我自己的榮譽。我在深心裡也預感到有朝一日，神聖的祖國都要陷落，神矛手普里阿摩斯、我的父親，以及他的人民都要同歸於盡。但是我最難忘懷的倒不是特洛伊人民的災難，也不是我父母的災難，也不是我的同胞弟兄，他們終會在敵人的壓力之下倒到塵土裡，而是你，將來終會有一個身披鐵甲的希臘人把你這個淚流滿面的寡婦拖走、剝奪你的自由，你就得在希臘替另一個家庭紡紗，或是辛苦地挑水。你不情願，但是強有力的必然會壓在你身上，你不做也得做。那時會有人看到你啼泣，就說：『瞧，這就是在爲保衛特洛伊而戰鬥的特洛伊人中間，最英勇的戰士赫克特的妻子！』也許會有人這樣說，那時你會痛心，想到你失去了這樣一個丈夫、失去了一個本來可以使你不當奴婢的人。我寧願埋在塵土裡，也不願聽到你哀啼、看到你被人拖走。」赫克特的這番話是沉痛的、動人的，但是表達的方式既不是抒情詩的，也不是戲劇的，而是史詩的，因爲他對這種災難的辛酸描繪，一方面表現出當時的環境和單純的客觀情況，而另一方面也顯出推動他的力量不是個人的意願或主觀的決斷，而是一種必然，這種必然並不等於他自己的目的和意志。

以同樣的史詩的方式來打動情緒的，還有戰敗者用環境之類理由向戰勝者懇求饒命的情節，因爲一種內心的激動如果只是由環境引起的，如果只是企圖用客觀情況和情境去產生感動人的效果，那就不是戲劇性的，儘管近代悲劇作者也往往利用這種產生效果的方式，例如席勒在他的悲劇《奧蓮女郎》[169]裡所寫的英國騎士蒙歌瑪利和聖女貞德在戰場上的一景（第二幕第六景），像旁人早已正確地指出，就是史詩性多於戲劇性的。這位英國騎士在危急關頭喪失了一切勇氣；當他遭到勇猛的法國戰士塔爾博（他用死亡懲罰怯懦）和聖女貞德（她能戰勝最勇敢的人）兩人追逐時，他不逃跑，卻大聲叫喊說：

……但願我不曾乘船過海，
我眞倒楣！讓虛榮置我於死地，
妄想在法國戰爭中建立勳名，

---

[169] 奧蓮女郎即聖女貞德。她是法國奧蓮區農村中一位少女，在十五世紀曾率領法軍抵抗英國侵略者，屢立大功，但終於落到侵略者手裡，以妖女的罪名被燒死。

而今毀滅人的命運竟把我帶到
這場血戰中。但願我遠離這戰氛，
回到花香草綠的家鄉賽芬河濱，
回到安全的家鄉，那裡我留下了老母
和溫柔的未婚妻，正在爲我傷心。

這不是男子漢大丈夫的話，使得這位騎士的形象既不適合於眞正的史詩，也不適合於悲劇，而是更多地流於喜劇。聖女貞德罵他說：

你這該死的，虧你是英國母親養的！

接著就向他衝去，他放下刀和盾，跪倒在她腳下懇求饒命。他詳細地陳述理由，想博得她的同情，說他手無寸鐵，他父親是個富翁，會拿黃金來贖他；說聖女貞德作爲一個少女，應有女性的溫和；說他很愛他的未婚妻，她在流著眼淚盼他回家；而且家裡還有父母，都很爲他傷心；說死在他鄉異域，沒有人哀悼，這是多麼悲慘的命運，如此等等。這一切理由就它們涉及客觀情況來說，也有點意義和價値，此外，他陳述這些理由時所用的平靜語調也是史詩性的。詩人也以同樣平靜的語調敘述聖女貞德不得不聽他說下去的理由，他手無寸鐵，就不能殺他。如果從戲劇觀點來看，她就應毫不遲緩地一看到他就把他殺掉，因爲她對一切英國人都有刻骨的仇恨，而且曾用沉痛的語言表達出這種仇恨，她的理由就是她對陰曹地府所曾立下的莊嚴誓約：

> 我要用利劍殺死一切活的人，
> 只要戰神把他們送到我手裡。

如果問題只在於蒙歌瑪利不應在手無寸鐵的情況下遭到屠殺，她既然已停了一段時間聽他哀訴，他就有了一個極好的活命辦法，那就是放下武器。但是她告訴他如果想活命，就得跟她打一仗，她自己也是一個不朽的凡人，他於是又拿起武器，一下子就被聖女貞德打死了。這一幕劇情的進展，如果沒有這些廣泛的史詩式的陳述，就會更適合戲劇的體裁[170]。

(3) 第三，關於史詩事蹟的進展方式，無論就詳細說明所必須涉及的廣泛的外在聯繫來看，還是就動作情節到最後結局的進展來看，特別是從史詩和戲劇體詩的對比來看，我們可

---

[170] 這一節主要談史詩事蹟生展的推動力既不是主體的心情，也不是人物的性格，而是環境情況，特別是當時具有絕對價值和普遍意義的倫理觀點。接著黑格爾舉荷馬史詩和席勒的悲劇作品爲例，說明史詩在運用抒情詩題材時，也還是保持著史詩所特有的客觀態度和平靜語調。

以指出一個一般性的特點：史詩的表現方式不僅要多花一些時間去描繪客觀現實和內心狀態，而且還要對最後的解決（結局）設下一些阻礙。所以戲劇體詩的作者始終要著眼到實現主要目的過程中的鬥爭，需顯出始終一貫地憑內在線索的發展，而史詩卻可以從實現主要目的過程中旁遷他涉到許多方面去，因而有機會把全部世界情況展現在我們眼前，如果不是在史詩裡，這種全部世界情況是無須用語言來表達的。例如《伊利亞特》一開始就出現了這樣的阻礙，就敘述阿波羅神在希臘軍營中所造成的致命的瘟疫，把這次瘟疫和阿基里斯與阿迦門農的爭吵聯繫起來。阿基里斯的狂怒是第二個阻礙。在《奧德賽》裡尤其明顯，尤利西斯的每一個險遇都阻礙了他的歸程，穿插的枝節特別使情節的進展遭到了中斷，它們大部分都是阻礙。例如維吉爾的《埃涅意特》裡的沉船和狄多的愛情，塔索的史詩中阿米達的出現，以及浪漫型史詩裡許多英雄的許多愛情遭遇都是如此。在亞力奧斯托的作品裡，這類獨立的愛情故事堆砌得特別多，它們交織在一起，以致把基督教與伊斯蘭教的鬥爭的主題都完全掩蓋起來了。在但丁的《神曲》裡，固然沒有出現對情節進展的明顯的阻礙，但是這裡情節的遲緩進展部分地由於描述所採用的一般是不慌不忙的方式，部分地由於詩人對地獄和其他境界的一些個別人的小故事，以及他和陰魂們的對話敘述得很詳細。

但是有一點特別重要，事蹟生展進程中的這種阻礙，不應成為詩人故意拖延的一種手段。史詩世界的運行基地即一般世界情況，只有在它是自生自長而不由外力形成的時候，才具有真正的詩的性質。史詩也是如此，它的事蹟在環境和原始命運中的進展，也必須由它本身生發出來，不應該使人覺得它是詩人憑主觀意圖來安排的；事蹟愈是如此自生自展，史詩所表現的客觀態度，無論從實際現象來看，還是從實體性內容來看，也就愈能使詩的整體及其各部分都各憑自己而處在各自的恰當地位。假如在這種世界的頂峰上還另安置一個控制世間進程的神的世界，詩人自己就必須眞正從對神的信仰中獲得了新鮮的生氣灌注，因爲在大多數事例中正是神們設置了上述各種阻礙，如果詩人對神沒有眞正的信仰，沒有從這種信仰中獲得生氣，神力就會弄成一種毫無生命的機械，實際上只是詩人憑主觀意圖的一種虛構。[171]

3. 我們既已約略談到史詩把個別事蹟和民族的一般世界情況交織在一起所展示的客觀事物整體，現在就要討論第三個問題，就是在事蹟在展現方式中所涉及的史詩作品的整一性和完滿的熔鑄過程。

(1) 這一點前已提到，現在顯得特別重要，因爲近來流行著一種看法，以爲史詩可以任意在哪一點上結束，也可以任意繼續下去。就連一些聰明的淵博的學者，例如哲學家沃爾夫，也盡力支持這個看法。但是這個看法畢竟是粗陋的，因爲它無異於否認完美的史詩具有藝術性。史詩之所以成爲自由藝術的作品，就單憑它本身就是一個完滿的整體，通過這種整體來描述一個獨立自足的世界。它不同於現實世界那樣時而紛紜錯亂、時而是依存關係和因

---

[171] 這一節說明在史詩事蹟達到結束之前，往往發生一些障礙，造成進程的停頓和緩慢。這種障礙或停頓不應是詩人的主觀意圖，而應是在情節的自生自展中有它的內在原因或必然性。

果關係永無休止地承續流轉下去。當然要承認：在眞正的原始史詩裡，主要任務並不在對各部分的設計和組織、穿插故事的安排和完滿性之類問題進行審美的判斷，因爲在原始史詩裡壓倒一切的因素是這種民族聖經裡所表現的世界觀、宗教信仰，總之，內容的豐富意蘊，這種情況比在較晚起的抒情詩和戲劇體詩裡顯得還更明顯。不過話雖如此說，在《臘瑪耶那》、《伊利亞特》、《埃涅意特》乃至《尼伯龍根之歌》之類民族聖經裡，絕不應抹煞美和藝術賦予它們的那種藝術作品的尊嚴和自由，正是從美和藝術出發，它們才能把一個情節的完滿整體表現出來。

(2)就一般意義來理解的「整一性」這個詞，對於悲劇已變成一種老生常談而導致許多流弊。實際上每一個事例，無論是過去的還是未來的，都可以沿著因果線索而無窮盡地承續流轉下去，而且還要牽涉到數不盡的特殊環境和情節，所以定不出界限來，說從這些情況和零星事物中，究竟有哪些應該擺進史詩裡來而顯出它們之間的聯繫。如果我們採取這種系列觀點，史詩在過去和未來兩個方向都是永遠唱不完的，而且還可以有各種增刪竄改。不過這樣的系列就變成了散文。例如希臘的紀事本末派詩人曾歌唱過一切有關特洛伊戰爭的事蹟，因此寫過一些荷馬史詩的續編，還上溯到列達的卵[172]重新開始。但是由於這個緣故，這類作品和荷馬史詩相比，就成了畫蛇添足的散文。其中人物不能形成史詩的中心，像我們在上文所要求的，因爲這些可以做出和遭遇到各種各樣的事件，而這些事件之間並沒有什麼聯繫使它們成爲一個事蹟。所以我們應該找出另一種整一性。爲此我們必須約略確定一個單純的事件和一個事蹟或動作情節之間的區別。這個區別就在於一個動作情節以史詩方式敘述出來就成了一個事蹟；至於一個單純的事件卻只是任何人的行爲的外在事實，其中並不用實現任何具體的目的。一般說來，凡是實際存在的東西在形狀和現象上偶有變動，都可以叫做事件，例如一個人觸了電就是一個單純的事件，一個外在的偶然事故。又如奪得敵方的一個城市卻不只此，因爲它實現了一個自覺的目的。像耶路撒冷從伊斯蘭教徒和異教徒的桎梏下解放出來，或則用更好的例子來說，像阿基里斯的狂怒這樣一種動機及其滿足，才能以史詩事蹟的形狀熔鑄成爲一個本身完滿的整體。但是只有人才能發出動作和貫徹目的，所以從這一點來看，和目的與動機在一起成長起來的個別人物就站上了頂峰。如果整個英雄人物性格（目的和動機都導源於此）的動作情節和目的的實現，只有在完全具體的情境和機緣下才可發生，而這種情境和機緣又朝過去方向派生出廣泛的聯繫，如果目的的實現又朝未來方向既產生多種多樣的原因，又產生多種多樣的結果，這些旁支派生的原因、結果和所寫的具體情節就沒有詩所要求的緊密聯繫了。例如阿基里斯的狂怒和海倫的私奔，或帕里斯對三美女的評判，儘管後兩件事對於前一件事是一個發生在前的條件，卻說不上有什麼直接聯繫，就和它和特洛伊的實際陷落沒有什麼聯繫一樣。如果依某些人的看法，說《伊利亞特》既沒有必然的起

⓱⓶ 列達見第一卷第三章注⓫⓹。

點，也沒有必然的終點，這種看法就沒有明確地認識到《伊利亞特》所歌唱的主題是阿基里斯的狂怒。就是這個主題提供了全詩的整一性的中心點。如果我們牢牢地掌握住阿基里斯的形象，把阿伽門農所引起的他的狂怒當作全詩的貫串線索，我們就找不出荷馬可用的還有更好的起點和終點了。上文已經說過，這次狂怒的直接起因就是起點，而此後所敘述的都是這次狂怒的後果。反對者固然提過不同的意見，說如果是這樣，詩的最後幾章就沒有用處，大可以刪掉了。但是就全詩來看，這個反對的意見是站不住腳了，因爲阿基里斯拒絕參戰而在海灘戰船邊袖手旁觀，這件事就是他的狂怒的後果之一，因爲他的袖手旁觀不久就導致特洛伊對希臘的優勢，這又導致他的摯友帕特羅克洛斯的戰死。這件事又引起他的哀悼和發誓報仇，接著就是他戰勝和打死了特洛伊的主將赫克特。這些都是一環套著一環的。還有人認爲人一死就完了，就可以走開不管了。說這種話的人就只能證明他思想粗鄙。人死了，完了的只是自然（肉體），並不是人本身，不是道德習俗，而道德習俗卻要求爲死在戰場上的英雄們舉行葬禮。因此接著上文就加上在帕特羅克洛斯墓旁舉行的葬禮遊戲，普里阿摩斯哀求還赫克特的屍體，阿基里斯的和解和應允，這就使死亡者獲得了葬禮。這是最美的圓滿收場。⑰

(3) 我們既已把個別的具體動作詳細地溯源到自覺的目的或主角的性格，並且說明了史詩整體就從這個具體動作裡，找到它的整一性和圓滿結構的中心點了，現在還要回答一個問題：這是否把史詩的整一性和戲劇的整一性混淆起來了呢？因爲戲劇也是由自覺的目的和人物性格所引起的一個具體動作及其衝突爲中心點的。爲著不要使這兩種詩有哪怕是表面的混淆，我有必要再提一下我在上文關於動作和事件的區別所說過的話。此外，史詩的興趣並不局限於某一個導源於人物性格，目的和情境的具體動作本身，這種動作的衝突和解決的全部過程在史詩裡，還要能在一個民族社會及其整套實體性理想的大範圍裡去找更廣泛的起因，所以這種民族社會所包含的多種多樣的人物性格、情況和事件也要納入史詩敘述裡去。從這個觀點看，史詩的圓滿結構就不限於某一具體動作的特殊內容，而是更多地要涉及當時的全部世界觀，史詩所要敘述的就是這全部世界觀的客觀實際情況。史詩的整一性就要靠兩方面，一方面所敘述的具體動作本身應該是完滿自足的，另一方面動作進展過程中所涉及的廣闊世界也要充分表現出來，使我們認識到。這兩方面還要融貫一致，處於不可分割的整一體。[174]

這些就是我們所約略指出的正式史詩的一些本質性的特徵。史詩這種偏重客觀性相的形

---

[173] 這一節舉《伊利亞特》爲例，說明史詩事蹟應有它所必有的起點和終點，不能因爲因前有因、果後有果，就順這種因果系列而永無休止地歌唱下去。《伊利亞特》全詩事蹟都圍繞著阿基里斯的憤怒發展下去，所以應以這場憤怒爲起點，以這場憤怒的解除和特洛伊的陷落和死亡者的葬禮爲終點。

[174] 這節說明史詩與戲劇不同，在整一性問題上關鍵還不在少數主角的性格、目的、動作和結局的發展過程的統一，而在表現出一定時期和一定民族的全部生活情況和它所根據的世界觀，所以事蹟應和當時物質和精神兩方面範圍廣闊的客觀存在統一起來。關於「整一性」，下文論戲劇體詩部分還要著重地討論。

式還被用來描述一些內容意蘊，並沒有眞正客觀性相的其他題材。這類史詩變種會使理論家們難於應付，如果有人要求他們進行分類，把一切詩包括變種在內都擺進一類，他們應付這些變種就要感到困難。因爲符合類概念的事物才能納入這一類；至於在內容和形式上都不完全符合類概念的事物，擺在一類就不很合適，所以關於史詩的變種我在結束本部分之前，只準備約略地提幾種。

屬於史詩變種的首先有近代意義的田園詩。田園詩只描述處在純樸天眞狀態中的人，至於精神生活和道德生活中，一切帶有普遍意義值得深切關心的東西則一律拋開。這種純樸天眞的生活只能意味著吃喝以外一無所知，只滿足於很簡單的飲食，例如山羊奶、綿羊奶，在必要時至多有牛奶、青菜、植物根、栗、果、鮮酪之類，我相信吃肉還是允許的，因爲田園詩中的牧夫牧婦飼養牲畜，並不完全用作敬神的犧牲。牧夫牧婦的職務就是整天帶著一條忠實的狗去看心愛的牛羊，照顧牠們吃草喝水。他們也談情說愛，這種溫柔情感在平靜安逸生活中還沒有遭到腐化，他們有他們所特有的虔敬和溫柔。他們吹蘆管吹笛、愛唱歌，特別是純樸天眞地互相友愛。古希臘人的田園詩卻不如此。他們在造型藝術中所描繪的是一個較熱鬧的世界：酒神、林神和牧神的信徒們無憂無慮地圍繞著一個神，以和近代田園詩完全不同的方式，把獸性提高到人類的歡樂情感，既生動而又眞實，不像近代田園詩那樣虛僞的空洞的純樸和虔誠。在希臘的牧歌裡，例如忒奥克里托斯[175]所寫的，我們可以看到處理原始民族生活題材所表現的生動的觀照和眞實的典型。無論是描繪漁夫和牧夫的生活實況，還是描繪較爲廣闊的生活環境的事物，用的是史詩的、抒情詩的還是表面像戲劇的方式，都現出同樣的既生動而又眞實的生活畫面。維吉爾的《牧歌》就已經乾燥無味了。格斯納[176]就簡直令人生厭了，現在已沒有人讀他了。眞奇怪，格斯納過去很合法國人的口味，被他們捧爲德國最大的詩人。這種偏好可能一方面由於法國人既想逃避現實而又不甘心毫不活動的虛浮心情，另一方面也由於他們完全缺乏高尚的興趣，沒有接受到德國文化教養中震動人心的東西。

屬於這個混種的，還有像在英國流行的一種半描繪半抒情的詩，大半取材於自然界和四時節令之類。此外還有多種多樣的教科詩，例如物理歌訣、醫學歌訣、天文歌訣、棋藝、釣藝、獵藝乃至戀愛藝術之類手冊，大半是散文性的內容穿上詩的外衣。在希臘晚期和羅馬時代，這類書就已出現，在近代法國，這種教科詩特別受到藝術的錘煉，其中語調一般是史詩的，有時也用抒情詩的方式。

傳奇故事[177]和民歌雖然是詩，但沒有明確的類性特徵。它們是中世紀和近代的產物。民

---

[175] 忒奧克里托斯（Theokrit），西元前四世紀希臘詩人，傳世的有《田園詩集》、《箴言集》，西方田園詩的始祖。

[176] 格斯納，見第一卷第三章注65。

[177] 傳奇故事（Romanz）在中世紀產生，例如《列那狐》、《亞瑟王之死》、《愁斯丹和伊瑟》、《羅蘭之歌》之類。這種體裁是近代小說的先驅，所以至今法國人仍把小說叫做Roman。《浪漫主義》這個詞也起源於Romanz。

歌的內容有一部分是史詩的，而表現方式卻大半是抒情詩的，所以既可以屬於史詩，也可以屬於抒情詩。

至於近代市民階級的史詩，即小說，卻完全不同。在這種體裁裡，一方面像史詩敘事一樣，充分表現出豐富多彩的旨趣、情況、人物性格、生活狀況，乃至整個世界的廣大背景；但是另一方面卻缺乏產生史詩的那種原始的詩的世界情況。近代意義的小說要以已安排成為具有散文性質現實世界為先行條件，在這種基地之上，在既定的前提許可之下，小說在事蹟生動性方面和人物及其命運方面，力圖恢復詩已喪失的權利。所以小說最常用的而且也適合於它的一種衝突，就是心的詩和對立的外在情況和偶然事故的散文之間的衝突。這種衝突可以用悲劇的或喜劇的方式解決，或是在下列兩個方式中之一達到了結：一個是個別人物起初反抗當時流行的世界秩序，繼而承認其中眞正有實體性的東西，於是和現實情況妥協起來，積極參加進去活動；另一個是個別人物從所創造和成就的事物之中剔除它們的散文形狀，用一種憑美和藝術轉化過來的友好世界，來代替原已存在的那種散文世界。關於描述方式，正式小說也和史詩一樣，也要求要有一個世界觀和人生觀的整體，其中多方面的題材和內容意蘊也要在一個具體事蹟的範圍之內顯現出來，這個事蹟就對全部作品提供了中心點。關於構思和創作細節，作者可以發揮作用的範圍愈大，他也就愈難免沉沒到對現實生活散文的描繪中去，而自己卻不投身到散文性的日常生活中去。[178]

c.史詩的發展史

我們回顧一下我們對其他各門藝術的發展所採取的研究方式。我們一開始就追溯了建築藝術精神及其三個發展階段：從象徵型經過古典型，然後到達浪漫型。關於雕刻，我們卻沒有這樣辦，而是把完全符合這門古典型藝術概念的希臘雕刻定爲眞正的中心點，從希臘雕刻中找出雕刻這門藝術的特徵，所以我們對雕刻的歷史發展就只消作一個簡略的敘述。繪畫由於基本屬於浪漫型藝術，情況也是如此。但是繪畫在內容和表現方式上隨著不同的民族和不同的時期演變出許多流派，所以有必要對繪畫的歷史發展作較詳細的敘述。對於音樂，關於繪畫所說的話本來也應適用，但是我對於音樂的發展史既沒有多少外國文獻可利用，自己也沒有足夠的知識，所以只能順便提出一些零星的見解。談到史詩的歷史發展本題，上文關於雕刻的話大致也可適用。史詩的表現方式也派生出許多變種，隨著民族和時代的不同，發展也不同。但是只有在希臘才有完備的或正式的史詩，它的實際作品也最符合藝術的要求。大體說來，史詩和雕刻的造型藝術及其側重客觀性相上，有一種最密切的親屬關係，無論就實體性的內容意蘊來說，還是就運用實際現象的表現方式來說，都是如此。所以史詩和雕刻都在希臘原始時代達到過去沒有人超過，將來也不會有人超過的高度完美。這並不是偶然的。

---

178 黑格爾在這裡順便提到近代小說，只是在淵源上把小說和史詩聯繫起來，他對小說顯然沒有下過工夫，近代小說在當時才初露頭角。

但是這一頂峰上下兩方面都有些中間過渡階段，這些階段並非僅有從屬的次要的意義，對於史詩來說，卻是必有的階段。因爲史詩的範圍包括全民族，它要把民族生活的實體性內核表現爲可以眼見的。因此史詩在全世界歷史發展裡具有比雕刻更重要的意義。

全部史詩藝術，特別是正式史詩，基本上分成下列三個重要的發展階段：

第一是東方史詩，其中心是象徵型的；

其次是希臘古典型史詩以及羅馬人對希臘史詩的摹仿；

第三是基督教的各民族的半史詩半傳奇故事式詩歌的豐富發展。這類詩開始出現在日爾曼異教民族中。另一方面也有一批詩，除掉中世紀所特有的騎士詩以外，也借鑒於古希臘羅馬，或是用古典作品作爲提高文藝趣味的一般教養工具，或是用它們作爲模範。最後，正式史詩便讓位於小說了。

既然要提到一些史詩作品，我們也只能挑出一些最重要的代表作。整段的討論只是一種簡略的概括。

㈠東方的史詩

上文已經提到，在東方各民族中，詩的藝術一方面一般是很原始的，因爲它還採用專門著眼實體的觀照方式，個人意識還凝聚在「太一」和整體上面；因此，另一方面戲劇體詩還不發達，因爲主體還沒有發展出戲劇體詩所必須要求的人物性格目的及其衝突的獨立性。所以我們在東方詩裡所碰到的最本質的東西，除掉一些優美動人的抒情詩，以及歌頌不可言說的唯一的神的詩以外，就只有一些可列入史詩類的詩篇。只有在印度和波斯，我們才看到眞正的史詩，不過都還很粗枝大葉的。

1. 中國人卻沒有民族史詩，因爲他們的觀照方式基本上是散文性的，從有史以來最早的時期就已形成一種以散文形式安排的井井有條的歷史實際情況，他們的宗教觀點也不適宜於藝術表現，這對史詩的發展也是一個大障礙。但是作爲這一缺陷的彌補，比較晚的一些小說和傳奇故事卻很豐富、很發達，生動鮮明地描繪出各種情境，充分展示出公眾生活和私人生活，既豐富多彩而又委婉細膩，特別是在描寫女子性格方面。這些本身完滿自足的作品所表現的整個藝術，使我們今天讀起來仍不得不驚讚。[179]

2. 印度史詩卻向我們展示一個與中國完全對立的世界。就流傳到現在的一小部分吠陀經典來判斷，印度的最早的宗教觀念，就已包含了一種可供史詩描述的肥沃的神話內核。在西元前許多世紀（確切時期沒有確實的史料可憑），這個神話內核就已和一些人類英雄事蹟雜糅在一起而形成了實在的史詩，其中一部分還根據純粹的宗教觀點，一部分也根據自由藝術觀點。特別是《臘瑪耶那》和《摩訶婆羅多》這兩部最著名的史詩，把印度的世界觀展現得很輝煌壯麗，充滿著錯綜複雜、變化無常、妄誕無稽的幻想，另一方面卻也有些痛飲狂

---

179 中國沒有流傳下來的史詩，這是事實。但古書中所載的史詩材料仍很豐富。中國元明時代小說在十八世紀有些傳到西方，如《風月好逑傳》、《玉嬌梨》之類，頗受到西方人（例如歌德）的讚賞。

歡的動人美景，顯出情感和思想的具有個性的優美特徵，這一切使精神界具有植物界的蓬勃生氣。傳說的人類事蹟展現爲天神化身的行動，使這些行動具有半神半人的性質，不易劃定界限；人物的形象和行動本來具有的個性和有限性被誇大成爲無限的。對於我們西方人的世界觀來說，如果不放棄自由與道德的最高要求，我們對於印度史詩的實體性基礎，就不能感到滿足或表示同情。詩中各部分的整一性是鬆散的，無數互不相干的故事、神的傳說、節欲苦行及其功效的說教，對一些哲學教條和流派的永無休止的詮釋，以及許多其他內容都雜糅在一起，看不出部分對部分以及部分對整體的聯繫。所以人們往往覺得其中有許多部分是後來的增補。這些宏偉的詩篇所根據的精神和所表現的想像力，不但是處在散文的觀照方式之前，而且也是一般散文性的知解力所無法理解的。只有這種想像力才能把印度意識的基本方向作爲統攝一切的完整的世界觀，用原始史詩的方式表現出來。後來的印度史詩，叫做《菩臘拿斯》，亦即所謂《古詩》，頗類似荷馬以後的希臘紀事本末派的作品。它們用枯燥的散文方式，把某一系統的神話故事順序排列在一起，從世界和神的起源說起，往下一直說到一些英雄和王侯的家譜，結果使古代神話核心蒸發消散掉，同時使出自夢境的幻想奇蹟，以詩的辭藻和形式，表現爲寓言式的格言，其主要任務在於宣揚一些關於道德和人情世故的教訓。

3. 希伯來、阿拉伯和波斯，可以列入東方史詩的第三個體系。

(1) 在創世的觀念、長老的傳記、埃及沙漠中的流亡、迦南的征服，以及後來民族事業的發展，加上生動鮮明的直覺力和忠於自然的掌握方式，固然向猶太人的崇高的想像力提供許多原始史詩所需要的因素，但是宗教的旨趣在猶太人中間壓倒了一切，所以他們所成就的不是眞正的史詩，只有一些半宗教半詩藝的傳說故事和歷史，以及一些帶有宗教教訓的故事。

(2) 阿拉伯人一開始就顯出詩才，而且很早就有些從事寫作的詩人。抒情而兼敘事的英雄歌集《牟爾拉卡特》[180]中，有一部分在先知穆罕默德以前的世紀裡就已出現，描述所用的語調有時大膽誇張，有時很有節制、平靜柔和，所描述的還是阿拉伯人還處在異教時期的原始情況，例如部落的光榮、復仇的怒火、愛情、冒險探奇的熱望，以及歡欣愁苦之類題材都寫得很有魄力，其中有些特色令人回想起中世紀西班牙騎士的浪漫風格。這在東方原始生活中是一種眞正的詩，其中沒有妄誕的幻想、沒有散文氣味、沒有神話、沒有牛鬼蛇神之類東方怪物，有的是眞實的獨立自足的形象，儘管在辭藻比喻方面偶爾有些怪誕和近乎遊戲，還是近乎人情的、形式完整的。近來才搜集的《哈瑪莎》的以及還待編輯的侯德賽里特[181]的詩

---

[180] 《牟爾拉卡特》（*Moallakat*）又名《珍珠鏈》是阿拉伯民族最早的史詩。

[181] 《哈瑪莎》（*Hamasa*），阿拉伯原義爲「英勇」，是西元九世紀的一部著名的阿拉伯詩選，大半歌頌伊斯蘭教興起以前的阿拉伯民族英雄的戰鬥事蹟。
侯德賽里特（Hudseilit）：待考。

集也使我們看到類似《牟爾拉卡特》裡所寫的那種英雄世界。但是在伊斯蘭教阿拉伯民族進行廣泛的成功的征戰以後，這種原始的英雄人物性格就逐漸消失了。在許多世紀的過程中在史詩這個領域裡就只出現了一些教訓式的寓言，表現清醒智慧的格言，《天方夜譚》之類神奇故事以及哈里里的《瑪卡門》[182]之類冒險故事。這後一種已由魯柯特譯成德文，在音韻和意味上的巧妙精工都可與原作比美。

(3) 與阿拉伯相反，波斯的繁榮卻出現在伊斯蘭教已把波斯語言和民族生活加以改革而形成一種新的文化教養時期。在這個時期的開始，我們就已看到一部史詩，至少就題材來說，這部史詩追溯到遠古時期波斯的傳說故事和神話，順著英雄時代一直敘述到薩桑尼德王朝的末日。[183]這部宏編巨製的作者是吐斯地區一個園丁菲爾都什，詩的名字是《烈王紀》，[184]是仿效《巴斯塔拿默》的。但是這部詩還不能算是正式的史詩，因為它沒有一個完整的動作情節作為中心，各世紀的更迭在時間和地點兩方面也沒有明確的界定，特別是最古老的神話人物和一些混亂的傳說都在一種幻想世界裡飄浮著。從這種模糊的描述中不易看出所寫的是個別的人還是整個部落。但是另一方面也出現了一些眞實的歷史人物。作為伊斯蘭教徒，詩人在處理題材方面是夠自由的，正是這種自由，使作品缺乏原始阿拉伯史詩所具有的輪廓鮮明的有個性的人物。由於遠古傳說故事時代距現在已經很遠，從這部詩裡也嗅不出民族史詩所必須的現實生活的新鮮氣味。在後來的發展過程中，波斯的史詩藝術擴展成為一些變種，例如使尼沙米享盛名的高度柔和深摯的愛情史詩，沙地所擅長的根據實際生活經驗的教訓詩，以及後來泛神論和神祕主義的信徒魯米所宣揚的那種故事詩和傳說演義。[185]

㈡希臘羅馬的古典型史詩

其次，希臘人和羅馬人的詩藝，才初次把我們帶到眞正史詩的藝術世界。

1. 我前已擺在頂峰的荷馬史詩就是這種眞正的史詩。

(1)不管人們怎麼說，荷馬的兩部史詩中，每一部都是一個具體的意味雋永的整體。有些人認爲這兩部史詩是由許多誦詩的藝人陸續歌唱和創作出來的。我認爲要對這兩部史詩作出正確的評價，就要認識到它們的敘述語調始終是民族的、眞實的，就連個別部分也都熔鑄得很完美，各自成爲獨立自足的整體。東方人在用象徵的或教訓的方式，把所觀照到的實體性和普遍意義的東西表現於人物性格及其目的和事蹟時，總不免加以歪曲，在荷馬史詩裡我們卻第一次看到詩所寫的世界很巧妙地在家庭、國家和宗教信仰的普遍倫理生活基礎與人物

---

182 Makamen des Hariri：哈里里（1054-1122）阿拉伯詩人；《瑪卡門》原意是「會談」，其中包含五十個故事，據說是由一位在十字軍東征中的受難者所談出來的。用的大部分是散文，偶爾有韻。

183 波斯薩桑尼德王朝統治時期西元二二六—六三二年。

184 參看第一卷第三章注62，《烈王紀》敘述父親在無知中和兒子決鬥，把兒子打死的故事。

185 尼沙米（Nisami）是西元十二世紀波斯詩人，著有詩集名《五寶》；沙地（Saadi）是西元十三世紀波斯詩人；魯米（Rumi）是十三世紀波斯詩人，著有《精神教訓詩》六卷。

的個性和目的之間，維持住恰到好處的平衡，其中精神和自然、有目的的行動和客觀事態、事業的民族基礎，和個別人物的意圖和行爲這些對立面也是如此。儘管個別英雄們在他們的活潑自由的行動之中好像起著主導作用，他們卻仍然受到明確目的和嚴肅命運的節制，所以全部描述對我們還有極高的價值，博得我們欣賞和喜愛。就連和這些勇敢正直的原始英雄們相對立或協作的神們，我們也要按照他們的意義而表示敬意。這些神們所顯現的既是神又是凡人的天眞形象，作爲爲熱鬧的喜劇性藝術，也還是令人開心的。

(2) 荷馬以後的紀事本末派的詩人們，就逐漸離開了這種眞正的史詩表現方式，因爲他們一方面把民族世界觀的整體打得七零八落，另一方面又不注意詩的整一性和每一動作情節的獨立自足性，而專致力於把事蹟本末從頭說到尾，或是以某一人物爲中心來取得統一性，從而導致用速寫法寫歷史著作的傾向。

(3) 最後，亞歷山大時期以後的希臘史詩時而回到較窄狹的牧歌體，時而使眞正史詩轉變爲炫耀學問的精巧製作或教訓詩，日益喪失原始史詩的樸素和新鮮的生氣。

2. 其次，希臘史詩末日的這些特徵變成了羅馬史詩的主導因素。像荷馬史詩那樣的民族聖經在羅馬已找不到了，儘管直到近代還有人企圖把古羅馬史編成史詩。維吉爾的《埃涅阿斯記》還是羅馬史詩的最好範例。此外很早就出現過一些歷史詩和教科詩，都只能證明羅馬所發展的詩種已是半散文性的。這也說明羅馬人何以把諷刺詩發展到最完善的程度，成爲他們的家常便飯。

㈢浪漫型的史詩

在這種情況下，只有通過新民族的形成，用新民族的世界觀和宗教信仰，以及其動作情節和結局，才能對史詩灌注一種元氣和精神。日爾曼民族和羅馬系民族[186]就是這種新興民族；前者指在原始異教時期和皈依基督教以後時期而言，後者後來分化爲很多支派。在他們的後來的發展階段中，基督教的世界觀和現實情況日益得到多方面的發展，他們的影響也愈來愈大。不過正是由於這種多方面的發展和縱橫交錯，就很難對他們作出很簡短的評論，所以我只能就幾個主要傾向提出以下一些要點：

1. 第一組可以看作古詩的遺跡，它們大部分還是由基督教以前時期通過各新興民族口傳下來的，所以遭到了一些損壞。

這裡首先要提據說是奧森寫的那些詩歌。[187]儘管英國著名的批評家約翰生和蕭[188]都認爲這些詩歌是麥克浮生的僞製品。但是任何現代詩人也不能憑空杜撰出那樣古老的民族情況和

---

[186] 日爾曼民族在中世紀初期泛指從東北入侵到歐洲落戶的蠻族，包括北歐諸國、德國和英國；羅馬系民族指羅馬帝國統治下的原有民族，大半也受到入侵民族的血源的和文化方面的影響，主要指拉丁民族，包括法、義和西班牙。

[187] 關於奧森的詩，參看第一卷第三章注[193]。

[188] Samuel Johnson, 1709-1784，第一部《英語詞典》編者：William, 1749-1831，英國教育家，學者。

事蹟，所以這裡必有一些原始詩做基礎，儘管其中所表現的整個語調和觀感方式，很可能在許多世紀過程中遭到了近代化。《奧森詩篇》的年代不能確定，但是很可能上溯到一千年到一千五百年以前，在這個期限中很可能還在民間口頭流傳著。全書的語調主要是抒情的。奧森是一個年老盲目的歌詩人和主角，他用哀怨的心情回憶光榮的過去，把它召喚到眼前。儘管這些詩歌出自哀怨，內容意蘊卻具有史詩的性質。它們所敘述的是過去發生過的事，描繪出一個剛消逝的、最年輕的世界，以及其中英雄人物、愛情遭遇、事業、海上和陸地上的遠征、戰爭的成敗、命運和滅亡。這些描述都是史詩性的、眞實的。儘管穿插了一些抒情的語調，那也正如荷馬讓他的英雄們爲阿基里斯、尤利西斯、地阿默德等人，談他們自己的事蹟和遭遇時也偶爾用抒情的語調一樣。但是在整個民族實際生活的精神方面發展中的心情儘管也起著較深刻的作用，卻仍遠不如在荷馬史詩裡那樣動人，特別是缺乏人物形象的堅實性和鮮明性。這是因爲事蹟發生在北歐一個風狂雨嘯、天昏地暗的地區，其中出現在英雄們面前的是披著烏雲似的衣裳，騎著馬在荒原上來往奔波的陰魂厲鬼。

此外，據瓦理斯說，近來還發現了其他說唱詩，地點不在蘇格蘭或愛爾蘭而是在英格蘭，據說那裡說唱詩成套地陸續流傳，有些很早就用文字記錄下來了。這些詩中提到浪遊美洲。凱撒大帝也出現過，據說他遠征英格蘭是爲了愛上一個英國公主，他原先在高盧（法國）認識她，後來她回到英國老家了。這些詩用了一種值得注意的形式，即三組結構，把儘管不同時的三件事擺在互相呼應的三個部分裡。

比這些說唱詩更著名的，還有古代冰洲詩集[189]裡一些英雄頌歌和新的神話，所敘述的不只是凡人的事蹟，還有許多關於諸神的起源、事蹟和毀滅的故事。但是我們無法欣賞這些空洞蕪雜的東西，把人類形體和象徵性的自然界生物來湊在一起，例如手提巨槌的陶爾（Thor）、狼人、荒原上狂歡宴之類，這些神話是既野蠻而又混亂的。從這些詩起源於北歐民族生活來看，它們比起波斯詩和阿拉伯詩對於我們德國人固然較接近些。但是如果有人迫使我們有近代文化修養的人去接受這種詩歌，而且設法使它們成爲我們民族的財寶，這種曾屢次嘗試過的企圖不但過高估價了野蠻意識，而且也完全誤解了我們現代生活的意義和精神。

2. 其次，在中世紀基督教史詩裡，首先應注意的是沒有直接受到古代文學和文化影響的那些表現中世紀新鮮精神和已經鞏固的天主教的作品。這方面可以看到一些豐富多彩的因素向史詩提供了內容和機緣。

(1) 首先應略談用眞正的史詩材料爲內容，描述當時完全民族性的旨趣、事蹟和人物性格的作品。這方面首先應提到《席德》。中世紀西班牙民族英雄主義的這朵鮮花開始，以史詩的形式表現於《席德的詩》，後來又產生了一系列的風格優美的續編，叫做傳奇故事，由

---

189 法譯作Eddas。即前面已提到的「平話」，原有兩種，一種是詩，一種是散文，敘述的都是北歐古代的神話。搜集成書，都在十二、十三世紀之交。

於赫爾德的介紹，在德國已爲人所熟知。這是一串珍珠鏈似的連環畫，其中每一幅都是本身完整的，配合成一系列，就互相輝映。全體都是寫騎士的，表達了西班牙民族的心情和精神，內容豐富，興趣廣泛，涉及愛情、榮譽、家族自尊感，以及國王在基督教反抗伊斯蘭教的鬥爭中的統治權。這些題材都是富於史詩意味而且具有造型藝術色彩的。主題內容本身就已高尚純潔，而在展現於光輝事蹟中顯出了最高貴的人類圖景的豐富性，形成一個優美動人的花環，我們現代人應當把它們擺在古代最優秀作品的行列。

這些傳奇故事儘管是零散的，在基本類型上畢竟是史詩，《尼伯龍根之歌》還比不上它們，不消說更比不上荷馬史詩。這些歌儘管是日爾曼人和德國人的珍貴作品，儘管也並不缺乏家庭、夫妻愛、封建主僕職責、對職責的忠貞、英雄主義等方面的民族的實體性內容，但是其中所寫的衝突雖有史詩的廣度，卻不完全是史詩性的，毋寧說是戲劇性或悲劇性的。表現方式儘管很詳細，卻缺乏人物性格的豐滿性和鮮明性。同時這些歌往往迷失在對野蠻殘暴場面的描述中，人物在行動中雖然顯得勇敢堅定，他們的抽象的粗豪，卻使他們像木偶而不像荷馬所寫的在精神上具有個性的男女們。

(2) 第二個主要因素是中世紀的宗教詩，其內容涉及基督、聖母、使徒、聖徒和殉教者的傳記，以及最後審判之類。但丁的《神曲》是這一領域中最純眞，內容最豐富，表現中世紀天主教特色這一偉大題材的最偉大的史詩。這部結構謹嚴的作品固然不是一部尋常意義的史詩，因爲沒有貫串全詩廣闊基礎的本身完整的動作情節，但是實際上它並不缺乏既堅實而又融貫完整的結構。它的對象不是某一個特殊事蹟，而是永恆的動作、絕對的目的，顯現於不朽事蹟的上帝的慈愛；它的場所是地獄、淨界和天堂，人類的行動和遭遇的世界，特別是個別人物的行動和命運，都沉沒在這個永恆不變的客觀存在裡。在一切事物的這種終極目的和偉大目標的面前，一切個別特殊的旨趣和目的都消逝了，但是同時這生動的世界中一切本來可消逝的幻變無常的事物，卻以史詩的形式轉化爲客觀存在，牢固地建立在最內在的原則上面，有價值還是無價值，都憑最高概念或上帝的審判來決定。凡是塵世人物的希求和遭遇、意圖和實現，都按原來的樣子在這部史詩裡變成化石似的銅像而永遠存在著。這樣，這部史詩包含了最客觀的生活整體：地獄、淨界和天堂的永恆情況。在這個不可磨滅的基礎之上，塵世人物各按照自己的特殊性格在活動著，或則毋寧說，他們曾經活動過，而現在則連同他們的所作所爲，都在永恆正義中變成僵化不動了，他們自己也從此永遠不朽了。荷馬的英雄們通過女詩神而在我們的記憶中變成不朽，但丁的這些人物是通過他們自己、他們的個性，而招致他們的處境；他們不是在我們的觀念中不朽，而是他們本身就是不朽的。通過詩神之母[190]而達到的這種不朽在《神曲》裡，由於經過上帝自己的審判而具有客觀的價值，因爲在上帝的名義下，當時這位最大膽的詩人[191]對全部過去和現在進行了譴責或祝福——詩的

---

190 希臘九詩神之母叫做Mnemosyne，掌記憶的女神。

191 這位大膽的詩人就是但丁，他以上帝的名義把一些人打下地獄，另一些人遣到淨界洗罪。

敘述也就應按照這種對象的性質進行，它只能採取敘述在永遠固定的境界中遊行的形式。這種境界像赫西俄德和荷馬所描繪的神們一樣，是由詩人憑自由的想像來發現，構成形象和分配地位的，但是同時所描述的場面和故事卻仍根據實在的見聞。地獄充滿著暴烈的騷動，在苦痛中仍有造型藝術的嚴峻，到處放射著恐怖的微光，但是詩人對陰魂們的同情沖淡了這種恐怖氣氛。淨界的氣氛比較溫和，描繪仍然很周密。最後，天堂全是一片燦爛的光輝，絕對沒有具體形象，一切都沉浸在思想的永恆乙太中。這位天主教詩人所創造的世界固然也反映出古代影響，但是其作用只限於提供了人類智慧歷程的引路人和陪伴[192]，在教義和教條方面則全是中世紀經院派神學和慈愛。

(3) 中世紀史詩的第三個領域是表現騎士風的作品，它們用的是愛情奇遇和保全榮譽的決鬥之類世俗生活中的浪漫性的內容，同時帶有宗教的目的，即基督教的騎士階層的神祕主義。這類史詩的動作情節和事蹟與民族的旨趣無關，只涉及個別人物。上文談騎士的傳奇故事詩時已提到，只有單純的主體（個人）的事蹟才形成這種詩的內容。當時還沒有形成固定的散文性的社會秩序，這種世界環境就產生了一個新的英雄階層。這些英雄人物還是完全獨立自由的，他們根據宗教幻想和世俗觀點，只關心純粹私人方面的旨趣，缺乏希臘英雄們在集體地或單獨地參加鬥爭，以及戰勝或戰敗時所依據的那種實體性的現實情況。騎士詩的這種內容雖然也產生過多樣的史詩描述，但是它的情境、衝突和糾紛的冒險性質，在這類描述裡只能採取傳奇故事的方式，其中各種奇遇不能融合成爲嚴格的整一體，同時又還沒有建立得很牢固的市民社會秩序和一種散文性的世界情況作爲現實基礎。不過當時詩人的想像力也並不滿足於創造一些完全脫離現實的騎士英雄和他們的奇遇，它經常把這些騎士的事蹟和當時的巨大傳說中心和傑出的歷史人物和影響廣泛的戰爭聯繫起來，這樣就使騎士詩也獲得了史詩所不可少的一種廣義的基礎。但是在大多數情況下這種基礎被想像過分誇張了，這就使得這類傳奇故事缺乏在荷馬史詩裡特別突出的那種生動鮮明的具體描述。此外，這種有關騎士風的題材在法、英、德和西班牙各國都被使用過，這種情況就使眞正的民族性至少是相對地消失了，而民族性卻是印度、波斯、希臘、居爾特[193]等民族的史詩內容和表現形式的最堅實的核心。在這裡我們不能敘述和評論這類史詩的個別作品，只約略提到一些較重要的體系及其題材來源。

第一個體系的主要形象是由查理大帝及其臣僚抵抗薩拉遜人和異教徒的戰爭提供的。這個法蘭西傳說體系以封建騎士制度爲主要基礎，派生出很多詩篇。內容主要是當時十二個英雄中某一個的豐功偉績，例如羅蘭、曼茵斯的杜陵等等。特別是法王奧古斯特・腓力普的統

---

[192] 引導但丁遊地獄和淨界的，是羅馬詩人維吉爾，陪伴是碧翠絲。

[193] 居爾特族是中世紀民族大遷徙中侵入歐洲的一個日爾曼民族，他們的後裔散居在蘇格蘭、愛爾蘭、威爾士以及法國諾曼第等區域。

治時期這類史詩出現很多[194]——傳奇故事詩的第二個體系發源於英國，主題是亞瑟王及其圓桌會議的成員們的功績[195]，其中傳說故事，英格蘭・諾曼第的騎士階層、婦女崇拜、封建臣僕的忠貞，以及基督教神祕主義的寓言之類幻想的混亂拼湊。這些騎士的主要企圖是尋找據說盛過基督血液的聖杯。尋找過程中發生種種奇遇，直到全部人馬最後逃到阿比細尼亞去依附傳教士約翰爲止。上述兩類題材在法國北部，英國和德國特別達到豐富的發展——最後，騎士詩的第三個體系在表現方式上更任意地馳騁幻想，在內容意義上也更單薄，把騎士的英雄氣概誇張過分，並且採用了東方神仙故事和寓言中的一些觀念。它發源於葡萄牙和西班牙，主要的英雄人物出自阿瑪第斯大家族[196]。

其次是在十三世紀在法國北部特別盛行的比較抽象的更近於散文的長篇寓意詩。我可以舉《薔薇傳奇》[197]爲例。與此對立的有各種各樣的長篇逸史、寓言和故事，大半取材於當時日常現實生活，涉及騎士、牧師、市民，特別是戀愛和姦淫的故事。語調時而是喜劇的，時而是悲劇的，語言時而是散文的，時而參用韻律。這一種詩在一個文化教養較高的薄伽丘[198]手裡達到了高度完美。

這類詩的最後一個體系的作者們對荷馬和維吉爾的史詩，以及古代傳說和歷史較熟悉，接受了古代的影響，用騎士史詩的表現方式去歌唱特洛伊英雄們的戰功，埃涅阿斯建立羅馬的經過以及亞歷山大東征的奇遇。

3. 剩下來還要講的是浪漫型史詩的第三類。這類詩的出發點是對古代文學的淵博而影響深遠的研究所培養起來的一種新文化修養和較純眞的藝術趣味；但是在學習、吸收和熔化的過程中，我們所驚贊的印度、阿拉伯以及荷馬和中世紀作品中，那種原始樸素的風格卻往往找不到了。在文藝復興的影響之下，民族文學、宗教、國家制度、道德風尚、社會關係等等，實際情況在多方面發展之中日益趨於完善，史詩在內容和形式上也豐富多彩了。關於這個歷史過程，我在這裡只提出以下幾個主要特徵。

(1) 第一，提供題材的仍然是中世紀，不過這種中世紀題材是用古代文化教養澈底滲透過的精神去理解和描述的。在這方面史詩特別顯出兩個方向。

從一方面來看，進步的時代意識必然傾向於以嘲笑的態度去對待中世紀的那些離奇的冒

---

194 腓力普二世統治時代在十二世紀末和十三世紀初。

195 流傳下來的有《亞瑟王之死》（*Le morte d'Arthur*）。描述亞瑟王及其騎士們搜尋聖杯（據說盛過基督的血）的故事。

196 阿瑪第斯（Amadis），流傳下來的一部有名的傳奇故事有《高盧的阿瑪第斯》，是一半用西班牙文一半用法文寫的，用的是散文。

197 《薔薇傳奇》是十三世紀法國的傳奇體詩，分兩部分，前部分敘述騎士追求愛情（薔薇就是愛人的象徵），後部分由另一作者續成，涉及當時各方面生活的感想和寓意式的教訓。

198 薄伽丘（Boccaccio, 1313-1375），義大利詩人和文藝復興先驅，最著名的作品有《十日談》和《愛的摧殘》（愛情傳奇）等。

險事蹟，信任幻想過分誇張的騎士風，以及處在民族情況和民族旨趣已日趨豐富的現實環境中還企圖脫離現實，孤立自己的英雄們的迂腐氣味；它對於這整個世界，是站在喜劇立場上把它描述出來供人觀照，儘管對其中眞正可取之處仍區別對待，對它持嚴肅的甚至偏愛的態度。我在上文已把亞力奧斯托和塞萬提斯二人擺在對整個騎士生活持這種聰明態度的詩人中的最高峰了。[199]現在只需指出，亞力奧斯托的詩仍然遵守中世紀詩的目的，用光輝的敏捷才智，優美動人的魔力和內在的天眞純樸，以比較隱蔽的滑稽方式，使離奇的幻想由於本身的荒謬而流於瓦解。至於塞萬提斯的比較深刻的傳奇故事把騎士制度看成已經過去，除非孤立生活的幻想和離奇的瘋狂，才會企圖使它在近代散文式的現實生活中復活過來。但是它也顯示出這種過去也有它的偉大高貴方面，使它超出凡庸猥瑣，沒有意義的散文現實，把散文現實的缺點生動地暴露出來。[200]

塔索是另一種傾向的著名的代表，從他的《耶路撒冷的解放》裡，我們可以看出他和亞力奧斯托的差別在於他用的題材是基督教騎士階層要解放基督墓地這一偉大共同的目的，以及十字軍東征的勝利。他在處理這種題材方面絲毫不帶喜劇性的幽默。他用荷馬和維吉爾爲模範，憑熱情和勤學苦練，寫成了一部應和他的模範比美的史詩。它不僅部分地涉及民族的實在的宗教旨趣，而且在整體的展現和熔鑄上也見出上文所要求的整一性，它的和諧的音律至今還在人民口中蕩漾著。但是儘管如此，這部史詩卻很缺乏民族聖書所必有的原始的純樸，它不能像荷馬和一切眞正的史詩那樣找到恰當的語言，來表現出全民族的事蹟。它是一部人工造作的詩，一種以詩的方式製造出來的事蹟，首先要滿足的是美的藝術修養。用的語言和形式是半抒情詩半史詩的。所以塔索在處理史詩題材方面儘管奉荷馬爲典範，而在構思和創作的整個精神方面他所受到的卻主要是維吉爾的影響，我們不認爲這種影響對這部詩是有利的。

第三在以古典文化教養爲基礎的巨大史詩之中，還有賈梅士的《路濟塔尼亞人之歌》。[201] 這部作品的題材完全是民族性的，它所歌頌的是葡萄牙人的英勇的航海事蹟，已脫離了眞正的中世紀而轉到標誌著新時代的一些旨趣。儘管這部作品裡燃燒著熾熱愛國情緒，大部分根據作者的親身經歷，而且在結構方面也見出史詩的整一性，人們畢竟感覺到民族題材和古代藝術修養這兩方面之間的矛盾分裂。這就破壞了原始史詩的天眞純樸的印象。

(2) 近代生活中宗教信仰和現實情況的一些重要的革新，都導源於宗教改革的原則。這種人生觀的變革所產生的整體傾向，儘管較利於抒情詩和戲劇體詩而不利於正式的史詩，但是在史詩領域裡畢竟也開過一些半宗教半藝術的史詩的晚花，主要的有密爾頓的《失樂園》

[199] 見第二卷第三部分第三章 2. (2) 節。

[200] 這主要是對《唐吉訶德》的評價。

[201] 已見本章前注。這部傳奇故事和上述一些歌頌基督教徒和伊斯蘭教徒戰爭的史詩都已表現出「西方中心」的思想。《路濟塔尼亞人之歌》可以說是西方最早的歌頌殖民主義的史詩。

和克洛普斯托克的《救世主》。關於密爾頓，他也是憑勤學古代而得來的文化教養和正確典雅的語言，而成爲當時值得表揚的模範，但是在內容意蘊的深度、獨創性的創作魄力，特別是在史詩的客觀態度這些方面，他都遠不如但丁。從一方面看，《失樂園》所寫的衝突及其災難性的結局是戲劇性的；從另一方面看，像上文已指出過的，這部作品的主要特徵是抒情詩的奔放和道德教訓的傾向，這就使題材遠遠脫離了原始史詩的形式。至於克洛普斯托克，我前已指出他所寫的題材與所反映的時代文化教養之間，也有類似在《失樂園》裡所見到的分裂。此外，他還經常地現出專致力於修辭的傾向，想藉此達到崇高風格，使讀者也能感到詩人自己對所寫題材所感到的那種令人鼓舞的尊嚴和神聖的品質——就另一種意義來說，伏爾泰的《亨利歌》在一定程度上也有類似的毛病。這部史詩至少是更加矯揉造作的，因爲像上文已說過的，這種題材對原始史詩是不適合的。

(3) 如果我們要在最近時期尋找眞正的史詩描述，那就只能在正式史詩的範圍以外去找。因爲整個現代世界情況是受散文似的秩序支配的，和我們對史詩所要求的必不可少的條件完全背道而馳。至於各國各民族的實際情況所經歷的變革爲時還太近，還作爲眼前事實而牢記在心裡，不能以史詩的藝術形式去描述。因此史詩已脫離了近代各民族的巨大事蹟，而逃到鄉村和小城市的家庭生活的窄狹範圍裡去找材料。於是史詩變成了田園生活的史詩，特別在德國是如此，而這是在溫柔甜蜜的正式田園詩已經完全消失之後。這種田園生活的史詩的最近的例子有沃斯的《路易士》，[202] 特別是歌德的《赫爾曼和多羅蒂亞》。[203] 在歌德的這部詩裡，固然看到背景中的一些現代世界大事，和詩中所寫的家主及其家庭，以及牧師和藥劑師的生活情況有直接的聯繫。但是由於對鄉村小城市的政治情況沒有交代，所以我們覺得有一個不應有的裂縫，沒有起聯繫作用的媒介，正是由於沒有這個中間環節，全詩就顯出一種特殊的性質。歌德以巨匠的手腕把法國大革命推到遠遠的背景裡去，同時卻知道怎樣很好地用它來擴大詩的視野，只採用它中間一些憑單純的人類關係，就自然而然地要影響到家庭和城市的生活情況的因素，把它們納入到詩的情節中去。但是主要點在於歌德在這部作品裡善於描述從近代現實生活中挑選出來的一些特點、畫面、情況和人事糾紛，在小城市家庭範圍裡復活了《奧德賽》和《舊約》裡，關於宗法社會的描述中所表現的那種原始人類系的不朽的動人的魅力。

最後，關於現代民族生活和社會生活，在史詩領域有最廣闊天地的要算長短程度不同的各種小說。對於這些藝術品種我們在這裡不能敘述它們從起源到現在的發展史，就連描繪粗線輪廓也不可能。

---

202 沃斯（Voss）主要是古典文學作品翻譯者，已見前注，他也寫了一些詩，其中寫田園生活的《路易士》算是比較好的。

203 見第一卷第三章注70。

2. 抒情詩

序 論

詩的想像，作爲詩創作的活動，不同於造型藝術的想像。造型藝術要按照事物的實在外表形狀，把事物本身展現在我們眼前；詩卻只使人體會到對事物的內心的觀照和觀感，儘管它對實在外表形狀也需加以藝術的處理。從詩創作這種一般方式來看，在詩中起主導作用的是這種精神活動的主體性，即使在進行生動鮮明的描繪中也是如此，這是和造型藝術的表現方式正相反的。史詩和造型藝術還較接近，無論它表現給我們看的是對象的實體性和普遍性，還是按照雕刻一般繪畫刻畫出來的生動的現象，觀照和觀感的主體（詩人）在他所創造的客觀性的作品裡就要消失掉，自己不露面，至少在史詩達到高度完美時是如此。在外化[204]中如果要完全拋開詩人的主體性這個因素就要有兩個條件，一個是要把整個客觀世界及其情況吸收到主體本身裡來，讓它深受到個人意識的滲透；另一個是打開凝聚在心靈深處的情感，睜開耳目，把原來還僅僅朦朧感到的東西提升到成爲觀照和觀念的對象（即成爲可看可想的對象），然後藉助於文字語言，把這樣充實明確起來的內心生活中最親切的東西表現出來。這種傳達方式愈拋開史詩實事求是的客觀態度，表現主體的詩也就因此愈不依存於史詩而獲得獨立的地位。這時心靈就從對象的客觀性相轉回來沉浸到心靈本身裡，觀照它自己的意識，就出現了要滿足表現的要求，要表現的不是事物的實在面貌，而是事物的實際情況對主體心情的影響，即內心的經歷和對所觀照的內心活動的感想，這樣就使內心生活的內容和活動成爲可以描述的對象。但是這種表達如果不只是單純的主體憑他的直接的情感和觀感偶然隨意說出的話，它就要有詩性的內心活動的語言，使這種觀照和情感雖是詩人個人所特有的而且作爲他自己的東西表現出來的，卻仍有普遍的意義，這就是說，它們必須是眞實的觀感和情感，而且是由詩用恰當的語言生動地表現出來的。如果尋常的哀樂情緒經過尋常語言掌握住，描繪和表現出來，都可以使心情舒暢起來，那麼，它們迸發於詩歌，當然更可以使心情舒暢了，因爲用的已不是日常語言了。此外，詩的表現還有一個更高的任務：那就是詩不僅使心靈從情感中解放出來，而且就在情感本身裡獲得解放。情感的盲目驅遣在意識裡形成混沌一團、幽暗無光，心靈不可能自拔出來，達到對事物進行觀照和表達。詩固然可以把心靈從這種幽禁中解放出來，因爲詩使心靈這個主體又成爲它自己的對象（以心觀心），但是詩卻不僅是從主體和內容（對象）的一團混沌中把內容拆開拋開，而且把內容轉化爲一種清洗過的脫淨一切偶然因素的對象，在這種對象中獲得解放的內心就回到它本身而處於自由獨立，心滿意足的自覺狀態。另一方面這種對象化也就應止於此，不再前進到使主體的心意和情慾導致實踐的活動和行動，即不使主體性格表現於實際事蹟。因爲內心世界的最切近的現實畢竟是內心生活本身，所以主體從本身中走出來的意思只是說心靈從既不能自覺又不能

---

204 「外化」即「對象化」或化爲外在的對象，亦即表現。

自表現的混沌狀態中解放出來，變成能認識自己和表現自己的自覺狀態。這就是抒情詩在範圍和任務上，既不同於史詩又不同於戲劇體詩的主要特徵。[205]

關於進一步研究這個新領域的劃分或構成部分，我們還是按照研究史詩時所採取的程式。

第一，抒情詩的一般性質；

其次，抒情詩人，抒情詩藝術作品以及抒情詩的種類這幾方面的一些特殊定性（特徵）；

第三，關於抒情詩的歷史發展的一些看法。

在大體上我們只能談得很簡略，這有兩個原因：第一，我們必須留下足夠的篇幅去討論戲劇體詩；其次，我不得不完全局限於一般性的討論，因爲抒情詩在特性和多樣化方面，比起史詩所涉及的細節更多，如果詳細討論，就必須用歷史的方法去處理，而這並不是我們在本書的任務。

A. 抒情詩的一般性質

史詩所要滿足的要求是要傾聽一個自生自發而成爲完滿自足的整體，而與主體相對立的動作情節；抒情詩所要滿足的卻是一種與此相反的要求，那就是要表現自己、要傾聽自己的「心聲」。關於這種心聲，要研究的有以下幾點：

第一是內容，在這種內容裡心靈感知心靈自己，把所感知的形成觀念；

第二是形式，通過這種形式，內容就表現成爲抒情詩；

第三是抒情詩的主體（詩人）表現情感和思想的出發點，即他所處的意識和文化教養的發展階段。

㈠抒情的藝術作品的內容

抒情詩的內容不能是一種擴展到和整個世界各方面都有聯繫的客觀動作情節的展現，而是個別主體及其涉及的特殊的情境和對象，以及主體在面臨這種內容時，如何把所引起的他這一主體方面的情感和判斷、喜悅、驚羨和苦痛之類內心活動，認識清楚和表現出來的方式。由於抒情詩所倚爲基礎的是向特殊分化的原則，它的內容可以是多種多樣的，可以涉及民族生活的各個方面，但是它和史詩卻有本質的區別。史詩把民族精神的整體及其各種實際現象都納入同一部作品中，抒情詩卻只涉及這一整體的某一特殊方面，不能像史詩那樣包羅

---

205 關於抒情詩的這段導言，說明抒情詩的基本特點在於主體心靈觀照外界事物所引起的心靈本身的觀感和情感，既不同於接近造型藝術的史詩持純粹客觀態度描述對象的外在形狀，也不同於戲劇體詩雖也依據人物的主體性格，卻使主體性格表現於實踐性的動作，造成事蹟。抒情詩所依據的是主體性原則。主體返躬內視，察覺了原來混沌一團的朦朧的情感和觀感，因而可以用詩的語言把它表現出來。這樣就使心靈從情感的壓力下解放出來，感到舒暢，「處於自由獨立，心滿意足的自覺狀態」。

萬象。所以只有通過全民族的抒情詩的全部作品，而不是通過某一首抒情詩，才能把全民族的旨趣、觀念和目的都表現無遺。和史詩不同，從抒情詩中不能指出一部詩的聖經。抒情詩卻享有一個便利，正式史詩只能出現於原始時代，而抒情詩卻在民族發展的任何階段中都可以出現。

1. 在這種向特殊分化的抒情詩領域裡，人類的信仰、觀念和認識的最高深的普遍性的東西（其中包括宗教，藝術甚至科學思想的重要內容意蘊）卻仍巍然挺立，只要這些因素適合觀念和觀照的形式，就能引起感情。所以普遍性的觀點，世界觀中的實體性因素，以及人生觀中的深刻理解都是抒情詩所不排斥的，我在上文討論不完備的史詩時所提到的內容大部分都很適合抒情詩。[206]

2. 其次，特殊因素本已包含在普遍性之中，它一方面可以和實體性的東西交織在一起，從而使個別的情境、情感、觀念等等，可以按照它們的深刻的本質去理解，而且以實質性方式獲得表現。舉例來說，席勒的正式抒情詩和歌謠體詩裡都有這種情況。關於這一點，我特別想到希臘詩人伊布庫斯的《鶴》[207]裡，復仇女神合唱曲中那段宏偉的描述，這既不是戲劇，也不是史詩，而是抒情詩。此外，這種特殊與普遍的結合也可以用來把多種多樣的特點，情況、心情、事蹟等等，引來證明包含萬象的思想和格言，從而以生動的方式闡明普遍性的道理。例如一般在輓歌和書信體詩裡常遇到的關於世界的感想，就是運用這種特殊和普遍的結合。

3.最後，抒情詩既是個別主體的自我表現，所以滿足於運用極平凡的內容。這就是說，它所特有的內容就是心靈本身，單純的主體性格，重點不在當前的對象而在發生情感的靈魂。一縱即逝的情調、內心的歡呼、閃電似的無憂無慮的謔浪笑傲、悵惘、愁怨和哀歎，總之，情感生活的全部濃淡色調，瞬息萬變的動態或是由極不同的對象所引起的零星的飄忽的感想，都可以被抒情詩凝定下來，通過表現而變成耐久的藝術作品。在詩領域裡的這種情況頗類似我在討論風俗畫時所說過的那種情況。它的對象和內容都是完全偶然的，它之所以引人入勝，全在於主體的掌握方式和表現方式，抒情詩的這方面的樂趣有時是來自心情的一陣清香，有時由於新奇的觀照方式和出人意外的妙想和雋語。[208]

---

206 指史詩部分所舉的田園詩，傳奇故事詩和民歌之類史詩變種。

207 伊布庫斯（Ibukus;Ibykus）西元前六世紀的希臘詩人，他的《鶴》本來是一部戲劇，其中合唱部分是抒情的。

208 這一段說明抒情詩的內容，不是史詩所表現的某一時代某一民族的全部情況，而是詩創作主體的內心活動。因此抒情詩與史詩一個基本區別，在於史詩所依據的是客觀原則，而抒情詩所依據的是向特殊分化的主體原則，抒情詩所表現的就是詩人自己。但特殊總是與一般結合的，個人的觀感和情感可以反映帶有普遍意義世界觀和人生觀。但是由於抒情詩表現個別主體，所以內容可以是平常的瑣細的帶有偶然性的，全憑詩人的掌握方式和表現方式而引人入勝。

㈡抒情的藝術作品的形式

其次，使上述那種內容成其爲抒情的藝術作品的形式，關鍵一般就在個別人物及其思想情感。所以全詩的出發點就是詩人的內心和靈魂，較具體地說，就是他的具體的情調和情境。內容所展現出來的特殊因素的意蘊和關聯，並不是客觀上本身就是實體性的內容，也不是個別事蹟的本身獨立自足的外在現象，而是來自主體方面的意義。所以個別主體本身就要具有詩的意味，富於想像和情感，或是具有宏偉而深刻的見解和思想，本身就是一個獨立自足的完滿的世界，擺脫了散文生活的依存性和任意性。因此，抒情詩獲得了一種不同於史詩所應有的那種整一性：抒情詩的整一性來自心情和感想的內心世界，這種內心世界自生自發，自反映於外在世界，描述自己，或是此外還和某種對象打交道，也還是憑主體的旨趣，這就使它保持任意在哪裡開始或終止的權利。例如賀拉斯往往把終點放在依通常觀念方式和表現方式應該是起點的地方，他描寫一次宴會只描寫他自己情緒和吩咐人準備宴會的情況，對宴會本身卻隻字不提。此外，各種情調的性質，心情的個別情況，情慾的強度、激烈、急躁、躊躇徘徊，或是心平氣和、緩慢的靜觀默索等等，也可以顯出內心生活的進展和聯繫有極其繁複的規範。由於內心生活這樣變化多方，我們對此很難作出固定的普遍適用的結論。我現在只就抒情詩和史詩的區別提出以下幾點。

1.上文已經說過，有幾種史詩可以採用抒情詩的語調，抒情詩也可以採用按內容和形式應屬於史詩的事蹟，因而侵入史詩的範圍。例如英雄誦歌、傳奇故事和歌謠都屬於這一類，這類詩的整體在形式上是敘事的，因爲所描述的是一種情境和事蹟的發展過程，一個民族命運中的轉捩點等等；但是另一方面這類詩在基本語調上仍完全是抒情的，因爲占主要地位的不是對一件事進行絲毫不露主體性的（純客觀的）描述，而是主體的掌握方式和情感，即響澈全詩的歡樂或哀怨、激昂或抑鬱。此外，這類詩從效果看也是抒情的。詩人著意在聽眾心中引起的，正是所敘事蹟在他自己心中所引起的因而把它完全表現在詩裡的那種心情。他用來表現對所敘事蹟的哀傷、愁苦、歡樂和愛國熱情等等的方式，也正足以說明中心點並不是那件事蹟本身而是它在他心中所引起的情緒，因爲他所突出的並且帶著情感去描述的主要是和他的內心活動合拍的那些情節，這些情節描述得愈生動，也就愈易在聽眾心中引起同樣的情感。所以內容雖是史詩的，而表現方式卻仍是抒情的。

屬於這類詩的有以下幾種：

(1) 第一，是箴銘如果箴銘不僅是用作標籤，簡短地客觀地標明這是某某事物，而且還聯繫到某一種情感，內容因此就離開客觀事實而轉到內心生活了。在這種情況下，主體就不再在對象面前消失掉，而是正在這個對象裡表現出他自己，他對這對象的願望，他的詼諧態度，巧妙的配合和出人意外的奇想了。《希臘詩選》[209]裡就已包括大量的富於幽默意味而

---

[209]《希臘詩選》（*Die Griechische Anthologie*）搜集西元前五世紀到西元六世紀一千多年的希臘箴銘和短詩，主要稿本在一六〇七年才在海德堡圖書館發現，到一七九四—一八一四年才由德國學者雅柯伯（Jacob）編注出版，共十三冊。英法各國都有譯本和選本。

不堅持史詩語調的箴銘。在近代，法國人也常用意味雋永的雙行押韻體寫箴銘，插在小舞劇裡。我們德國人的格言詩和諷刺詩也屬於這一類。就連情感占優勢的墓銘也具有這種抒情詩的性質。

(2) 其次，抒情詩也可以用上述方式擴展成為描述性的故事。最簡單的形式是傳奇故事詩。這種故事詩把一件事蹟分成若干景，對每一景都附上一首短詩略述其中要點並表現詩人的同情。這種詩主要在西班牙盛行，它對一種情境的特徵顯出明確的掌握，突出地表現出詩人的同情，使故事正文獲得巨大的效果。它是投到抒情的畫面上的一朵燦爛的光彩，主要來自明確的觀察力，親切的情感尚在其次。[210]

(3) 歌謠雖僅在較小程度上屬於正式史詩，卻往往包含一個本身完整的事蹟，挑出其中最突出的因素，以最簡練的方式把和事蹟交織在一起的內心深處的各種情調，如哀愁歡樂之類表現出來。特別是英國人從很早的詩的原始時期，就有大量的這種民俗歌謠。一般說來，民間詩最愛敘述的歷史故事和衝突總是悲慘的，語調也往往是沉痛的，仿佛胸膛梗塞住、聲音在震顫。在近代，我們德國人中間最擅長於民歌體的詩人有畢爾格[211]，特別是歌德和席勒。畢爾格的特點是親切純樸；歌德的特點是來源於爽朗心靈的晶亮透明，這種特點在他的全部抒情詩裡都可以見出；席勒的特點主要是主題思想所引起的雄偉崇高的情感雖同，而事蹟的形式，表現方式卻仍是抒情的，便於在聽眾心中引起同情共鳴。

2. 其次，抒情詩的主體因素表現得更明顯的是，詩人把某一件事作為實在的情境所提供的作詩的機緣，通過這件事來表現他自己。這就是所謂「即興詩」或「應景詩」。例如卡里弩斯[212]和圖爾特烏斯[213]在他們的戰爭輓歌裡，就已用實在的情況作爲他們自己鼓舞振奮的出發點，不過還沒有明顯表現出他們的主體性格和思想感情。品達[214]的頌歌大半以某些戰役的勝利及其特殊情況爲作詩的機緣。賀拉斯的許多賦體詩也是如此，無論從意圖上還是從主題思想上都可以看出。他自己仿佛說：我也要像這位有教養有名望的人，碰到這樣場合就要做一首詩。在近代，歌德特別愛好這種體裁，對於他，生活中發生任何一件事，都要立刻寫成詩。[215]

(1)如果抒情的藝術作品不應依存於外在的機緣及其所帶的目的，而應作爲一個獨立自足的整體而存在，詩人就要把外因只當作一種作詩的機會來利用、來表現他自己，他的情

---

[210] 這種詩頗類似中國章回體小說和曲在每段開始和收尾時所附加的幾句詩。

[211] 畢爾格（G. A. Bürger, 1747-1794）德國民歌體詩人。

[212] 卡里弩斯（Kallinus）西元前七世紀希臘最早的抒情詩人，擅長用輓歌體寫戰歌。

[213] 圖爾特烏斯（Turtëus）西元前七世紀希臘抒情詩人，他的戰歌曾鼓舞過斯巴達人打勝仗。

[214] 品達（Pindar）希臘頌體詩人，前已屢次見過。

[215] 這種「即興詩」或「應景詩」（Gelegenheit Gedicht）特別值得我們注意，因爲過去中國絕大部分詩都是即興應景，例如遊覽、贈答、詠史、歌功頌德之類。長處在於從現實生活出發，短處在於把詩變成的應酬勾當乃至文字遊戲。

調、歡樂、哀愁或是思想方式和一般人生觀。所以抒情詩的主體的首要條件，就是把實在的內容完全吸收到他的自我裡去，使它變成自己的東西。事實上眞正的抒情詩人就生活在他的自我裡，按照他的詩性的個性去掌握他的內心世界與外在世界的情況，糾紛和命運以及內外之間的錯綜複雜的關係，但是描述這種材料中所表現的，畢竟只是他自己的獨立的活躍的情感和思想。例如品達在應邀或自動地歌頌一個競賽中的錦標手時，他運用題材的方式總是要使他的作品顯得不是為錦標手而作的，而是他自己的心情的自然流露。

(2) 這種應景詩的更好的表現方式當然是下列兩種。一種是從用作題材的那件事或那個人物的眞正的實際情況中，既吸取具體的材料和性格，又吸取藝術作品的內在組織（結構）。因為詩創作的心情正是由這種內容激發起來的。我想只舉席勒的《鐘的歌聲》作為一最明顯的極端的例子[216]。這首詩用鑄鐘的工作程式作為全詩發展過程的基本支柱，使鑄鐘的階段和詩的發展階段平行前進，聯繫到相應的情感流露，以及各種關於生活的感想和人類情況的描繪。品達用的是另一種方式，他也利用錦標手的出生地點、家族名望或其他生活情況作為作詩的機緣，說明他為什麼只歌頌某些神而不歌頌其他神，為什麼只提到某些事蹟和結局，只提出某些觀點，只總結出某些格言，如此等等。第二種表現方式就是抒情詩人在作應景詩時還完全保持住他的自由。因為他的眞正對象不是單純的外在機緣，而是他自己和他的內心生活。所以他只有憑他的特殊意圖和詩的心情，才能抉擇對象的某些方面，某種進展程序和縱橫交織去達到表現。至於究竟是外在機緣及其事實內容，還是詩人自己的主體性格應該占優勢，或是這內外兩方面完全融合在一起，我們對這個問題也不能根據固定的標準，去作先驗的判斷。

(3) 但是眞正抒情詩的整一性不在於外在機緣及其實際情況，而在於主體的內心活動和掌握方式。事實上外在機緣以詩的方式所引起的特殊心情或一般觀感才是中心點，不僅決定著全詩的色調，還決定著展現出來的各種特殊因素的範圍、發展和聯繫的方式，以及詩作爲藝術作品所應有的堅實性和融貫性。例如品達就是用他所歌頌的錦標手的客觀生活情況作爲詩的發展和結構的眞正核心，但是在某些詩裡詩人也經常描述一些其他觀點和心情，如警戒、安慰、振奮等等，儘管它們只是屬於詩創作主體的，卻正是它們使他決定某些方面應該寫，某些方面應該刪，以及對於有助於產生抒情效果的某些因素應該怎樣闡明和貫串起來。

3. 第三，眞正的抒情詩人並無須從外在事件出發，滿懷熱情地去敘述它，也無須用其他眞實環境和機緣去激發他的情感。他自己就是一個主體的完滿自足的世界，所以無論是作詩的推動力還是詩的內容都可從他自己身上去找，不越出他自己的內心世界的情境、情況、事件和情慾的範圍。抒情詩人憑他的內心世界本身就成了藝術作品，不像史詩作者那樣需用素不相識的英雄及其事業作他的詩的內容。

---

[216] 關於席勒的《鐘的歌聲》，參看下文的節譯，見第二四九—二五〇。

(1)不過在抒情詩裡也用得著敘事的因素，例如在希臘的所謂「享樂派」[217]詩人歌集裡，就有許多愛情故事的精煉而明媚的小畫面。但是這些小故事只是用來表現一種內心的情境。賀拉斯在他的《內心生活》[218]裡也曾用過遇到一隻狼的故事，但全詩並不能算是應景詩，遇狼的事只是全詩的頭一句，是用來證明末句所說的愛情不朽的。

(2)一般說來，詩人表現自己所用的情境也不應局限於單純的內心生活，而應該是具體的，因而也應顯示出外在的整體，因爲詩人就連在主體地位也還是一個客觀存在的人。例如在上文已提到的享樂派詩人的歌集裡，詩人把自己描寫爲處在薔薇花和美女俊童中飲酒跳舞，盡情享受歡樂的生活，無憂無慮、無事物牽擾，也無更高尚的目的，就像一位毫無牽掛的英雄，根本不知局限和欠缺爲何事。他本來是這樣人就做這樣人：他這樣人就是一件道地的表現主體的藝術作品。

在哈菲斯[219]的愛情歌裡，也可以看到詩人在內容、姿態和幾乎在有意開玩笑的表情各方面的經常變化中，表現出他的整個的生動個性。他的詩裡沒有什麼特殊的主題、沒有客觀事物的描繪、沒有神、沒有神話。讀到這種輕鬆的自然流露的作品時，人們就會感覺到東方民族不可能有繪畫和造型藝術。他從一個對象跳到另一個對象，四方八面地轉來轉去，但是場面還是一樣，這位詩人擺出他的全副面貌，連同他的美酒、少女、小酒店和庭院等等，出現在我們眼前，態度十分坦率，毫無自私的欲念，沉浸在純粹的享受裡，眼對著眼，靈魂對著靈魂。這種既顯出內心狀態又顯出外在情境的描繪方式可以有無窮的變化。如果詩人專從主體方面來描述自己，我們就未必樂於傾聽他的那些奇怪幻想、愛情糾葛、家庭瑣事、堂表兄弟姊妹的歷史之類，像克洛普斯托克所寫的艾地李和芬妮那樣的貨色。我們要求的是某種有關普遍人性的，能使我們以詩的方式去同情共鳴的東西。從這個觀點看，有些人認爲單寫主體的特殊因素就足以引起興趣，這種看法是錯誤的。歌德所寫的許多「社交」（應酬）詩（儘管歌德並不是爲應酬而寫的）就是反證。在社交場合，人們並不談自己，一般把自己藏起來而漫談某個第三者，或某一段逸史，帶著幽默的意味用旁人的語調乃至摹仿不同角色的不同聲音。在這種情況下，詩人既不是他本人而又是他本人。他並不表現自己，他活像一個演員，能扮演各種各樣的角色，一會兒在這裡，一會又到了那裡，他有時瞥眼注視某一幕情節，有時又瞥眼注視某一群人，但是無論他扮演什麼，他總是同時把他所特有的藝術家的內心生活，他的情感和生活體驗生動地攞到戲裡去。

(3) 但是抒情詩的眞正源泉既然就是主體的內心生活，它就有理由只表現單純的心情和

---

217 「享樂派」詩（Anakreontischen Lieder），西元前六世紀希臘詩人安那克列昂以歌詠醇酒婦人著名，他是享樂派的始祖。

218 〈內心生活〉（*Integer vitae*），賀拉斯的一首詩的題目。

219 哈菲斯（Hafis, 1320-1389）西元十四世紀波斯詩人，著有《胡床集》，歌德的《西東胡床集》是在哈菲斯的影響之下寫成的。

感想之類，而無須就外表形狀去描述具體外在情境。從這個觀點來看，就連空洞無意義的歌調「咿呀呵嗨嗨」之類，單憑放聲歌唱就足以產生抒情詩的樂趣。對於表達哀樂情感的語言，文字不是一種無足輕重的工具，沒有文字還是可以用聲音代替。特別是民歌往往就專用這種表現方式。在歌德的一些短歌裡，表現方式雖然已經比較明確豐富，所涉及的內容往往也只是某一瞬間的詼諧風趣，一種飄忽心情的音調，被詩人抓住來寫成一首短歌，供片時的吹嘯。在另一些歌裡，歌德卻用比較詳盡的甚至系統的方式，來處理一些與上述類似的心情。例如在《我把我的事物擺在虛無上》裡，金錢、財產、女人、遊歷、榮譽以致鬥爭和戰爭，都作爲可消逝的東西在我們眼前陸續掠過去，可是重複出現的章尾疊句的調子卻始終表現出自由的無憂無慮的爽朗心情。但是從另一方面，主體的內心生活也可以提高到高瞻遠矚的精神境界，深廣化到包羅萬象的思想。席勒的大部分詩就有這種情況，激發這位元詩人心胸的是偉大的理性的東西，但是他並不用頌體詩的方式去歌唱宗教的或實體性的對象，也不像即興詩的作者那樣藉助外在事件的推動力，而是從心靈出發，心靈的最高旨趣才是他的人生理想，美的理想，才是人類的不朽的公理和思想。(220)

㈢產生抒情詩的文化教養水準

關於抒情詩的一般性質，最後要談的第三點是產生個別作品的意識，和一般文化修養階段問題。

在這方面抒情詩和史詩也有很大的差別。如果正式史詩的繁榮時代是在民族情況大體上還未發展到成為散文性現實情況的時代，而最適宜於抒情詩的卻是在生活情況的秩序大體上已經固定了的時代，因為這時個別人物才開始把自己和外在世界對立起來，反省自己，把自己擺在這個外在世界之外，在內心裡形成一種獨立絕緣的情感思想的整體。向抒情詩提供內容和形式的，並不是全部客觀事物和個別人物的動作情節，而是單純的主體。這個主體也不應理解為由於要用抒情詩表現自己，就必須和民族的旨趣和觀照方式割斷一切關係而專靠自己。與此相反，這種抽象的獨立性就會丟掉一切內容，只剩下偶然的特殊情緒，主觀任性的欲念和癖好，其結果就會使妄誕的幻想和離奇的情感氾濫橫流。眞正的抒情詩，正如一切眞正的詩一樣，只表達人類心胸中的眞實的內容意蘊。作為抒情詩的內容，最實在最有實體性的東西也必須經過主體感覺過，觀照過和思考過才行。其次，抒情詩的任務並不在於個人內心生活的單純的自我表現，也不像史詩那樣用不經推敲的語言進行樸直的敘事，而是要用不同於日常說話的由詩的心情產生的藝術的語言。正是由於抒情詩要求打開心胸的凝聚幽禁狀態，而去容納多種多樣的情感和進行更廣闊的考察，而且處在一種已經用散文方式安排成的世界裡，還要對詩的內心生活具有自覺性，抒情詩也愈需要一種用力得來的藝術修養。這種

220 論抒情詩的表現方式這一段著重說明抒情詩的複雜性，但是形式變來變去，萬變不離其宗：即創作主體總是抓住事物或外在機緣來表現自己，重點總是抒自己的情感。因此抒情詩的整一性來自主體性格的整一性。抒情詩人自己就應該是一件藝術作品。

藝術修養既是一種優點，同時也是主體的自然資稟經過鍛煉和完善化的結果。也正是由於這個緣故，抒情詩並不局限於一個民族精神發展的某一特定階段，而是在極不相同的時代都能達到繁榮，特別適合於抒情詩的是近代，因爲近代每個人都享受到情感和思想方面的獨立自由。[221]

對抒情詩各階段的根本區別可以提出以下幾個一般性的觀點。

1. 第一是民間詩歌的抒情的表現形式。

(1) 民族的各種特徵主要表現在民間詩歌裡，所以現代人對此有普遍的興趣，孜孜不倦地搜集各種民歌，想從此認識各民族的特點，加以同情和體驗。赫爾德[222]在這方面做過很多工作。歌德很善於用比較獨立的方式摹仿民歌寫過許多彼此風格極不相同的，較接近我們德國人情感的作品。人們只有對本民族的民歌才能同情共鳴，不管我們德國人怎樣會適應外國的生活方式，發自另一民族心靈深處的最好的音樂對我們總不免有些隔膜。如果要它引起像本鄉本土的樂調所應引起的情感，那就要對它進行一種重新加工潤色。歌德介紹外國民歌，正是以最雋永優美的方式進行了這種加工潤色，而同時還能保持原作的特殊風格，例如他從非洲介紹過來的《阿桑・阿嘉的女人的哀歌》。

(2) 抒情的民間詩歌與原始史詩有一點相似，那就是詩人作爲創作主體在詩裡並不露面，而是把自己淹沒到對象裡去。因此民歌儘管也把心靈中最凝聚的親切情感表現出來，我們見到的卻不是某一個人用藝術方式來表現主體個人的特性，而是這個人完全能代表一種民族情感，因爲個人當時還沒有脫離民族生活及其旨趣的特屬於他個人的思想情感。這樣一種個人與民族之間的尚未分裂的統一，所需要的前提就是個人還沒有獨立的觀感和教養，於是詩人就退到後台去了，成了一個單純的喉舌；通過這種喉舌，民族生活及其情感和觀照方式才得到表現。這種原始素樸性格賦予民歌以一種不假思索的新鮮風格和驚人的眞實，往往產生極大的效果。但是民歌也因此易流於零散破碎，過分簡練以至於晦澀。情感隱藏很深，本來就不易盡情吐露出來。此外，民間詩歌在形式上一般是抒情的，也就是表現主體的，它所缺乏的正是上文所說的主體的個性，而抒情詩的主體卻要把所表現的形式和內容當作他自己的心胸和精神的所有物和他自己的藝術修養的產品[223]。

(3) 因此，凡是只產生民間詩歌而既沒有達到抒情詩的更高階段，也還沒有產生史詩和戲劇作品的民族，大半還是些半粗魯半野蠻的民族。他們還處在鬥爭頻繁、命運飄忽不定的

---

[221] 這一節說明抒情詩的內容雖以表現主體的情感和觀感爲主，卻不能脫離民族精神。創作主體需對自己的情感有自意識，能把情感化成對象，要運用詩的藝術語言，要有藝術的熟練技巧。抒情詩適合於民族精神的各個發展階段，但特別適宜於近代。

[222] 赫爾德（Herder, 1744-1803）德國詩人和哲學家，近代歷史家派思想家的先驅，在西方開了研究民歌和東方文學的風氣，《論人類歷史》的作者。

[223] 這一節說明抒情詩的原始形式是民歌，民歌是表達民族精神的喉舌，所以一，它的影響一般限於本民族；二，它不露詩創作主體，還不完全適合抒情詩表達創作主體性的基本原則。

那種未開化的現實情況。如果這些民族在英雄時代就已形成了豐富多彩的整體，而且在各方面也已締造成一種獨立的融貫一致的社會秩序，替個別的自成整體的具體事業提供了土壤，他們就會在抒情詩之外還產生史詩。這種只產生民歌作爲民族精神的唯一的詩的表現方式的社會情況，因此大半局限於家庭生活，聚成了部落，但還沒成熟到形成較高級的社會組織，沒有建立英雄時代的那種政權機構。如果他們回憶起民族的功勳，場合往往是抵抗外族侵略的鬥爭、劫掠性的遠征、野蠻反對野蠻的行動，或是同族之中個人與個人的私鬥。敘述這類事蹟的作品，往往發洩失敗者的哀怨或是勝利者的歡慶。這種民族的實際生活，還沒有發達到能使人有必要的獨立性去聚精會神地回顧自己的大體上也還不很發達的內心情感生活，縱使能夠達到這一點，他們所能用的內容也往往還是粗魯野蠻的。我們對這類民歌是感到興趣還是起反感，就要看它們所描述的那種情境和情感究竟如何。這個民族認爲頂好的東西，在另一個民族看來也許是乏味的、可怕的、令人起反感的。例如有一首民歌敘述一個女人被丈夫囚禁在一間四壁不通風的土牢裡。經過她哀求，她丈夫才只准在牆上鑿一個洞，洞口小得只能讓她把乳頭伸出來給她的嬰兒餵奶，並且只准她活到嬰兒能斷奶的時候。這種情況是野蠻殘酷的。此外，盜劫、私鬥之類野蠻行爲，絕對不能引起文化修養不同的異族人民的同情共鳴。因此，民歌的內容往往頂特殊，沒有固定的標準來衡量它們，因爲離開普遍人性太遠了。所以我們如果在現代把北美伊洛奎人和愛斯基摩人，以及其他野蠻民族的民歌弄得很熟悉，對詩的欣賞範圍也未必就因此擴大了。[224]

2. 抒情詩既然是內在精神的全部表現，它在內容和表現方式上就不能停留在眞正民歌和後來民歌仿製品的水準上。

(1) 抒情詩的關鍵，一方面在於精神要從凝聚幽禁狀態中解放出來，而獲得自由表達自己的能力。上面已經討論過的那些事例都不能完全達到這個要求。另一方面這種精神還應擴展到一種包含各種思想、情感、情況和衝突的豐富多彩的世界，把人心所能掌握的一切在心中加以思索玩味、整理安排，把它作爲精神的產品表現出來和傳達出去。全部抒情詩必須盡詩所能及的最大限度，以詩的方式把全部內心生活表達出來，所以抒情詩是精神教養的一切發展階段所共有的。

(2) 其次，自由的自覺性和忠實於自己的藝術自由是緊密聯繫在一起的。民歌是直接出自深心的自發的自然音調，但是自由的藝術是自覺的，它對於自己所創造的作品要有一種認識和意志，要經過一番文化修養才能達到這種認識，也要有一種創作方法方面的熟練技巧。在史詩裡詩人需把自己的形象和活動隱藏起來，或是按照原始史詩的性質來說，這種形象和活動根本就還看不見，因爲史詩以民族生活爲對象，而民族生活並不是由詩人產生出來的，所以在詩裡也不能顯現爲詩人的產品，而必須顯現爲自生自發的產品。在抒情詩裡卻不然，創作和內容都是出自詩人這個主體的，所以需把主體性格如實地表現出來。

---

224 這一節重申極原始的民歌的局限性。

(3)就是根據這個觀點，比較晚起的抒情的藝術詩跟民歌就很明確地區分開來了，固然也有一種民歌是與眞正藝術性的抒情作品同時並存的。不過這種民歌所自出的個別作者或集體，對上文所說的文化修養還沒有掌握，而且也沒有和素樸的民族意識脫節。但是民間抒情詩和藝術詩之間的這種區別，並不應理解爲只有在反省力、藝術的知解力，以及自覺的熟練技巧這三者的結合最主要的因素都結合在一起了，抒情詩才能達到它的頂峰。這就無異於說，例如賀拉斯和一般羅馬抒情詩人應該算作最卓越的抒情詩人，或則說，他們比起前一代眞正的愛情歌師還更偉大了。從上述關於民歌與藝術詩的區別並不應作出這種極端離奇的結論。正確的理解應該是：正是爲著保持抒情詩表現獨立主體的原則，主體的想像和藝術必須在觀念（思想）方面有受過教養鍛練的自由的自覺性和藝術創作的才能作爲前提和基礎，才可達到抒情詩的眞正完美。[225]

3. 最後關於上文提到的區別還有一點要指出。在民歌出現的時代，散文性現實情況的意識還沒有形成，眞正抒情的藝術詩所面臨的卻是一種已經形成的散文性現實情況，它要擺脫這種散文性現實情況，憑主體的獨立想像，去創造出一種內心情感和思想的新的詩性的世界，通過這個新的世界，藝術才會有效地產生人類內心方面的眞正的內容和眞正的表現形式。此外還有第三種精神形式，即哲學思維。從某一方面來看，這比情感和觀感所涉及的想像所處的地位還更高，因爲它可以使它的內容以更澈底的普遍性，和更必然的融貫性呈現於自由的意識，而這是藝術從來不能做到的。不過另一方面哲學思維這種精神形式也有缺點，它和抽象概念打交道，使思想因素作爲純然理想的普遍性來闡發，使具體的人被迫要用具體的方式，把他的哲學意識中的內容和結果表現爲被心情和觀感、想像和情感所滲透的東西，才能使全部內心生活獲得完整的表現。

在這方面主要有兩種不同的掌握方式可用，一種是想像力力圖越出自己的境界而侵入思考活動的領域，但終不能達到哲學闡述的明晰和謹嚴。在這種情況下，抒情詩大半就成了靈魂在內心鬥爭中的表現。這種靈魂在它的意匠經營中，對藝術和思想兩方面都不免要施加暴力，因爲它越出藝術領域而在思想領域又感到不那麼自在，但是另一方面冷靜的哲學思考卻能使情感灌注生氣給明確掌握住和按系統推演出的思想，通過表現變成可用感官接受，使從科學觀點看來是明顯的必然的那些過程和聯繫，變成是由各具體因素的自由組合所發生的作用，例如席勒在許多詩裡就是這樣處理的。在這種自由的組合中，抒情詩愈力圖把它的內在協調隱藏起，也就愈易流於教訓議論的乾枯語調。[226]

---

225 以上三小節說明眞正抒情詩遵照主體原則要求詩人首先對內心所能掌握的一切內容需有自由的自覺性，即能清楚地認識到，其次要有自由藝術所必有的文化修養和熟練技巧，即有藝術創造的能力，第三要在內容和表現方式上都見出主體的獨創，不能單靠摹仿。

226 這一節說明抒情的藝術詩所面臨的是在散文性現實情況已經形成的世界，它必須擺脫散文現實情況和散文意識，憑想像力去創造一種內心生活的新的世界。詩人還可以把哲學思考表現爲想像、觀感和情感所滲透，因而轉化爲詩的內容。席勒就是一個例。

B.抒情詩的幾個特殊方面

既已討論了抒情詩的內容的一般性質，表現這種內容的一些形式，以及在不同程度上適合抒情詩的不同的文化教養階段，現在進一步的任務就是按照抒情詩的幾個主要的特殊方面和關係來闡明上文的一般性的論點如何適用。

這裡我也還要提到上文所指出的史詩和抒情詩的區別。在研究史詩時，我們首先注意的是原始的民族史詩，把次要的史詩變種和史詩創作主體都丟開了不談。對於抒情詩我們卻不能採取這種方式。在抒情詩裡一方面是詩創作主體，另一方面是各種派生的變種，都是最重要的研究對象。所以我們依下列程式提出一些較詳細的看法。

第一，關於抒情詩人的看法；

第二，抒情的藝術作品作爲主體想像的產品；

第三，抒情表現的總概念所派生的各種抒情詩。

㈠抒情詩人

1. 上文已經說過，抒情詩的內容一方面是對廣泛的客觀存在及其情況的一般性的觀感，另一方面是豐富多彩的個別特殊事物。但是純粹一般性的觀感和個別特殊的觀點和情感這兩方面都是抽象品，要互相結合起來，才能形成生動具體的抒情詩的主體性，而這種結合又必須是內在的，也就是說，在主體身上的結合。因此，抒情詩的中心點和特有的內容就是具體的詩創作主體，亦即詩人。但是抒情詩主體並不投身到實際動作情節中去造成事蹟，也不展現於戲劇衝突的運動，他的唯一的外化（表現）和成就只是把自己的心裡話說出來，不管對象是什麼，說出來的話表達了主體的情感，即把自表現的主體的心情展示出來，在聽眾心中引起同情共鳴。

2. 儘管這種表現也著眼到聽眾，它畢竟是愉悅或痛苦的心情的自由流露，有了這種心情，要把它歌唱出來，心裡才舒服。抒情詩還有一種更深的動機，即不肯把最親切的情感和最深遠的思想據爲私有，祕而不宣。只要誰能歌能詩，誰就有唱歌作詩的天職，就應該唱歌作詩。抒情詩人還有其他作詩的根源，例如應人邀請，但是偉大的詩人在這種場合會毫不遲疑地離開本題而表現他自己。舉一個屢次舉過的例子來說，品達往往被邀請歌頌競賽中的錦標手，還爲此得到潤筆金，可是他以歌者的身分設身處在所歌頌的英雄的地位，憑他的想像自由聯繫，歌頌起先代人物來，回憶起古代的神話，談起自己對於人生、財富、權力，以及一切值得敬重的偉大事物，女詩神們的莊嚴優美，特別是詩人的尊嚴之類的深刻見解。這樣，品達在他的詩裡並不是替那位錦標手傳播聲譽，而是要讓人傾聽他這位詩人自己。抒情詩人的高尚處就是這種突出的心靈偉大。荷馬在他的史詩裡儘量隱藏起他自己，以致現代人們竟一再不願肯定荷馬這個人存在過，可是他所歌頌的英雄們卻永遠活在人們心裡，變成不朽的。品達所歌頌的英雄卻不然，他們現在對於我們只是些空洞的姓名，而歌唱自己替自己博得聲譽的品達自己卻仍是一個難忘的詩人，那些英雄只是憑藉詩人而得名。

在羅馬人中間，也還有一部分抒情詩人保持住這種獨立地位。據蘇厄通的記載[227]，奧古斯都大帝曾寫信給賀拉斯說：「你難道不怕後世人責備你和我好像有過交誼嗎？」但是賀拉斯除掉他「由於職位關係」而寫的恭維奧古斯都的話以外，大部分是很快地離開奧古斯都而回到他自己。例如，他的第十四首頌詩從歌頌奧古斯都戰敗西班牙康塔布勒部落後凱旋開始，下文大部分都只歌頌奧古斯都給世界帶來和平，使詩人自己能安安靜靜地享受閒散生活，從事詩創作；接著就吩咐人準備桂冠香膏和美酒來開慶祝宴會，並且差人去邀請他的情婦。關於這個愛情小插曲，他已不像少年時代那樣熱情了，他向差人說得很明白：「如果那個看門的壞蛋不讓你進去見她，怎麼辦？——走開唄！」

克洛普斯托克也有可尊敬的特點。他在當時還感覺到歌師的獨立尊嚴。他認爲詩人不應做宮廷詩人，不應做某個人的詩人，如果浪費時間去幫閒聽差遣，就會把一個人毀掉。他說到也就做到了，但是他終不免做了出版商的詩人。哈勒市的他的出版商人付給他的《救世主》的稿費是每頁兩元德國銀幣，外送他一件背心和一條褲子，把他帶到交際場所來顯示這套衣服是他這位書商替詩人置的。據鮑桑尼亞[228]的記載（較晚的但是可靠的權威），雅典人曾替品達建立過一座雕像，來酬勞他在一首詩裡對雅典人的讚揚。此外，品達前此也因爲過分頌揚過一個外邦而被忒拜人罰了款，雅典人現在還送給這位詩人以兩倍於罰款的酬金。據說文藝神阿波羅就通過德爾斐女巫之口說過，品達所得到的禮物應當相當於全希臘送給德爾斐宗教典禮的遊藝會的一半。[229]

3. 第三，整個抒情詩領域所表現的，都是某個人在詩方面的內心生活整體。抒情詩人都不得不用詩的方式把他的心情和意識中的一切熔鑄成形，表達於歌詞。這裡應該特別提到歌德。他在豐富多彩的生活中始終保持住詩人的身分。從此也可以見出他的高尚的人格。很難想像出像他那樣的人，那樣積極關心一切事物和每個方面，儘管興趣這樣廣泛，卻始終獨立自在地生活著，而把他所接觸到的一切都轉化為詩的觀照。他的外表生活、他在日常生活情境中心胸既坦白而又沉默的特點、他的科學活動和研究成果、他的修養深厚的實踐精神所產生的一些經驗之談、他的倫理格言、錯綜複雜的時代動態給他留下來的印象，以及他所得到的結論、少年時代的熱情和勇氣、壯年時代的修養成就的魄力和內心的優美、老年時代的包羅萬象，心曠神怡的智慧——這一切都流露於他的抒情詩。在這些詩裡他既表現出他遊戲人間的最輕鬆愉快的心情，也表現出精神上最嚴峻最痛苦的衝突，通過表現就使他從這些衝

---

227 原注：「卷二，五十一頁，沃爾夫編輯」。蘇厄通（Gaius Suetonius Tranquillus, 69-140?）是西元二世紀左右的羅馬史學家，著有《十二凱薩傳》。

228 鮑桑尼亞（Pausanias）西元二世紀希臘地理學家和史學家，著有《遊記》，記載他遍遊希臘羅馬世界所見到的藝術作品和人情風俗。

229 這些小故事說明黑格爾對宮廷詩人的鄙視，也說明文藝對錢袋的依存關係自古有之。黑格爾對此也不同情，因為他宣揚的是文藝的獨立尊嚴。

突中得到解放。[230]

(二) 抒情的藝術作品

其次，關於抒情的藝術作品，很難作出一般性的論斷，因爲抒情詩在掌握方式和表現形式上差別極繁複，而且內容的專案也多至不可勝數。它的整個範圍都涉及主體性，儘管它也受到美與藝術的一般規律的制約，它在表現方面辭藻和音調卻可以有廣闊的變化餘地，完全不能一概而論，所以我們的目的只能限於研究在類型上抒情詩和史詩的區別。對這個問題提出以下的幾點看法。

第一，抒情詩的整一性；

第二，抒情詩的展現方式的特點；

第三，抒情詩的音律和朗誦的外在因素。

1. 像上文已指出的，史詩對於藝術的重要性，見於藝術形式的完整刻畫方面的較少，而見於同一部作品所展現的民族精神整體方面較多，在原始史詩裡尤其如此。

(1) 眞正的抒情的藝術作品卻不能揭示民族精神整體。主體性固然可以綜合一些普遍性的東西，但是既然要作爲本身完滿自足的主體而發揮作用，它就不免要現出向特殊分化的原則。這並不是要否認抒情詩也可以反映出對自然環境的多種多樣的觀察，對自己和旁人的生活經驗的多方面的記憶，以及神話和歷史事蹟之類材料。但是這些廣泛的內容卻不像在史詩裡起於民族精神的根源，屬於一個時代世界情況的整體，而是憑主體的記憶和活躍的聯想或結合，才會變成有生氣的東西。

(2) 所以抒情詩的整一性的關鍵在於主體的內心生活。不過單純的內心生活的整一性只能是自我與自我同一這種形式上的整一性。這種整一性可以分裂和分化成爲觀念，情感、印象和直覺等等互相差別的雜多狀態，這些雜多因素唯一的貫串線索就是它們的共同容器，即自我。如果要使主體能提供整篇抒情詩的貫串線索，它就必須轉入某種有具體定性的心情和情境，而且又要使這些有特殊定性的因素和自我（主體）緊密結成一體，仿佛在這些特殊因素裡感到自己和見到自己的形象。只有這樣，主體才能成爲本身受到定性的主體方面的整體，才能表現由這種定性所突出的因素而且把它和自己結合起來。[231]

(3) 因此，最完美的抒情詩所表現的就是凝聚（集中）於一個具體情境的心情，因爲感受的心靈是主體性中最內在最親切的因素，而著眼於一般的思索和觀察卻最易流於採取教訓

---

[230] 這一節主要頌揚作爲抒情詩人的歌德，特別頌揚他「在豐富多彩的生活中始終保持住詩人的身分」，足見他的高尚的人格。關於這一點應對照馬克思、恩格斯對歌德的德國市會庸俗氣的批判（見〈詩歌和散文中的德國社會主義〉一文）。

[231] 這一小節說明抒情詩雖表現零散的情感和觀感，卻仍需有整一性。這種整一性不像在史詩裡見於動作情節的首尾貫串，而是來自詩人的主體性，所表現的主體的情感和觀感跟他的整個性格一致。他把這種具體的情感和觀感與他的人格等同起來，這是一種親切的感受，所以他在表現這種情感和觀感之中就表現了他自己。

詩的語調，或是用史詩的方式把內容中實體性方面和客觀事實單挑出來表現。

2. 其次，關於抒情詩的展現方式也很難得出一般性的明確的結論，這裡只能提出幾個較帶根本性的看法。

(1) 史詩的進展比較緩慢，一般是鋪開來描寫現實世界及其雜多現象。在史詩裡詩人把自己淹沒在客觀世界裡，讓獨立的現實世界的動態自生自發下去；在抒情詩裡卻不然，詩人把目前的世界吸收到他的內心世界裡，使它成爲經過他的情感和思想體驗過的對象。只有在客觀世界已變成內心世界之後，它才能由抒情詩用語言掌握住和表現出來。所以抒情詩與史詩在展現方式上正相反。抒情詩的原則是收斂或濃縮，在敘述方面不能遠走高飛，而是首先要達到表現的深刻。不過在抒情詩人幾乎緘默的聚精會神狀態，和經過精敲細打的表現的鮮明性這兩極之間，畢竟還有許多過渡階段和濃淡差別的豐富廣闊的領域，可任抒情詩施展本領。抒情詩也並不排除對外在對象的鮮明描繪。眞正具體的抒情作品要求把主體擺在他的外在情境裡，因而也要把自然環境和地方色彩之類採納進來，甚至有些抒情詩只在這方面下工夫。但是就連在這種情況下，眞正的抒情因素也不是實際客觀事物的面貌，而是客觀事物在主體心中所引起的回聲，所造成的心境，即在這種環境中感覺到自己的心靈。所以觸動我們的意識和同情的，也並不是這個或那個對象被描繪出來的那些特點，而是寄託在該對象上的心情。傳奇故事詩和民歌提供了極明顯的例證。上文已指出過，這兩個詩種愈近於抒情詩，也就愈在所敘述的事蹟中只突出與詩人心情協調的那些特點，而且在表現方式上也產生引起我們同情共鳴的效果。正是由於這個緣故，在抒情詩裡凡是雖有豐富情感，而對外在事物乃至內心情境的細節進行冗長的描繪，效果總比不上簡練含蓄的作品。[232]

(2) 其次，抒情詩也可以用穿插，但是理由卻和史詩用穿插不同。在史詩裡細節的穿插是符合客觀世界整體中各部分各自獨立這個原則的，它對史詩的動作情節的進程起著延緩或阻礙的作用。至於細節的穿插在抒情詩裡卻只能從主體性中去找理由，活的人巡視自己內心世界，進程比較快。他片時間可以想起一些極不同的場合中的極不同的事物，憑自己的思想線索的指引東奔西竄，把各色各樣的事物聯繫在一起，但是他並不因此就離開他所特有的基本情調或所思索的對象。詩的內心世界也有這種生動活潑的情況。儘管在多數情況下很難斷定這一點或那一點是不是穿插，但是一般說來，只要不是破壞整一性的節外生枝，尤其是出人意料的變化，巧妙的結合以及突如其來的幾乎是暴烈的轉折都是抒情詩的特點。[233]

(3) 抒情詩的進展和聯繫在性質上有時彼此不同，有些甚至互相對立。大體說來，抒情詩和史詩一樣，既不容許日常意識的隨意任性，又不容許單憑知解力所依據的因果關係，或是哲學和科學的思維所依據的必然規律，而是要求它的各個部分都有自由和獨立。如果在史

---

232 這一節說明史詩以客觀態度描述外在世界事物自生展，抒情詩雖也可以涉及外界事物，但是重點不在外界事物，而在它們在主體內心中所引起的情感和觀感，作爲主體的東西表現出來。

233 這一節說明抒情詩也可用穿插或節外生枝，其原因在於主體的情感和想像本有東奔西竄的特點。

詩裡這種各別部分的相對孤立是由於所表現的實際現象原已如此，而在抒情詩裡卻是詩人使他所要表現的具體的情感和思想具有經過自由的孤立化的性質，因爲這些情感和思想之中，每一種雖然都出自同一主體的心情和觀察方式，都按照它的特殊性，在某一個時間裡占領住整個心靈，心靈就集中在它這一點上，直到其他情感或思想起來代替它。在這種情況下，先後承續的聯繫就會是一個陸續不斷的平靜的過程。但是也有一種抒情的飛躍，從一個觀念不經過仲介就跳到相隔很遠的另一個觀念上去。這時詩人就像一個斷了線的風箏，違反清醒的按部就班的知解力，趁著沉醉狀態的靈感在高空飛轉，仿佛被一種力量控制住，不由自主地被它的一股熱風卷著走。這種熱情的動盪和搏鬥是某些抒情詩種的一種特色。例如賀拉斯在許多詩裡就力圖用精巧的辦法去人爲地製造這種破壞全詩融貫性的飛躍。在明顯的融貫性和平靜的進程與憑熱情和靈感控制的飛躍，這兩極之間還有許多中間階段，這裡就不能詳談了。[234]

3. 最後還要談一下抒情詩的外表形式和實際面貌，主要涉及音律和音樂伴奏。

(1) 六音步格由於有規則、有節制而同時生動地向前流轉，所以最適宜於用在史詩裡的一種音律。抒情詩卻要求極複雜的變化多方的音律和多種多樣的內部結構。抒情詩的題材既然不是按照其實際展現的外在現象，而是詩創作主體的內心運動，所以這種內心運動是有規則還是變化多方，是激動還是平靜，是風平浪靜還是波濤洶湧，都要在傳達內心生活的字音在時間上的運動中得到表現。心情的狀態和整個掌握方式都要表現於詩的音律，抒情詩比起史詩還更要依靠時間作爲傳達的外在媒介，因爲史詩的敘述把實在的現象擺在過去，更多地依靠空間的伸延的方式，把許多實在現象並列起來或交織在一起，而抒情詩卻要把瞬息湧現的情感和思想，按生展次序表現爲時間上的先後承續，所以需把時間運動本身加以藝術的處理。屬於這種差別的，首先有較多樣的長音和短音的交錯，使有節奏的音步經常出現不等量的現象，其次是較多樣的「頓」的方式；第三是詩章的完整結構在個別詩行的長短交錯上，以及在全章各詩行的節奏圖案上，都可以有較豐富多彩的變化。

(2) 其次，比這種時間長度及其節奏運動的藝術處理，還更適合於抒情詩的是單詞和音節的音質本身。屬於這方面的主要有雙聲、押韻和半母音韻。在這種音律體系中起主導作用的，像上文論詩的音律部分中已指出過的，一方面是音節的精神意義，意義上的強調，這種單憑精神意義來確定字音的長短輕重的方式，就把尋常自然字音的固定長短取消掉了；另一方面是對某些字母、音節和字的音質有意識地加以集中，使它們獨立地突出地發揮作用。這種通過內在意義而使字音精神化，以及突出某些音質的辦法都是完全適合抒情詩的，因爲抒情詩一方面對於凡是存在和顯現的事物，都只按照它們對於內心的那種意義來理解和表現的，另一方面它主要是把音質和語調當作它所特有的傳達媒介來使用的。抒情詩當然也可以把節奏和韻結合起來，但是這種結合如果實現了，它就會更接近於音樂的拍子。嚴格地說，

---

234 這一節說明抒情詩有兩種先後承續的進展方式，一種是比較清醒的平靜的順流，一種是聽任熱情支配的飛躍。

雙聲、押韻和半母音韻只能用在抒情詩裡，因爲儘管中世紀史詩適應近代語言的特性[235]，也離不開這些音律因素，其原因卻主要在於抒情詩的因素已逐漸滲透到史詩領域了，特別是在英雄頌歌、傳奇故事詩和民歌方式敘述裡是如此。同樣的情況在戲劇體詩裡也出現過。抒情詩的特徵一開始就在於韻的錯綜組合，這種組合或是藉相同的字母、音節或音質的重複出現，或是藉不同的字母、音節或音質的錯綜變化，構成多樣的經過劃分和限定的詩章。史詩和戲劇體詩也運用這種詩章的劃分，其原因在於凡是沒有放棄用韻的詩一般都要分章。例如西班牙人在他們的戲劇發展成熟時期就用這種並不適合戲劇的音律，作爲表達情緒的方式，把八行體、十四行體等等，和戲劇體詩常用的節奏體系音律交織在一起。在運用這種韻腳和半母音韻等因素方面可以見出他們對於語言音調的偏好。

(3) 第三，抒情詩如果兼用音樂，比起單用韻在效果上就強得多，因爲有音樂陪伴，文字就變成了眞正的樂詞和歌調。用音樂陪伴的傾向是完全合理的。因爲抒情詩的題材和內容本身來自單純的主體內心世界，很少具有獨立性和客觀性，所以如果要把這種內容傳達出去，就需要一種外在的客觀的支柱，它的獨立性和客觀性愈少，也就愈需要便於傳達的明確的外在媒介。當主體的思想情感還是內在的觀念性的時候，它就必須運用某種具體的媒介才能傳達出去，打動旁人的情感。只有音樂才能提供這種從感性方面打動情感的力量。

因此，在歌誦給旁人聽時，抒情詩經常要用音樂伴奏。這種音樂與抒情詩的結合也經歷過一番很重要的發展過程。實際上眞正與樂調結合的最早是浪漫型的尤其是近代的抒情詩。

在以心情爲主要因素的歌體詩裡，音樂需把這種「心聲」加以強化，塑造成爲樂曲，例如民歌就愛用音樂伴奏。反之，近代很少有作曲家去替分章的歌詞、輓歌、書信體詩，乃至十四行體詩之類體裁作樂曲。觀念、感想乃至於情感，只要在詩的文辭本身就已完全表達出來了，因而就已漸脫離心情的凝聚幽禁狀態，另一方面也就已脫離藝術的感性媒介了，抒情詩作爲語言的表達也就獲得了較大的獨立性而無須結合到音樂上去了。反之，凡是內心生活愈不易表達於語言的地方，抒情詩也愈需要音樂的協助。至於古代人爲什麼在詩的文詞本身很透明時仍用音樂伴奏朗誦，這種伴奏究竟有無多大的必要，我們以後還有機會要談到這個問題。[236]

㈢真正的抒情詩的種類

第四，關於抒情詩所派生的特殊種類，我在討論由史詩的表現方式到抒情詩的表現方式的轉變過程時，已經提到幾種了。從相反的方向看，人們也可以在抒情詩裡指出戲劇體詩的起源。但是抒情詩中這種接近戲劇的生動性的傾向，基本上只局限於它也用對話形式這一點上，而這種對話在抒情詩裡，卻還沒有發展成爲一種包含衝突的持續下去的動作情節。我們

---

[235] 對希臘文和拉丁文來說，中世紀語言已是近代民族語言，例如義大利文、法文和北歐各族語言。

[236] 以上三小節說明史詩的音律比較平整，抒情詩的音律則最變化多方，一般地說以音質和韻爲主的音律逐漸代替根據節奏的音律，文字的意義逐漸成爲決定字音長短輕重的決定因素，音樂的伴奏在抒情詩也用得較多。

現在且不談這種過渡階段的抒情詩的混種，只略談完全符合抒情詩原則的那些種類。抒情詩不同於其他詩種的，主要在於詩創作主體在意識上對所歌唱的對象的態度。

1. 這就是說，從一方面看，主體不再爲他個人的特殊情感思想所束縛住，而把自己沉沒在對一神或多神的觀照裡，神的偉大和威力滲透了他的整個心靈，使它作爲個別主體的存在都消失掉了。屬於這一類有頌聖詩，酒神頌歌，阿波羅神讚歌和《舊約》中的《詩篇》。我想最概括地指出這類詩的幾個特點。

(1) 詩人把自己提高到超越出他自己的內心世界和外在世界的情況和情境，以及涉及這兩方面的一切觀念，把他個人和他的民族所奉爲絕對神聖的東西作爲對象，首先替它塑造成一個客觀的形象，用這個供內心觀照而鑄成的形象擺在旁人的心眼前，來歌頌神的威力和光榮。屬於這種的有傳說出於荷馬之手的頌神歌。這些頌神歌主要包括一些神話材料，不是只以象徵方式來理解的，而是以史詩的形式把所歌頌的神們的情境和歷史，描寫成爲生動鮮明可以目睹的。

(2) 其次，與此相反而抒情性較強的是酒神頌歌，這是主體在敬神典禮中的一種奮發飛揚的激昂情緒，主體被酒神的威力所震懾，處於神魂顛倒狀態，以致不能把迷離恍忽的心情表現於客觀的形象，而只停留在迷醉狂歡狀態。主體從本身中跳出來了，一直就跳上絕對（神），渾身滲透了神的本質和威力，於是唱出激昂的歌調來頌揚他所沉沒進去的那個無限（神），以及神所顯現的華嚴的現象世界。

希臘人在他們的敬神典禮中，並沒有長期停留在這種單純的呼號讚歎的方式上，而是從這種情感直接迸發之中，發展到參用某些神話的情境和動作情節的敘述。後來摻雜在這種抒情詩之中的敘述便逐漸發展成為詩的主要部分；所敘述的如果是生動完整的動作情節，而且獨立地作為動作情節的描述而出現，那就形成了戲劇體詩，而戲劇體詩又採用合唱隊的抒情歌唱作為它的組成部分。

我們在《舊約》中許多雄偉的《詩篇》裡，看到比酒神歌頌更澈底的奮發鼓舞的向神的飛揚。《詩篇》是心靈嚮往「太一」（神）所發出的更深刻的禮贊，主體在這「太一」身上看到了他自己意識中的最高目標，體現一切威力和眞理的值得崇敬和讚美的對象。姑舉第三十三首《詩篇》為例：

正直的人們呀，為上帝而歡樂吧，虔誠的人都應讚美他呀，
彈琴來感謝上帝，彈十弦琴來唱對他的讚歌，
歌要用新的，琴要彈得高妙，歌要唱得洪亮，
因為上帝的話就是眞理，他的話全是正確的。
他愛的是正義和公道，大地全布滿了他的慈恩。
諸天是上帝吩咐造成的，諸天的隊伍是上帝一口氣吹成的。

再如《詩篇》第二十九首：

天使們，把光榮和威力歸給上帝呀，
把上帝名下應得的歸給他，
禮拜他要穿聖潔的服裝。
上帝的聲音在水上震盪，
光榮的上帝在打雷，他走在大海洋上，
他的聲音既猛烈而又威嚴，
他的聲音劈開了香柏，黎巴嫩的香柏，
他叫黎巴嫩像小獨角獸一樣跳躍，
上帝的聲音把熊熊的烈火劈開，
上帝的聲音叫荒沙漠嘶吼……[237]

這樣的激昂情緒和抒情詩的崇高風格顯出一種忘我而存在[238]的狀態，因此不大適宜於使自我深入到具體內容裡去，使想像力平靜地心滿意足地掌住內容要旨，而是更適宜於達到一種不明確的或朦朧的激情，力求把本來不可言說的對象勉強帶到情感和觀照的領域裡來。處在這種朦朧的激情中的主體心靈，不可能觀照到觀照本來達不到的對象及其靜穆的美，也不可能享受對象在藝術作品中的表現。想像力既塑造不出一種靜穆的形象，於是以混亂的支離破碎的方式，把它所掌握的外界現象隨意拼湊在一起。由於它既不能對一些外界現象的觀念作出明確的區分，所以在表現方式上就不得不用一種任意的吞吞吐吐的節奏。

和當時希伯來群眾相對立的「先知」們的基調，大部分是對民族處境的苦痛和哀怨，在流亡生活中的沒落情緒，對宗教信仰的熾熱虔誠以及對政治形勢的憤怒之中，「先知」們創造出告誡式的抒情詩的作品。[239]

在近代的摹仿品中，崇高的熱烈情感變成了一種出於人工造作的溫湯熱，很容易冷卻而且抽象。例如克洛普斯托克所寫的許多頌神歌式和詩篇式的作品既缺乏思想的深度，又缺乏任何宗教內容的平靜展現，它們所表現的主要是向無限（神）表示崇敬的一種企圖。對於近代開明的意識來說，這種無限只是神的空洞不可測量的不可思議的威力，偉大和光榮，而且它和詩人自己的完全可以理解的無能和自甘退讓的有限生存這兩方面之間的對立和分裂。

2. 站在另一種立場上的另一種抒情詩一般叫做「頌體詩」（用這個名詞的近代意義）。它與上文所說的那些頌神詩的差別在於，頌神詩出於忘我的精神狀態，而頌體詩則以詩人的主體性爲獨立的主要因素而把它放在優先地位。這種主體性可以同時在兩方面表現出來。

---

237 參照《新舊約全書》「官話」譯本改譯。

238 「忘我而存在」原文是Aussersichsein，直譯爲「外在於自我的存在」或「沒有自我的存在」。

239 指《舊約》中《以賽亞書》以下各先知書。

(1)在這個新詩種及其表現方式的範圍之內，詩人一方面可以像過去頌聖詩那樣，選擇一種本身重要的內容，例如對神、王侯、愛情、美、藝術、友誼之類的讚頌，詩人的心靈好像被這種內容意蘊滲透了、充實了、占領了；彷彿在心情的激昂振奮之中，這種對象成了唯一的明確的力量，統治著他的整個心靈。如果情況完全如此，主題就會憑這種獨立地位，獲得像史詩和造型藝術中的生動鮮明、完滿自足的形象了。如果情況並不完全如此，詩人所設法表現和塑成形象的，就會正是詩人自己的主體性及其偉大。那就不是對象占領著他，而是他占領著對象。他在慘澹經營，力圖藉對象來表現他自己，因此在這種獨立自由的地位，他任自己的情感思想去打斷主題的客觀發展進程，從主體的觀點去闡明它，乃至改造它。這樣，占統治地位的並不是主題內容，而是主體內容所充實和激發的主體的激昂情緒。這裡有兩種不同的甚至相反的因素，即內容的鼓舞力量和主體的詩藝自由，後者對前者進行鬥爭，要控制住前者。這種矛盾對立的壓力主要表現於語言詞藻的生硬勉強，內在結構和發展進程的崎嶇突兀、毫無規則、節外生枝、漏洞，突然的轉折之類毛病；同時這種壓力也顯示出詩人的內在的高度詩藝本領，憑這副本領他用藝術的完美去消除上述矛盾對立，創造出一個本身完整的整體，作爲他的作品，這就顯出他比他的對象更偉大。

在這種激昂振奮的抒情詩之中最傑出的是品達的許多頌體詩，其中昂揚的內在的莊嚴表現於變化多方而仍有規則的節奏。賀拉斯卻沒有能做到這一點，特別是在他最使力達到崇高風格的地方顯得枯燥乏味。他在摹仿方面的矯揉造作，只是設法掩蓋寫作方面玩弄纖巧的虛僞。克洛普斯托克的激昂情緒也不盡是眞實的，往往是矯揉造作的，儘管他的一部分頌體詩也確是出於眞實的情感，而表現方式也很莊嚴、很有魄力。

(2) 另一方面是第二種表現方式，其中內容本身不一定要有重大意義，詩人卻可以憑自己的個性而獲得重大意義，賦予他用來作詩的微不足道的內容對象以高貴和尊嚴或是至少一種較高的旨趣。賀拉斯的許多頌體詩就屬於這一種，克洛普斯托克和其他詩人也是站在這個立足點上的。在這一種頌體詩裡詩人所努力爭取的並不是內容的意義，而是把外在機緣和平常瑣事等等中本身沒有意義的東西，提升到能使他自己感到自己和表現自己的高度。

3. 抒情詩的無限繁複的心情和感想最後發展到歌的階段。在歌裡民族的特性和詩人自己的個性都可以充分表現出來。歌有多種，很難加以嚴格的分類，大體說來，可以區分如下：

(1) 第一種是正式的歌，這是寫來供詩人自己或在社交場合歌唱或吟誦的。歌並不需要很多的內容，也不需要心靈的偉大崇高；不僅如此，尊嚴、高貴、思想豐富這些優點反而會妨礙興致的自然流露。宏偉的感想、深刻的思考以及崇高的情感，都會迫使主體脫離他的直接個性以及興趣和心情，而歌所要表現的卻正是這種直接的、親切的，毫無拘束的哀樂情緒，所以每一個民族對本民族的歌都感到親切有味。

歌這個領域儘管內容極廣、聲調極多，它和上文提到的那些詩種相比，卻有一個總的特點，這就是它在題材、展現過程、音律、語言和形象等方面都很簡單樸素。它是從心靈中自發出來，並不是在興致煥發中從一個對象轉到另一個對象，而是一般把全神貫注到同一個內容上，無論這個內容是一個獨特的情境或是哀樂情緒的某一種具體表現，只要它能感動人就行。在這種情境或心情中，歌總是平靜安穩地順流下去，沒有突兀的跳躍，也沒有生硬的轉折，只有觀念的安靜的流轉，自成一個整體，時而有些不連貫、過分簡練，時而比較舒展、一氣呵成；在音律方面，節奏總是便於歌唱的，韻總是容易記住的，沒有複雜的變化。如果歌大半用本身容易消逝的東西爲內容，我們就絕不設想一個民族在幾百年乃至幾千年之中都唱同樣的老歌。一個多少已經開化的民族不會貧乏到只有一次產生過作歌的詩人。歌不像史詩，它永不會死亡，總是不斷地獲得新生。這個花園裡的花卉逢季就更生。只有那些被壓迫的割斷前進機會的民族，才無力獲得詩的更新的歡樂，才保持一些古老的甚至最古老的歌。每一首歌就像每一種心情一樣隨生隨滅，開始時使人感動和欣賞，接著就被人遺忘。舉例來說，五十年前還是家喻戶曉、人人喜見樂聞的歌，今天有誰還熟悉和歌唱呢？每個時代都重新調弦奏新歌，以前的歌調的聲音就逐漸微弱以至於完全聽不見了。只表現作歌者本人個性的歌畢竟比不上具有普遍意義的歌，因爲後者的聽眾較廣，打動的人較多，引起同情共鳴也較容易，會由眾口流傳下去。凡是當時就不是一般人都歌唱的歌根本就很少是眞正的藝術。

關於歌在表現方式上的重要特徵，我只想提出兩種，都是上文已經說過的。一種是詩人把他們的內心世界及其活動，特別是歡樂的情緒和情境，坦率地隨便地說出來，這樣就會把凡是在他內心裡出現過的東西盡情吐露出來。另一種是詩人處在另一極端，用啞嗓子把他們收視返聽，凝聚於本身的心靈隱約暗示出來。前一種方式主要屬於東方詩，特別是伊斯蘭教系統的詩。這種詩所表達的是無憂無慮無欲望的舒暢心情，用的是光輝燦爛的景象、巧妙的組合和低徊往復的節奏運動。後一種方式比較適合北歐各民族的那種屏息內省的心情。心靈在這種沉靜狀態中往往只抓住一些純然外在的對象，利用它們來暗示壓在深心裡說不出來吐不出來的東西，結果就像《魔王》[240]那首歌謠裡的小孩跟他父親在黑夜裡衝風騎馬奔跑，終於窒息而死一樣。以上兩種方式的區別也適用於一般的抒情詩，例如民間詩和藝術詩之間的區別，實際上就是心情和廣泛感想的區別。就歌的範圍來說，上述兩極端之中又有很多濃淡差別和過渡階段。

最後，歌所派生的詩種，現在只提以下幾種。

第一種是民歌，由於它的直接性，它主要還是站在歌的立足點上，大多數是可以歌唱的，甚至還用音樂伴奏。民歌有時保存住民族功勳和事蹟的記憶，從這些功勳和事蹟中，一個民族可以認識到本民族所特有的生活；它有時也表現不同社會階層的情感和情境，以及他們與自然界和附近親鄰的共同生活，所用的音調極其繁複，便於表現歡樂和愁苦的各種不同的情調。

---

[240] 《魔王》（Erlkönig）是德國民間一個老傳說，歌德曾根據這個傳說寫了一首歌，這首歌很著名，情節在正文裡一句話就說明了。

其次，與民歌相對立的是一種文化已相當發達的情況所產生的歌。這種歌爲社交娛樂提供最豐富多彩的滑稽戲謔、漂亮詞藻、意外事故，以及饒有風趣的裝飾，或是帶著對自然和窮苦人的生活的敏感，描寫這些對象和所涉及的情緒。在這種情況下，詩人愛返躬自省，吐露出自己的主體性和心情激動。如果這種歌只局限於單純的描寫，特別是對自然界事物的描寫，它就易流於猥瑣，缺乏創造的想像力。對情感的描寫往往也不比描寫自然事物強。在對事物和情感的描寫中，詩人首先應該擺脫私人的切身願望和欲念，以認識性的自由態度把自己提高到能克服私人利害計較的高度，只滿足於純粹的想像所給予他的樂趣。舉例來說，希臘享樂派詩人阿那克里安和伊斯蘭教詩人哈菲斯的許多詩歌，以及歌德的《西東胡床集》之所以顯出精神的自由和最優美的風趣，就是因爲他們都具有這種毫無拘束的自由、心腑的開展，和從想像的形象中享受樂趣的心習。

第三，抒情詩到了這個階段並不排除較高的和較有普遍意義的內容。新教的贊聖歌大多數屬於這一種。它們表現了新教徒對上帝的嚮往、祈禱和讖悔、希望、信心、疑慮、宗教信仰等等。它們固然出於某些個別心靈的切身的心情和情境，卻仍具有普遍性，每個新教徒多少都可能處在類似的情境，發生類似的情緒。

(2) 可以列在這一總類中的還有十四行體、六行體、輓歌體、書信體等等。這些體裁已經越出上述歌的範圍了。在這些體裁裡直接的情感和表現方式已讓位給思索、主體向各方面巡視，把個別的觀照和心靈經歷納入普通的觀點來看。知識、學問和文化修養在這些詩裡一般起著重要的作用。儘管在這一切這樣建立起的關係之中主導的突出的因素還是詩人的主體性，把一般和特殊結合起來的正是這主體性，但是主體性的立足點在這裡，卻比在正式的歌裡較爲廣泛和較帶普遍性。例如義大利詩人在他們的十四行體和六行體裡，特別提供了精巧思索與感情相結合的光輝範例。它們不是以靜觀內省的方式去直接表現具體情境中的惆悵，愁怨和希冀或是對外界事物的觀感，而是左顧右盼，巡視神話和歷史、過去和現在，而同時卻始終回到主體的內心世界，回到聚精會神地默省自己。這樣的文化修養既不適合歌的簡樸風格，也不適合頌體詩的崇高風格，因此這種詩一方面不能歌唱，另一方面卻有辦法彌補不能歌唱的缺點：它把語言本身及其響亮精巧的聲韻變成一種文字的和諧的樂調。此外，輓歌體在它的音節、感想，以及對情感的描述等方面都接近史詩。

(3) 抒情詩這個領域的第三個發展階段是以表現方式爲特徵的，在近代德國人中間突出地顯示出這個特徵的是席勒。他的大多數抒情詩，例如〈恬退〉、〈理想〉、〈陰魂的國土〉、〈藝術家〉、〈理想和生活〉等等，既不是本來意義的歌，也不是古代人所理解的頌體詩、書信體詩、十四行體詩，或輓歌體詩；它們和這一切都站在不同的立足點上。它們的特點主要在於內容具有宏偉的基本思想，詩人既沒有爲這種內容弄得神魂顛倒，像古代酒神頌歌所表現的那樣，也沒有受激昂情緒的壓迫和他的偉大的對象進行搏鬥，而是始終是這種內容的絕對主宰，從各方面把它充分展現出來，顯出他所特有的詩的思索，昂揚的情感和全面的觀察，以及他在運用意象高華而音調鏗鏘的詞藻和既簡單而又動聽的節奏和韻方面所顯出的驚人的魄力。這些宏偉思想和基本旨趣是席勒畢生獻身來宣揚的，所以顯得是他的精神中最珍貴的財富。但是他並不是獨自微吟或是像歌德那樣在社交場合歌頌，而是像一位歌手，把胸中蘊藏的最有價值的內容意蘊傳達給一群聚會在一起的最傑出的人物。他的歌調的聲音就像洪鐘，就像他自己在《鐘的歌聲》那首詩裡所說的：

蕩漾在蔚藍的天空，
憑高俯視下界的眾生，
鐘聲啊，你這雷霆的近鄰，
你響澈了諸天的星辰。
你該是天上來的聲音，
像組成合唱隊的星群，
歌唱創世主的光榮，
引導戴花的太歲運行。
祝你的金口玉音，
只歌頌莊嚴和永恆，
時時刻刻奔波擺動，
標誌出飛駛的時辰。[241]

C. 抒情詩的歷史發展

上文關於抒情詩的一般性質和較詳細的特徵、抒情詩人、抒情詩的藝術作品，以及抒情詩的種類這些問題的討論已足以說明，特別在詩的這個領域裡，只有用歷史方法才能進行具體的研究。因爲幾乎沒有任何其他詩種在內容和形式上所受到的民族和時代的特點，以及詩人的個性和才能的影響，比在抒情詩裡更深刻，所以就抒情詩所能作出的一般性結論不僅不能應用到其他領域，而且只能具有抽象價值。但是我愈感覺到抒情詩派生種類的複雜性，也就愈覺得事實迫使我不能在這方面進行歷史的研究。所以我只能就我對抒情詩的一些認識作一個簡短的概述。

就許多民族和個別詩人的抒情詩的作品進行分類，我所依據的分類原則還是和在史詩裡所用的一樣，就是藝術的發展一般採取象徵型、古典型和浪漫型三個階段，所以我們在這裡也就按照這三個基本類型來敘述抒情詩的發展階段，首先是東方的，其次是希臘羅馬的，最後是斯拉夫民族、羅馬系民族和日爾曼民族的。

㈠ 東方的抒情詩

第一，就東方抒情詩的較具體的情況來說，它和西方抒情詩的最本質的差別在於，東方

---

241 原文是席勒的《鐘的歌聲》最後一章中的摘錄，由譯者試譯出。

詩按照它的一般原則既沒有達到主體個人的獨立自由，沒有達到對內容加以精神化，正是這種內容的精神化形成了浪漫型藝術的心情深刻性。與此相反，東方詩中的主體意識完全沉浸在內容的外在個別對象裡，所表現的就是這種不可分割的內外統一的情況和情境。從另一方面來看，這種主體意識在它本身上找不著一個穩固的支柱，從而在面對著它所認爲自然和人類生活中，具有力量和實體性的那個對立面之中，否定了自己，在思想情感上努力去獲得這種力量和實體性，發現這些對它有時較消極，有時較自由，但總是可望不可即——所以從形式方面看，我們在東方抒情詩裡很少看到對事物和情況有獨立見解的那種詩的表現方式，而碰得較多的卻是對與思索無關的親身體驗的直接描述；因此主體所顯出的不是返躬默省的凝聚的內心狀態，而是在與外在事物和情境的對立中對自己的否定。在這一點上東方抒情詩特別與西方浪漫型詩不同，往往採取一種比較客觀的語調，詩人往往不是把外在事物和情況表現爲他所想的那個樣子，而是表現爲它們本身原來的樣子，這樣，詩人就賦予它們以一種獨立的有靈魂的生命，例如哈菲斯[242]有一次這樣召喚：

「啊，來啊，夜蔦從哈菲的心靈裡，
又飛回到歡樂的玫瑰香中去啦。」

此外，這種抒情詩在使主體擺脫他自己和自己的全部個性和特殊性之中，一般使心靈進入一種原始的四面伸展狀態，這樣就很容易在漫無邊際的領域中喪失掉自己，不能把它選爲內容的對象明確地表現出來，實際上這種內容本身就是一種無法表現的實體性的對象。因此，東方的，特別是希伯來、阿拉伯和波斯的抒情詩在大體上都採取崇高的頌詩體。主體的想像力把被創造的世間事物的全部偉大、威力和光榮都奢豪地展現出來，爲的就是使這種華嚴世界消失在不可言說的更高的上帝的莊嚴氣象的對照中。另一個表現方式就是孜孜不倦地把世間一切美好的事物都串織成一串珍貴的項鍊，去獻給詩人眼中唯一有價值的對象，一個國王或酋長，一個心愛的女子或是一家小酒店。

最後，在這種詩裡主要的表現形式是顯喻隱喻和意象。有時是由於主體還沒有達到內心生活的自由獨立，就只能用比喻把自己和某一外在對象同一起來；有時是由於一般的實體性的東西還是抽象的，就不能形成一種明確的有個性的形象，所以單就主體來說，也只有用一些特殊的外界現象進行比喻，才達到表現自己，而這些對象之所以有價值，也就單憑它們多少能和詩人心中唯一的一個有意義的、值得讚頌的那個對象進行比擬這一點作用。但是這種顯喻、隱喻和意象，雖然使始終力求表現的內心生活有外在事物可憑依，畢竟不是所要表現的情感和對象本身，而只是一種由詩人主觀臆造的用來暗示情感和對象的表現方式。這裡是

---

242 《胡床集》的作者已見前注。

抒情詩人用表現方式的自由來代替他所缺乏的具體的內在自由，而這種表現方式的自由從自發地無拘束地運用各種意象和比喻開始，可以逐漸發展到運用最妄誕的大膽和最敏捷的巧智去進行出人意外的新奇配搭。

最後，在對東方抒情詩方面有卓越成就的個別民族之中，首先應該提到中國人[243]，其次是印度人，第三是希伯來人、阿拉伯人和波斯人。他們的抒情詩的特點在這裡就不能詳談了。

(二)希臘和羅馬的抒情詩

希臘人和羅馬人的抒情詩處在第二個發展階段，它們的基本特徵是古典型的個性。按照這個原則，表達於抒情詩的個人意識，既沒有消失在外在客觀事物裡，也沒有提高到能超越自己，向一切被創造的事物發出「凡是有氣息的都來讚美上帝啊」這種莊嚴的呼籲，也沒有在歡樂地擺脫塵世事物的束縛之後，把自己沉浸到滲透一切和灌注生氣於一切的那個「太一」裡去。實際情況是主體把有普遍意義的東西當作他自己的精神實體，和它自由地緊密結合成爲一體，把這種統一納入自己的詩的意識裡去。

希臘和羅馬的抒情詩不僅和東方抒情詩不同，而從另一方面看，也和浪漫型抒情詩不同。因爲古典型抒情詩並不把特殊具體的心情和情境深化到親切的程度，而是把內心生活及其個別的情慾、觀感和見解全都清清楚楚地亮出來。所以希臘羅馬抒情詩就連在表現內心生活時，也還是盡可能地保持著古典藝術中造型藝術的類型。它在人生觀、處世哲學等方面，所提出的看法儘管具有明顯的一般性，卻仍不失其為自由個人的獨立見解和掌握方式。它並不用富麗的辭藻和比喻，而是直率地切實地把話說出來；至於主體情感的表現方式則有時只是一般化，有時也用生動鮮明的形象。由於從這種個性出發，在構思、表現、辯證發展、音律等方面，各種體裁之間彼此差別很大，因此才能保證各以獨立自足的方式達到完善化的最高點。像內心生活及其觀念一樣，表現方式也具有造型藝術的性質。造型藝術的表現方式在音樂方面把重點不大擺在情感的內在運動的旋律上，而是更多地擺在字音的抑揚頓挫的節奏上，同時還加上舞蹈的低徊往復的複雜組合。

1. 希臘抒情詩在它的原始的、最豐富的發展階段完全實現了這種藝術特性。起初是史詩色彩還比較濃。頌體詩就沿用史詩的音律，不大表現內心的激昂情緒，而是像上文已經提到的，塑造出鮮明的神的形象供心靈觀照。從音律看，輓歌體是進一步的發展[244]。輓歌的以音節為准的音律把五音步格和原先的六音步格進行有規則的交錯，而且在等距離間歇的地方用頓。這就標誌著詩章的完整結構的開始。它在整個音調上就帶有抒情的性質，政治性的輓歌和愛情的輓歌都是如此，不過格言式的輓歌在突出表現實體性本身這一點上還近於史詩，

[243] 黑格爾對中國抒情詩顯然很隔膜，他關於東方詩缺乏主體性和精神性的一番話，很難適用到屈原、阮籍、陶潛、杜甫、李白這些代表詩人的抒情作品。《詩經》主要屬於象徵型倒是確實的。

[244] 西方的「輓歌」並不是都用於送葬的，這個名稱主要從體裁形式著眼，頗類似詞牌曲牌。

這就說明了格言式輓詩何以只在伊奧尼亞人中間流行，因爲那裡占優勢的觀照方式是客觀的。從音樂觀點看，格言式輓歌主要只發展了節奏因素，與輓歌相近的還有第三種體裁，它發展了抑揚格的音律，經常用於尖銳的諷刺，所以已有主觀的傾向。

但是眞正抒情的感想和情慾只有在所謂米羅斯體[245]抒情詩裡才達到充分的發展。它的音律是比較變化多方的，詩章的結構很豐富多彩，由於採用的音調的迴旋起伏，音樂的伴奏也比較完備。每個詩人可以按照自己情感的性質而自造一種根據節奏的音律。例如莎芙爲著表現她的既溫柔而又熱烈的情緒，就用了一種雄壯有力的音律，而阿爾夫埃烏斯[246]卻用了頌詩體去表現他的大丈夫英勇氣概，尤其是斯柯林派[247]運用多種多樣的內容和音調，在辭藻和音律兩方面都顯出很精微的濃淡差別。

最後是合唱隊的抒情詩在觀念和感想的豐富性、轉折和銜接的奇特性，以及外在傳達媒介的運用等方面都達到最完滿的發展。合唱隊的歌唱可以隨各個歌手的口音而變化，語言的節奏、音樂的抑揚起伏還不足以充分表達內心運動，還要藉助於舞蹈的低徊往復運動這個造型藝術的因素，所以在合唱詩歌裡，抒情詩的主體因素通過表演的具體化，而獲得一種和它保持平衡的客觀的對稱力量。合唱隊的激昂詩章在內容對象上是最有實體性和重要性的。所歌頌的是神或遊藝競賽中的勝利者，從這些歌頌裡，在政治上往往分裂的希臘公民可以看到民族統一的客觀圖景。所以就從內心的掌握方式來看，合唱隊的詩歌也不缺乏史詩的客觀因素。例如品達在這方面就已達到完美的頂點，像我在上文已指出的，品達總是從外界提供的某種機緣出發，輕巧地轉到對倫理宗教各方面的帶有普遍意義的深刻思考，或是轉到英雄們及其功績，城邦之類的重大問題。他對造型藝術的鮮明的表現方式和主體方面想像的奔放，都同樣駕御得很好。所以關鍵不在以史詩方式寫自生自展的客觀事物，而在被內容對象所激發的激昂情緒，結果這種對象反而顯得是從心靈孕育出來的。

較晚的亞歷山大城時代[248]與其說是進一步的獨立發展，毋寧說是一種根據學識的摹仿，專致力於詞藻的典雅和正確，後來一些纖巧和滑稽的表現方式盛行，流於支離破碎；或是在一些俏皮的格言箴語裡，憑情感和幻想把原已存在於藝術和生活中的花卉集錦似地拼湊在一起，企圖憑巧智的頌揚或諷刺使那些花卉重新鮮豔起來。

2. 其次，到了羅馬時代，抒情詩這塊土壤已經過多次耕種過，不像原始時期那樣豐產了。它的繁榮時期主要限於奧古斯都大帝朝代，當時它是作爲精神方面的認識性活動和從文

---

245 米羅斯體抒情詩產生於米羅斯島。這是希臘最大的女詩人莎芙（Sapho）的故鄉。

246 阿爾卡埃烏斯（Alkäus），西元前六世紀希臘抒情詩人，和莎芙很接近，寫過詩歌頌她。

247 斯柯林派（Skolien），早期希臘寫宴飲歌的作者們，據說起源於音樂家特爾潘德（Terpander，西元前700—前650左右的詩人）。

248 亞歷山大城時期，指亞歷山大東征在埃及建立的亞歷山大城，中晚期希臘文化得到發展時期，約在西元前四世紀到西元後三世紀。這種文化中心並不在希臘而在埃及。

化修養出發的欣賞趣味而得到鑽研的，只是一些熟練的翻譯者和抄襲者的勾當，一種勤學苦練和特殊文藝趣味的產品，而不是新鮮情感和有獨創性的藝術構思的產品。但是同時也應承認，羅馬抒情詩儘管摹仿亞歷山大城時代的特別枯燥的樣本，賣弄學問和販運外來的神話，卻也獨立地表現出一般羅馬人的特性和個別詩人的個性和精神。如果我們把詩和藝術的最深湛的靈魂暫時丟開不談，羅馬人在頌體詩、諷刺詩、輓歌體詩這幾種體裁方面，也確實達到相當高的完美程度。這裡也可趁便提一下羅馬以後的諷刺詩。它們對當時社會的腐敗情況進行了辛辣的諷刺，抱著滿腔義憤勸人行善的教訓，很難歸到眞正的詩的行列。除掉這種滿腔義憤和抽象的勸世箴言以外，詩人們對他們所痛晰的現實並沒有提出什麼具體措施。

㈢浪漫型抒情詩

像史詩一樣，抒情詩也因爲一些新民族的出現而獲得一種較原始的內容意蘊和精神。這些新民族就是日爾曼民族、拉丁民族和斯拉夫民族。他們在異教時期，特別在皈依基督教以後，從中世紀到以後幾個世紀之中，代表著抒情詩的第三個主要傾向，在一般性質上是浪漫型的。這個傾向從此得到日益豐富的發展。

在這第三個範圍裡，抒情詩變得特別重要，以致它的原則起初影響到史詩，而在它的較晚的發展階段又更深刻地影響到戲劇（這種情況在羅馬時代就不可能）——甚至在一些民族中眞正的史詩因素，也完全用敘事的抒情詩方式來處理的，因而產生了一些作品，很難斷定它們應屬於哪一個詩種。抒情詩的掌握方式的這種越界的傾向有一個基本原因，那就是上述新興民族的全部生活方式，都是按照從主體出發這一原則發展出來的。這種主體原則勢必把有實體性的客觀因素當作本來就是主體自己的，是從主體本身中產生出來而且由主體賦予形式的。後來主體就日漸自覺到這種向自己心靈專注和深入的情況。這種主體原則在日爾曼民族中發揮著最純粹、最充分的作用，而斯拉夫民族則一開始就掙扎擺脫了東方人沉浸在實體性和普遍性中的狀態。處在日爾曼人和斯拉夫人中間階段的羅馬系民族[249]，在被羅馬帝國征服的各行省區，不僅有羅馬文化的殘餘擺在面前，而且還有各方面都很完備的現成的社會情況和關係。他們既然要適應這些已有的基礎，就必須放棄他們的一部分原始性格——關於內容，浪漫型抒情詩包括幾乎全部發展階段的民族的和個人的客觀生活情況，而這些情況在宗教和世俗生活方面經過許多世紀和許多民族的發展而日益豐富化，它們是作爲主體的情況和情境，反映在內心世界而表現出來的。關於形式，它所表現的有時是聚精會神於它本身的心靈（納入心靈的是民族和其他方面的事蹟，或是自然和外在環境，或是心靈活動本身），有時是由主體加以深化的關於心靈本身及其經過推廣的教養的感想，這些就是它的基本類型。關於形式的外在因素，先前那種造型藝術性較強的根據節奏的音律，正在讓位給音樂性較強的側重韻和音質的音律。這些新因素的運用有時是簡單素樸的，有時是經過熔鑄琢磨的，有

[249] 主要是拉丁民族。

時還用歌唱和樂器伴奏這兩種音樂陪伴。

最後關於這個廣大範圍的分類，我們基本上還是按照處理史詩時所採取的程式：

第一，新興民族還在原始異教時期的抒情詩；

第二，中世紀基督教時期抒情詩的豐富發展；

第三，古代藝術復興的研究，以及近代宗教原則對抒情詩的重要影響。

現在我不能就主要階段的特徵進行詳細的研究，只能突出地討論一位德國詩人作為這一部分的總結。這位詩人使得我們祖國的抒情詩在近代重新獲得一次巨大的飛躍，他的功勞到現在還沒得到足夠的評價。我指的是《救世主》的作者克洛普斯托克。他是開闢德國民族新藝術時代的偉大人物之一。他這個高大形象以英勇的熱情和深心的尊嚴感把詩藝從毫無意義的戈茨切德時代[250]的影響之下解放出來了（戈茨切德派以他們的僵化透頂的平庸風格，把德國民族精神中僅有的一點高尚尊嚴氣質都澈底冷卻了），他滿懷詩的使命尊嚴感，用精煉的儘管也是嚴峻的形式創造出一些詩篇來，其中大部分是將會成為經典的。他的少年時代的頌體詩有一部分歌頌高尚的友誼，對於他來說，這種崇高、堅貞而光榮的友誼，就是他的靈魂的自豪對象和精神的廟宇，另外一部分歌頌深摯的愛情，但正是在這一部分裡有些詩簡直可以看成散文，例如《塞爾瑪爾和塞爾瑪》寫兩個情人之間淒慘無聊的爭論，為著他們兩人究竟誰先死這樣無聊的問題，竟流了許多熱淚、遭受很大痛苦，懷著空洞的悵惘和傷感。但是他的作品中最突出的是各種形式的愛國情緒。作為一個新教徒，他對基督教的神話和聖徒傳記之類，感到既不能滿足他在藝術方面的嚴肅的道德感，也不能滿足他對健旺生活的要求，和他的反對單純哀傷的卑躬的眞正虔誠的崇高個性（天使們的傳說仿佛要除外，他從詩的觀點很尊敬天使們，儘管在他的有現實意義的詩篇裡，他們是抽象的沒有生命的）。但是作爲一個詩人，他卻感到迫切需要一種神話，所需要的當然是一種本鄉本土的神話，其中人物形象可以提供想像創造的現成的堅實基礎。希臘的神也不能充當德國的神，出於民族的自尊心，他就企圖復活關於奧丁和赫爾陀之類古老的神話[251]。但是這些神話過去雖是日爾曼民族的，而現在卻不是德意志民族的了，所以無法利用它們來發揮客觀現實的作用，正如從前雷根斯堡的國民議會[252]不能當作今天德國政治生活的理想一樣。所以克洛普斯托克儘管非常需要一種一般的民族神話，可是上述那些已經死亡的神們，卻是完全不眞實的空洞的東西。如果認爲憑理性和民族信仰就要認眞地相信一套神話，那就未免是幼稚的自欺。如果單從想像著眼，希臘神話中那些神的形象，比起奧丁和赫爾陀之類就有天淵之別，刻畫得遠較可愛、爽朗，顯出大丈夫的自由而且變化多方。但是在抒情詩裡所表現的是歌者自己，而作爲一個

---

[250] 戈茨切德（Gottsched, 1700-1766），德國守舊派詩人和哲學家，崇拜法國的新古典主義，不久就成爲萊辛和後來的浪漫派的攻擊對象。

[251] 奧丁和赫爾陀（Wodan und Hertha），前者是北歐神話中最高尊神，後者是北歐神話中掌和平與豐產的女神。

[252] 一八〇八年拿破崙在雷根斯堡打敗奧國時，曾在此地博物館召集一個御用的國民議會。

歌者，克洛普斯托克對祖國需要的關心和努力是值得我們尊敬的，他的努力是卓著成效的，導致後來開花結果的，在詩的領域裡，也把方向扭轉到學識淵博方面。最後，他的愛國情緒的眞純、優美和巨大影響，突出地表現於他對於德國語言和德國歷史人物（例如赫爾曼，特別是一些作過詩歌來替自己博得榮譽的德國皇帝）的光榮和價値的熱情。他一向對德國詩藝及其日益增長的魄力感到正當的自豪——德國詩藝很早就自意識到可以和希臘人、羅馬人和英國人的作品比美。他寄託希望於德國君主的傾向，也是出於現實考慮和愛國熱誠，他希望他們能提倡一般光榮感、藝術、科學、公眾事業以及偉大的精神旨趣。他一方面對德國君主表示過鄙視，說他們「一向坐在軟席上受臣僚馨香頂禮，現在已不那麼光榮了，將來還會更不光榮」；另一方面他想到腓列德里希二世[253]，也傷心地說他——

看不到德國的詩藝在飛躍上升，
它的茁壯的樹幹有著堅牢的根，
它的枝葉向四面廣布綠蔭。

他曾希望在德皇約瑟夫[254]的統治下看到精神和詩藝的新紀元，這個希望終於破滅了，他也感到痛苦。最後，他在老年時對法國革命深表同情，這不能不算是他的光榮。一個民族撕毀了一切鎖鏈，千載以來不正義的東西都被踐踏在腳底下了，政治生活第一次要建築在理性和正義的基礎上了，他歡呼這個新的光明：

我連在夢裡也沒見過的太陽睡醒了啊！
我祝福你，你照著我這老年人的頭髮，
照著我的生命力，我活了六十歲了，
願這副精力還會健旺，因爲正憑著它
我才活著看到今天啊！

他向法國人說：

寬容我吧，法蘭西人（這個名稱
就是光榮），我曾苦勸過德國人

---

253 腓列德里希二世（1712-1786），普魯士是在他的統治下強大起來的，頗愛好文學科學，吸收了當時歐洲一些有名望的人爲伏爾泰之流到他的「無憂宮」。

254 約瑟夫二世在一七六五—一七九〇年時期當德國皇帝，受啓蒙運動的影響，企圖採用一些改良措施，但沒有成功。

逃開我今天苦勸他們
應追隨，應摹仿的法國弟兄。

當他看到這美麗的自由曙光變成了血腥兇殘的蹂躪自由的大白天，他的痛苦也同樣激烈，但是他並沒有把痛苦表現於詩，卻表現於一種軟弱無力的散文語言，因為在這次希望破滅之後，他在現實中已找不到什麼更高的理想來醫治創傷，他的心靈也提不出什麼更高的理性要求了。[255]

憑他對民族、自由、友誼、愛情，和對新教的堅貞信仰這些方面的思想和心願，克洛普斯托克是偉大的，他的高尚的靈魂和詩藝，他的努力和成就都是值得敬仰的。儘管他在許多方面都還有他的時代的局限性，寫過許多專注意批評、語法和音律的枯燥的頌體詩，但是除掉席勒以外，在嚴肅勇敢的思想品質方面，從他以後德國還沒有再出現過像他那樣卓然獨立的高大形象。

和克洛普斯托克不同，席勒和歌德都不僅是他們時代的歌手，而是範圍更廣泛、意義更深刻的詩人，特別是歌德，他的歌體詩是我們近代德國所產生的最優秀、最深刻、影響最大的作品，因爲他的那些歌是完全屬於他自己和他的民族的，是在德國土生土長的，所以和我們德國民族精神的基調完全合拍。[256]

3. 戲劇體詩

序　論

戲劇無論在內容上還是在形式上都要形成最完美的整體，所以應該看作詩乃至一般藝術的最高層。在藝術所用的感性材料之中，語言才是唯一的適宜於展示精神的媒介，和木、石、顏色和聲音之類其他感性材料不同；而在各種語言的藝術之中，戲劇體詩又是史詩的客觀原則，和抒情詩的主體性原則這二者的統一，這就是說，戲劇把一種本身完整的動作情節表現爲實在的、直接擺在眼前的，而這種動作既起源於發出動作的人物性格的內心生活，其結果又取決於有關的各種目的，個別人物和衝突所代表的實體性。[257]這種把史詩因素和主體的內心生活，統一於現在目前的動作情節中的表現方式，卻不容許戲劇用史詩方式去描述地點環境之類外在細節，以及動作和事蹟的過程，因此爲著使整部藝術作品達到眞正的生動鮮

---

[255] 這段關於克洛普斯托克對法國資產階級革命的態度，實際上也就是黑格爾自己對這次革命的態度，所以他在這一點上對克洛普斯托克深表同情。

[256] 在處理浪漫型抒情詩的這一大段中，黑格爾並沒有按照他說要採取的程式，根本沒有談第一、第二兩階段，只拿克洛普斯托克作爲第三階段的代表，而大加頌揚了一番。黑格爾指出他的成功和失敗，其用意似在於對下一代德國詩人指點方向。

[257] 前者內心生活是抒情詩的對象，後者客觀存在的實體性的理想是史詩的基礎。

明，就要通過完整的舞台表演。最後，戲劇動作情節作爲實際內心和外在世界的整體，可以有兩種簡直相反的掌握方式，即悲劇的方式和喜劇的方式。這兩種掌握方式的基本原則在戲劇體詩的種差上又產生了第三種主要劇種，即正劇。

從這些一般觀點出發，我們可以按照下列程式進行研究：

第一，就戲劇的藝術作品與史詩和抒情詩兩種藝術作品的區別，來研究戲劇的一般性格和特殊性格；

第二，舞台表演以及它的必要因素；

第三，各種戲劇體詩的具體的歷史實際情況。

A. 戲劇作為詩的藝術作品

首先我們可以從戲劇作品中把純粹屬於詩的方面單提出來進行較確切的研究，不管它是否爲直接觀看而搬上舞台。主要的研究項目如下：

第一，戲劇體詩的一般原則；

第二，戲劇的藝術作品的特殊定性；

第，三這兩項對觀眾的關係。

(一)戲劇體詩的原則

戲劇的任務一般是描述如在眼前的人物的動作和情況來供表象的意識觀照，因此它就用劇中人物自己的話語來表達。但是戲劇的動作並不限於某一既定目的不經干擾就達到的簡單的實現，而是要涉及情境、情慾和人物性格的衝突，因而導致動作和反動作，而這些動作和反動作又必然導致鬥爭和分裂的調解。因此我們眼前看到的是一些個別具體化爲生動的人物性格，和富於衝突情境的抽象目的，這些目的在顯示自己和實現自己的過程中互相影響、互相制約——這一切都要在瞬息間陸續地外現出來。這裡還要加上人物在超意志和實現意志之中各自活動、互相衝突，但終於得到解決，歸於平靜的這一整套齒輪聯動機器的出自內因的終極結果，它也要展現在眼前。

對這種新內容的掌握方式，像我已經說過的，戲劇應該是史詩的原則和抒情詩的原則經過調解（互相轉化）的統一。[258]

1. 這裡首先可以確定的，就是戲劇體詩在什麼時代才可以成爲一個主要詩種而發揮作用。戲劇是一個已經開化的民族生活的產品。事實上它在本質上需假定正式史詩的原始時

---

[258] 在戲劇導論的這一節中，黑格爾把他的辯證法應用到戲劇理論裡。戲劇表現人物動作，而動作的生展必通過矛盾對立（衝突）。由於他的辯證法是唯心主義的，雖提出矛盾對事物發展的重要性，卻又強調矛盾必須通過和解或調和來解決。對立兩方面依他看各有片面性，都需否定掉，但是否定的方式不是由這一方面克服另一方面，而是兩方面的片面性都要否定掉，經過和解，各有所棄、各有所存，統一起來就達到發展的較高階段。

代，以及抒情詩的獨立的主體性都已過去了。戲劇之所以要把史詩和抒情詩結合成一體，正是因爲它不能滿足於史詩和抒情詩分裂成爲兩個領域。要達到這兩種詩的結合，人的目的、矛盾和命運，就必須已經達到自由的自覺性而且受過某種方式的文化教養，而這只有在一個民族的歷史發展的中期和晚期才有可能。所以一個民族的早期的偉大功業和事蹟，一般都是史詩性多於戲劇性的，它們大半是對外族的征討，例如特洛伊戰爭，中世紀民族大遷徙的浪潮，十字軍東征之類；或是民族對外敵的防禦戰，例如波斯戰爭。只有到了較晚時期，才出現比較獨立的單槍匹馬的個別英雄人物，由自己獨立地定出目的和實現這個目的。[259]

2. 其次，關於史詩原則和抒情詩原則的統一，我們可以提出以下一些看法。

史詩就已經把一個動作（情節）擺在我們眼前，但是把這動作當作一個民族精神的實體性的整體所採取的客觀的具體的行動和事蹟的形式，其中主體的意志和個別目的與環境的外在情況及其阻力保持著平衡。在抒情詩裡卻不然，是主體憑它的獨立的內心活動自己站出來表現自己。

(1) 戲劇如果要把史詩和抒情詩這兩方面因素都結合在它自己身上，它首先就要像史詩那樣，把一件事、行爲或動作擺在眼前供觀照，但是特別重要的是要把外在因素剔除開，用自覺的活動的主體來代替外在因素，作爲行動的原由和動力。事實上戲劇不能落到抒情詩只顧到內在因素而和外在因素對立起來的地位，而是要把一個內在因素及其外在的實現過程一起表現出來。因此，事件的起因就顯得不是外在環境，而是內心的意志和性格，而且事件也只有從它對立體的目的和情慾的關係上才見出它的戲劇的意義。但是個別人物（主體）也不能停留在獨立自足的狀態，他必須處在一種具體的環境裡，才能本著自己的性格和目的來決定自己的意志內容，而且由於他所抱的目的是個人的，就必然和旁人的目的發生對立和鬥爭。因此，動作總要導致糾紛和衝突，而糾紛和衝突又要導致一種違反主體的原來意願和意圖的結局。在這種結局中人物的目的、性格和衝突的眞正內在本質就揭示出來了。這種在憑自己獨立發出動作的個別人物身上發生作用的實體性因素，原是史詩原則中的一個方面，現在在戲劇體詩的原則裡也很活躍地起作用。[260]

(2) 所以不管個別人物在多大程度上憑他的內心因素成爲戲劇的中心，戲劇卻不能滿足於只描繪心情處在抒情詩的那種情境，把主體寫成只在以冷淡的同情對待既已完成的行動，或是寂然不動地欣賞、觀照和感受，戲劇必須揭示出情境及其情調取決於個別人物性格，這個別人物抉擇了某些具體目的作爲他的起意志的自我所要付諸實踐的內容。因此，在戲劇

---

259 這一節說明戲劇既是史詩和抒情詩的統一，它就只能產生於一個民族歷史發展的中期和晚期，其時人們對行動已有自覺性。

260 這一節說明戲劇體詩和史詩的區別和聯繫，區別在於個別人物的主體因素在史詩裡不起作用，而在戲劇裡則起重要的作用，聯繫在於史詩和戲劇都必須表現客觀的實體性的因素。實體性即事物的內在本質，用普通話來說，就是行動所依據的道理或理想。

裡，具體的心情總是發展成爲動機或推動力，通過意志達到動作、達到內心理想的實現，這樣，主體的心情就使自己成爲外在的，就把自己對象化了，因此就轉向史詩的現實方面。但是這種外在的顯現卻不只是出現在客觀世界裡的一個單純的事件，其中還包含著個別人物（主體）的意圖和目的。動作就是實現了的意志，而意志無論就它出自內心來看，還是就它的終極結果來看，都是自覺的。這就是說，凡是動作所產生的後果，是由主體本身的自覺意志造成的，而同時又對主體性格及其情況起反作用。全體現實對自決的個別人物（主體）的內心生活的這種持續不斷的關係（這種個別人物既是這種現實的基礎，反過來又把現實吸收進來），正是在戲劇體詩中起作用的抒情詩的原則。[261]

(3)只有這樣，動作才能成爲戲劇的動作，才能成爲內在的意圖和目的的實現。主體和這些意圖和目的所面對的現實融成一片，使它成爲他自己的一部分，要在其中實現自己、欣賞自己，而且以整個人格對凡是由自我轉化於客觀世界的一切負完全責任。戲劇中的人物摘取他自己行動的果實。

但是戲劇的旨趣既然只限於內在目的，而這內在目的的主體也就是發出動作的個別人物，那麼，就只有與這種自覺決定的目的有本質關係的外在材料，才能用在戲劇的藝術作品裡，所以戲劇首先比史詩較抽象（有選擇）。這可以從兩方面來看。第一，動作既然是由人物自己決定的，即從他的內心源泉流出的，它就無須有史詩所要有的那種要向四面八方伸展的廣闊的完整的世界觀作爲先決條件，它的動作卻集中在主體定下目的，和實現這目的時所處的比較確定的簡單環境裡。其次，戲劇中的個別人物的性格也不像史詩中的那樣，把全部民族特性的複合體都展現到我們眼前，而是只展現與實現具體目的的動作有關的那一部分主體性格，這個目的即劇中的主旨要超出個別人物所特有的廣度，個別人物顯得只是這個目的的活的器官和灌注生氣的承擔者。如果個別人物性格要向許多方面廣泛地展現出來，而這些方面與動作這個集中點毫無關係或是只有很疏遠的關係，那就會成爲贅疣。所以就發出動作的個別人物性格來看，戲劇體詩也比史詩較單純、較集中。這種差別在人物的數目多少和彼此之間的差異上也可以見出。像上文已說過的，戲劇的發展並不以一個民族的全部現實情況爲基礎，所以無須揭示這種情況中多方面的差異如社會地位、性別、年齡和職業等等，但是必須使觀眾的眼光集中到某一個具體目的及其實現上，與此不相干的客觀方面的節外生枝，不但惹人厭煩，而且有害。[262]

---

[261] 這一節說明戲劇與抒情詩的區別和聯繫：區別在於抒情詩只流露主體的內心生活，而戲劇則需使主體內心生活發展成爲意志和行動，行動又必有結果；聯繫在於戲劇所寫的全部現實畢竟與主體內心生活有著持續不斷的關係。最後一句括弧中的插句原文很晦澀，英法俄三種譯法又各不相同，這裡從俄譯。用簡單話來說，插句的意思只是「劇中人物和客觀世界互相影響」。

[262] 這一節說明就人物性格來看，戲劇比史詩較抽象、較集中。史詩人物需代表一個民族各個方面的性格特徵，而且他們的行動要涉及廣泛的世界情況。戲劇則從個別人物的目的與動作及其結果著眼，與此無直接關係的一概拋開。

其次，一個動作的目的和內容，只有在下述情況下才能成爲戲劇性的：由於這種目的是具體的、帶有特殊性的，而且個別人物還要在特殊具體情況中才能定下這個目的，所以這個目的就必在其他個別人物中引起一些和它對立的目的。每一個動作後面都有一種情致在推動它，這種推動的力量可以是精神的、倫理的和宗教的，例如正義，對祖國、父母、兄弟姊妹的愛之類。這些人類情感和活動的本質意蘊如果要成爲戲劇性的，它（本質意蘊）就必須分化成爲一些不同的對立的目的，這樣，某一個別人物的動作就會從其他發出動作的個別人物方面受到阻力，因而就要碰到糾紛和矛盾，矛盾的各方面就要互相鬥爭，各求實現自己的目的。眞正的內容，眞正普遍發生作用的動力所以是一些永恆的、自在自爲的（絕對的）倫理的力量，是生動的實在界中的一些神，總之，它就是神性和眞理——但不只是靜止的、像雕刻出來的那樣寂然不動、泰然自得地停留在福慧中的神，而是在社會中作爲人類個性的內容和目的，作爲具體存在物而號召行動的處在運動中的神。

不過神性的東西如果形成動作的客觀外在情況中最內在的客觀眞實（像上文所說的），我們就要提到第三點：決定上述糾紛和衝突的過程及其終局的，就不是那些互相衝突的個別人物，而是自成整體的神性本身；所以不管哪一種戲劇都要顯示出一種必然性在起活躍的作用，單憑它本身就足以解決每一種鬥爭和矛盾。[263]

3. 所以對創作主體（即詩人）所提出的首要的要求就是：他必須徹底洞察到人的目的、鬥爭及其終局，是以內在的普遍的力量爲根據的。他應該意識到在哪些矛盾和糾紛裡，按照事物的本質，會有某種動作出現。這可以從兩個方面來看，一是劇中人物主體方面的情慾和個性，二是一般人的計謀和決定的內容與外界具體情況和環境。同時他還應認識到究竟是哪些統治的力量對人所完成的事分配理所應得的一份。在人胸中動盪的推動人動作的那些情慾，究竟是正確的還是錯誤的，這對戲劇體詩人應該是一目瞭然的。這樣，普通眼光所視爲由黑暗、偶然和混亂統治著的東西，對於詩人卻顯示出絕對理性在實在界的自我實現。所以戲劇體詩人不應對人類心靈深處只有模糊的認識，而在思想方式和世界觀方面也不應片面固執任何排他性的心情和狹隘的偏私態度。他應該有最開朗、最廣闊的胸襟。事實上在神話史詩裡，性質有區別的，而因爲經過多方面的實際的個別具體化，在意義上就變得模糊不清的那些精神力量，在戲劇裡卻按照它們的單純的實體性的內容，作爲個別人物的情致而互相對立地出現著，而戲劇的任務，就是解決或消除這些在不同的個別人物身上各自獨立化的那些精神力量的片面性。這些片面的精神力量在悲劇裡以敵對的方式彼此對立，在喜劇裡則直

---

263 這一節是黑格爾戲劇理論的中心：戲劇必須有衝突（矛盾）才能發展。衝突的根源在於普遍永恆的理想（即所謂「實體性的東西」、「神性的東西」）分化成爲由不同的個別人物所抱的具體特殊目的，導致不同的具體特殊動作，因此導致矛盾對立和衝突，結果對立各方的片面性都以調和的方式被否定掉，因而顯出永恆正義的勝利。

接由它們自己互相抵消來取得解決。[264]

㈡戲劇的藝術作品

其次，關於戲劇作為具體的藝術作品，我要提出的要點約略如下：

第一，戲劇的整一性，在這方面戲劇與史詩和抒情詩的區別；

第二，戲劇各部分的結構和發展；

第三，戲劇的外在因素：語文、對話和音律。

1. 關於戲劇的整一性方面可以確定出來的最重要最普遍的原則，我們要聯繫到上文已提到的戲劇體詩要比史詩較緊湊這一事實來研究。史詩儘管也用某一個別事件作為達到整一性的關鍵，這一個別事件卻以廣泛的民族實際情況作為它向多方面伸延的廣闊基礎，所以它可以分散成為許多穿插的事件，各有客觀的獨立自在性。某些種類的抒情詩由於相反的原因，也可以現出與史詩類似的鬆散結構。但在戲劇體詩裡卻不然，一方面由於上文所說的那種史詩民族基礎已經消失，另一方面由於劇中人物不是以純然抒情的孤獨的個人身分表現自己，而是若干人在一起通過性格和目的的矛盾，彼此發生一定的關係，正是這種關係形成了他們的戲劇性存在的基礎，這就使全部作品必然比較緊湊。這種較緊湊的結構在性質上既是客觀的也是主體的：說它是客觀的，是就個別人物們在鬥爭中所要實現的那些目的的主要內容來看；說它是主體的，因為本身有實體性的內容意蘊在戲劇裡是作為一些個別人物的情慾而顯現的，所以成功或失敗、幸福或災禍、勝利或覆滅，按照他們的目的來看，都基本上是這些個別人物本身的事。

這方面定得較詳細的規則，就是以往文獻所提出的著名的關於地點、時間和動作的三種整一性。[265]

(1) 一個動作（情節）只能有一個不可更動的固定的地點，這是法國人從古代悲劇和亞里斯多德的言論中抽繹出來的嚴格規則之一。但是亞里斯多德只就悲劇說過（《詩學》第五章），悲劇的動作至多不能超過一天的時間，他並沒有涉及地點的整一性，就連古代詩人們也沒有按照法國人的嚴格意義去遵守這條規則，例如埃斯庫洛斯的《復仇的女神們》裡和索福克勒斯的《阿雅斯》裡，劇景場所都更換過。近代戲劇體詩要表現的一般是一系列的豐

---

264 這一節要求戲劇作者澈底認識到劇中人物在定下目的、採取行動，以致達到結局的過程都依據普遍的精神力量，以及不同人物各依普遍精神力量的某一片面所導致的矛盾衝突，戲劇的結局要消除堅持某一對立面的片面性。

265 三種整一性過去都譯爲「三一律」，德文Einheit只譯爲「一」不甚確切，因爲這個詞包括「單一」和「完整」兩個意義，所以改譯爲「整一性」。關於地點、時間和動作（情節）的三種整一性，西方戲劇理論家歷來爭論不休，可參看亞里斯多德、高乃伊和萊辛等人關於這個問題的論著。黑格爾的看法是比較辯證的。他只側重動作（情節）的整一（亞里斯多德也是如此），把它結合到戲劇的衝突來看，動作的整一性要求寫出衝突的產生、轉化和解決的全部發展過程。同時，黑格爾指出古典型的戲劇和近代浪漫型的戲劇在整一性問題上的差異及其原因。

富的衝突、人物性格、穿插的次要人物和派生的事件，總之，是一種由於內在的豐滿性而需要擴展外在環境（場所）的動作，所以尤其不能屈從抽象的地點整一性的約束。按照浪漫型的創作方法來說，近代詩一般在外在情境方面比較豐富多彩，也比較任意，所以就讓自己從這個規則中解放出來了。但是如果動作眞是集中到很少幾個巨大動因上，因而在外在環境上也就可以很簡單，不需要更換許多表演地點，在這種情況下，不更換地點就是對的。這就是說，不管純然刻板式的地點規定多麼錯誤，其中畢竟至少還有一個正確的看法：沒有理由而經常反覆更換地點，就必然不恰當。因爲一方面戲劇動作的集中，也應該在外在因素方面表現出來，戲劇與史詩相反，在史詩裡地點應該有較大的隨宜處理和較多的更換；另一方面戲劇不像史詩那樣只訴諸內心的想像，而是要使觀眾親眼直接看到。在想像裡搬動地點比較容易，在實際看戲中我們卻不應過分給想像力製造麻煩，要求它接受與親眼見證相衝突的東西。例如莎士比亞在他的悲劇和喜劇的作品裡都經常換景，在舞台上立一塊牌子標明某一場是在某個地點，這只是一種很笨拙的辦法，而且經常是一種干擾。因此，地點的整一性至少在易於理解和方便合式這兩點上是值得推薦的，它可以避免一切不清楚的地方。但是想像力在很多的地方，當然也有權不受純憑經驗的看法和描寫要逼眞這一原則的約束。在地點問題上最妥當的辦法是採取中庸之道，既不歪曲現實，也不拘泥於現實。

(2) 這種中庸之道也適用於時間的整一性。在觀念裡固然不難把一些長段落的時間擺在一起來想，而在肉眼觀看中，卻不能把幾年的時間那樣飛快地閱歷遍。所以動作如果在它的全部內容和衝突上都很簡單，它從鬥爭到結局所占的時間也最好要緊湊些。但是動作如果需要許多不同的人物參加，而這些人物的發展階段又需要許多在時間上先後隔開的情境，那就絕對不可能遵守一種形式上的時間整一性，規定出一種刻板式的期限。如果一部劇本因此破壞了時間整一性就被排斥出戲劇的領域，那就無異於把感性的實際情況的散文觀點提升爲對詩的眞實進行最後裁判的標準了。有人說，戲劇的觀眾一場只能看上幾個小時，戲的情節也就只能發生在幾個小時以內，才能使觀眾一口氣就看遍，這是一種單憑經驗的似是而非的看法，是最不足爲憑的。事實上凡是費最大氣力去按照時間的整一性寫劇本的詩人往往在其他方面陷入最壞的不近情理的毛病。

(3)眞正不可違反的規則卻是動作的整一性。不過這種整一性指的究竟是什麼，可以引起很多的爭論。所以應詳細說明它的意義。一般說來，每一個動作都必有一個它所要實現的具體的目的，因爲只有在動作中，一個人才積極地投入具體的現實界，而在這現實界中連最普遍的東西也馬上就要經過凝聚和界定，轉化爲特殊的現象。所以動作的整一性的關鍵就在動作目的的實現，這個目的本身是確定的（具體的），是在特殊的環境和情況之中具體地達到終點目標的。但是我們已經說過，戲劇動作的情境使個別人物的目的要從其他個別人物方面受到阻力，有一個同樣要求實現的對立的目的在擋住它達到實現的路，於是這種對立就要產生互相衝突和糾紛。因此，戲劇的動作在本質上需是引起衝突的，而眞正的動作整一性，只能以完整的運動過程爲基礎，在這個運動過程中，按照具體的情境、人物性格和目的的特性，這種衝突既要以符合人物性格和目的的方式產生出來，又要使它的矛盾得到解決。這種解決必然也像動作本身一樣既是主體的，又是客觀的。這就是說，一方面互相對立的目的之間的鬥爭得到了平衡，另一方面個別人物們把他們的整個意志和生存，或多或少地放在他們所要完成的事業裡，使得這事業的成功或失敗，全部或部分的實現，所導致的必然的毀滅或和顯然對立的目的達成和平協調，也就是決定當事人應得的一分，266 因爲他原已把自己和他被迫要做的事業緊密聯繫在一起了。因此，戲劇的眞正結局，只有在劇中人物和全劇的關鍵即動作的目的和旨趣完全等同起來，緊密結合在一起的情況下才有達到的可能。

動作的整一性應該謹嚴還是鬆散，要看發出動作的各種人物之間的差異和矛盾是簡單還是複雜（即包含許多穿插的動作和次要的人物）來決定。例如喜劇有多方面的錯綜複雜的情節，就無須像悲劇那樣緊湊，悲劇的情節發展大半是比較單純的。不過浪漫型的悲劇要比古典型的悲劇情況較爲複雜，在整一性上也較爲鬆散。但是就連在浪漫型的悲劇裡穿插的事件和次要的人物彼此之間的聯繫，也應該是一目瞭然的，和戲劇的結局也應該在題旨制約之下緊密配合而形成圓滿的整體。例如莎士比亞的《羅密歐與朱麗葉》中的動作背景，固然是兩個家族的不和，而這種不和卻是處在兩個戀愛的男女及其目的的和結局之外的，並不是動作所圍繞的中心，莎士比亞在全劇收場時對兩家不和的結局卻仍與以應有的儘管是輕淡的注意。同理，在《哈姆雷特》裡，丹麥王國的結局也只是一種次要的題旨，但是通過福丁布拉斯的上場，它還是得到照顧而達到圓滿的結局。

在某些解決衝突的收場裡，當然也有可能產生新的題旨和衝突，但是劇情所圍繞的那個衝突卻必須在已完成的作品裡得到解決。索福克勒斯根據忒拜神話體系所寫的悲劇三部曲就屬於這種情況。頭一部內容是伊底帕斯發現自己在路上所殺害的人就是他自己的父親，第二部是寫他平靜地在復仇女神的林園裡死去，第三部是寫安蒂岡妮的遭遇，這三部曲中每一部都不依存於另外兩部而獨立地自成一個完整體。㉖⑦

2. 第二，關於戲劇的藝術作品的具體的展現方式，我們要提出的是戲劇體詩與正式史詩和抒情詩歌在廣度、進展過程和場與景的劃分這三點上的主要差別。

(1) 我們已經說過，戲劇不宜擴展到史詩所必有的那樣廣度。上文已提出兩點基本差別：一種是戲劇不像史詩那樣描述整個世界情況，另一種是戲劇只突出它的基本內容所產生的單純的衝突，此外還要加上另一個基本差別：這就是一方面史詩作者爲著便於讀者觀照所必須以緩慢步伐詳細描述的情節，在戲劇表演裡卻大半要省略去，另一方面戲劇的主要因素不是實際行動而是內心情慾的展現。內心生活和廣闊的實際現象不同，它凝聚於一些單純的情感、判斷和決定之類，在另一點上戲劇也和史詩不同，它不把許多事件互相外在地並列起

㉖⑥ 應得的一份原文爲Los，這個詞也有「命運」的意思，黑格爾向來反對宿命論，所以從這個詞的本義譯爲「應得的一份」，全句的意思是劇中人物對於最後的結果是「自作自受」的。

㉖⑦ 索福克勒斯的三部曲參看第一卷第三章注㉟；第三章注⑬⑤；第三章注⑫⓪。

來，也不把它們看作過去的事，它運用了抒情詩的原則，以集中的方式描寫情感和思想在現在時的生展，而且由劇中人物親口說出來。此外，戲劇體詩也不滿足於只揭示一個情境，它要展現出心情和精神的荒謬背理的因素，也在作爲各種人物的各種情況和目的的整體中的一部分而起作用，這些人物在他們的行動中同時把內心活動表現出來，所以比起抒情詩來，戲劇又以大得多的廣度，使不同時因素同時並現而結合成爲圓滿的整體。一般說來，這三種詩之間的關係是戲劇處在史詩的廣泛伸展和抒情詩的集中緊湊之間。[268]

(2) 其次，這種外在的寬窄比例還有一層較深的意義，那就是戲劇和史詩在進展的方式上是對立的。上文已經說過，史詩著重客觀世界的原則，一般要求以較慢的速度進行描述，而且還要由於實際阻力而進行更慢。乍看起來，戲劇體詩在描述過程中要使某一個人物性格及其目的與其他人物性格及其目的互相對立，好像在原則上也需遇到這種停頓和阻礙；但事實卻正與此相反，眞正戲劇性的進展是奔向最後結局的不斷前進。簡單的理由就在衝突形成了突飛猛進的轉捩點。所以一方面一切進展都奔赴衝突的爆發，另一方面互相對立的心情，目的和活動的決裂和矛盾也急需達到一種和解，急需達到最後結局。但是這並非說，戲劇的美就在於進展步伐飛快，與此相反，戲劇體詩應該讓自己不慌不忙地把一個情境及其所包含的一切動機都仔細描述出來，但是不能幫助動作情節進展，反而阻擋進展的穿插場面卻是違反戲劇性的。[269]

(3) 最後，戲劇作品發展過程的劃分，要很自然地依據戲劇運動這個概念本身所劃分出的主要階段。關於這一點，亞里斯多德在《詩學》第七章裡早就說過：「一個整體要有頭，有中部，有尾。頭就是本身必然的，不依存於其他部分，而其他部分卻都要從頭產生出來，要依存於頭；尾與頭對立，它依存於其他部分而成爲必然的，而它本身卻不需再繼續下去。至於中部則是既從其他部分產生出來而又產生其他部分的。」但是在經驗性的實際情況中，每一個動作都有許多先行條件，所以很難斷定眞正的開頭究竟從哪一點起。不過就戲劇動作在本質上要涉及一個具體的衝突來說，合式的起點就應該在導致衝突的那一個情境裡，這個衝突儘管還沒有爆發，但是在進一步發展中卻必然要暴露出來。結尾則要等到衝突糾紛都已解決才能達到。落在頭尾之間的中部的則是不同的目的和互相衝突的人物之間的鬥爭。在戲劇裡上述三個不同的部分就是動作情節本身的三個階段，整個大動作情節中的小動作情節，所以用Akte來稱呼它們很合適。[270]現在人們有時又把它們叫做Pausen（停頓），有一位國王看戲要不斷地一氣看下去，一遇到「停頓」就責備他的劇團總管。

關於幕的數目，每部戲劇分三幕最合式，第一幕揭示衝突的苗頭，第二幕生動地展現互相差異的旨趣的互相衝突鬥爭和糾紛，最後第三幕到矛盾的頂點就必然達到解決。古代戲劇

---

[268] 這一節說明戲劇在廣度上比史詩較窄，比抒情詩又較寬。

[269] 這一節說明在動作情節的進展速度上，史詩較慢而戲劇較快。

[270] 西文Akte有兩個意義，一個是「動作」，另一個就是整部戲劇所分成的「幕」。

體詩人一般都採取這樣自然的劃分。埃斯庫洛斯的三部曲可以用來作爲一種類比，其中每一部曲各自形成一個完滿的整體。在近代戲劇體詩中，西班牙人主要分三幕，英、法、德三國人卻大半分五幕，其中第一幕照例用來說明劇情，中間三幕詳細揭示各種衝擊和反衝擊以及對立各方的糾紛和鬥爭，最後第五幕則達到衝突的完全解決。[271]

3. 最後，我們還要討論戲劇體詩所要運用的外在手段（媒介），這只就劇本本身來說，還不談實際上演。這些外在手段只有三種，第一是一般對戲劇合式的特種語言，其次是獨白和對話之類的區分，第三是音律。上文已屢次說過，戲劇的主要因素不是實際動作情節，而是揭示引起這種動作的內在精神，這不僅涉及發出動作的人物及其情慾、情致和決定的互相影響和調解，也要涉及動作在鬥爭中和結局中所帶有的普遍意義的性質。這種內在精神，就它在詩裡作爲詩而表現出來的來說，最好用詩的語言來表達，因爲詩的語言是表達情感和思想的最富於精神性的工具。

(1) 戲劇體詩既然是史詩與抒情詩的綜合，戲劇的語言也就要同時運用這兩種詩的語言因素，特別在近代戲劇裡宜於用抒情詩的語言因素，尤其是因爲主體性格沉浸於返躬內省，在作出決定和發出動作中對自己的內心生活始終是自覺的。不過內心生活的吐露如果是戲劇性的，就不只是捉摸飄忽不定的情感、回憶和感想，而是始終要保持內心生活與動作的聯繫。

與這種主體情致相對立的還有作爲史詩因素的客觀存在的情致[272]，特別是針對聽衆的那種展現各種關係、目的和人物性格中的實體性因素。但是這一方面大半也可以採取抒情詩的語調，只要不脫離動作而獨立出現，它還是戲劇性的。此外，戲劇還可以保留史詩的第二種遺蹟，例如敘事中夾報告，戰爭屠殺只憑口頭描述而不如實地展現在目前之類，不過這類穿插在戲劇裡既要緊湊生動，又要顯出對動作情節進展本身的必要性。

最後，眞正的戲劇性在於由劇中人物自己說出在各種旨趣的鬥爭，以及人物性格和情慾的分裂之中的心事話。正是在這種話中抒情詩和史詩的兩種不同的因素可以滲透到戲劇裡而達到眞正的和解。有些本來在情節之外發生的事件也可以參進來，也用相應的語言來表達，例如人物入場和出場的預報、人物的外貌和儀表往往由旁人點出之類。

在上述這些方面都有一個主要的差別，即所謂自然主義的表現方式與遵循陳規的戲劇語言及其修辭伎倆的對立。在近代，狄德羅、萊辛以及少年時期的歌德和席勒都特別主張眞實自然，萊辛憑他的淵博的文化修養和精微的觀察，席勒和歌德則憑他們對粗魯而堅強的自然生動的作風的偏愛。他們都指責人和人的交談，竟像在希臘悲劇和喜劇以及法國戲劇裡那樣不自然（對法國戲劇的指責倒是正確的）。但是從另一方面看，這種眞實自然如果走到依樣

271 這一節論戲劇進程段落的劃分，黑格爾引用了亞里斯多德的劇情分頭尾中三段的論斷，而把自己的戲劇衝突論穿插進去。他認爲戲劇最好分爲三段：衝突的起源，衝突的爆發，衝突的解決。

272 客觀存在的情致指普遍理想，即個別主體情致的依據。這是客觀唯心主義哲學才有的東西。

畫葫蘆的極端，也很容易流於枯燥的散文氣息，因爲這樣就不能使人物把他們的心情和動作中的實體性的意蘊展現出來，而所表現的只是人物個性中直率粗魯的方面，對自己和自己的情況沒有較高的意識，所以不能有較高的表現方式。劇中人物愈是停留在自然狀態裡，他們也就愈乾燥無味。因爲人在自然狀態在談話和爭論中的儀表主要是出自一些分散孤立的人身，如果按照這種人的直率的特殊的樣子來描繪他們，他們就顯不出什麼實體性的形象了。按照事物的本質來說，這裡所討論的問題涉及粗陋和拘謹的分別。這就是說，如果粗陋出自分散孤立的人，這些人聽任一種無文化教養的思想感情的直接驅遣來表達自己；拘謹則與此相反，拘謹的人對待有關對人格的承認和尊敬以及愛情、榮譽之類事項，只憑抽象的一般性和形式主義，而不管它們是否表現出某種客觀內容。在這種專重一般性的形式主義與上述無教養的分散孤立的人們的自然表現這二者之間，還有一種既不專重形式又有個性的眞正的一般性，這種眞正的一般性綜合了人物性格的具體性與思想和目的的客觀性，[273]所以眞正的詩要把直接現實中具有特徵和個性的東西，提高到起淨化作用的普遍性領域中去，而且特殊與一般這兩方面互相和解（達到統一）。對於詩的語言，我們也覺得它既不能脫離現實生活及其眞實的特徵，又要提高到另一領域，即藝術的理想領域。希臘戲劇，歌德的晚年作品以及席勒的部分作品所用的語言，就符合這個標準。莎士比亞的語言也以他所特有的方式做到了這一點，儘管莎士比亞遵照當時英國舞台的實際情況，在語言方面往往不得不聽任演員的自由創造力。[274]

(2) 其次，戲劇的表現方式還細分爲合唱、獨白、對話三種。合唱和對話的區分特別是在古代戲劇中形成的，近代戲劇已放棄了這個區分，在古代戲劇中由合唱隊表達的東西在近代戲劇中已由劇中人物自己來說出了。合唱隊和劇中人物及其內心的和外在的鬥爭不同，它所表達的是一般性的感想和情感，時而具有史詩所表現的實體性因素，時而具有抒情詩的奔放激昂的情緒。在獨白裡劇中人物在動作情節的特殊情況之下，把自己的內心活動對自己表白出來。所以獨白特別在下述情況中獲得眞正的戲劇地位：人物在內心裡回顧前此已發生的那些事情，返躬內省，衡量自己和其他人物的差異和衝突或是自己的內心鬥爭，或是深思熟慮地決策，或是立即作出決定，採取下一個步驟。

但是全面適用的戲劇形式是對話，只有通過對話，劇中人物才能互相傳達自己的性格和目的，既談到各自的特殊狀況，也談到各自的情致所依據的實體性因素。這種針鋒相對的鬥爭促使實際動作向前發展。在對話的表現中可以區分出主觀情致和客觀情致。主觀情致較多地屬於偶然性的特殊情慾，有些是隱而未發的，很簡略地暗示出來的，有些是盡情傾吐出來的。要用動人的場面來激發情感的詩人特別愛利用這種主觀情致。但是不管詩人多麼費力儘

---

273 「客觀性」指具有客觀存在的實體性因素或民族的宗教倫理或政治的理想。

274 這一節說明戲劇的語言應是詩的語言，既要有現實生活的基礎，又要提高到藝術的普遍性和理想性。自然主義和形式主義的兩極端都是黑格爾所反對的。

量描繪私人的痛苦和粗野的情慾或是未經調解的內心鬥爭，他的眞正打動人類情感的力量，卻遠不如通過同時揭示出客觀內容意蘊的那種客觀情致。舉例來說，歌德的早年作品儘管內容很深刻，場面對話很自然，但是就大體來說，給人的印象卻很淺。同理，如果爆發出來的是未經調解的激烈的內心衝突和毫無節制的狂怒，也很難打動一個感覺健全的人，特別是恐怖情景的效果不是使人感到溫暖，而是使人灰心喪氣。詩人儘管把情慾寫得淋漓盡致，也是枉然，他只能使人肝膽俱碎，只好掉頭不顧，因爲他的描繪缺乏藝術所不能缺乏的實在的積極的東西，即矛盾的和解。古代詩人卻不然，他們在悲劇作品裡主要通過客觀情致來產生影響。根據古人的要求，這種客觀情致也不能不顧人物的個性。席勒的戲劇作品也表現出這種偉大心靈的情致，讓這種情致滲透到詩的整體，成爲動作情節的基礎而表現出來。特別由於這個緣故，席勒的悲劇作品在舞台上演獲得了持久的效果，就連在今天也還沒有衰退。凡是能產生普遍的、深刻的持久效果的作品，都要專靠動作情節中的實體性因素——作爲明確內容的是倫理的力量，作爲形式的是心靈和性格的偉大，在這方面出類拔萃的還是莎士比亞。[275]

(3)最後，關於音律，我只約略提幾點看法。戲劇所用的音律最好是處在平靜的有規則的流暢的六音步格和抒情詩所用的比較斷斷續續的崎嶇突兀的，以音節爲基礎的格律這二者之間[276]。在這方面最好的是抑揚格。因爲抑揚格是前進運動的節奏，要把步伐放慢時就參用抑抑揚格，要顯得沉重時就參用揚揚格，所以它是動作進展過程的最適合的陪伴，而且六音步格特別能使高尚的有節制的情緒表現於較莊嚴的音調。在近代西班牙詩人中常用的是四音步的平靜緩慢的揚抑格，時而結合錯綜複雜的字首韻和腳韻，時而不押韻，最適宜於表達豐富茂盛的想像以及微妙的辯論分析，這些場合都傾向於放慢而不是加速動作情節的進展。此外，他們還參用十四行體和八行體，這很宜於表達雋妙的抒情韻味。法國人所用的亞歷山大格[277]也很適宜於在形式拘謹的應酬場合用演說式的修辭，來表達時而是有節制的時而是激昂的情緒。法國戲劇作者就致力於用巧妙的方式來發展這種拘守陳規的表達方式。現實主義的英國人卻不同，還固守他們的抑揚格。在這一點上我們德國人也在仿效英國人。關於抑揚格，亞里斯多德早就說過（《詩學》第五章），它是最適合於談話（口語）的格律，但是英國人沒有沿用希臘人的三音步格，他們比較自由地處理抑揚格，使它的調子不那麼哀傷。

㈢ 戲劇的藝術作品對聽衆的關係

詩的語言和音律的好壞對於史詩和抒情詩固然也重要，對於戲劇體詩則起著決定性作用。因爲戲劇所涉及的是情思、性格和動作，這些都要以生動的實際情況出現在我們眼前。例如西班牙詩人卡爾德隆有一部喜劇充滿著辭藻意象的遊戲，時而玩弄巧智，時而虛浮誇

---

[275] 這一節說明合唱、獨白和對話在戲劇中的作用，特別指出主觀情致和客觀情致的分別，專靠私人痛苦和粗野情欲這種主觀情致因素來激發情感，其效果遠不如具有實體性的客觀情致的效果那樣普遍，深刻而持久。

[276] 參看本卷「詩的音律」部分。

[277] 亞歷山大格（Alexandriner），每行十二音的抑揚格。

張，在音律上用的是變化多端的繁複的抒情詩的格律，單憑這種表現方式就很難引起聽眾的普遍的同情共鳴。由於戲劇所描繪的是可以感官接受的近在目前的情景，它在內容和形式的其他方面都和聽眾有遠較直接的關係。現在也約略地談一下這種關係。

科學著作與史詩和抒情詩都同樣要有一種本行的聽眾，否則著作或詩是爲誰寫的問題就無關重要，聽諸偶然。一個讀者如果對一本書不喜歡，他就可以把它扔到旁邊去，正如一幅畫或一座雕像如果不合他的口味，他也就掉頭不顧一樣。在這種情況下，作者可以自寬自解地說，他的書本來就不是爲這種人或那種人寫的；對戲劇的聽眾卻不能這麼說。寫劇本所針對的聽眾卻在場看它上演，作者對他們就有一種義務。聽眾既有權鼓掌，也有權喝倒彩；因爲他們是一個坐在目前的集體，劇本就是爲他們上演的，規定在這個地點和這個時間，來享受一番生動的場面。他們是作爲一個集體聚會在此，爲著進行裁判的，而這個集體的成員又是非常複雜的，在文化教養、興趣、習慣的文藝趣味、嗜好等等方面都各不相同。所以如果要面面討好，往往就要有一種惡劣作風和不顧羞恥的本領來對待眞正藝術的純潔要求。對於戲劇詩人就只剩下一條出路：不顧聽眾。可是這樣就永遠達不到戲劇所應達到的目的，就不能以戲劇這個特殊方式對聽眾產生一種特殊的效果。特別是在我們德國人中間，從蒂克[278]的時代以來，這種對聽眾的鄙視已成爲風尚。德國作家們要按照各自的特殊個性來表現自己，而不是要拿他的貨色去討好聽眾和觀眾。按照德國人的頑強性格，每個作者都想與眾不同，來顯出自己的獨創性，例如蒂克和施來格爾兄弟就是如此。他們都抱著一種滑稽玩世的態度，故意不去掌握他們的民族和時代的精神和心情。他們還特別提到席勒，說席勒爲著討好群眾，才彈出眞正德國人的調子。我們的鄰家法國人卻與此相反，他們是爲目前效果而寫作，眼睛經常盯住聽眾，而聽眾也是一些毫不留情的尖銳的批評家，因爲在法國已經奠定了一種明確的藝術鑑賞的趣味，而在我們德國占上風的卻是無政府主義，每個人都像想行就行、想站就站一樣，按照他的偶然的、個人的見解、情緒或癖性去讚賞或是詆毀。

但是起決定作用畢竟是戲劇作品本身所特有的性質，它本身要有生氣，才能博得它的民族的贊許。所以戲劇作者首先要服從能保證他以藝術方式獲得必要的贊許的一些要求，不管其他偶然的傾向和時代情況究竟如何。在這方面我只能提出一些一般性的看法。

1. 第一，在戲劇動作情節中由互相衝突鬥爭而達到解決的那些目的，一定要是對人類具有普遍意義的旨趣，或是要有在本民族中廣泛流行的一種有實體性的情致做基礎。但是在衝突的實體性這一點上，普遍人類和某一特殊民族的看法可能彼此相差很遠。所以處在某一民族戲劇發展頂峰的某些作品，對於其他時代和其他民族卻是不可欣賞的。舉例來說，我們西方人今天對許多印度抒情詩還感到優美可愛，覺得它們和我們的抒情詩並沒有多大差別，

278 蒂克，參看第一卷九三—九四，他也寫過一些劇本。

但是印度劇本《莎恭達娜》的動作情節的衝突卻不是這樣[279]。婆羅門教徒因爲莎恭達娜沒有看見他們而不向他們敬禮，就憤怒起來，向她發出惡咒。這在我們看來就簡直是荒謬，因此這部奇妙的詩儘管有許多優點，我們對它的動作情節的本質性的中心出發點畢竟不能感到興趣。西班牙劇作家們用私人榮譽爲主題的那種尖銳的因果銜接方式與此也類似，那種陰森恐怖的場面使我們在思想感情深處受到傷害。我回想起一個事例，過去曾有人企圖在德國上演一部德國人素不熟習的卡爾德隆的劇本《祕密的侮辱，祕密的報復》，正是爲上述原因而遭到澈底失敗。屬於同類性質但描述了人類深刻衝突的另一部悲劇《醫生治療他自己的榮譽》，經過改編，換了名稱叫《堅貞的王子》，觀眾還是不能欣賞，攔路虎就是它所依據的那種僵化的抽象的天主教的教義。代表與此相反方向的是莎士比亞的悲劇和喜劇，這些作品的聽眾日益增廣，因爲它們儘管具有民族的特點，其中占很大優勢的卻是普遍人類的旨趣。凡是在莎士比亞不受歡迎的地方，那裡民族藝術的清規戒律總是既狹隘而又特殊，所以人們對莎士比亞的作品不是乾脆排斥，就是橫加摧殘。關於古代戲劇，如果除掉舞台上演方面古代一些習慣方式已經改變和某些民族的觀照方式和現在的不同以外，我們不去向古人去要求近代的主體內心生活的深度和描寫性格特徵的廣度，那麼，莎士比亞的那些優點在古代悲劇中也就會可以看到，在題材方面古代戲劇在任何時代都不會喪失它們的效果。一般說來，一部戲劇作品如果所寫的愈不是具有實體性的人類旨趣，而只是由某一民族的時代風尚所決定的非常特殊的人物性格和情慾，那麼，不管它有多少其他優點，它也就愈易消逝。[280]

2. 其次，上述普遍人類的目的和動作，必須以詩的方式加以個別具體化爲有生命的實際存在。戲劇作品不僅要表現觀眾也應該有的那種生命意識，而且還要使作品本身成爲由情境、情況、人物性格和動作情節形成的一種有生命的實際存在。

(1) 關於擺在目前的動作情節所涉及的地點環境、風俗、習慣以及其他外在因素，我在上文[281]已經詳細談過，戲劇的個別具體化不外採取兩種方式：或是完全用詩的方式寫得生動有趣，使我們把凡是題外的東西都掠過不看，讓這種有生命的東西完全吸引住我們的興趣；或是讓上述那些外在因素只以外在形式發生作用，但是終於要讓其中所含的精神性的普遍的因素占壓倒優勢。

(2) 比這些外在因素更重要的是人物性格的生動具體。人物性格不應該只是一些抽象旨趣的人格化，像我們現代劇作家所慣用的那樣，這種確定的情慾和目的的抽象化簡直不會產

---

279 《莎恭達娜》（*Sakountala*），印度最著名的劇本，作者是卡立達莎（Kalidasa），西元前一世紀人物。劇中女主角是一個王后，因爲無意中觸犯了婆羅門教徒，受到宗教的詛咒，就被國王遺棄，逃到深山野林，教養兒子。後來她找到了一度遺失掉的國王和她定情的禮物（一個環子），終於和國王言歸於好。全劇抒情色彩很濃。

280 這一節強調戲劇應該面向群眾，斥責德國劇作家鄙視群眾，滑稽玩世，只圖表現自我的惡習。面向群眾，特別要在題材方面選擇人類普遍關心的有實體性的內容。在這裡黑格爾又一度用普遍人性論來解釋古典作品的廣泛吸引力。

281 第一卷第三章二㈢3理想的藝術作品的外在方面對聽眾的關係，即理想的藝術作品的外在方面對聽眾的關係。

生效果。但是表面的個別具體化也不濟事，因爲那就會成爲寓言式的人物形象，其中內容與形式是互相脫節的。深刻的思想情感和堂皇雄偉的意圖和語言也並不能彌補這個缺點。戲劇人物必須顯得渾身有生氣，必須是心情和性格與動作和目的都互相協調的定型的整體。這裡的關鍵並不在於特殊性格特徵的廣度，而在把一切都融貫成爲一個整體的那種深入滲透到一切的個性，實際上這個整體就是個性本身，而這種個性就是所言所行的同一泉源，從這個泉源派生出每一句話，乃至思想、行爲舉止的每一個特徵。把許多不同的特徵和活動串在一起，儘管也形成一種排列成的整體，卻不能顯出一個有生氣的人物性格。有生氣的人物性格只能憑詩人的有生氣的想像力才能塑造出來，例如索福克勒斯的悲劇人物就是如此，儘管他們還比不上荷馬史詩中的人物那樣描繪出豐富的個別具體的特徵。在近代最擅長塑造有生氣的人物性格的要推莎士比亞和歌德。至於法國劇作家們特別在他們的早期作品中卻滿足於對某種類型的人物和某些情慾加以抽象化和公式化，沒有寫出眞正有生氣有個性的人物。

(3) 第三，單是描繪出有生氣的人物性格也不能就算完事。例如歌德的《在陶里斯的伊菲革涅亞》和《塔索》在人物性格這方面也寫得很出色，但是在最嚴格的意義上卻沒有達到戲劇人物所應有的那種生動性。席勒曾批評《在陶里斯的伊菲革涅亞》，說在這部作品裡，倫理的因素，從內心生出來的東西即心理活動，變成了（代替了）動作，栩栩如在目前，而實際上對在具體情境下的個別人物的內心世界的描繪和表達，還不算盡了戲劇的能事，戲劇應該突出不同的目的衝突自己掙扎著向前發展。因此，席勒認爲《在陶里斯的伊菲革涅亞》

的發展過程太平靜、停頓太多，以致明顯地越界到史詩的領域去了。這不符合悲劇的謹嚴概念。以戲劇方式起作用的是動作情節本身，而不是展現脫離目的及其實現的單純的人物性格。在史詩裡人物性格的廣度和多方面性以及環境、偶然事故和遭遇都可以儘量描繪出來，而戲劇卻應儘量集中在具體衝突和鬥爭上。在這一點上亞里斯多德說得很對（《詩學》第六章），「在悲劇裡，動作有兩個來源，思想狀態和性格，但是最重要的還是目的，人物發出動作，並不是要表現自己的性格，而是爲著動作的緣故，才把性格帶進來。」[282]

3. 這裡還要注意到最後一個因素，就是戲劇詩人對聽眾的關系。史詩在它的眞正原始狀態中，要求詩人在他的客觀描述中不露出作爲創作主體的自己，只向我們敘述事蹟演變的經過；抒情詩的歌者卻不然，他們所表現的正是他自己的心情和自己作爲主體的世界觀。

(1) 戲劇既然把動作情節按照如在目前的感性形狀展現在我們面前，劇中人物都各以自己的身分說話和行事，那麼，詩人在戲劇裡似乎比在史詩裡更應該藏在台後了，史詩作者至

---

[282] 這一段三小節說明戲劇的主題實體性應以詩的方式具體化爲外在情況、人物性格和動作情節，外在情況不應過分描繪，寫有生命的人物性格卻是較重要的，但最重要的還是動作情節。黑格爾追隨亞里斯多德，把戲劇的重點擺在動作情節上而不擺在人物性格上。他舉席勒對歌德的《在陶里斯的伊菲革涅亞》的批評爲例，說明其中只有人物性格而沒有動作情節，畢竟不符合戲劇的原則，戲劇的原則是要表現不同的目的互相衝突鬥爭及其最後的解決。

少還是以敘述故事的身分出現。這種看法其實只有一部分道理。我們一開始就已說過，戲劇的產生是在文化已高度發展的時代，其時詩人無論在世界觀還是在藝術修養方面，自覺性都已達到高度的發展。因此戲劇作品不應像史詩那樣只從單純的民族意識產生出來，而詩人只不過是爲主題服務而不是表現主體的工具；戲劇作品卻應是自覺性和獨立創作的產品，因而要見出創作主體的藝術本領和熟練技巧。只有通過創作主體的這個因素，戲劇的創作才可以和史詩對實際動作情節的直接敘述區別開來，達到戲劇所特有的生動具體的藝術高峰。所以對原始史詩作者究竟是誰常有爭論，戲劇作者是誰卻沒有那麼多的爭論。

(2)但是從另一方面看，如果聽眾本身保持住藝術的眞正意義和精神，他們也就不會接受只表現某一主體的飄忽的幻想和心情、私人的特殊傾向和片面世界觀的戲劇作品，他們有權要求悲劇和喜劇的動作情節在發展到結局的過程中，要顯出絕對理性和眞理的實現。在這個意義上，我在上文已向戲劇體詩人提出過一個首要的要求：他必須既能深刻地認識到人類行動和上帝統治世界的本質，又能生動鮮明地表現出一切人類性格、情慾和命運所依據的這個永恆實體。詩人有了這種深刻的認識和獨具個性的藝術魄力，他在某些情況之下往往還會要和他那個時代和民族的狹隘的違反藝術的觀念發生衝突。但是在這種情況下，衝突的罪過就不在詩人而在群眾。詩人自己就只有一個任務，這就是服從推動著他的眞理和天才，只要它是眞實的，就會保證他獲得最後的勝利，因爲眞理總是會勝利的。

(3)戲劇詩人作爲一個人來和他的聽眾對立，究竟應該有什麼樣的限度呢？關於這個問題不能把話說得很死，我只能就一般情況來提醒人們一件事實：在某些時代裡，戲劇也曾被利用來積極干預政治、倫理、詩藝、宗教等方面的新時代的觀念。阿理斯托芬在早年戲劇作品裡就已反對當時雅典內部情況和帕羅奔尼斯戰爭；伏爾泰也屢次在戲劇作品裡傳播啓蒙運動的原則，特別是萊辛在《納丹》裡竭力宣揚他自己的道德信條來反對狹隘的天主教的教義，在較近的時期裡，歌德在早年作品裡也竭力和德國的生活和藝術的枯燥庸俗氣息進行鬥爭，在這方面蒂克也多次回應過歌德。如果詩人自己個人的觀念確實是站在一個較高的立場上，而不是越出所寫動作情節之外的獨立意圖，即不是把動作情節降低爲工具，這對於藝術就沒有什麼損害。但是詩的自由如果因此受到損害，他所表現的傾向本身儘管是正確的，但是與藝術作品毫不相干，儘管在觀念中產生了很大的印象，那麼，他所引起的興趣就只限於題材而不是藝術的。最壞的情況是詩人有意要討好聽眾，於是就宣揚在聽眾中占優勢的而卻完全錯誤的傾向，他就對眞理和藝術犯下了雙重罪過。

最後，對這方面還可以提出一個較具體的看法。在各種戲劇體詩之中，悲劇比起喜劇更不容許詩人主體性格有自由占優勢的餘地。在喜劇裡，一般原則就是要有主體方面的偶然的任意的因素。例如阿理斯托芬在他的「巴臘霸斯」裡[283]就多次涉及雅典聽眾，有時對當時事

[283] 巴臘霸斯（Parabasen）是古希臘喜劇中合唱隊走到台前向觀眾發表意見或就劇情進行評論的部分，實際上就代表作者自己說話。

件和情況發表他個人的政治見解，對雅典公民進行忠告，有時針對他的政敵和藝術上的論敵對他自己的攻擊進行辯護，甚至不惜暢談自己和暴露自己的偶然任性的地方[284]。

B. 戲劇藝術作品的表演

在一切種類的藝術中，只有詩才不需要用完全外在現象的感性現實。戲劇既不是敘述過去的事蹟供人心領神會，又不是表現主體的內心世界中的思想和情感，而是要把擺在眼前的動作情節按照它們現實情況描述出來，所以戲劇不能局限於一般詩所用的表達手段，否則就要和戲劇所特有的目的發生矛盾。眼前的動作情節當然完全出於內心世界，就這一點說，它也就可以完全用語言來表達。但是從另一方面看，動作情節也要在外在現實世界裡進行，它就要求用整個人，他的肉體存在及其舉止動靜、肢體的運動以思想情感現在體膚方面的表現作爲表達的手段——來表達人對人的影響以及可能引起的反響。這個把自己擺在現實世界中的人物爲著活動，還需要一種外在的環境，即一個具體的場所，所以戲劇體詩對這些外在因素也不能讓它們保持原來的偶然狀態，而是要把它們看作藝術的素材加以藝術的琢磨。戲劇的場所有時是一座廟宇或其他建築，有時是露天的，這兩種場所都要按繪畫的形式來設計和布置。在這種場所裡展現一些活的雕刻式的人物形象，他們既通過富於表情的台詞，又通過身體各部分的繪畫式的姿態和反映內心的姿勢和運動，把他們的意志和情感變成客觀的（可以目睹的）。

在這方面可以出現一種差別，近似我在討論音樂時所曾提到的宣講和樂曲的矛盾[285]。在宣講性的音樂裡主要方面是表達精神意義的詞，樂曲要服從歌詞的顯出特徵的語言。至於樂曲當然也可以吸收歌詞的內容意義，但是要按照樂曲所特有的方式獨立自由地生展。戲劇體詩也是如此，它一方面藉助於姊妹藝術來烘托出感性基礎和環境，起自由統治作用的中心點還是詩的語言（台詞）；但是另一方面，起初只作爲助手和陪伴發生作用的姊妹藝術後來就發展成爲本身就是目的，自成一種獨立的美；宣講變成歌唱，動作變成表情的舞蹈，而表演場面憑它的富麗堂皇的繪畫式的吸引力也就有權利要求獨立達到藝術的完美。我們現在按照特別在近代經常發生的情況，把戲劇的舞台表演和單純的詩的方面（劇本中的語言）區別開來。進一步的研究可以分爲以下幾個立足點：

第一，就戲劇體詩單作爲詩來看，暫不管作品在舞台上演的情況；

---

284 這一節說明戲劇體詩人與聽眾的關係。戲劇在文化高度發展時代才產生，詩人已有自覺的世界觀和藝術觀，所以在作品中不能不表現主體方面的觀點。這就可能導致詩人與聽眾在思想上的衝突。黑格爾舉阿理斯托芬、萊辛、伏爾泰和歌德等人爲例，說明戲劇可以干預政治宗教及其他方面，進行宣揚或批評，只要緊密結合動作情節，對藝術就不會妨害，不過詩人如果爲著討好群眾，宣揚在群眾中盛行的錯誤觀點，就對眞理和藝術犯了雙重罪過。

285 參看上卷討論音樂的部分。

第二，眞正的戲劇表演的藝術，只涉及朗誦台詞以及面貌表情和動作的方面，詩的語言始終顯得起著決定作用的統治力量；

第三，最後是運用舞台場面、音樂和舞蹈這一切手段的戲劇表演，這些手段已離開詩的語言而獨立。

(一)戲劇作品的閱讀和朗誦

上文已經說過，戲劇體詩所特有的感性材料不僅是人的聲音和說出來的詞，而是整個的人，這個人不僅要表現出他的思想情感，而且要被捲入具體動作情節中，用他的整個存在去影響旁人的觀念、意圖、行爲和儀表，並且接受或抗拒旁人的類似的影響。

1. 這是戲劇體詩的由本質決定的一個原則，但是在現代，特別在我們德國，流行著一種相反的看法，認爲從表演的觀點來安排一部戲劇的結構，仿佛只是一種無足輕重的額外負擔。戲劇作家們儘管以漫不經心的甚至鄙視的態度看待表演，心眼裡卻仍願意甚至希望自己的作品能上演。我們近代戲劇作品大多數都沒有上演，原因很簡單，它們根本不是戲劇。這當然並不是說，戲劇作品單憑它的內在價値就不足成爲詩；我們只是說，提供內在的戲劇的價値的主要是一種便於上演的動作情節。希臘悲劇作家們對這一點提供了最好的證據。希臘悲劇在今天固然不大上演了，但是細加研究，就足以見出希臘悲劇之所以還能使我們完全滿意，部分的原因就在他們在當時就是爲上演而寫出的。它們在近代不上演，主要原因不在於戲劇結構，不在於運用了合唱隊，它們在結構上和我們的習慣不同，而更多地在於它們的內容所依據的民族情況和條件對我們是生疏的，我們憑今天的意識不能感到家常親切。例如索福克勒斯所寫的菲洛可帖特士的病況，足流臭膿，不斷的呻吟哀號，都使我們看不下去、聽不下去。而且他的病源在挨了赫拉克勒斯的毒箭，這也引不起我們的興趣。再如《在陶里斯的伊菲革涅亞》中用人做犧牲去祭神的野蠻風俗在改編成歌劇後雖然仍博得我們欣賞，但是在悲劇裡這類野蠻的因素就應該澈底改掉，像歌德那樣改是對的。[286]

2. 我們近代習慣是對某些劇本只拿來閱讀，某些劇本卻得到整部的生動的表演。這個差別導致一種偏差：詩人自己也有寫出只供人閱讀的劇本，仿佛以爲這樣做不會影響到作品的性質。在這方面當然有些個別因素是只屬於外在表演方面的，即所謂舞台知識，一部作品對這些因素即使有些忽略，單從詩的觀點來看，它的價值也不會因此就降低。例如在舞台布景方面要注意到換幕換景時有很大的更動，演員要有足夠的時間去換裝和休息，如此等等。像這類知識和閱讀並不足以影響到詩的優缺點。但是另一方面也有些其他因素卻是詩人想達到眞正的戲劇效果就不能不注意的。例如他在進行寫作時必須著眼到生動的表演，描繪人物性格要考慮到表演，人物所言所行都必須符合擺在眼前的實際動作情節。從這方面看，舞台表演確實就是作品好壞的試金石。在健康的或藝術趣味高的聽眾這個最高裁判官的面前，

---

[286] 歌德的《在陶里斯的伊菲革涅亞》散文劇是根據希臘悲劇改寫的，他把一些野蠻成分改掉了。參看第一卷第三章注[104]。

單憑所謂漂亮的辭藻、鏗鏘的聲調而沒有戲劇的眞實，那是徒勞的。當然有些時期的聽眾是受到高抬市價的教養腐化過的，這所謂教養就是一批鑒賞家和批評家的首足倒置的偏見和幻想。只要一個人稍微有點頭腦、有點常識，他看劇中人物說話行事都恰像生動的現實生活所常見的而且和藝術性所要求的那樣，就會感到心滿意足了。如果與此相反，詩人只想著爲某些個別的讀者而寫作，他就很容易讓劇中人物的言語和儀表都像在寫信裡那樣。如果有人要寫信向我們說明他的意圖和行動的理由或是傾吐衷曲，我們在收信和回信之間就有足夠的時間去考慮回信應該說些什麼或不說什麼。這時在思想上就有許多可能性。臨時的實際談話卻不然，它就有一個前提，這就是人的意志和心思，激動和判斷都是直接表現出來的，一般沒有反覆考慮的餘地，只是眼對著眼、口對著口、耳對著耳，直接把當時心裡話說出來。在這種場合，動作和話語都是從人物性格中生動活潑地流露出來的，不去在多種可能性之中進行選擇。這一點對於詩人和他的作品並非不重要，他應該想到在舞台上的表演所要求的正是這種生動活潑。我認爲任何劇本都不應正式印行，應該像古代那樣，把稿本藏在劇場的劇本庫裡，儘量少流通。這樣我們至少就看不到那麼多的劇本，用的是有文化修養的精煉語言，表達的是高深微妙的感想和深奧的思想，可是所缺乏的正是使戲劇成其爲戲劇的那種動作情節和活潑的生氣。

3. 只拿戲劇作品來閱讀和朗誦是否可以收到實際上演的效果，仿佛很難斷定。就連歌德在晚年有那樣少有的極豐富的舞台經驗，對這個問題也沒有定見，特別是我們近代藝術趣味很混亂，人們對性質極不相同的作品都一樣欣賞，不分皀白。如果劇中人物的性格和目的本身就是偉大的、有實體性的，那就會比較容易掌握；但是單憑閱讀而不看表演，那就很難對劇中旨趣的活動、動作情節的發展階段、情境的伸展和曲折變化、人物互相影響的正確尺度，以及他們的語言和行動的尊嚴和眞實之類問題，就很難作出明確的判斷。至於朗誦也只能提供比閱讀稍好的幫助。因爲在戲劇裡話要由不同的人物說出，只用一種語調不行，儘管這一種語調經過藝術琢磨，也可以見出多樣化，分清細微的濃淡差別。此外，朗誦總會遇到一個麻煩問題：每當換一個人物說話時，是否要報他的名字，報與不報都有它的缺點。如果用同一種語調朗誦，報名對於聽眾的理解就是不可缺少的，但是對於情感的表現總不免起干擾作用；反之，如果朗誦要表現出戲劇的生動性，要把聽眾完全引到實際情境裡去，那就會產生一種新的矛盾：耳朵滿足了，眼睛也要提出要求。我們聽到動作情節的敘述了，就要想看到劇中人物及其面貌姿態的表情以及周圍情況等等。眼睛要求的是一幅完整的圖景而不是一個在私人社交場合裡安靜地站著或站著的朗誦者。所以朗誦不過是自己默讀（把戲劇的實際情況完全丟掉，只憑想像去捉摸）和完整的表演這兩者之間的一種不圓滿的折衷辦法。[287]

[287] 以上三節反覆說明戲劇必須上演而不能單憑閱讀或朗誦。第一節說明詩人在寫劇本中首先就要經常考慮到便於上演。第二節說明從表演的觀點看，詩人不僅要懂得舞台技巧，最重要的是要想到「人物所言所行必須符合擺在眼前的實際動作情節」，不能只「憑漂亮的辭藻和鏗鏘的聲調而丟掉戲劇的眞實」。在語言方面，戲劇要用臨時的實際談話，不能像寫書札那樣字斟句酌，要生動活潑。第三節指出只閱讀或朗誦而不表演的缺點。

㈡演員的藝術

和實際舞台表演相結合的，除音樂之外還另有一種應用的藝術，即演員的藝術。這門藝術只有到近代才達到完滿的發展。它的原則是：它固然要用容貌姿態的表情、動作、朗誦、音樂、舞蹈和布景，但是壓倒這一切的力量卻在於語言及其詩性的表達。單就詩作為詩來看，這是唯一正確的關係。表演術或是歌唱和舞蹈一旦開始變成本身獨立的藝術，單純的詩的藝術，就會降低地位而失去它對這些原來只是陪伴的藝術的統治權。在這方面可以區分出以下幾個立足點：

1. 處在最初發展階段的是希臘的演員藝術。它一方面是語言藝術和雕刻的結合：發出動作的人物以整個身體作為一種客體形象出現。但這是一座生氣貫注的雕像，把詩的內容吸收進來而又表達出去，既滲透到內心裡每一種情緒的運動，又把這種運動變成語言和音調。這種表現方式比每一座雕像或每一幅畫都更富於生氣，在精神意義上更為鮮明。這種生氣貫注的表現中可以區分出兩個方面。

(1) 第一個方面是對藝術語言的朗誦。這在希臘還不很發達，當時主要的要求還只是可理解性，而我們近代人卻要求心情的全部客觀面貌，人物性格的特徵在極細微的濃淡差別和轉變上，以及在極尖銳的矛盾和對比中，都要在聲音腔調和朗誦方式中表達出來。古代人卻時而用突出節奏的辦法，時而用還占優勢的語言表達在抑揚頓挫上有較多的變化，來使音樂陪伴著朗誦。不過對話部分表面上還像日常談話，或是只有輕微的音樂陪伴，合唱隊部分則用抒情的音樂方式來表達。歌唱也可能通過加強音調來使合唱的樂章便於理解，否則我們至少就很難懂得希臘人怎麼可能理解埃斯庫洛斯和索福克勒斯所寫的合唱樂章了。縱使他們不像我們那樣對樂章的意義斤斤計較，我還是要說，儘管我懂得德文，多少能掌握它，可是如果用合唱樂章的風格寫的抒情詩放在德國舞台上朗誦或歌唱，我就會不知所云。

(2)第二個方面是身體姿態和運動。在這方面值得注意的是希臘人完全不用面貌表情，因爲希臘的演員都戴假面具。從面貌方面看，希臘演員完全像一座屹立不動的雕像，既不表現特殊心情的瞬息萬變，也不表現發出動作的人物性格，希臘人在戲劇性的鬥爭中所要貫徹的只是一種一般性的固定的情致，而這種情致既沒有深化到近代情感生活的那種親切感，也沒有擴展到近代戲劇人物那樣各有各的特點。希臘戲劇的動作情節也是很簡單的，因此我們沒有聽說希臘有什麼著名的滑稽默劇家。希臘詩人有時親自上台表現，索福克勒斯和阿理斯托芬就是如此。有時不以演員爲專業的普通市民也參加表演悲劇。合唱隊卻與劇中人物不同，他們的歌唱照例有舞蹈陪伴。我們德國人嫌舞蹈輕浮而加以鄙視，而希臘人則認爲舞蹈是戲劇表演的感性整體中不可缺少的一個因素。

(3)總之，在古代戲劇表演中具有實體性的情緒所用的語言和精神性的表現，還使詩有充分的權利，同時外在現實也通過音樂的陪伴和舞蹈而獲得充分的完滿的表達。這種具體的整一體完全表現出一種造型性的性格，因爲精神性的因素並沒有向內心裡深化，沒有特殊分化的主體性格可以表達，而是讓精神性因素和同樣有存在理由的感性現象的外在因素完全結成姊妹關係而達到和解。

2. 在音樂和舞蹈的陪伴之下，語言畢竟不免遭到損害。因爲語言是心靈的精神性的表現，所以近代的演員認識到要從音樂和舞蹈之類陪伴因素中解放出來。於是詩人和專業演員只保持這樣一種聯繫：演員通過朗誦、面貌表情和身體姿態把詩人的作品化成感性現象。作家比起其他藝術家在對外在材料的關係上是很獨特的。例如在繪畫和雕刻裡，藝術家自己用顏色、青銅、大理石之類外在材料來把心中的意象表現出來，音樂演奏儘管也要藉助於旁人的手和喉嗓，但是占優勢的多少還是機械的藝術才能和技巧，當然也要表達出靈魂。演員卻不然，他應該滲透到藝術作品裡整個人物性格裡去，連同他的身體形狀、面貌、聲音等等都了然於心，他的任務就是把自己和所扮演的人物融成一體。

(1) 在這方面詩人有權要求演員完全滲透到所演角色的深心裡，按照詩人所設計和塑造的原樣表演出來，不摻雜任何他自己的東西。演員仿佛成了詩人所吹彈的樂器，又像一枝畫筆，吸進什麼顏色就畫出什麼顏色。對於古代演員來說，這倒比較容易辦到，因爲朗誦主要是表達意義，節奏之類因素有音樂去管，此外面具又把面孔遮起，沒有多少動作的餘地。因此，演員不難表達出一般性的悲劇情緒。在表演喜劇時演員儘管也要描繪出蘇格拉底、尼基阿斯、克里昂之類活人形象，這些形象的特徵有時就畫在面具上，實際上並不需要細緻的個性化。阿理斯托芬寫這類人物，只是利用他們來代表的一些普遍傾向。

(2) 近代戲劇表演就不同，面具和音樂伴奏都不用了，代替它們的是面貌表情，多種多樣的姿態和手勢，以及朗誦語調的複雜而微妙的變化。一方面就情緒來說，儘管詩人原來表現的只是某種某類人物的一般化的性格特徵，演員卻仍需把情緒作爲主體的內心活動生動地表現出來；另一方面就人物性格來說，在近代戲劇中大多數人物都有遠較繁複的特殊個性，演員也要按照生動的實際情況把它們展現在我們眼前。特別是莎士比亞所寫的人物都是些完滿自足的整個人。我們對演員的要求就是他也要拿出這種完滿的整體供我們觀照。聲音腔調、朗誦方式、手勢和面貌表情都要適合所演人物身分的特色。因此，除語言之外，在多方面顯出微妙差別的姿態就有比過去較重要的意義；詩人把古代人用語言來表達的東西現在要由演員用姿勢來表達了。例如席勒的《華倫斯坦三部曲》的收場部分。[288]奧克特維阿老頭基本上參加過謀害華倫斯坦，他看到這位英雄被波特勒所唆使的人暗殺了；正當這個時刻托茲基伯爵夫人也說她服了毒藥，皇帝的詔書來了；戈登看過詔書就把它遞給奧克特微阿，向他使了一個譴責的眼色，然後說，「送給畢哥羅米尼侯爵」。奧克特維阿馬上驚慌起來，帶著苦痛的神情朝天空望了一眼。這個老奸巨猾接受到他在這個血腥案件中做主謀的酬勞時的心情，在劇本中本來沒有用語言表達出來，詩人是要把它留給演員用表情的姿勢去表達的。

由於對近代戲劇表演藝術有這些要求，詩在表現材料（媒介）方面往往可能遇到古代人

[288] 參看第一卷第三章注77。

所不曾經歷過的困難。演員作爲活人，在器官、形狀、姿態表情等方面，每個人有每個人生下來就有的一些特點；有時爲著表達一般性的情緒和某種某類人的一般特徵，他就要把自己的這些個人特點消除掉；有時又有必要使這些個人特點牽就劇本中個性較豐富，形象較完滿的人物，以求達到這兩方面的協調一致。

(3)現代人把演員稱作藝術家，對他這行藝術職業表示十分尊敬；按照我們今天的輿論，當演員並不是道德上的墮落或社會地位的降低了。這是很合理的，因爲表演藝術需要很大的才能，知解力、堅持的毅力、勤學苦練和廣泛的知識，乃至要達到頂峰還需要一種豐富的天才。演員不僅要深入體會詩人和所演人物的精神，才可以使自己內心和外表的個性完全和這種精神相稱，而且還要憑他自己的創造性去彌補缺陷，塡塞漏洞，找出劇情的轉變。總之，要通過演員的表演，詩人的意思才會明白，詩人的一切最深奧的意圖和一眼不易看出的巨匠手腕才會揭示出來，成爲可以理解的生動現實。[289]

㈢較不依存於詩的舞台藝術

最後達到了第三個階段，前此被利用的那幾種輔助藝術現在脫離了詩的統治，從多少只處在陪伴地位轉變到自成獨立的目的，獨立地發展起來了。音樂和舞蹈乃至演員藝術本身都在這種發展過程中獲得解放了。

1. 就大體來說，表演藝術的轉變形成了兩個體系。按照第一個體系，演員更多地成了詩人在精神和肉體兩方面的活的樂器（或工具），這一點在上文已經說過了。法國人很重視角色的專門化和派別，舞台表演方式一般較有定型，特別在悲劇和「高級喜劇」裡忠實地遵循這個體系。另一個體系則採取相反的立場，凡是詩人所提供的更多地成為一種附屬品或框架，讓演員按照自然、習慣和藝術的要求去任意自由支配。人們常聽到演員的要求說：詩人是為演員而寫作的，寫出來的詩對於演員只提供一種機緣，便於他（演員）把他的靈魂和他的藝術的這種主體性顯示出來，使它達到最光輝的展現。這就是義大利人在「藝術的喜劇」裡所遵循的體系。在這個體系裡丑角，醫生之類人物固然都有定型、情境和一幕接著一幕的次序也是固定的，此外一切幾乎完全聽任演員隨宜處理。在我們德國，伊夫蘭和考茲布[290]的劇本以及許多其他這類作品，專從詩的角度來看，都是微不足道的甚至是很壞的，它們有時

---

[289] 「演員的藝術」部分主要說明表演藝術從希臘到近代的發展。古代表演藝術的重點在詩的語言，音樂和舞蹈是陪伴的，演員都戴面具，不能有個性化的細緻表情，因為古代戲劇只描繪某一類型的情致和性格。近代表演藝術的重點在表達個性特徵和情緒的微妙差別和變化，所以表演的功夫主要見於姿態表情和朗誦方式的變化。因此，近代演員比過去任務較重，地位較高，要求也愈嚴格。他成了真正的藝術家，要揭示詩人和所演人物的精神奧妙，甚至把詩人沒有用語言表達出的東西用姿勢腔調等表達出來。

[290] 伊夫蘭（Iffland, 1759-1814），普魯士國家戲院經理，寫過一些粗製濫造的劇本。考茲布（Kotzebue, 1761-1819）魏瑪戲院經理，寫過近兩百種喜劇，其中較著名的有《仇恨人類和懺悔》、《德國小市民》等。他攻擊過歌德和席勒，他代表近代派。

卻提供演員以這樣自由表演的機會。演員拿到這種粗製濫造的拼湊品，不得不對它們修修補補，使它們有較明確的形式。這種生動的獨立的表演成績，於是就在聽眾中養成專捧某個專長一藝的演員的風氣。我們德國人在這方面特別愛好的「自然主義」也起了一定的作用。走到極端時，台詞是輕聲哼出來的，沒有人能聽懂，卻被捧成表演藝術的頂峰。歌德卻與此相反，他為著使演員們掙脫一般自然主義的毛病，去獲得一種較高尚的音調，就為魏瑪劇場譯出伏爾泰的《湯庫列德》和《穆罕默德》兩個劇本，因為法國人就連在演最熱鬧的滑稽劇之中，也從來把眼睛朝觀眾看，不脫離觀眾。單憑純粹的自然主義及其生動的老套，並不比單用性格特徵的簡潔易懂的描繪更能觸及事情的本質，如果演員想在舞台上產生眞正的效果，他就必須提高到掌握我在談音樂演奏時已提到的那種近乎天才的熟練技巧（卷三，第三部分，第二章「音樂」導言部分）。

2. 不依存於詩的舞台藝術還有第二種，即近代歌劇，歌劇的明確傾向是日漸脫離詩。如果歌劇的主要因素是音樂，這裡也接受了詩和語言的內容意義，但是卻按音樂的目的來處理和表達這種內容意義。在近代，特別在我們德國，歌劇已變成一種炫耀奢華的玩藝，其中一些附屬品如舞台裝飾的輝煌、服裝的豔麗、全班合唱隊及其組合圖案，都已變成占優勢的獨立因素，「喧賓奪主」了。西賽羅對羅馬悲劇擺出這種闊綽排場早就發出哀歎，在今天人們也常嘲笑歌劇的這種闊綽排場。在悲劇裡，關鍵應該始終是詩，在感性外表上這樣浪費當然不合式，儘管席勒在《奧蓮女郎》（即聖女貞德）裡也顯出了這種偏差。在歌劇裡，配合著嘹亮的聲樂與和諧的器樂的合奏，這種外表排場和表演方式所產生的高度樂趣是可以允許的。舞台裝飾既然輝煌，爲著加強效果，服裝也就要富麗，其餘一切也就應有適當的配合。這樣感性方面的富麗堂皇當然往往是已經到來的眞正藝術衰頽的標誌，同時這也適合它所反映的內容，特別是憑巧智拼湊起來的神奇妄誕的童話式的內容，莫札特在他的《魔笛》裡，給我們提供了一個在藝術上經過精工雕琢的範例。但是如果在布景、服裝、器樂這些藝術上費盡了全力，眞正的戲劇內容就不會受到認眞對待，我們也就會覺得自己仿佛置身於《天方夜譚》的氣氛裡了。

3. 這番話也適用於近代芭蕾舞，這也是適合於表達童話式的神奇內容的。同時它也是一方面在人物組合圖案和場面的繪畫美以外，吸引人的主要因素是舞台裝飾、服裝和燈光的千變萬化的富麗堂皇，使我們置身於一個把散文性常識和日常生活的憂慮和壓力都遠遠抛開的空幻世界；另一方面鑒賞家們爲之心醉神迷的是最熟練的伶巧輕捷的雙腿，在近代舞蹈中起主導作用的就是這雙腿。如果從這種到現代已走到極端的意義空洞和精神貧乏的熟練技巧之中，還要找出一點精神表現的話，那就是在完全戰勝技巧困難之後，還能在舞蹈運動上見出一種節制和靈魂的和諧，一種自由活潑的嫻雅風度，可惜這些是極少見的。舞蹈在芭蕾舞裡代替了歌劇的獨唱和合唱，作爲舞蹈的另一個因素而正式表現動作情節的是默劇，但是隨著近代舞蹈技巧的日益複雜化，近代默劇也在日漸消亡，於是近代芭蕾舞勢必日漸消失掉唯一可以使它列入自由藝術領域裡的那個因素。[291]

C. 戲劇體詩的種類及其主要歷史階段

回顧一下我們已走過的研究過程，我們已討論過三個問題。第一，按照各種戲劇的一般性和特殊性以及它們對聽眾的關係，把戲劇體詩的原則定下來了；其次，戲劇的任務是按照它的實際發展把一個完整自足的動作（情節）在我們眼前展現出來，所以它在本質上需要一種完全的感性表現，這只有通過藝術性的實際舞台表演才能達到。但是要把動作（情節）納入這種外在現實裡，就有必要在詩的構思和創作中已經把這動作完全想好了、寫定了，然後才能拿出來表演。第三，要達到這個結果，就要把戲劇體詩的種類區別開來。這些種類或是互相對立，或是從差異中達到對立的統一。這些差異不僅要表現於動作目的和人物性格，也要表現於衝突鬥爭和整個動作的結果。從這些差異產生出來而且經過多方面歷史發展的主要劇種，是悲劇和喜劇以及這兩種掌握方式的結合。[292]這三個劇種提供了戲劇分類的基礎，所以對於戲劇體詩是最重要的。

現在就這幾個劇種進一步進行較具體的研究。

第一，提出悲劇喜劇和正劇的一般原則；

第二，指出古代和近代戲劇的不同性質；

第三，在結尾部分研究各劇種（特別是悲劇和喜劇）在古今對立中可採取的具體形式。

㈠悲劇、喜劇和正劇的原則

各種史詩的基本分類的基礎只在一個區別上：即史詩所描述的那種本身具有實體的內容是就它的普遍性表現出來的，還是用人物性格、行動和事蹟的客觀形式報告出來的。抒情詩卻根據內容與由內心生活表現出來的主體性格之間的結合，是緊密的還是鬆散的程度來劃分爲一系列的不同的表現方式。至於戲劇體詩則以目的和人物性格的衝突，以及這種鬥爭的必然解決爲中心，所以它的分類基礎只能是個別人物及其目的與內容主旨這兩方面之間的關係。這就是說，這種關係的具體情況，對於戲劇的衝突及其解決的特殊方式也起著決定性作用，因此提供了全部劇情進程在生動的藝術表現中所具有的基本類型。這裡所要研究的就是

---

291 在「較不依存於詩的舞台藝術」這一段裡，黑格爾敘述了並且批判了近代西方舞台藝術的一些新花樣。首先是法國的表演體系裡演員成了詩人的傳聲筒，一些類型的人物性格都已有定型，某個演員演某個角色都已成了專門化，不斷地機械地複演這個角色，很少有獨創和更新。與此相反的是義大利體系，演員只把詩人的作品當作一種框架，可以自由地隨宜處理、添油添醋。這種「自然主義」也影響到德國，歌德曾力圖糾正這種壞風氣。其次是歌劇，專在場面的富麗堂皇上下工夫，內容沒有受到嚴肅對待，往往是神奇妄誕、童話式的。黑格爾認爲西方近代歌劇是眞正藝術衰頹的標誌。他還沒有來得及看到華格納的歌劇，否則他對近代歌劇會有更嚴厲的批判。芭蕾舞也是如此，專在雙腿的熟練技巧上下工夫，少有精神表現。只有默劇以舞蹈表現動作情節，還保持眞正藝術的唯一因素，但默劇隨著舞蹈技巧日益複雜化，也在日漸喪失它的自由藝術性。

292 悲劇和喜劇的結合是正劇。

找出通過和解而形成每個眞正的動作內容中的本質性的因素。這有兩方面，一方面是在實質上合乎道德的偉大的理想，即在人世中實際存在的那種神性的基礎，亦即個別人物性格及其目的中所包含的絕對永恆的內容意蘊；另一方面是完全自由自決的主體性格。絕對眞理在戲劇中當然也要顯示出來，不管戲劇用什麼樣形式把動作情節（這是一切戲劇所特有的因素）表現出來；但是把眞理的作用顯示出來的具體劇種卻有不同的甚至對立的形狀，要看在個別人物、動作和衝突中，起決定作用的是實體性的因素還是主觀任意性、愚蠢和乖僻。[293]

現在我們來研究下列幾個劇種的原則。

第一，關於悲劇，根據它的具有實體性的原始類型來研究；

第二，關於喜劇，其中表現於意志和行動的單純主體性以及外界的偶然性，成爲決定一切關係和目的的主宰；

第三，關於正劇，這是嚴格意義上的「近代劇」，[294]處在悲劇和喜劇之間的階段。

1. 關於悲劇，我在這裡只約略地提到它的最普遍的基本定性，至於這些定性的較具體的分化只有從歷史發展階段中所現出的差異才見得出來。

(1) 形成悲劇動作情節的眞正內容意蘊，即決定悲劇人物去追求什麼目的的出發點，是在人類意志領域中具有實體性的本身就有理由的一系列的力量：首先是夫妻、父母、兒女、兄弟姊妹之間的親屬愛；其次是國家政治生活、公民的愛國心以及統治者的意志；第三是宗教生活，不過這裡指的不是不肯行動的虔誠，也不是人類胸中彷彿根據神旨的判別善惡的意識，而是對現實生活的利益和關係的積極參與和推進。眞正的悲劇人物性格就要有這種優良品質。[295]他們完全是按照原則所應該做到而且能做到的那樣人物。他們不是像在史詩裡那樣只是許多分散因素並列在一起的整體，而是每個人物儘管本身是活的具有個性的，卻只代表這種人物性格的某一種力量，憑這種力量，他按照他的個性把自己和眞純的生活內容的某一特殊方面緊密結合成爲一體，而且負責維護它。在這樣高度上，直接的（原始自然的）個性中純粹的偶然性都已消失，戲劇藝術中的英雄才仿佛提高到雕刻作品的地位，無論是把他們作爲實體性生活領域的活的代表來看，還是把他們作爲憑自由信任自己而顯得偉大和堅定的人物來看。所以本身抽象的雕刻中的人像和神像，比起任何其他方式的闡明和解釋，都更好地說明希臘悲劇的人物性格。

所以大體上可以說，原始悲劇的眞正題旨是神性的東西，這裡指的不是單純宗教意識中那種神性的東西，而是在塵世間個別人物行動上體現出來的那種神性的東西，不過在這種實際體現裡他的實體性的性格既沒有遭到損害，也還沒有轉化到對立面上去。在這種形式裡意志及其所實現的精神實體就是倫理性的因素。這種倫理性的因素就是處在人世現實中的神性

---

[293] 前者指悲劇，後者指喜劇。

[294] 原文爲Schauspiel，一般就指戲劇，這裡指有別於古代悲劇和喜劇的近代正劇。

[295] 原文是Tüchtigkeit，法譯作「這種積極性，這種活力」。

的因素，如果我們對倫理性的因素是按照它的直接的眞正意義來理解，而不是按照主觀思索作爲形式的道德教條來理解，這種神性的因素也就是實體性，其中本質的方面和特殊的方面都對眞正的人類動作提供引起動作的內容，同時也就在動作本身中展現出它的本質，使自己達到實現。[296]

(2) 一切外化爲實際客觀存在的概念都要服從個別具體化的原則。根據這個原則，各種倫理力量和各種發出動作的人物性格，無論在內容意蘊上還是個別顯現形式上，就得互相區別開來、各不相同。按照戲劇體詩的要求，這些互相區別開來的力量就需顯現於活動，追求某一種人類情致所決定的某一具體目的，導致動作情節，從而使自己獲得實現。在這個過程中，所涉及的各種力量之間原有的和諧就被否定或消除掉，它們就轉到互相對立、互相排斥：從此每一動作在具體情況下都要實現一種目的或性格，而這種目的或性格在所說的前提之下，由於各有獨立的定性，就片面孤立化了，這就必然激發對方的對立情致，導致不可避免的衝突。這裡基本的悲劇性就在於這種衝突中對立的雙方各有它那一方面的辯護理由，而同時每一方拿來作爲自己所堅持的那種目的和性格的眞正內容的，卻只能是把同樣有辯護理由的對方否定掉或破壞掉。因此，雙方都在維護倫理理想之中而且就通過實現這種倫理理想而陷入罪過中。

關於這種衝突的必然性及其一般辯護理由，我在上文已經提到了。作爲一個具體的統一體，倫理性的實體是由各種不同的關係和力量所形成的整體，而這些不同的關係和力量還只是處於寂然不動的狀態，作爲有福的神們，在享受平靜生活中完成精神的工作。但是另一方面，也正是這種整體概念本身要求這些不同的力量由抽象概念，轉化爲具體現實和人世間的現象。由於這些因素的性質，個別人物在具體情況下所理解的各有不同。這就必然要導致對立和衝突。只有在神們住在奧林匹斯山峰上那種想像和宗教觀念的天空中，我們才可以認眞地把他們當作神來對待；而現在他們下凡了，每個神體現爲一個凡人個性中某一種情致了，儘管他們各有辯護的理由，他們也就由於各有特性或片面性，也必然要和他們的同類處於矛盾對立，要陷入罪過和不正義之中了。[297]

(3) 與此同時也就產生了一種未經調解的矛盾衝突，這個矛盾儘管成爲實際存在的東西，卻不能作爲實體性的和眞正實在的東西而保持住自己，它只有在作爲矛盾而否定自己，才能獲得它的存在權、悲劇的目的，和人物性格各有辯護的理由和必然性。悲劇的第三個因素，即悲劇的衝突導致這種分裂的解決，也是如此。這就是說，通過這種衝突，永恆的正義利用悲劇的人物及其目的來顯示出他們的個別特殊性（片面性）破壞了倫理的實體和統一的

---

[296] 這一節說明悲劇人物性格和動作情節所遵循的目的是一種神性的倫理力量（理想）在人世現實生活中的體現。

[297] 這一節說明抽象的普遍倫理力量原來處於和平統一狀態，作爲「有福的神」，在悲劇中它分化爲不同的人物性格及其目的，顯出差異和對立，導致矛盾鬥爭。對立雙方各堅持片面的倫理力量，要否定對方才能肯定自己，所以都有罪過。

平靜狀態；隨著這種個別特殊性的毀滅，永恆正義就把倫理的實體和統一恢復過來了。悲劇人物所定下的目標，單就它本身來看，儘管是有理可說的，但是他們要達到這種目標，卻只能通過起損害作用的片面性引起矛盾的悲劇方式。因爲眞正實體性的因素的實現，並不能靠一些片面的特殊目的之間的鬥爭（儘管這種鬥爭在世界現實生活和人類行動中可以找到重要的理由），而是要靠和解，在這種和解中，不同的具體目的和人物在沒有破壞和對立的情況中和諧地發揮作用。所以在悲劇結局中遭到否定的只是片面的特殊因素，因爲這些片面性的特殊因素不能配合上述和諧，在它們的活動的悲劇過程中不能拋開自己和自己的意圖，結果只有兩種，或是完全遭到毀滅，或是在實現目的的過程中（假如它可實現），至少要被迫退讓甘休。

關於這一點，像眾所周知的，亞里斯多德曾認爲悲劇的眞正作用，在於引起哀憐和恐懼而加以淨化。他所指的並不是對自我主體性格協調或不協調的那種單純的愉快或不愉快的情感，即好感和反感。這是最膚淺的一種看法，只有到近代才有人把快感或不快感看成悲劇成功或失敗的原因。藝術作品的任務只是把精神的理性和眞理表現出來。在這方面如果要研究出一個原則來，就必須拋棄上述膚淺的觀點而把注意力引到正確的方向。因此，對於亞里斯多德的說法，我們必不能死守著恐懼和哀憐這兩種單純的情感，而是要站在內容原則的立場上，要注意內容的藝術表現才能淨化這些情感。人感到恐懼不外兩種原因，一是碰到外界有限事物的威力，一是認識到自在自爲的絕對眞理的威力。人應該感到恐懼的並不是外界的威力及其壓迫，而是倫理的力量，這是人自己的自由理性中的一種規定，同時也是永恆的顚撲不破的眞理，如果人要違反它，那就無異於違反他自己。像恐懼一樣，哀憐也有兩種對象。一種就是對於旁人的災禍和苦痛的同情，這是一種有限的消極的平凡感情。這種憐憫是小鄉鎭婦女們特別容易感覺到的。高尙偉大的人的同情和憐憫卻不應採取這種方式。因爲就只突出災禍的空虛的消極方式，其中就含有貶低受災禍者的意味。另一種是眞正的哀憐，這就是對受災禍者所持的倫理理由的同情，也就是對他所必然顯現的那種正面的有實體性的因素的同情。這種哀憐當然不是流氓惡棍所能引起的。所以悲劇人物的災禍如果要引起同情，他就必須本身具有豐富內容意蘊和美好品質，正如他的遭到破壞的倫理理想的力量使我們感到恐懼一樣，只有眞實的內容意蘊才能打動高尙心靈的深處。因此，對於悲劇結局所感到的興趣是一回事，對於一種單純災禍或一個悲慘故事所引起的同情時，那種單調的滿足感卻另是一回事，不應把這二者混淆起來。這種單純災禍不是由受害人招致的或應負責的，而是外在的偶然事故與環境的湊合，例如疾病、財產損失、死亡等等，無辜地碰到他身上的，這種場合所應引起的興趣只是一種設法營救和援助的迫切願望。如果救援不可能，那種苦痛和災難的情景只能使人痛心。眞正的悲劇苦難卻不然，它落到劇中人物身上，只是作爲他們自己所作所爲的後果，他們是全心全意投入這種動作的，既有辯護的理由，又由於導致衝突而有罪過。

因此在單純的恐懼和悲劇的同情之上還有調解的感覺。這是悲劇通過揭示永恆正義而引起的，永恆正義憑它的絕對威力，對那些各執一端的目的和情慾的片面理由採取了斷然的處置，因爲它不容許按照概念原是統一的那些倫理力量之間的衝突和矛盾，在眞正的實在界中得到實現而且能站住腳。

按照這個原則，悲劇情感主要起於對衝突及其解決的認識，所以只有戲劇體詩才能憑它的全部表現方式，把悲劇性的情節按照它的完整的範圍和展現過程，作爲藝術作品的原則，把它完全表現出來。因此我到現在才有機會來討論悲劇的觀照方式，儘管這種觀照方式在較小程度上也多方面推廣到其他藝術領域去發揮作用。

298

2. 如果在悲劇裡永恆的實體性因素以和解的方式達到勝利，它只從進行鬥爭的個別人物方面剔除了錯誤的片面性，而對於他們所追求的正面的積極因素則讓它們在不再是分裂的，而是肯定的和解過程中表現爲可以保存的東西；在喜劇裡情況就相反，無限安穩的主體性卻占著優勢。在戲劇體詩的分類中只有這兩種動作情節的基本根由（實體性因素和主體性）才是互相對立的。悲劇人物由於堅持善良的意志和性格的片面性，而遭到毀滅或是被迫退讓甘休，做出從實體性觀點看是他們自己所反對的事；喜劇人物卻單憑自己而且就在自己身上獲得解決，從他們的笑聲中我們就看到他們富有自信心的主體性的勝利。

(1) 所以喜劇的一般場所就是這樣一種世界：其中人物作爲主體使自己成爲完全的主宰，在他看來，能駕御一切本來就是他的知識和成就的基本內容；在這種世界裡人物所追求的目的本身沒有實質，所以遭到毀滅。例如在一個實行民主制度的民族中，如果公民們都自私、愛爭吵、輕浮、好虛榮、沒有信仰和知識、愛說閒話、說大話，這樣一個民族就是無可救藥的，它只有由於愚蠢而土崩瓦解。這並不是說，每一個沒有實體性的動作單憑它的這種空虛就變成喜劇性的。在這方面，人們往往把可笑性和眞正的喜劇性混淆起來了。任何一個本質與現象的對比，任何一個目的因爲與手段對比，如果顯出矛盾或不相稱，因而導致這種現象的自否定，或是使對立在實現之中落了空，這樣的情況就可以成爲可笑的。但是對於喜

---

298 在這一節裡黑格爾提出了他的著名的悲劇和解說。出發點仍是他的客觀唯心主義的「理念」，和以和解結局的辯證法。理念是實體性因素，倫理力量等都屬這個範圍。這理念一分爲二，具體化爲客觀世界；在悲劇裡混整的抽象的倫理力量分化爲不同的人物性格及其目的，導致不同的動作和對立衝突，否定了抽象理想的和平統一。衝突必須解決，這解決就是否定的否定，衝突否定了理念的和平統一，悲劇最後解決又否定衝突雙方的片面性。實際結局是悲劇人物的毀滅或退讓甘休，而黑格爾卻把這個叫做「和解」。爲什麼要和解呢？據說恢復理念的統一，是永恆正義（這也是一種理念）的勝利，這勝利表現於代表理念某一片面的人物的毀滅或失敗，而理念（永恆正義）卻仍保持住它的普遍效力。黑格爾把悲劇情節看作對立矛盾和衝突鬥爭的發展過程，這是應該肯定的貢獻。他認爲導致衝突鬥爭本身就是一種罪過，衝突的解決必然是和解，悲劇英雄的毀滅都是罪有應得，他們的毀滅就是永恆正義的勝利。這些觀點都是錯誤的、反動的。就辯證法來說，黑格爾的辯證是以「一分爲二」開始，卻以「合二而一」告終。
聯繫到悲劇效果，黑格爾援引了亞里斯多德的「悲劇引起哀憐和恐懼」的著名論斷，而加以遷就衝突和解說的解釋。恐懼起於看到倫理力量的破壞，哀憐是對受災禍者的倫理理想的同情。但是黑格爾認爲在這兩種悲劇情緒之上還有一種更重要的「和解的感覺」，即看到永恆正義勝利的歡慰。

劇性卻要提出較深刻的要求。例如人的罪惡行爲並沒有什麼喜劇性。諷刺在這方面提供了一個枯燥的例證，儘管它用刺眼的顏色描繪出現實世界與善良人應該有的樣子之間的矛盾，它畢竟見不出喜劇性。笨拙或無意義的言行本身也沒有多大喜劇性，儘管可以惹人笑。一般說來，沒有比慣常引人笑的那些事物顯出更多的差異對立。人們笑最枯燥無聊的事物，往往也笑最重要最有深刻意義的事物，如果其中露出與人們的習慣和常識相矛盾的那種毫無意義的方面，笑就是一種自矜聰明的表現，標誌著笑的人夠聰明，能認出這種對比或矛盾而且知道自己就比較高明。此外也還有一種笑是表現譏嘲、鄙夷、絕望等等的。喜劇性卻不然，主體一般非常愉快和自信，超然於自己的矛盾之上，不覺得其中有什麼辛辣和不幸；他自己有把握，憑他的幸福和愉快的心情，就可以使他的目的得到解決和實現。頭腦僵硬的人卻做不到這一點，在他的行爲儀表顯得最可笑的地方，他自己卻一點也笑不起來。

(2) 關於可以成爲喜劇動作對象內容，我在這裡只約略談幾點帶有普遍性的項目。

第一，喜劇的目的和人物性格絕對沒有實體性而卻含有矛盾，因此不能使自己實現。例如貪吝，無論就它所追求的目的來看，還是就它所採取的卑鄙手段來看，都顯出它本身根本是無意義的。事實上貪吝者把財產的死的抽象標誌，即金錢，看作再現實不過的東西而死守著它，而且放棄一切其他具體的使人滿意的東西，來追求這種無聊的享受；同時因爲他在目的和手段上都毫無力量去防禦陰謀詭計和拐騙之類，也就不能達到他的目標。但是貪吝者如果認眞地把這種本身空虛的內容看作他的生活的全部意義，把自己的主體性和這種內容緊密結合成爲一體，以致如果這塊墊腳石從他腳底下被抽掉，而他愈要堅守這塊墊腳石，他也就會愈痛苦地倒塌下去。像這樣一種情況就缺乏眞正的喜劇核心。凡是一方面情況應引起痛感而另一方面單純的嗤笑和幸災樂禍都還在起作用的地方，照例就沒有喜劇性。比較富於喜劇性的情況是這樣：儘管主體以非常認眞的樣子，採取周密的準備，去實現一種本身渺小空虛的目的，在意圖失敗時，正因它本身渺小無足輕重，而實際上他也並不感到遭受到什麼損失，他認識到這一點，也就高高興興地不把失敗放在眼裡，覺得自己超然於這種失敗之上。

其次是一種與此相反的情況：個別人物們本想實現一種具有實體性的目的和性格，但是爲著實現，他們作爲個人，卻是起完全相反作用的工具。因此那種具有實體性的目的和性格就變成一種單純的幻想，對他們自己和對旁人卻造成一種假象，仿佛所追求的確有實體性的外貌和價值。但是正因爲這是假象，它就造成了目的和人物以及動作和性格之間的矛盾。這就使所幻想的目的和性格不能實現。阿理斯托芬的喜劇《婦女專政》就是一個例子，在這部作品裡，想建議建立一種新政體的婦女們還照舊保留婦女們的全部情趣和情慾。

此外還有第三種情況，即運用外在偶然事故，這種偶然事故導致情境的錯綜複雜的轉變，使得目的和實現，內在的人物性格和外在情況都變成了喜劇性的矛盾而導致一種喜劇性的解決。

(3)但是喜劇性既然一般都自始至終要涉及目的本身和目的內容，與主體性格和客觀環境這兩方面之間的矛盾對立，喜劇動作情節比起悲劇動作情節就更爲迫切地需要一種解決了。這就是說，在喜劇動作情節裡，絕對眞理和它的個別現實事例之間的矛盾顯得更突出更深刻。

在這種喜劇性解決之中遭到破滅的既不是實體性因素，也不是主體性本身。因爲作爲眞正的藝術，喜劇的任務也要顯示出絕對理性，但不是用本身乖戾而遭到破滅的事例來顯示，而是把絕對理性顯示爲一種力量，可以防止愚蠢和無理性，以及虛假的對立和矛盾的現實世界中得到勝利和保持住地位。例如阿理斯托芬對雅典人民生活中眞正符合倫理的東西，眞正的哲學和宗教信仰以及優美的藝術，從來就不開玩笑，他開玩笑的對象只是雅典民主制度下的一些流弊，例如古代信仰和古代道德的敗壞、詭辯、悲劇中的哭哭啼啼、無聊的閒言蜚語和爭辯之類。這些正是與當時政治、宗教和藝術的眞理相牴觸的。阿理斯托芬所描繪出來的也正是這些東西，他使我們看到這類蠢人所做的蠢事，以自作自受的方式而得到解決。只有到了我們這個時代才有考茨布這樣的喜劇家把卑鄙寫成美德，使應該毀滅的東西得到塗脂抹粉而維持住地位。

但是單純的主體性在喜劇裡也不應遭到破滅。儘管喜劇所表現的只是實體性的假象，而其實是乖戾和卑鄙，它卻仍然保持一種較高的原則，這就是本身堅定的主體性憑它的自由就可以超出這類有限事物（乖戾和卑鄙）的覆滅之上，對自己有信心而且感到幸福。喜劇的主體性對在實際中所顯現的假象變成了主宰。實體性的眞正實現在喜劇世界裡已消失掉了。如果本身沒有實質的東西消滅了它本身的假象存在，主體性在這樣的解決中就仍然是主宰，它自己仍然存在著，並沒有遭到損害，所以倘佯自得。[299]

3. 處在悲劇和喜劇之間的是戲劇體詩的第三個主要劇種。這個劇種沒有多大的根本的重要性，儘管它力求達到悲劇和喜劇的和解，或至少是不讓這兩方完全對立起來，各自孤立，而是讓它們同時出現，形成一個具體的整體。

(1) 例如古代的林神戲[300]就屬於這一類，其中主要動作雖不是悲劇性的卻仍然是很嚴肅的，至於林神的合唱卻是用喜劇的方式來處理的。悲喜混雜劇也可以列入這一種。普勞圖斯[301]在《安菲特律翁》裡提供了一個實例，這在序曲裡由交通神向觀眾念出這樣一段詩：「你們爲什麼皺眉頭呢？因爲我預告過演的是一部悲劇嗎？我是一位神，如果你們情願，我可以把悲劇澈底改掉，把悲劇改成喜劇，還用完全同樣的詩句，我要把它改成一種悲喜混合劇。」

---

[299] 第二段三小節說明喜劇主角所追求的不是眞正有意義有價值的東西，而是虛妄和卑鄙的東西，所以結局必然失敗，但是他有能駕御喜劇世界的信心，而且在失敗時認識到他所追求的是假象，失敗對他並無損失，所以樂意地接受失敗，一笑置之。黑格爾在這裡指出喜劇性和可笑性是兩個不同的審美範疇。

[300] 林神戲（Satyrspiel）：林神是酒神隨從，林神戲一般是半諷刺半詼諧的，林神在其中並不是主角，只組成合唱隊。

[301] 普勞圖斯（Plautus）西元前三世紀羅馬的主要喜劇家。《安菲特律翁》的主角安菲特律翁是忒拜國王子，和瑪西尼國公主阿爾克美娜訂了婚。天帝宙斯卻愛上了這位公主，趁王子出去打仗，喬扮王子去和她結了婚，生下了大力神海克力士。

他對這種混合找到了一個理由，說一方面走上舞台發出動作的角色之中有神們也有國王們，另一方面奴隸莎西亞卻是一個喜劇性的人物。在近代戲劇裡，悲劇性和喜劇性就更多地交錯在一起了，因爲原來在喜劇是自由發揮作用的主體性原則在近代悲劇中，也一開始就成爲首要的原則，而倫理力量的內容中的實體性因素反而被擠到次要地位了。

(2)但是把悲劇的掌握方式和喜劇的掌握方式調解成爲一個新的整體的較深刻的方式，並不是使這兩對立面並列地或輪流地出現，而是使它們互相沖淡而平衡起來。主體性不是按喜劇裡那種乖戾方式行事，而是充滿著重大關係和堅實性格的嚴肅性，而同時悲劇中的堅定意志和深刻衝突也削弱和刨平到一個程度，使得不同的旨趣可能和解，不同的目的和人物可能和諧一致。特別是近代戲和正劇就是由這種構思方式產生出來的。這種原則的深刻處在於它根據的觀點是：儘管各種旨趣、情慾和人物性格現出差異和衝突，通過人類的行動，畢竟可以變成一種協調一致的實際生活。古代就已有過一些悲劇，採取了與此類似的結局，其中個別人物們並沒有被犧牲，而是把自己保全住了。例如埃斯庫洛斯的《復仇的女神們》裡[302]，最高法庭判決了阿波羅和復仇的女神們都有受到崇拜的權利。在《菲洛可帖特士》裡情形也是如此。尼阿托勒牟斯和菲洛可帖特士之間的衝突，也由於赫拉克勒斯的神詔和勸告而得到了解決，言歸於好，同去攻打特洛伊。[303]不過這次和解不是由於雙方的內因而是由於神詔之類外來力量。在近代戲劇裡，和解的根源卻在個別人物們本身，他們通過自己的動作過程，就達到衝突的解決以及目的和性格的妥協。在這方面歌德的《在陶里斯的伊菲革涅亞》就是近代戲的典範，比他的《塔索》還更典型。[304]在《塔索》裡，一方面塔索與安東尼的和解毋寧說是感情方面事，起於塔索的主觀認識，他承認安東尼有他自己所沒有的對人生的眞正認識；另一方面塔索在和現實生活和社會習俗發生衝突中，所堅持的那種理想生活的權利獲得觀眾的贊許主要地也只是主觀的，至多也只是詩人對塔索的寬恕和同情。

(3)但是大體說來，這種中間劇種的界限有時比悲劇和喜劇的界限較爲搖擺不定，有時有越出眞正戲劇類型而流於散文的危險。由於需通過分裂對立而達到和平結局的衝突雙方，一開始就不像在悲劇裡那樣尖銳地對立，因此詩人就很容易傾向於盡全力去描繪人物性格的內心生活，把情境的演變過程變成只是這種描繪的手段；否則就是過分重視時代情況和道德習俗之類外在因素。如果這兩種辦法都太難，詩人就要單憑緊張情節的錯綜曲折來吸引注意力。大批的近代劇本都屬於這一類，它們不大要求寫好詩，而更多地要求戲劇性的效果。結

---

302 在這部悲劇裡，主角奧瑞斯特爲報父仇，殺死自己的母親，復仇的女神要懲罰他，阿波羅卻要營救他，勸他逃到雅典娜女神廟裡求庇護。雅典娜女神下令叫雅典最高法庭判這件案，最高法庭判決奧瑞斯特免罪，復仇女神們和阿波羅都可以各有祭壇，受人禮拜。

303 菲洛可帖特士事蹟已見第一卷第三章注132。

304 《在陶里斯的伊菲革涅亞》已屢見，在《塔索》裡，歌德寫義大利詩人塔索在厄斯特（I'Este）宮廷中精神苦悶，隱射他自己在魏瑪宮廷的情況。

果不外兩種：或是不大經心詩的好壞而專努力打動單純的情感，或是一方面提供娛樂，一方面著眼對聽眾的道德教益，從而在絕大多數情況之下對演員們提供了顯示熟練技巧的機會。305

㈡古代戲劇體詩與近代戲劇體詩的差別

我們劃分戲劇體詩爲悲劇和喜劇所依據的原則，現在對我們劃分戲劇體詩的歷史發展的基本階段仍然適用。根據這個原則，戲劇發展過程只有到以動作情節爲基礎的那些基本階段，都已陸續出現和澈底完成時，才可以展現出來。所以一方面全部構思和創作要揭示出目的，衝突和人物性格中的實體性因素，另一方面要使主體的內心生活和特殊性相成爲戲劇的中心點。

1. 我們在這裡既不是要寫出一部完備的藝術史，就可以把東方戲劇藝術拋開。儘管東方詩和某些種的抒情詩方面也相當發達，東方的世界觀卻一開始就不利於戲劇藝術的完備發展。因爲眞正的悲劇動作情節的前提需要人物已意識到個人自由獨立的原則，或是至少需要已意識到個人有自由自決的權利去對自己的動作及其後果負責。至於喜劇的出現還更需要主體的自由權和駕御世界的自覺性。這兩個條件在東方都不存在，伊斯蘭教詩藝的雄偉崇高特別是如此，其中一方面個人的獨立性儘管已在積極地發揮作用，可是喜劇表現的嘗試還相差很遠；另一方面東方人相信實體性的力量只有一種，它在統治著世間被製造出來的一切人物，而且以毫不留情的變幻無常的方式決定著一切人物的命運；因此，戲劇所需要的個人動作的辯護理由和返躬內省的主體性在東方都不存在。而且抽象的普遍的「太一」愈被視爲統治一切的力量，愈不容許有絲毫特殊性相的存在餘地，主體服從神旨這一條伊斯蘭教教義也就愈抽象。在東方，只有在中國人和印度人中間才有一種戲劇的萌芽。但是根據我們所知道的少數範例來看，就連在中國人和印度人中間，戲劇也不是寫自由的個人的動作的實現，而只是把生動的事蹟和情感結合到某一具體情境，把這個過程擺在眼前展現出來。[306]

2. 因此，戲劇體詩的眞正起源要在希臘去找。在希臘人中間，自由的主體性這一原則才有可能採取的古典藝術形式第一次獲得奠定。不過古典類型中主體性在動作情節中發揮的作用也比較有限，它也只要求人的目的中的實體性內容能現出自由和生氣就行。因此，在古代戲劇，悲劇和喜劇中起主要作用的，是人物所要實現的那個目的所體現的普遍的實體性因素；在悲劇中是對具體動作情節所意識到的倫理要求以及動作本身的絕對理由，在古代喜劇中所突出表現的至少也是一般的公眾利益，例如政治家及其處理國事的方式、戰爭與和平、人民及其道德習俗，或是哲學的衰頽。因此希臘戲劇對內心狀態和人物性格特徵的詳細描

---

305 這一節說明正劇（Drama）是處在悲劇與喜劇之間的劇種，雖然古已有之，它主要是近代的產物。悲劇與喜劇混合，沖淡了悲劇和喜劇兩劇種各自的特色，悲劇人物的意志堅定，喜劇人物的乖戾卑鄙都被刨平了，衝突也不像從前那麼尖銳了。

306 這一節說明戲劇在東方民族中不發達的原因，在戲劇須以個人自由獨立的意識爲前提，而這個前提在古代東方不存在。

繪，以及錯綜複雜的情節都不能充分發揮作用；戲劇的興趣也不在個別人物的命運、不在個別特殊細節，而首先在於對不同的人生本質力量之間，即人性中各種神性之間的單純的鬥爭和結局的同情共鳴。作爲這些力量的代表人物而出現的是悲劇英雄和喜劇角色，不過喜劇人物所表現的是現實社會生活中一些基本傾向的顚倒錯亂。[307]

3. 在近代浪漫型詩中，私人情慾及其滿足只涉及某一主體個人的目的，一般是以某一具體人物及其性格在某一種具體情境中的遭遇爲主要內容。

從這方面來看，近代詩的興趣在於人物性格的偉大，這種人物憑他們的想像力或見識和才能，既提高到超出他們的情境和動作情節之上，又顯出他們的全部眞實的內心生活的豐富。他們往往只是由於環境和所牽涉的糾紛，才顯得有可能要遭受到摧殘和覆滅，但是由於他們性格本身的偉大，終於獲得一種衝突的和解。因此，按照這種掌握方式，動作情節的具體內容並不是倫理的辯護理由和必然性，而是我們興趣所在的那個具體人物及其關心的事情。從這個觀點看，提供主要動機的是愛情和功名心之類，甚至不排除犯罪行爲。但是犯罪行爲容易導致不易排除的障礙。事實上純粹的犯罪者，特別是像繆爾納[308]在《罪行》裡的主角那樣十足的軟弱卑鄙，只會惹人嫌惡。所以這裡人物性格首先必須至少在形式上是偉大堅強的，有能力抵擋住一切消極因素，有勇氣接受他的命運，既不否認自己所做的事，也不因此就垮塌下來。此外，這種人物也絕不忽視祖國、家庭、王室和王權之類實體性目的。儘管不是著眼到實體性而只著眼到他個人的利益。這些實質性目的在大體上還是向他提供了具體基地，讓他按照他個人的性格去在這塊基地上立足和捲入鬥爭，總之，它們還是對他的意志和行動提供了正式的終極內容。

和這種主體性並行的還有內心世界和外在環境情況兩方面的無數特殊細節，動作情節就是在這些特殊細節範圍之內生展的。因此，我們在近代戲劇中所看到的不是古代戲劇中的那種簡單的衝突，而是豐富多彩的人物性格，離奇的錯綜複雜的糾紛，令人迷惑的曲折情節，突如其來的偶然事故，這一切都有權到處發揮作用。這種自由氾濫的情況與全劇貫注著重大內容的實體性之間差別，就是浪漫型藝術形式與古典型藝術形式之間的差別。

但是儘管有這些明顯的放蕩不羈的特殊細節，就連從近代戲劇的觀點來說，作品整體畢竟還要符合戲劇和詩的特性，一方面要突出某一個堅持到底的衝突，另一方面，特別在悲劇裡，要通過具體動作情節的發展過程和結局揭示出一種統治世界的至上威力，無論把這種威力看作神旨還是看作命運。[309]

---

[307] 這一節說明古希臘是西方戲劇的發源地。當時人們一方面相信統治世界的是一些實體性的倫理力量，它們具體地體現在人物的性格目的和動作裡；另一方面人們已有個人自由獨立的意識，要爲自己的動作負責。這兩條是戲劇的基本前提。

[308] 穆勒（Müllner, 1774-1829）德國劇作家，以專寫所謂「命運悲劇」著稱，只圖博取舞台效果。

[309] 這一節說明近代浪漫型戲劇把人物性格提升到首位，實體性內容的作用日漸降低減弱，所以特別著重內心世界和外在世界中的特殊細節和偶然因素，因此戲劇的動作情節變得錯綜複雜，有自由氾濫的現象。

㈢戲劇體詩及其種類的具體發展

在上文所討論的構思和創作的一些基本差別之中還要出現各種劇種之間的差別。這些劇種只有在先後不同的階段上才達到眞正完滿的發展。因此，我們在結尾部分還要研究一下這具體形成（發展）的方式。

1. 我們如果按上述理由把東方的戲劇萌芽除開，擺在我們眼前達到最完備的階段的就要算希臘的戲劇體詩。希臘人才第一次清楚地意識到悲劇和喜劇的本質究竟是什麼，根據這兩劇種對立的看法，把悲劇和喜劇清楚地嚴格地區分開來，然後在有機的發展過程中，先是悲劇，後是喜劇，都達到完美的高峰。至於羅馬的戲劇藝術只是希臘戲劇藝術的一種微弱的迴光返照，甚至還比不上後來受過羅馬帝國統治的各民族在史詩和抒情詩兩方面的成就。現在對希臘階段進行進一步的研究，我也只能根據埃斯庫洛斯和索福克勒斯悲劇觀點以及阿理斯托芬的喜劇觀點約略提出幾個要點：[310]

(1) 首先，關於悲劇，上文已經說過，決定悲劇全部組織結構的基本形式就是揭示目的及其內容，以及人物性格及其衝突與結局這兩方面的實體性因素。

悲劇動作情節的一般基礎，也和在史詩裡一樣，是由當時世界情況提供的，我在上文曾把它稱之爲英雄時代（史詩時代）的世界情況。只有英雄時代，普遍的倫理力量才以新穎的原始型態作爲各種神而出現，因爲當時這些倫理力量既沒有固定成爲國家法律，也沒有固定成爲道德職責的戒律和教條。這些神所代表的倫理力量或是在他們自己的活動中互相對立，或是顯現爲凡人自由個性中有生命的內容。如果倫理力量一開始就形成實體性的基礎，個別人物要在這個基礎上先吐露分裂的萌芽，然後又從這個分裂運動中回到統一，我們面前就有兩種不同的動作情節中的倫理因素。

第一種就是這樣一種簡單的意識：它還把實體只看作尚未分裂爲特殊方面的統一體，還處在未經破壞的平靜狀態，對自己和對旁人都還是無害的、中性的。這種簡單的意識處在崇敬、信仰和幸福的狀態，還未經具體化爲特殊因素，還只是渾然一體的一般的意識，所以還不能導致具體的動作。它對動作所必然帶來的分裂對立感到一種畏懼。儘管它自己寂然不動，它還認識到能由自己定出目的並且使目的實現於行動的那種精神勇氣，畢竟要比寂然不動較高明；但是它自己不能參與到這種動作裡，只能作爲背景和旁觀者；所以它面對著那些因爲較高明而受到崇敬的行動人物只有一個辦法，那就是把別人的果決鬥爭的精力和自己的智慧對象，即倫理力量的實體性理想對立起來。

第二種形式就是個別人物的情致，它驅遣某些發出動作的人物，各據倫理原則，和其他發出動作的人物互相對立起來，因而導致衝突。具有這種情致的個別人物，既不是我們近代人所說的人物性格，也不是單純的抽象概念的化身，而是處在這兩者之間，表現爲堅定的人

---

310 以上說明戲劇體詩起源於希臘，希臘人最初把悲劇和喜劇兩種表現方式嚴格地區別開來，並且使它們達到充分發展。

物，本來是什麼樣的人，他就做那樣的人，沒有內心的衝突，也沒有搖擺，不承認旁人的異樣的情致。就這一點來說，他們所代表的是近代的滑稽態度的反面，他們是一些高尚的絕對明確的人物，只要在某一特殊的倫理力量中找到自己性格的內容和基礎的。只有這樣各有理由來行動的一些個別人物之間的矛盾對立才形成悲劇性，所以悲劇性只有在人類實際生活中才顯得出來。事實上只有人類實際生活中才有這種情況：某一種特殊品質既然形成某一個別人物的實體，他就全心全意地投入到這種實體內容裡，使它成爲自己的貫串一切的情致。但是享福的神們卻不然，他們的本質就是無差別性，他們對與此相反的態度從來不認眞對待，而是抱著一種溶解矛盾的暗諷態度，像我們在討論荷馬史詩時已經提到的。[311]

以上兩種形式對於悲劇整體都是同樣重要的。一方面是神性的未經分裂的渾整意識，另一方面是鬥爭的但是仍以神的威力和事業爲根據的動作情節，即倫理目的的抉擇和實現。這兩種形式形成了悲劇的主要因素，在希臘悲劇中就以合唱隊和發出動作的人物的形式表現於藝術作品。[312]

希臘的合唱隊的意義在近代才引起很多的討論，在討論中發生了一個問題：近代悲劇是否能夠和應該沿用合唱隊？人們確已感覺到這種實體性的基礎的需要，但是沒有認識到怎樣正確地把它拿來放進近代悲劇裡，因爲他們沒有深刻認識到，從希臘悲劇的觀點看，眞正的悲劇性究竟是什麼以及合唱隊的重要性究竟在哪裡？從一方面看，根據人們所說的，他們對合唱隊的認識大致是這樣：合唱隊的任務就是對悲劇整體進行冷靜的玩索，而發出動作的人物則局限於他們的特殊目的和情境，從合唱隊的觀感裡可以獲得評價他們自己性格和動作的標準，正如觀眾把合唱隊看作他們自己在藝術作品中的代表，代表著他們自己對眼前演變過程的觀感。這種看法有它的正確的一面，合唱隊確定代表一種較高的實體性意識，對虛偽的衝突提出警告，對結局進行思索。儘管如此，合唱隊並不是像觀眾那樣只是一個置身局外、袖手旁觀、愛高談道德教訓的人物，他們並不是只憑他們的感想才放在劇中的一些乾燥無味的人，與此相反，合唱隊所代表的就是帶有倫理性的英雄們的生活和動作中的真正實體性；和個別英雄們不同，合唱隊代表人民，人民就是豐收的大地，英雄們像是從大地裡長出來的花朵和樹幹，他們的整個的生存是要受這種土壤制約的。所以合唱隊在本質上所站的立足點是這樣：當時還沒有確定的國家法律和固定的宗教教條來對抗倫理方面的糾紛，而倫理力量只有在直接的（自然的）實際生活中才顯現出來，而且只有平靜生活的平衡，才能防止個別人物行動中不同的力量的對立所必然引起的那種可怕的衝突。合唱隊使我們意識到這種保證安全的庇護所就在目前。所以合唱隊不以實踐的方式參與到動作情節裡去，不行使什麼職權去反對戲劇中互相鬥爭的英雄們，而只是憑認識下判斷、提出警告、表示同情，或是向神們

⓷⓵ 滑稽態度（Ironie），參看第一卷全書序論注㊽。

⓷⓶ 以上說明悲劇和史詩都起於希臘「英雄時代」，指出悲劇中兩個主要因素（實體性的倫理力量和個人自由原則）在人們意識中的發展過程。代表實體性因素的是合唱隊，代表自由個性的是發出動作的人物。

的法律和內在良心的力量申訴，這些力量由想像力表現爲一系列的統治世界的神。上文已經說過，合唱隊的這種表現方式是抒情的，因爲他們既不發出動作，又不像史詩敘述事蹟，但是他們同時在內容上也還保持史詩的一種性質，即實體的普遍性，所以他們的抒情方式不同於眞正的頌歌，而往往較近似凱歌和酒神讚歌。合唱隊在希臘悲劇中這樣的地位是應該特別強調的。就像劇場本身有它的外在場所、布景和環境一樣，合唱隊實際上就是人民，也就是一種精神性的布景，可以和建築中的神廟相比。神廟原來圍繞著神像，在我們近代，雕像卻在露天裡站著，沒有神廟作爲背景了；近代悲劇也是如此，它用不著合唱隊作爲背景了，因爲它的動作情節不是以這種實體性力量爲基礎，而是以主體的意志和性格以及事蹟和環境的顯然外在的偶然因素爲基礎了。

從這個觀點看，如果把合唱隊看作一種從希臘悲劇起源時代偶然遺留下來的附贅懸瘤，那就是一個完全錯誤的看法。合唱隊的外在根源當然要追溯到酒神祭典的情況。在酒神祭典中，從藝術觀點來看，合唱隊的歌唱是主要的項目，到後來才插進去一位敘述者，在中途打斷合唱隊的歌唱來敘述情節。他由這種敘述者的身分經過演變，後來又提升爲正式發出動作的人物。到了希臘悲劇的繁榮時代，合唱隊之所以還保存下來，並不是對祭神節和酒神祭典中的一個項目表示尊敬，而是因爲合唱隊本身就是戲劇動作情節中一個不可缺少的項目，它在發展過程中形式愈來愈優美，內容範圍愈來愈寬廣。後來悲劇的衰頹主要表現在合唱隊的退化上，它變成不再是整體中一個不可分割的組成部分，而降低爲一種可有可無的裝飾品了。從這一點上就可以看出合唱隊對動作情節的重要性了。對於浪漫型悲劇來說，合唱隊並不合式，浪漫型悲劇並不起源於合唱隊，它的內容也另是一回事。所以每次在近代悲劇中援用希臘合唱隊的嘗試都必然以失敗告終。因爲浪漫型悲劇的起源要追溯到中世紀的奇蹟劇、[313]道德劇以及滑稽劇，而這些老劇種就已不表現原始希臘意義的動作，也不表現世俗生活和宗教生活中未經分裂的單純意識現象。騎士風和君主專政時代題材也不宜於用在合唱隊裡，因爲當時人民處在服從的地位，偶爾牽涉到動作情節裡站在某一邊，也只是爲自己個人禍福利害打算。大體說來，只要所用題材涉及個人情慾目的和性格乃至陰謀詭計，合唱隊就不適用。[314]

---

[313] 奇蹟劇起源於基督教，主題都是基督和聖徒的奇蹟。

[314] 以上說明合唱隊起源於希臘酒神祭典，只有歌唱而無動作。後來加進一個或兩個敘述情節的人物，於是才有動作也才有戲劇。悲劇既產生而合唱隊仍保留，代表當代人民，從尚未分化的單純實體意義出發，處在旁觀的地位對劇情發展發表抒情性的觀感。近代浪漫型悲劇不宜恢復希臘的合唱隊，因爲它不起源於合唱而起源於中世紀的民間劇種即奇蹟劇，重點已移到個別人物性格上，不能代表時代思潮了。合唱隊的作用以及近代劇應否保留合唱隊的問題，在德國啓蒙時代曾引起熱烈討論，歌德和席勒都發表過意見。黑格爾在這些討論的基礎上作了進一步的發揮。合唱隊所涉及的不只是形式技巧問題，更重要的是戲劇思想性的問題。我們的社會主義時代的戲劇也偶爾用合唱隊，但是更常見的是合唱隊的作用由劇中人物兼任，主要原因是劇中人物和劇作者都代表當代人民的思潮而不是站在旁觀地位和它對立，像希臘悲劇中的合唱隊那樣。

與合唱隊相對立的第二個主要因素是互相衝突的發出動作的個別人物。在希臘悲劇裡造成衝突的根源不是惡意、罪行、卑鄙，或是單純的災禍、盲目性之類，而是對某一具體行爲的倫理的辯護理由。事實上抽象的罪惡本身既無眞實性，也不能引起興趣。但是另一方面人們也不應純然故意地把一些倫理品質強加於發出動作的人物身上去，他們的辯護理由必須是絕對本質性的。所以像在近代常見的那些犯罪案件，庸碌的乃至自誇道德高尚的罪犯們以及他們關於命運的那套廢話在古代悲劇裡很少見的，同樣少見的是單憑單純主體方面的旨趣和性格，如統治慾、戀愛、榮譽乃至其他情慾之類去抉擇行動，而這類動機只有從個別人物的特殊性格和自然傾向中才找得出辯護理由。但是這種根據目的內容爲理由來抉擇行動，因爲所要實現的是片面特殊的東西，在本身已含有衝突的眞正可能性的具體情況之下，就會危害對立人物，這個對立人物也根據他的實際情致堅持和力圖實現另一個領域中的倫理原則，從而使同樣有辯護理由的一些倫理力量和個別人物之間的衝突就充分發動起來了。[315]

這一系列的內容儘管可以有複雜的具體分化，按照它們的性質來說，數量也並不很多。索福克勒斯繼埃斯庫洛斯之後，處理得最好的主要矛盾都是城邦政權所體現的帶有精神方面普遍意義的倫理生活，和家庭所體現的自然倫理生活這兩方之間的矛盾。城邦和家庭是悲劇所描述的兩種最純粹的力量，因爲這兩方面之間的和諧和在實際生活中協調一致的行動就構成最完滿的倫理生活的現實。我只需提到埃斯庫洛斯的《復仇的女神們》，特別是索福克勒斯的《安蒂岡妮》[316]就可以說明這個道理。安蒂岡妮尊重家庭骨肉關係和陰曹地府的神，而克里昂卻只尊重天神宙斯，城邦公眾生活和社會幸福的統治力量。在埃斯庫洛斯的《伊菲革涅亞》、《阿伽門農》、《遞獻奠酒的女人們》和《復仇的女神們》以及索福克勒斯的《厄勒克屈娜》等悲劇裡，我們也看到城邦與家庭之間的類似的衝突。阿伽門農作爲國王和統帥，爲了希臘人和遠征特洛伊大軍的利益，犧牲了自己的女兒，因而破壞了父女愛和夫妻愛的關係，而他的妻子作爲被犧牲的女兒的母親，則深心維護這種家庭關係，就使剛回家的丈夫遭到可恥的屠殺去替女兒報仇。國王的太子奧瑞斯特本來尊重母親，卻不得不維護他父王的權利，殺死了親生母。[317]

這種內容對於一切時代都會同樣發生效力，對它的描述，不同的民族都會同樣感到人與人的同情和藝術的同情。[318]

另一類主要衝突是偏於形式方面的，是希臘悲劇家們特別愛用伊底帕斯的遭遇來描繪

---

[315] 以上說明悲劇第二個主要因素，即導致衝突的個別人物。人物導致衝突並不是由於單純的罪行或缺點，而是各持片面的倫理的辯護理由。

[316] 參看第一卷第三章注[120]，關於希臘悲劇可參看羅念生譯的《埃斯庫洛斯的悲劇二種》和《索福克勒斯的悲劇選輯》（人民文學出版社）。

[317] 參看第一卷第三章注[104]。

[318] 以上說明希臘悲劇中最常見的衝突起於城邦政權與家庭兩種不同的倫理關係之間的矛盾。這種基本衝突在任何時代和任何民族中都會引起同情。

的。最完美的例子是索福克勒斯所遺留下來的《伊底帕斯王》和《伊底帕斯在科羅諾斯》。這些悲劇所處理的是人憑清醒的意識和自覺的意志所做出來的事，與人不是憑意志和自覺而是由神旨的決定所做出來的事這兩方面的矛盾，問題在於雙方是否都有辯護的理由。伊底帕斯殺死了父親，娶母親做了妻子，在這種亂倫的婚姻關係中生下了兒女，但是他犯了這種罪行是毫不自覺的，不是出於他的意志的。按照我們近代人的較深刻的意識來判斷，這種不出於自己的認識和意志的罪行就不應該由當事人自己負責；但是造型的希臘人[319]卻要人為他自己所做出來的事負責，並不把人分成兩截，一方面是偏於形式的自覺的主體性，另一方面是客觀存在的人。

最後還另有一些次要的衝突，其中涉及個別人物行動與希臘人所了解的命運之間的一般關係或是它與一些特殊情況的關係。

在這一切悲劇衝突中我們首先必須拋棄關於有罪和無罪的錯誤觀念。悲劇英雄們既是無罪的，也是有罪的。如果認為一個人本來有選擇餘地而他卻任意選上了他所做的那件事，只有在這種情況下他才是有罪的。如果這個看法正確，古代那些造型人物就是無罪的；他們從這種性格和這種情致出發去發出動作，因為他們正是這種性格和這種情致，這裡並無所謂猶疑和抉擇。偉大人物性格的力量正在於他們並不進行選擇，他們自始至終就完全是他們所願望和要實現的那種人物。他們本來是什麼樣的人，就是什麼樣的人，而且永遠如此。這就是他們的偉大處。事實上動作方面的軟弱完全由於單純的主體性和它的內容割裂開來了，因此使性格、意志和目的就不像絕對作爲一個統一體生長起來的。這樣的個別人物既然沒有一個堅定的目的作爲他個性中的實體，作爲他的全部意志中的情致和力量，而活在他的靈魂裡，所以他就左右搖擺、猶豫不決，他的選擇也就會是隨意任性的。造型人物絕沒有這種搖擺不定，對他們來說，主體性格和意志的內容之間的聯繫是不可分割的。推動他們去行動的正是他們自己的在倫理上有辯護理由的情致，而他們辯護這種情致時，就連在他們在互相交鋒的動人的雄辯中，也從來不運用傾吐心曲的主觀語調和由情慾支配的詭辯，而是作爲有修養的客觀人物，義正辭嚴地進行辯論。最擅長於描繪這種人物的深湛，節制和生動優美形象的是索福克勒斯。但是另一方面，這種孕育衝突的情致卻仍把悲劇人物推向破壞性的有罪的行動。對於這種罪行，他們並不願推卸責任。反之，他們做了他們實際上不得不做的事，這對他們還是一種光榮，說這種英雄犯了不能由他們負責的罪行，這就是莫大的誹謗。對自己的罪行負責正是偉大人物的光榮。他們並不願引起憐憫和感傷。事實上使人感動的並不是具有實體性的東西，而是主體方面的人格深化，即主體的苦難，他們的堅強性格和本質性的情致是處於統一體的。這種不可分割的協調一致所引起的並不是感傷而是驚羨。悲劇引起感傷是從幼里庇德斯才開始的。

---

319 「造型的希臘人」和下文「造型人物」指帶有造型藝術特徵的古代希臘史詩和悲劇中的人物，提「造型」也是側重悲劇人物的客觀面貌。

最後，悲劇糾紛的結果只有一條出路：互相鬥爭的雙方的辯護理由固然保持住了，他們的爭端的片面性卻被消除掉了，而未經攪亂的內心和諧，即合唱隊所代表的一切神都同樣安然分享祭禮的那種世界情況，又恢復了。眞正的發展只在於對立面作爲對立面而被否定，在衝突中互圖否定對方的那些行動所根據的不同的倫理力量，得到了和解。只有在這種情況之下，悲劇的最後結局才不是災禍和苦痛而是精神的安慰，因爲只有在這種結局中，個別人物的遭遇的必然性才顯現爲絕對理性，而心情也才眞正地從倫理的觀點達到平靜，這心情原先爲英雄的命運所震撼，現在卻從主題要旨上達到和解了。只有牢牢地掌握住這個觀點，才能理解希臘悲劇。因此，我們也不應把這種結局理解爲一種善有善報，惡有惡報那種單純的道德上的結果，如常言所說的，「罪惡在嘔吐了，道德坐上筵席了」。這裡的問題絕對不在返躬自省的人格的主體方面怎樣看待善和惡，而在衝突如果已完全發展了，人們就會認識到互相鬥爭的兩種力量獲得了肯定的和解，雙方還保持住原有的價值或效力。這種結局的必然性也不是一種盲目的命運，即古代人常提到的那種無理性的不可理解的命運主宰；而是命運的合理性（儘管這種合理性還沒有顯現爲自覺的神旨，神對世界及個別人物所預定的終極目的對神和人都還沒顯現出來），這種合理性就在個別的神和人之上還有一種最高的權力[320]，它不容許片面的、孤立化的，越出自己權力界限的力量以及它們所產生的衝突可以長存下去。盲目的命運卻不然，它把個別人物推回到他們的局限去，把他們毀滅掉。這是一種無理性的強迫力量，一種無辜的災禍，它在觀眾心靈裡引起的不是倫理的平靜而是憤怒。[321]

因此，悲劇的和解和史詩的和解也有分別。例如在荷馬的兩部史詩裡，主角阿基里斯和伊底帕斯都達到了各自的目標，這是理所當然的，但這並不是由於他們的好運氣，他們也曾經歷過有限生存的苦楚，遭遇過許多困難、損失和犧牲，然後才完成了他們的鬥爭過程。事實上眞理一般都要求在生活過程和事態的客觀演變中，就連有限事物的空幻也要跟著顯現出來。阿基里斯的狂怒平息了，他從阿伽門農那裡取回了被奪去的女俘，他向赫克特報了仇，替摯友帕特羅克洛斯舉行了葬禮，他被人推尊爲最光榮的英雄；但是他的狂怒及其平息卻使他失去了最親愛的朋友；爲著帕特羅克洛斯的喪命，要向赫克特報仇，他不得不拋開憤怒，重新投入攻特洛伊城的戰鬥；他雖然被尊爲最光榮的英雄，自己卻有早死的預感。伊底帕斯也是如此。他終於回到伊薩卡故鄉，償了他的心願，但是他是孤零零一個人回去的，在多年

---

320 最高的權力指「理性」，即「永恆正義」，亦即黑格爾所謂「命運的合理性」。他雖沿用Schicksal（命運）這個詞，實際上是否定了宿命論。本來這個詞在西文裡除「命運」的意義以外，還有「遭遇」和「結局」的意思，黑格爾傾向於用後一個意義。

321 結合到人物性格，黑格爾討論了悲劇人物有罪無罪問題，即對他們的衝突所造成的災禍應否負責問題。依黑格爾看，就堅持倫理的理想來說，他們是無罪的；就所堅持的只是片面性的因而是錯誤的倫理理想來說，他們也是有罪的。悲劇的結局是必然的，其所以是必然的，因爲它是合理的。黑格爾既駁斥了善惡報應觀點，又駁斥了盲目命運觀點。悲劇的結局毀滅了堅持片面的倫理力量的個別人物，但恢復了倫理力量的固有效力。這就是理性或永恆正義的勝利。所以它在觀眾中引起的不是悲傷而是驚贊和心靈的平靜。

期待和奮鬥之後，精疲力竭，他的夥伴和特洛伊的勝利品都喪失得乾乾淨淨了。從此可見這兩位史詩英雄都爲有限生存的罪過而付了代價，而在特洛伊的毀滅與希臘英雄們的厄運中司命女神都顯示了她的威權。但是司命女神所體現的是一種古老傳統觀念的公道，她一般只把太高的降低，通過禍來恢復福與禍的抽象的平衡，只觸及有限生存而沒有更深的倫理意義。這就是史詩在人世遭遇中所顯示的公道，即由單純的平衡而達到一般的和解。但是更高的悲劇的和解，卻是一些明確的倫理上的實體性因素擺脫矛盾對立所達到的眞正的和諧。這種和諧一致是通過多種方式達到的。我在這裡只指出一些主要的。[322]

首先應該特別提出：說情致的片面性是衝突的眞正基礎，就等於說這片面性的情致已進入了生動的動作情節，而成爲某一具體人物的唯一的情致。如果要否定這種情致的片面性，就必須消除那個具體人物，因爲他只根據這一個情致發出動作。事實上那個具體人物就只代表一種生活，就不可能作爲這一種生活而單獨地獲得實現，所以他這個人物也就要遭到毀滅。

最完備的發展方式在下列情況下就有實現的可能：互相鬥爭的個別人物們按照他們的具體生活，每個人都作爲整體而出現，所以各自要碰到鬥爭對方的勢力，要損壞對方按照他的生活方式所應尊重的對象。例如安蒂岡妮生活在克里昂政權之下，自己就是一個公主，而且是克里昂的兒子希蒙的未婚妻，所以她本應服從國王的命令。另一方面克里昂也是父親和丈夫，他也本應尊重家庭骨肉關係的神聖性，不應下違反骨肉恩情的命令。所以這兩個人物所要互相反對和毀壞的東西，正是他們在各自生活範圍以內所固有的東西。安蒂岡妮還沒有歡慶自己的婚禮就遭到死亡，而克里昂則喪失了自己的兒子和妻子，兒子因爲未婚妻的死而自殺，妻子又爲兒子的死而自殺。我對古代和近代的優美的戲劇傑作幾乎全都熟悉，每個人也都能夠而且應該熟悉，我認爲從衝突這一方面來看，《安蒂岡妮》是其中一部最優秀最圓滿的藝術作品。[323]

但是悲劇的結局也不應總是通過有關人物的毀滅而消除雙方的片面性，使雙方獲得同等的尊敬。例如人所周知的埃斯庫洛斯的《復仇的女神們》，在結局時奧瑞斯特和復仇的女神們雙方都沒有死亡。這些要懲罰弒母罪行和維護骨肉恩情的女神們是和阿波羅對立的，阿波羅要維護家長和國王的尊嚴和應得的崇敬，曾唆使奧瑞斯特弒母。但是這部悲劇並沒有使奧瑞斯特受到懲處，卻使阿波羅和復仇的女神們都受到崇敬。從這個裁決的結局中，我們也看得很清楚，希臘人在描繪神們互相爭鬥時是怎樣看待神的。對於實際生活的雅典人來說，神只是維護完全和諧的倫理秩序的力量。當時最高法庭的投票結果，雙方的票數相等；代表雅典實體性理想的女護神雅典娜投了最後的決定票，赦免了奧瑞斯特，但是允許了復仇的女神

---

[322] 以上悲劇的和解要比史詩的和解較高一級。史詩的和解是由恢復福與禍的抽象的平衡而達到的，沒有更深的倫理的意義，悲劇的和解則是通過倫理力量的衝突和鬥爭，消除了鬥爭雙方的片面性，恢復了倫理力量的原來的和諧和統一才達到的，所以是絕對理性的體現。

[323] 參看第一卷第三章注[120]。黑格爾把《安蒂岡妮》放在希臘悲劇的頂峰，因爲它最能說明他的悲劇衝突的理論。

們和阿波羅雙方都可以設立祭坫，受人禮拜。[324]

其次，在這種來自客觀方面的和解之外，平衡也可以是來自主體的，這就是發出動作的人物們終於放棄了自己的片面性。但是既然放棄了他們的實體性的情致，他們就會顯得沒有性格了，這正是與造型人物的堅定性不相容的。所以個別人物在這裡只能屈服於一種更高的力量的意旨和命令，因而就他本人來說，他還是堅持了他的情致，不過遭到一種神把它破壞了。在這種情況下，結子並沒有打開，而只是用一種「機械降神」的方式把它拋開了，像在《菲洛可帖特士》悲劇裡那樣。[325]

最後，比這種憑外因達到的結局較好的是內在的和解，動因就是主體自己，所以已接近於近代悲劇的和解方式了。最完善的古代例證是永遠令人驚贊的《伊底帕斯在科羅諾斯》。伊底帕斯在無意中殺了自己的父親，取得了忒拜國的王位，娶了自己的母親，這些不自覺的罪行沒有使他感到痛苦。但是這位善解謎語的老人終於窺測到自己的從前在暗中發生的遭遇，以恐怖的心情認識自己所處的境地。自己的謎語既已解出，他就像亞當，正當他認識到善惡之分時，他就失去幸福了。這位預見者把自己的眼睛弄瞎了，離開了忒拜國，像亞當和夏娃被逐出樂園一樣，從此他這位伶仃孤苦的老人就過著流浪生活了。懷著沉重的心情他到了科羅諾斯，服從一位神的命令，不聽他兒子請他回到忒拜的央求，寧願讓復仇的女神們陪伴他。因此他使自己身上從前的分裂達到和解，淨化了自己。他的瞎眼睛又重見光明了，他的肢體疾病也痊癒了，成了接待他作客的城邦的安全保障。[326]這種在死亡中的大澈大悟，對於他自己和對於我們來說，都顯得是在他的個性和人格本身中所達到的和解。有人想在這裡發現一種基督教的色彩，把伊底帕斯看作一個天神保佑的罪人，他在有限生存中所遭到的厄運憑神恩在死亡中得到賠償了。但是基督教式的和解卻是一種靈魂上的大澈大悟，靈魂已在永恆幸福的聖泉中受過洗禮，就把自己提升到超越自己的實際生活和所作所爲之上，把心本身轉化爲心的墳墓（這是精神所能辦到的事），用自己在塵世間的個性來贖償自己在塵世間所犯的罪過，然後確信自己處在純潔的永恆精神幸福中，受不到塵世罪過的侵襲。至於伊底帕斯的大澈大悟卻不是這樣，它只是從倫理力量互相衝突和破壞中，恢復到這些倫理力量的統一與和諧那種古代人的和解意識。[327]

---

324 參看本章上文3. (2)注。

325 參看第一卷二九二—二九三頁關於菲洛可帖特士的劇情。

326 參看第一卷三二〇—三二一頁和第三章注135。

327 以上通過索福克勒斯的《安蒂岡妮》和《伊底帕斯在科羅諾斯》（黑格爾最推尊的兩部理想的悲劇）以及埃斯庫洛斯的《復仇的女神們》爲例證，說明希臘悲劇中幾種不同的和解方式。一種像《安蒂岡妮》是代表不同倫理力量的人物通過衝突鬥爭，在所遭受的災禍中否定了各自的片面性而恢復到倫理力量的和諧與統一。這是黑格爾所認爲最理想的。另一種像《復仇的女神們》是通過神詔這種外因來達到和解的，鬥爭雙方都沒有遭到毀滅。黑格爾認爲這不如通過人物的內因而達到和解的《伊底帕斯在科羅諾斯》，主角通過對自己罪行和塵世生活的大徹大悟，拋棄過去，重新做人。

在這和解裡還有一個因素，就是主體方面的滿足感，從此我們就可以轉到與悲劇對立的喜劇領域。

2. 我們已經說過，喜劇性一般是主體本身使自己的動作發生矛盾，自己又把這矛盾解決掉，從而感到安慰，建立了自信心。因此喜劇用作基礎的起點正是悲劇的終點：這就是說，它的起點是一種絕對達到和解的爽朗心情，這種心情縱使通過自己的手段，挫敗了自己的意志，出現了和自己的原來目的正相反的事情，對自己有所損害，卻並不因此灰心喪氣，仍舊很愉快。但是另一方面，主體之所以能保持這種安然無事的心情，是因爲他所追求的目的本來就沒有什麼實體性，或是縱然也有一點實體性，而在實質上卻是和他的性格相對立的，因此作爲他的目的，也就喪失了實體性；所以現時遭到毀滅的只是空虛的無足輕重的東西，主體本身並沒有遭受什麼損害，所以他仍安然站住腳。

我們從阿理斯托芬的作品裡，所認識到的希臘古典喜劇的概念大體上就是如此。在這方面我們必須把這種喜劇性是由劇中人物本身感覺到的，還是由聽眾感覺到的，這兩層區別清楚。只有前一種才是眞正的喜劇性，阿理斯托芬就是處理這種眞正的喜劇性的大師。按照這個觀點，劇中人物只有在自己並不嚴肅地對待嚴肅的目的和意志時，才把自己表現爲可笑的人物。所以對於喜劇人物自己來說，他的嚴肅就意味著他的毀滅。因爲他本來就沒有抱定什麼較高的具有普遍意義的，而且可以導致嚴重衝突的旨趣；如果他抱定了這種旨趣，那也只能暴露出他是這樣一種性格，憑這種性格的現實存在，就已使他好像在追求的那個目的歸於幻滅，從此人們就可以看出他實際上並沒有眞心眞意地要實現那個目的。所以喜劇性更多地出現在社會下層的實際生活中，具有喜劇性的人們本來是什麼樣，就只能是那麼樣，不能也不願改變現狀，根本不能有什麼眞正的情致，可是對自己所作所爲卻毫不懷疑。他們同時卻顯得具有一種好像較高明的性格，對投生其中的那種有限生存並不認眞重視，超然於有限生存之上，藐視一切挫折和失敗，保持著堅定的安全感。阿理斯托芬讓我們看到的正是這種精神上的絕對自由，這種隨遇而安、逍遙自在的態度，這種主體方面爽朗心情的世界。凡是沒有讀過阿理斯托芬的人就很難懂得人怎能那樣輕鬆愉快。

這種喜劇的題材範圍並不必限於對立的倫理、宗教和藝術的領域；古希臘喜劇固然都謹守這些客觀的實體性的範圍，但是人物的主觀任意性，一般情況的乖訛和顚倒錯亂，卻使本來好像是爲追求某種較高旨趣而發出的動作歸於失敗了。在這方面阿理斯托芬展現了豐富恰當的材料，有些是關於希臘諸神的，有些是關於雅典人民的。實際上對神加以人格化，使神具有凡人的個性。這種表現方式及其具體細節就根本不符合神的崇高性格及其意義，因爲神並不是凡人，本來沒有凡人所有的那些特殊面貌，現在卻把這些特殊面強加於神，這就變成空洞妄誕的描繪了。但是阿理斯托芬所特別愛嘲笑的還是雅典公民的愚蠢、演說家和政治家的暴戾、戰爭的荒謬，特別是毫不留情地嘲笑歐里庇德斯在悲劇中所宣導的革新傾向。在這些方面他所用的方式都最滑稽而同時卻有最深刻的思致。對體現這些宏偉喜劇內容的人物，他一開始介紹他們，就用無窮無盡的幻想和幽默，把他們描寫成爲傻瓜，使人一看到就知道這種人做不出什麼聰明事來。斯屈列什亞德[328]就是這樣一個傻瓜，爲著要逃債，他去請教哲學家；蘇格拉底也是這樣角色，他竟接受這個逃債戶和他的兒子當學生；酒神也是如此，詩人派他下陰曹地府去找出一個眞正的悲劇作家把他帶回人間[329]；克里昂和希臘的男男女女也都是些傻瓜，他們要從深井裡把和平女神撈上來[330]，如此等等。這些人物使我聽到的一個基調就是，他們愈顯得沒有能力去實現他們在著手進行的事，也就愈堅信自己有這種能力。傻瓜們都是那樣天眞的傻瓜，就連在有點頭腦時，也要露出一點動機與效果的矛盾，他們都有一種自信，不管客觀情況怎樣，他們的那股自信心都永不會消失。這簡直是奧林匹斯山峰上的神們的歡笑的福慧狀態，永遠不起波瀾的平和心境，移置到這種人物胸腑中，於是萬事大吉了。在塑造這些人物中，阿理斯托芬卻從來不是一個冷酷的惡意的嘲弄者，而是一位具有豐富精神修養的卓越的雅典公民、眞正的愛國者，眞心眞意地關心雅典的福利。所以他在喜劇中澈底揭露的，像上文已經說過的，並不是宗教和倫理的東西，而是把極端的乖訛荒謬打扮成具有實體性力量的假象，表現出一些根本沒有什麼眞正實在貨色的外形和個別現象；所以這種人物所暴露的都是赤裸裸的主體方面的遊戲。在揭示諸神即政治和倫理生活的眞正本質與應當實現這種本質內容的雅典公民的主體性之間的絕對矛盾中，阿理斯托芬就揭示出喜劇人物的這種主體性的勝利就是希臘衰頹的最嚴重的病徵，而這些天眞的譃浪笑傲的人物實際上是多才多藝的希臘人民的詩藝所產生的最後的果實。[331]

2. 在轉到近代戲劇藝術中，我還是就大體上進一步指出悲劇、普通戲劇和喜劇三方面的一些古與今的重要差別。

(1) 悲劇在古代造型藝術的崇高階段，仍片面地側重以倫理的實體性和必然性的效力爲基礎，至於對劇中人物性格的個性和主體因素方面卻不去深入刻畫。至於喜劇則用顛倒過來的造型藝術方式來充分補充悲劇的欠缺，突出主體性在乖訛荒謬中自由氾濫以致達到解決。

---

328 斯屈列什亞德（Strepsiades）是阿理斯托芬的喜劇《雲》裡一個主角。這部喜劇把蘇格拉底作爲一個詭辯家而加以嘲諷。

329 見阿理斯托芬的喜劇《群蛙》，酒神闖進了陰曹地府，要找一個眞正的悲劇詩人帶回人間，埃斯庫洛勒斯和歐里庇德斯爭著要當選，前者得勝。

330 見阿理斯托芬的喜劇《和平》，雅典和斯巴達久戰不休，一個農民騎甲殼蟲上天，去找和平女神，聽說她被戰神沉到深井裡去了，便組織人去撈，居然撈起來了。

331 這一節是黑格爾對於希臘喜劇的看法。他舉阿理斯托芬爲例，說明喜劇的出發點在於人物本身的謔浪笑傲、隨遇而安的精神。他所追求的目的或是毫無實體性，或是雖有點實體性，卻和他的性格不符合，他這種人根本不能實現這種目的。實際上他對嚴肅的目的，從來就不抱嚴肅的態度。他只是在遊戲，自己製造矛盾，露出可笑的乖訛和顛倒錯亂，自己挫敗了自己的意志和行動，也終於自己解決了矛盾。解決的方式是很單純的。他本來就不曾嚴肅對待他所追求的目的，目的達不到，對他也毫無損失，所以他跌倒了就爬起來，毫不灰心喪氣，一笑置之，彷彿反而增強了自信心。喜劇人物的喜劇性並不僅在對旁人可笑，主要是對自己可笑。黑格爾認爲喜劇人物大半來自社會下層。其實西方喜劇一向嘲笑社會下層人物已成了慣例，是一種階級歧視。

近代悲劇卻一開始就在自己的領域裡採用主體性原則。所以它用作對象和內容的是人物的主體方面的內心生活，不像古典藝術那樣體現一些倫理力量。在近代悲劇裡，動作情節也通過環境的偶然因素而導致衝突並且決定（或是像在決定）結果。在這方面我們要討論的有下列幾個要點：

第一，人物用作內容去實現的各種目的的性質；

第二，悲劇人物性格本身以及他們所捲入的衝突；

第三，和古代悲劇不同的結局和悲劇和解方式。

1. 儘管浪漫型悲劇的中心點是主體方面的苦難和情慾（用這兩個詞的本義），人類動作畢竟不能脫離家庭、國家和教會這些領域的具體基礎。事實上人一旦發出動作，他一般就要牽涉到一系列的現實特殊事項。但是現在人物的旨趣既然不在上述那些領域的單純的實體性因素，而是要把它具體分化成多種多樣，而且在個別具體分化之中，眞正實體性因素就往往被沖淡到使人認不出。此外，這類目的在近代已改變了形狀。例如宗教範圍的主要題材已不是憑想像把一些倫理力量加以人格化而形成的一些個別的神，和凡人一模一樣，體現於人類英雄的情致，作爲貫注一切的內容意蘊，而是基督和聖徒之類傳記；國家範圍的主要題材是君權，封建貴族的勢力，各王朝之間或同一王朝各派成員之間的鬥爭，以及後來的市民私人之間的法權和其他方面的關係；家庭生活中也出現了古代戲劇中所不曾出現的新因素。在上述幾個領域裡主體性原則既然都要起作用，於是各個領域裡都出現了一些新的動機，近代人就有必要把這些新動機當作目的和動作的標準。

另一方面，主體方面的權利既被看成排他性的內容，於是愛情和個人榮譽等等就被選定爲唯一的目的，至於其他一切或是只形成主體的外在背景，或是和主體心情處於矛盾對立。意義較深刻的題材是違反正義和罪行，儘管劇中人物不一定就把違反正義和犯罪作爲目的，但是爲著達到既定的目的，他就不避免這些。

第三，跟這種個性化和主體性相對立，人物所抱的目的有時也可能具有普遍意義和涉及較廣泛的內容，有時也可能被主體看作本身具有實體性而力圖實現。關於前一情況的例子我想舉歌德的《浮士德》這部絕對哲學悲劇。這裡一方面是對科學知識的失望，另一方面又有塵世生活享樂的活躍氣氛。在大體上這部悲劇企圖對主體的有限知識與絕對眞理的本質和現象的探索，這兩方面之間的矛盾找出一種悲劇式的和解。這個主題提供了極其廣闊的內容，把這種內容放在同一部作品裡處理，除歌德以外，過去還沒有一個戲劇體詩人能辦到這一點。席勒的卡爾・慕爾[332]也同樣攻擊當時整個市民社會秩序和整個世界人類生活情況。在這個一般意義上席勒和他那個時代是不同調的。他的《華倫斯坦三部曲》[333]也同樣涉及一個具有普遍意義的宏偉目的，即德意志的統一與和平。主角不能達到這個目的，因爲他所用的那

---

[332] 卡爾・慕爾，席勒的劇本《強盜》中的主角。參看第一卷二七六及第三章注[74]。

[333] 《華倫斯坦三部曲》，參看第一卷二七六—二七七及第三章注[78]。

些手段是勉強湊合的，只有外在聯繫的，正當危急的時候就遭到破壞不中用了；此外，他的目的不能實現也由於他反抗當時皇帝的威權，皇權的勢力就必然要粉碎他的企圖。像卡爾・慕爾和華倫斯坦所追求的對世界有普遍意義的目的，一般不是由某一個人物所能實現的，而所採取的辦法又是把旁人當作馴服工具，而旁人卻要憑多數人的意志來達到他們自己的目的，有意或無意地要反對他。卡爾德隆的一些悲劇作品也可以作爲對實體性目的的掌握方式的例證。在這些作品中人物把愛情和榮譽等等所涉及的義務和權利，看成和法典一樣固定不移。席勒的悲劇人物儘管從完全不同的立足點出發，往往也有同樣的看法，認爲自己所追求的目的就是爲維護普遍絕對的人權而鬥爭。在他的早年作品《陰謀與愛情》[334]裡，斐迪南少校要反對當時流行的時髦風尚，而維護人的自然權利，特別是向波沙侯爵要求一種不可侵犯的人權，即思想自由。

但是大體說來，近代悲劇人物所依據的指導行動和激發情慾的動力，並不是目的中的什麼實體性因素，而是思想和感情方面的主體性格，他們要力求滿足自己性格中的某些特殊因素。就連在上文所引的那些例子裡，像追求榮譽和愛情的西班牙悲劇英雄們，也是把他們的目的內容看作完全屬於主體性格的，所以它們所涉及的權利和義務都直接吻合他們自己深心中的希望。至於席勒的早年作品中對自然和人權的擁護和改良世界的號召，都更多地是主體方面的熱情和幻想。席勒在晚年作品裡固然企圖使較成熟的情致發揮效用，那也只是想把古代悲劇的原則在近代戲劇中恢復過來。爲著進一步說明古代悲劇和近代悲劇在這方面的差別，我想舉莎士比亞的《哈姆雷特》爲例。這部悲劇的基本衝突很類似埃斯庫洛斯在《遞獻奠酒的女人們》裡，和索福克勒斯在《厄勒克屈娜》裡所用的那種衝突。哈姆雷特也是父親遭到謀殺，母親改嫁了兇手。但是希臘詩人們對所處理的這類衝突有一個倫理的辯護理由，而莎士比亞卻把這類衝突處理成爲一種兇殺罪行，其中母親是無罪的，所以哈姆雷特復仇，只把矛頭針對著行兇的國王，這個兇手身上看不出絲毫值得尊敬的品質。所以眞正的衝突不在於哈姆雷特在進行倫理性的復仇之中自己也勢必破壞這種倫理，而在他本人的主體性格，他的高貴的靈魂生來就不適合於採取這種果決行動，他對世界和人生滿腔憤恨，徘徊於決斷、試探和準備實行之間，終於由於他自己猶疑不決和外在環境的糾紛而遭到毀滅。[335]

(2) 其次，如果從此轉到近代悲劇的最重要的一個方面，即人物性格及其衝突，我們可以把我們的出發點總結如下：

古代古典型悲劇中人物的處境大致如下：如果人物抉擇了一種唯一符合他們已定型的本

---

334 《陰謀與愛情》參看第一卷二七六頁及第三章注75。

335 這一節說明近代悲劇不同於古代悲劇，在於目的內容已由實體性的倫理力量轉到帶有偶然性的人物思想情感的主體性。黑格爾在本章裡特別推尊莎士比亞。他對哈姆雷特的性格分析是就歌德的評論作了進一步的發揮。經過英國詩人柯洛芮基以及後來英國哲學家布臘德萊介紹到英國，近百年來在莎士比亞研究中產生了廣泛深刻的影響。

質的倫理性的情致，他們就必然要和另一種同樣有辯護理由但是互相對立的倫理力量發生衝突；浪漫型悲劇人物卻一開始就置身於複雜的偶然關係和情況之中，可以這樣行動也可以那樣行動，所以由外在情況提供機緣的衝突基本上是由人物性格產生的。人物在他的情慾方面何去何從，並不依據某種實體性辯護理由，而是因爲他生下來就是那種性格，就必然要服從那種性格。希臘英雄們在發出動作時當然也依據他們的個性，但是前已說過，這種個性要達到古代悲劇的高度，它本身就必代表一種倫理性的情致，而近代悲劇中人物不管是做了本身有辯護理由的事，還是做了違反正義和犯罪的事，都是事出偶然，只取決於自己主體方面的願望和需要以及外來影響。在這種情況之下，倫理性的目的和人物性格當然也可能融合在一起，不過由於目的，情慾和主體內心生活的個別具體化，這種融合並不能構成悲劇性的深刻和優美所必有的重要基礎和客觀條件。

關於人物性格本身的差異很難作出帶有普遍性的結論，因爲它是五花八門的，因此這裡只能提出以下幾個要點。一眼就可看到的差異是抽象的，亦即形式的人物性格與現實世界中活著的具體的人物性格之間的對立。作爲抽象人物性格的例證可舉法國和義大利的一些悲劇角色。他們都是由摹仿古代悲劇產生出來的，都是愛情、名譽、光榮、權力慾，和專制之類具體情慾的人格化。他們的行動和動機乃至情慾的品種和深度，都是儘量用宣講式的堂皇辭藻和精巧的修辭技巧渲染出來的，但是這種展覽方式使人回想起的並不是希臘戲劇傑作，而是羅馬劇作家塞內卡[336]的失敗的作品。西班牙的悲劇也愛描繪這種抽象的人物性格。但是其中與榮譽、友誼、君權等等發生衝突的愛情本身就極端抽象主觀，而且把所涉及的權利和義務分辨得那麼斬釘截鐵，如果把這種愛情突出成爲主體的實體性的旨趣，人物性格就不大可能有充分個別具體化的餘地了。不過西班牙悲劇人物往往具有法國悲劇人物所沒有完整性（儘管內容不充實）和拘謹的特色。此外，法國悲劇一般很簡單冷淡，西班牙悲劇與此相反，會憑巧智去創造一些引人入勝的情境和糾紛，來彌補內心生活的貧乏。

最擅長於描繪比較豐滿的人物性格的是英國人，首屈一指的仍然是莎士比亞。縱使主體的全部情致集中在一種單純的形式的（抽象的）情慾上，例如馬克白的政權慾、奧賽羅的妒嫉，莎士比亞也不讓這種抽象的情致淹沒掉人物的豐富的個性，而是在突出某一種情慾中，使人物還不失其爲一個完整的人。莎士比亞在無限廣闊的世界舞台中對醜惡和荒謬接觸得愈深遠，也就愈能使這種醜惡和荒謬的人物顯得並不缺乏詩的修養。他賦予這些人物以智力和想像力，通過形象，使他們把自己當作一種藝術品，對自己進行客觀的認識性的觀照，也就是使他們自己成了自由的藝術家。通過這種魄力充沛的眞實的性格描繪，莎士比亞使我們觀眾對罪犯們乃至極平庸的粗魯漢和傻瓜也感到津津有味。莎士比亞對悲劇人物的描寫方式的特點是：具有個性的、現實的、生動的、高度多樣化的。在必要時他們的語言就顯得崇高雄

---

336 塞內卡（Seneka）西元一世紀羅馬哲學家，一位有名的修辭學家的兒子，寫過《麥德》、《特洛伊人》、《阿伽門農》之類摹仿希臘戲劇作品的悲劇。

壯，顯出內心的深度和創造才能，他們一眨眼就來一個形象和比喻。這裡有一種修辭術，但不是學院式的修辭術，而是出自人物的眞實情感和銳敏觀察的修辭術。就描繪直接生活的生動鮮明與偉大心靈的這種統一性來看，近代戲劇體詩人之中很難找到另一個人能和莎士比亞媲美。歌德在早期固然也顯出類似的對自然的忠實和描繪特徵的細緻，但是在情緒的內在魄力和崇高方面終比不上莎士比亞。至於席勒，他也是在勉強造作中失敗的，在狂飆似的奔放洋溢中沒有抓住眞正的內核。[337]

近代悲劇人物性格的第二個差異是堅定性和搖擺性之間的差異。猶疑不決，反覆思索，作一個決定先仔細衡量正反兩面的理由，這種弱點在古代就已常出現，特別是在歐里庇德斯的悲劇作品裡。不過歐里庇德斯已放棄了希臘早期悲劇在人物和動作情節的描述上，所用的那種圓滿的造型藝術風格而轉到激發主體情緒方面去了。搖擺不定的人物形象在近代悲劇中更經常出現，特別是他們本身有一種雙重化的情慾，牽引他們從一個決定轉到另一個決定，從一種行動轉到另一種行動。我在上文（卷一，第三章「人物性格」這一節）已經談過這種搖擺性，現在只補充一點：如果悲劇動作情節離不開衝突，同一個人身上出現了分裂，他總會感到爲難和猶疑。對立旨趣的分裂有多種原因，有時是神志不清，有時是脆弱和幼稚。在歌德的早年作品中我們還看到魏伊斯林根以及《斯特娜》劇中的斐南多，特別是克拉維哥[338]之類軟弱性格。他們是一批雙重化的人物，不可能有一種定型的和堅定的個性。另一種情況是人物對自己本有信心，但是碰到兩種對立的生活領域或兩種對立的義務之類，雙方都具有同等的神聖性，而他卻被迫要在其中抉擇一種而排除另一種。這種情況之下的猶疑不決只是過程中一點曲折，並不是由於神經系統的毛病。此外，還有一種悲劇情況，儘管用心是好的，但在情慾驅遣之下，卻被推到與原來目的相反的一個目的上去，例如席勒所寫的聖女貞德[339]就是如此。在這種情況下，出路只有兩條：不是憑自己去克服內心的分裂，恢復平衡，就是由分裂走到毀滅。如果用這種內心分裂作為悲劇的槓杆，結果就會引起憐憫、苦痛甚至憤怒，詩人最好避免這種主題而不去找它或用它。

但是最壞的情況是把性格乃至整個人的這種搖擺和猶疑不決當作全部悲劇的描述原則，彷彿要證明世間根本沒有堅定的人物性格就是眞理。這是一種錯誤的藝術辯證法。某種特殊情欲和情慾所決定的片面性目的固然不能不經過鬥爭就達到實現，而在實際生活中環境情況和對立人物的壓力，固然會迫使這種堅持片面性目的的人物體驗到這種片面性目的是有限制

---

[337] 以上說明近代悲劇人物本身的第一個差異，是抽象的形式的性格與具體的豐滿的性格之間的差異。代表抽象性格的是法、義、西、德各國的近代悲劇；代表豐滿性格的是莎士比亞的悲劇作品。這裡所涉及的正是馬克思所強調的莎士比亞化和席勒化的問題。

[338] 魏伊斯林根是歌德的《葛茲・馮・貝利欣根》劇中一個騎士，與葛茲為敵；《斯特娜》是歌德的反映自己愛情遭遇的一部悲劇，克拉維哥是歌德的《克拉維哥》劇中的主角，他為著往上爬而拋棄了所愛的女子。

[339] 即《奧蓮女郎》，參看第一卷第三章注[233]。

的，不能堅持的，但是這種出路應該是客觀事態發展的必然結局，而不應該當作一種辯證機械一開始就放進人物本身裡去發揮作用；如果這樣辦，代表這種主體性的人物就成了只是一種空洞的不確定的形式，他並沒有把確定的目的和確定的性格生動地結合在一起。此外也還有另一種情況，整個人物的內心情況的轉變正是他所特有的那種性格本身的必然結果，這就是一開始就潛在於性格本身中的因素現在才顯露出來而得到發展。莎士比亞的《李爾王》就是一個例子。這位老人固有的癡頑發展成了瘋狂，正如他的忠臣格洛斯托也由精神上的盲目轉變成了肉體的盲目一樣，直到他認出他的兩個兒子中究竟誰孝誰不孝時，他的瞎眼才又睜開，重見光明——莎士比亞的描繪方式與上述專用搖擺不定、本身分裂的人物性格的方式恰恰相反，他向我們提供了始終一致的堅定的人物性格的範例。這些人物遭到毀滅，正是由於他們堅定頑強，始終忠實於自己和自己的目的。他們並沒有倫理的辯護理由，只是服從自己個性的必然性，盲目地被外在環境捲到行動中去，就憑自己的意志力堅持到底，即使他們迫於需要，不得不和旁人對立鬥爭，也還是把所做的事做到底，或則說，「一不做，二不休」。本身符合他們性格的那種情慾的苗頭，前此沒有吐露，現在卻出土了：這樣一種偉大心靈的生展過程，它的內在的發展，對它跟環境情況所進行的毀滅自己的鬥爭及其結局的描繪，這就是莎士比亞的許多最能引人入勝的悲劇作品的主要內容。[340]

3. 我們現在還要談的最後一個要點涉及近代悲劇人物性格所要趨赴的悲劇結局，以及近代悲劇所能達到的悲劇性的和解。在古代悲劇裡，悲劇性的和解是永恆正義，作爲命運的絕對威力，在主宰倫理的實體與本身獨立化的因而互相衝突的特殊的倫理力量這兩者之間的協調。由於永恆正義的權力的合理性，我們在看到有關人物的毀滅時仍然感到安慰（慶賀永恆正義的勝利）。近代悲劇裡如果也出現類似的正義，這種正義就時而由於人物性格和目的的具體分化而顯得比較抽象，時而由於人物堅持要貫徹自己的目的，就不免違反正義和犯罪，這種正義就具有刑法的性質。例如馬克白、李爾王的兩個長女和女婿、理查三世，以及席勒的《陰謀與愛情》裡的主席，以及許多其他類似的人物都由他們暴戾而受到的應得的懲罰。這種結局通常都是當事人物為實現自己的特殊目的，而被置之不顧的那種現實存在的力量所粉碎。例如華倫斯坦是在牢固的皇權基礎上撞死的；而畢哥羅米尼老漢為著維護皇權法統，不惜出賣朋友，損害友誼，也受到喪子的懲罰。葛茲・馮・貝利欣根也是由於攻擊一個有牢固基礎的政治制度而一敗塗地，而擁護這個合法政權的魏伊斯林根和阿德爾海德也由於違反正義和背叛諾言而遭到悲慘的下場[341]。由於著重人物主體性，近代悲劇還要求當事人物顯得和自己的命運達到了和解[342]。這種和解有時可以是宗教性的，即從內心裡認識到塵世的

---

[340] 以上說明近代悲劇人物本身的第二個差異是搖擺的軟弱的性格與堅定的性格之間的差異。前一種的實例是歌德和席勒的早年作品，後一種的實例是莎士比亞的《李爾王》。黑格爾不贊成悲劇用軟弱的人物性格。

[341] 關於華倫斯坦和葛茲，參看第一卷二七六頁正文及第三章注[178]。

[342] 英譯作「當事人物本身還必須顯得承認他們的命運是合乎正義的」。

個人肉體的毀滅保證了一種更高的不可毀滅的神福；有時可以是世俗性的、偏於形式的，即人物憑自己的堅強和鎮定，雖遭到毀滅也不屈服，面對一切災難而仍盡全力去保持他的主體的自由。最後，這種和解也可以有較深刻的意義，即承認災難是由他自作自受的。

此外，悲劇結局有時也可以只是由不利的環境和外界偶然事故所引起的，這種環境和偶然事故只要稍微改變一下，就可能導致圓滿的結果。這種情況只能使我們感到近代人物由於性格的具體分化，以及環境和事態的偶合就得聽任塵世事物無常性的擺布，接受有限事物的命運。但是這是一種空洞無意義的悲觀，它把一切歸原到一種可怕的外在的必然性，特別是在我們看到一個高尚優美的心靈，在和這種外在的偶然的災禍進行鬥爭中遭到毀滅的時候，情況更是如此。事態的這種演變也可以深深地打動我們，但是只能使我們感到陰森恐怖，馬上就使我們祝願外在的偶然事故要能和這種高尚優美人物的內在本質協調一致才好。只有從這個觀點看，我們才能在哈姆雷特和茱麗葉的死亡中感到和解。單從表面看，哈姆雷特的死亡是偶然的，由於在他和拉爾提斯角鬥中，誤換了毒劍。但是事實上在哈姆雷特的心靈深處一開始就已潛伏了死機。有限事物所立足的沙灘並不能使他滿意；從他的哀傷和軟弱、憂愁和憤世嫉俗的表現，我們一開始就看得出他生在這種殘暴世界中是一個死定了的人。在死神還沒有襲擊他以前，內心的厭倦就早已把他撕得粉碎了。茱麗葉和羅密歐兩人也是如此，這兩朵柔嫩的鮮花都種植在不相宜的土壤裡，我們只有哀悼這樣一場美好的愛情竟如此可悲地消逝了，就像一枝含苞的薔薇生在這個偶然世界裡還未破蕊，就被狂風暴雨在好心腸好心眼的無力的營救計謀中一掃而空了。落到我們頭上的只是一種酸辛的和解感：一種在災禍中的不幸超度到極樂世界的過程[343]。

(2)正如詩人們用偶然的方式處理劇中人物的死亡一樣，他們也可以用偶然的方式處理情節的發展，使情況和當事人物達到圓滿的結果，用此來引起我們的興趣，儘管情況的其他因素並不像會導致這樣圓滿的結果，幸運至少和災禍有同等的權利可以出現。如果問題只在幸運和災禍的差別，我倒比較喜歡幸運或圓滿的結果。爲什麼不該這樣呢？我看不出有什麼理由說，單純的災禍，只因爲是災禍，就勝於幸運的收場，除非世間有那麼一些敏感的先生們欣賞的就是苦痛和災禍，覺得苦痛和災禍比他們日常看到的那種不太苦痛的情況還更有趣些。如果興趣就是這樣貨色，那就大可不必費力把劇中人物弄死，放到興趣的祭壇上去作犧牲品。劇中人物本來並不要犧牲自己就可以拋棄他們所追求的目的，或是彼此言歸於好，用

---

343 這一節說明悲劇在結局時對立雙方由衝突而達到悲劇性的和解，可採取各種不同的方式。最普通的是當事人物爲實現自己的特殊目的，而被置之不顧的那種現實存在的力量所粉碎，實際上還是罪有應得，黑格爾舉《華倫斯坦三部曲》爲例。這種和解是客觀方面的代表片面情慾的劇中人物的消滅和正義的伸張。悲劇的和解還有關於人物主體的一面，即從宗教觀點或堅強性格觀點接受自己的命運或是認識到咎由自取。此外，近代悲劇還有一個特點，悲劇的結局有時是外界偶然事故所引起的，不取決於人物性格本身。黑格爾反對這種劇情的發展，但承認哈姆雷特和茱麗葉的死都有偶然性在起作用，不過還認爲死機一開始就潛伏在他們的性格中。

不著造成悲劇的結局。衝突和解決的悲劇性只有在維護較高理想的時候才有必要。如果沒有這種必要，單純的痛苦和災難就沒有什麼辯護理由。這就是介乎悲劇和喜劇之間的普通戲劇和正劇的自然基礎。

普通戲劇和正劇的眞正的詩的立足點我在上文已經談過了。在我們德國，這種中間劇種有時以市民生活和家庭範圍裡動人的情景爲主題，有時描繪騎士風，從《葛茲》出現以來就已成爲時髦了。它的主要題旨經常是道德的勝利。它往往觸及金錢和財產、等級的差別、不幸的戀愛、下層社會小人物的毛病和氣質，總之，每天到處都擺在我們眼前的事物，不在舞台上也可以看到，所不同者在這種有道德傾向的劇本裡，善人總是勝利，惡人總是遭到譴責和懲罰，否則就是悔過，所以戲劇的和解就在這種道德的結局，使人皆大歡喜。這種戲劇的主要興趣在於主體方面的觀點和心腸的好壞。但是抽象的道德觀點愈成爲興趣的中心，結果一方面人物性格所結合的那種情致和目的就愈不是本身具有本質性的，另一方面人物也就愈不能堅持和實現自己的性格。因爲如果把一切都歸原於道德觀點和心腸，在這種主體方面的道德考慮以外，人物性格的其他具體特點或是至少是他的特殊目的的具體特點就不復有支柱了。心腸是可以破裂的，觀點是可以改變的。像考茲布的《仇恨人類和懺悔》和伊夫蘭的劇本中，許多道德場面之類動人的戲劇，嚴格地說，結局既不能說是好的，也不能說是壞的，因爲它經常是恕罪和悔罪。這就涉及革面洗心，脫胎換骨，而這只有高尚性格和偉大心靈才能做到。像考茲布的大多數主角以及伊夫蘭的某些主角都是一些流氓小夥子、二流子之類，本來就什麼事也做不了，現在陡然間發誓要「放下屠刀，立地成佛」。這種改變只能是僞善的或表面的。事情只是暫時對付過去的，但是他會抓住頭一個機會再走回頭路，走到更壞的角落裡去。[344]

(3) 最後，關於近代喜劇，這就特別涉及我在上文談古代喜劇時所已提到的那個帶有本質性的重要差別，這就是劇中人物所表現的愚蠢和片面性是逗聽眾笑還是逗他自己笑的差別。眞正的喜劇家阿理斯托芬的基本原則是喜劇人物逗自己笑。不過在較晚期的希臘喜劇以及羅馬時代普勞圖斯和特林茲[345]的作品裡所採取的就是對立的方向，專逗聽眾笑了。近代鬧劇把這個傾向又推到極端，以致大多數喜劇作品變成單純的散文氣味的笑柄，甚至刻毒到引起反感。舉例來說，法國莫里哀[346]的一些較精妙的喜劇作品裡就有這種毛病。劇中人物都非常嚴肅地追求他們的目的，這就說明了他們的散文氣味。他們用盡了這種嚴肅態度和熱心毅

---

[344] 這一節說明介乎悲劇與喜劇之間的正劇一般都宣揚道德的勝利（即善有善報，惡有惡報），所以結局總是圓滿的。正劇中的人物一般不能堅決維護什麼較高的理想，所以比較容易妥協，即令犯罪，也往往得到寬恕或是表示悔過自新，但是由於性格的軟弱，悔過也是虛僞的。黑格爾對這種「中間劇種」相當鄙視。

[345] 普勞圖斯已見本章前注。泰倫斯（Terenz，西元前194-159）羅馬喜劇家，名著有《兄弟們》、《殺自己的劊子手》等。這兩人對莫里哀的影響很大。

[346] 參看《莫里哀選集》，李健吾譯，中國的人民文學出版社出版。

力去追求他們的目的，到結局時發現希望落了空，不能自由自在地接受失敗而一笑置之，他們成了受欺騙的人，任人加以惡意的嘲笑。莫里哀的《僞君子》（《塔吐夫》）就是如此，其中眞壞人的假面具揭穿了，這並不是逗人笑而是一件相當嚴肅的事，奧干認識到自己受了騙後，感到受了一場大災難的痛苦，最後只有借「機械降神」的伎倆來解決，警官最後向他說：

不用那樣痛哭流淚，閣下，
我們的國王恨透了欺詐，
他看透了人們的心，
一切騙術都騙不過他的眼睛。[347]

就連莫里哀的《慳吝人》那樣頑固的性格也是可厭的抽象品，他那樣極端嚴肅地執著他的狹隘卑鄙的情慾，使他沒有可能從這種桎梏裡把自己的心靈解放出來，像這種性格沒有任何眞正喜劇性的因素。

在這種喜劇裡彌補缺陷的方式，主要是人物性格的精緻描繪和劇情發展的巧妙安排所顯示出的熟練技巧和高明的巨匠手腕。大多數的情節發展是這樣：劇中人物設法欺騙旁人去實現自己的目的，冒充幫助旁人促進他們的利益，而實際上卻把他們引上錯路，結果是僞裝的揭穿導致他自己的毀滅。他的對方往往也使用一種反欺騙的欺騙手段，僞裝眞正相信行騙者的誠實，把他放在同樣受騙的地位：一個騙來，一個騙去，這樣就產生出無數頂有趣的顚來倒去的情境。特別擅長於製造這種情境的是西班牙作家們，他們在這方面提供了許多引人入勝的優秀作品。其中內容不外愛情和榮譽之類，這類題材在悲劇中導致深刻的衝突，而在喜劇中卻一開始就沒有實體性，因而以喜劇的方式遭到了否定，例如驕傲，不願承認實際久已感到的愛情，而到結局時正由於先不承認而暴露出來。最後，在浪漫型喜劇裡，設置和推進這種曲折情節的往往是些奴隸，而在近代喜劇裡則往往是僕人和侍婢。這些僕婢們對他們主子所追求的目的本來就瞧不起，只憑自己的利益打算就去幫助或陷害主子，這樣就出現一種可笑的場面：主子變成了僕婢，僕婢變成了主人，或是由於外因或明確意圖而出現其他喜劇場面。我們觀眾是知道其中祕密的，在看到可尊敬的父親或叔伯成爲詭計和謊言的犧牲品時，我們就由於察覺這種欺騙中的每一個潛伏的或顯露的矛盾而感到很可笑。

一般說來，近代喜劇就以上述方式，時而通過人物性格的描繪，時而通過劇情的喜劇性的曲折糾紛，把喜劇人物及其私人旨趣的偶然的乖訛、可笑的行爲、失常的習慣和愚蠢的表

---

347 《僞君子》第五幕最後一景。「機械降神」是戲劇情節到了不可開交時就用神來解決困難。這裡的國王就執行了機械降神的任務，赦免了罪人。莫里哀在喜劇方面類似席勒在悲劇方面，都是與「莎士比亞化」對立的。

現描繪給觀眾看。這種喜劇裡沒有阿理斯托芬的那種爽朗的謔浪笑傲的精神作爲和解因素而貫串全部作品，使之具有生氣了。它們往往使本身惡劣的事情終於獲得勝利，這就引起了聽眾的反感，例如僕人用詭計騙了主人，子弟用詭計騙了父親和導師，這些老人們本身並沒有什麼很壞的成見或乖僻的性格，也就沒有理由讓旁人把他們年老昏瞶當作笑柄，犧牲自己來讓旁人取樂。

不過除了這種散文氣息的喜劇之外，近代世界也發展出一種與此相反的眞正符合喜劇和詩的本質的喜劇觀點。心情的和悅，接受一切失敗和災禍的謔浪笑傲，在本身愉快的傻瓜丑角的言行和主體性格之中所表現的豪放氣概，在近代又恢復到喜劇基調的地位，因而表現出深刻、豐滿和親切的幽默精神。儘管在範圍上有寬窄之分，在內容意義上有深淺之分，我們在這種喜劇裡又看到古代阿理斯托芬以最完美的方式開創出來的那種喜劇風格。作爲這方面的光輝範例，我只想在這結尾部分再一次舉出莎士比亞，卻不能進行詳細的分析。348

到了喜劇的發展成熟階段，我們現在也就達到了美學這門科學研究的終點。我們原來從象徵型藝術開始，其中主體性在掙扎著試圖把它本身作爲內容和形式尋找出來，把自己變成客觀的（表現出來）。進一步我們就跨進了古典型的造型藝術，這種藝術把已認識清楚的實體性因素體現於有生命的個體。最後我們終止於浪漫型藝術，這是心靈和內心生活的藝術，其中主體性本身已達到了自由和絕對，自己以精神的方式進行活動，滿足於它自己，而不再和客觀世界及其個別特殊事物結成一體，在喜劇裡它把這種和解的消極方式（主體與客觀世界的分裂）帶到自己的意識裡來。到了這個頂峰，喜劇就馬上導致一般藝術的解體。一切藝術的目的都在於把永恆的神性和絕對眞理顯現於現實世界的現象和形狀，把它展現於我們的觀照，展現於我們的情感和思想。但是喜劇把這種精神和物質的同一割裂開來了，於是要外現於現實世界的絕對眞理就無法外現了，因爲，現實世界中一些旨趣（目的內容）都變成獨立自由了，都在受偶然性和主體性支配了，這就破壞了體現絕對眞理於有限現實世界的企圖了。因此，絕對眞理在現實情況下不再和現實生活中的人物性格及其目的達成積極的同一了，而是只以消極的方式發生效力，凡是不符合絕對眞理的事物就會否定（消滅）自己，只剩下單純的主體性在這種否定中還顯出安全感和自信心。

這樣我們現在就已達到了我們的終點，我們用哲學的方法把藝術的美和形象的每一個本質性的特徵編成了一種花環。編織這種花環是一個最有價值的事，它使美學成爲一門完整的

---

348 這一節說明近代喜劇的結局大致有三種。一種是法國莫里哀所代表的主角專逗聽眾笑而自己卻極嚴肅的喜劇，這種喜劇人物的結局大半是假面具的揭穿，他沒有眞正喜劇人物那種逍遙自在的爽朗精神，不能接受失敗或毀滅，所以沒有眞正的喜劇性，也不能有眞正喜劇性的和解。第二種是西班牙人所代表的專以喜劇人物性格的描繪和劇情的巧妙穿插見長的作品，能逗觀眾笑，因爲觀眾能看出喜劇人物自己所看不出的矛盾，所以感到可笑。但是這兩種喜劇都見不出古代喜劇的那種喜劇人物的爽朗精神和豐滿性格。具有這種優點的只有莎士比亞的喜劇。

科學。藝術並不是一種單純的娛樂、效用或遊戲的勾當，而是要把精神從有限世界的內容和形式的束縛中解放出來，要使絕對眞理顯現和寄託於感性現象，總之，要展現眞理。這種眞理不是自然史（自然科學）所能窮其意蘊的，是只有在世界史裡才能展現出來的。這種眞理的展現可以形成世界史的最美好的方面，也可以提供最珍貴的報酬，來酬勞追求眞理的辛勤勞動。因爲這個緣故，我們的研究不能只限於對某些藝術作品的批評或是替藝術創作方法開出方單。它的唯一目的就是追溯藝術和美的一切歷史發展階段，從而在思想上掌握和證實藝術和美的基本概念。

但願在這種基本觀點上我的這部著作能滿足你們的要求。在研究美學這個共同目的上如果你們和我已建立起一種聯繫，而現在就算結束了，我的最後一個願望就是美與眞這種較高的，不可磨滅的理想的聯繫，把我們永遠牢固地結合在一起。[349]

---

[349] 在這段簡短的結束語中，黑格爾一方面說明戲劇到了喜劇發展成熟階段，一般藝術便已解體，因爲藝術的任務就在使絕對眞理顯現於客觀現實事物的形象，喜劇情節主要是片面地受到外界偶然事故和主體對某一情慾的追求，已破壞了藝術所要求的絕對眞理與現實事物形象的統一。另一方面黑格爾說明了自己用的哲學方法是「追溯藝術和美的一切歷史發展階段，從而在思想上掌握和證實藝術和美的基本概念」，「使美學成爲一門完整的科學。」他最後祝願讀者或聽眾和作者在美與眞的理想上建立一種「不可磨滅的聯繫」。這番話也回答了離開歷史發展而追求「美的本質」或「美的概念」的讀者們。

譯後記

黑格爾的《美學》原是作者在十九世紀二十到三十年代在海德堡大學和柏林大學授課的講義。他死後由他的門徒霍托根據他親筆寫的提綱和幾個聽課者的筆記編輯成書，於一八三五年出版。本譯文根據一九五五年柏林出版的由巴森格重編的新版本。

本譯文第一卷早已在一九五九年由人民文學出版社印行。後來譯者忙於其他工作，接著在中國「四人幫」對知識分子實行法西斯專政時期，又擱了十年左右，直到一九七〇年冬才動手續譯。譯完後把全書（包括已出版的第一卷）從頭到尾校改了一遍。除德文版以外，譯者參較了英譯本（鮑甲葵譯的全書緒論部分，奧斯瑪斯通譯全書），俄譯本（斯托爾卜納譯第一第二兩卷，巴波夫補譯完全書）和法譯本（姜克勒維希譯）。原書分三卷，柏林新版合訂成一厚冊。本譯文依英俄法三種譯本分四卷，把原來第三卷分爲上下兩卷。

黑格爾的《美學》是難讀的，主要原因在於這部著作是從作者的客觀唯心主義哲學體系及其辯證法出發的。這套體系極端抽象和艱晦，而且有很多矛盾和漏洞。抽象艱晦的思想體系就必然表達於抽象艱晦的語言，黑格爾所用的並不是一般德國人所慣用的語言。此外，原書既根據提綱和筆記編成，未經作者親自校改，遺漏、重複和錯誤就在所難免。英俄法三種譯文不但和原文都有些出入，而且在原文艱晦的地方，三種譯文彼此懸殊也很大。所以看不懂原文時求救於這些譯本，也不一定就能解決問題。譯起來既有困難，讀起來就不會很容易。

但是難懂並不等於不可懂。如果對黑格爾的哲學體系有一種大致正確的認識，多動點腦筋，《美學》這部著作還是可以讀懂的。反過來說，對《美學》的鑽研也有助於理解黑格爾的哲學體系，因為《美學》是用藝術發展的具體事例來闡明客觀唯心主義及其辯證法的，比起黑格爾的《精神現象學》、《邏輯學》之類著作就較具體易懂。黑格爾在談具體問題時也能寫出簡明流暢的文章，《美學》裡有不少的章節可以證明這一點。恩格斯在一八九一年十一月寫信給康・斯米特說：「為消遣計，我勸你讀一讀黑格爾的《美學》，如果你對這部書進行一點深入的研究，你就會感到驚訝。」細讀《美學》，就可以體會到恩格斯的這句經驗之談，發現這部著作裡足供消遣的東西不少，啟發深思的東西更多。

對於深入學習馬克思主義理論的人，《美學》這部書是值得細讀的。在馬克思主義以前，西方美學和文藝理論的書籍雖是汗牛充棟，眞正有科學價值而影響深廣的也只有兩部書，一部是古希臘的亞里斯多德的《詩學》，另一部就是十九世紀初期的黑格爾的《美學》。在哲學方面黑格爾總結了他以前二千多年的西方思想發展，在美學和文藝理論方面也是如此。馬克思、恩格斯早期都屬於青年黑格爾派，他們所創立的辯證唯物主義和歷史唯物主義，是在工人運動蓬勃發展的新形勢之下，批判繼承黑格爾和他的門徒費爾巴哈等人的結果。這一點恩格斯在《費爾巴哈和德國古典哲學的終結》裡說得最清楚。馬克思、恩格斯在《德意志意識型態》、《神聖家族》、《反杜林論》、《費爾巴哈論綱》以及《費爾巴哈與德國古典哲學的終結》裡，對黑格爾哲學體系進行了系統的澈底的批判。關於黑格爾哲學體系應該批判的是什麼，這個問題可以說已經基本解決了。至於美學這個領域，馬克思、恩格斯早期都極爲關心，進行過一些工作，發表過一些卓越的見解。但是由於他們後來轉到更重要更迫切的經濟學研究和工人運動，雖沒有完全拋棄美學和文藝理論，卻沒有來得及就黑格爾《美學》這部著作進行過系統的批判，或是把他們自己關於美學和文藝理論的一些極其重要的教導加以匯總和總結。後來普列漢諾夫、李夫習茲、路卡契、多列斯和柯赫等人雖作過一些粗淺的嘗試，其中不免有些修正主義色彩。[1]所以對黑格爾《美學》的批判以及對馬克思主義美學，和文藝觀點與黑格爾《美學》淵源關係的清理工作仍有待於今後的馬克思主義者。希望這部《美學》的中譯本可以提供一些必要的資料。

譯者在本書第一卷譯文出版後，即著手編寫《西方美學史》，其中第十五章專門介紹了黑格爾的美學基本觀點，也試圖進行一些粗淺的不完全正確的批判。這些年來一直在思考這方面的問題，日益認識到這項批判工作的迫切必要性和艱巨性。但自量思想水準和暮年精力，都不能把這項工作做好。在這篇譯後記中，爲一般讀者方便起見，只能提供一些掌握黑格爾美學概要的線索。

一、客觀唯心主義的「絕對」和歷史辯證發展的矛盾

《美學》和黑格爾的其他著作一樣，最突出的一點是歷史發展觀點，這也是馬克思、恩格斯首先給以高度評價的一點。《反杜林論》裡有一段評語說：

黑格爾第一次——這是他的巨大功績——把整個自然的、歷史的和精神的世界描寫爲一個過程，即把它描寫爲處在不斷的運動、變化、轉變和發展中，並企圖揭示這種運動和發展的內在聯繫。

較晚的更爲人所熟知的論斷是在《費爾巴哈與德國古典哲學的終結》裡：

……精神哲學又分成各個歷史部門來研究，如歷史哲學、法哲學、宗教哲學、哲學史、美學等等——在所有這些不同的歷史領域中，黑格爾都力求找出並指出貫串這些領域的發展線索；同時，因爲他不僅是一個富於創造性的天才，而且是一個學識淵博的人物，所以他在每一個領域中都起了劃時代的作用。

這裡所說的「運動和發展的內在聯繫」和「貫串這些領域的發展線索」就是辯證法的線

---

❶ 普列漢諾夫對《費爾巴哈與德國古典哲學的終結》作過注釋。李夫習茲編過《馬克思恩格斯論藝術與文學》，有中譯本。多列斯編選過法文本《馬克思恩格斯論文藝》，附有長篇序文。路卡契寫過長文評介黑格爾的《美學》，作爲東德出的一卷本《美學》全書的序論。柯赫著有《馬克思主義美學史》，五〇年代柏林出版。

索。黑格爾辯證法的出發點，是任何事物都含有本身的對立面或內在矛盾，就是這種內在矛盾在推動事物的發展。這個出發點是馬克思、恩格斯所肯定的黑格爾辯證法的「合理內核」。用黑格爾的邏輯術語來說，事物本身和它所含的對立面是「正」與「反」的關係。由於正和反各有片面性，有片面性就不眞實。正本身含著反，要爲反所否定，反也有片面性，不能靜止於反，也要爲正所否定。否定不等於消滅，只有消除兩對立面的片面性，使正與反統一於較高一級的肯定，這種「否定的否定」就是「合」，又叫做「對立面的統一」，這比原來各有片面性的正與反就較爲眞實，就有了發展。但是發展還不靜止於此，這低一級的合又變爲高一級的正，又有它的內在矛盾或對立面，又要經過否定和否定的否定，上升到更高一層的統一，這種由低級到高級的發展過程是理應不斷地進行下去的。

這種辯證法主要有四個優點。第一，它否定了形而上學的靜止觀點和永恆不變觀點，肯定了事物的不斷發展。其次，它肯定了發展的推動力是事物本身的內在矛盾，亦即內因，明確地提出了有矛盾就有鬥爭，有鬥爭才有發展。第三，它肯定了「凡是現實的都是合理的，凡是合理的都是現實的」，這就是說，一切事物的產生、發展和消滅都有必然性和合理性，因爲都是符合辯證規律的。這也就是肯定了凡是合理的就必然變成現實，不合理的現實也必然終歸滅亡。第四，它肯定了世界歷史發展不斷地由低級向高級上升，永遠是在向上前進的。這種樂觀的看法實際上是達爾文的生物進化論以前的社會進化論。

不過黑格爾在哲學思想上是個承先啓後的人物，他雖然有進步的甚至革命的一面，舊時代的保守思想在他身上畢竟留下很深的烙印。這兩對立面在他思想上經常在互相矛盾而沒有得到眞正的解決。單就他的辯證法來說，就有很多這樣沒有解決的矛盾。第一，他雖承認矛盾衝突鬥爭是歷史發展的推動力，卻特別強調妥協調和在解決矛盾中的作用。他從來不承認兩對立面鬥爭中有甲消滅乙或乙消滅甲的可能，而是認爲甲和乙各有所長也各有所短，截長補短才有上升的發展。他所謂「否定的否定」實際上是對各有片面性的兩對立面各打五十大板。各有所「棄」，各有所「揚」，然後才能達到較高一級的統一或較高一級的眞理。他明確地說過矛盾的解決就是調和，他在悲劇論裡曾不厭其煩地企圖說明這個道理。所以他的辯證法是以「一分爲二」（事物本身包含否定自己的對立面）開始，以「合二而一」（兩對立面由互相否定而達到妥協性的統一）告終的。其次，他既肯定事物不斷發展，卻又承認有所謂「永恆正義」和「普遍人性」。第三，他既強調一切現實事物的必然性和合理性，卻在這個藉口之下歌頌當時普魯士君主專制。這一切矛盾都是由黑格爾的市民階級地位和政治態度決定的。他熱情地讚揚過法國資產階級革命，實際上他的思想從這次革命受到了很大的啓發。但是到了雅各賓專政時期他就忍受不住了，表現出絕望和徬徨。這個事實就足以說明他的市民階級的搖擺性和不徹底性。像馬克思和恩格斯關於歌德所說的一樣，黑格爾還沒有擺脫當時德國「庸俗市民」的習氣。

黑格爾辯證法的最大矛盾，還在於他在肯定事物不斷向前發展這個基本原則上發生了搖擺。這個基本原則本是黑格爾辯證法的基本合理內核。恩格斯在《費爾巴哈和德國古典哲學的終結》裡，曾這樣肯定了它：

這種辯證哲學推翻了一切關於最終的絕對眞理和與之相應的人類絕對狀態的想法。在它面前，不存在任何最終的、絕對的、神聖的東西；它指出所有一切事物的暫時性；在它面前，除了發生和消滅、無止境地由低級上升到高級的不斷的過程，什麼都不存在。它本身也不過是這一過程在思維著的頭腦中的反映而已。

這是不斷發展這個大前提所應得出的結論，這也是馬克思主義所得出的結論。但是黑格爾本人並沒有得出這樣的結論，在他的著作中（包括《美學》在內）到處講的正是所謂「絕對眞理」或「最終的絕對的神聖的東西」。他一方面肯定事物的不斷發展，另一方面又認爲這種發展達到「絕對」便算達到止境，因爲「絕對」就不再有和它相對的對立面，就不能再有辯證發展了。在他的思想體系裡，人類精神的發展終止於哲學所認識到的涵蓋一切的「絕對」，也就是終止於他本人的哲學體系；在絕對精神表現於藝術的發展終止於浪漫型藝術，也就是終止於十九世紀西方資產階級中所流行的那種藝術；在絕對精神表現於社會政治的發展終止於啓蒙運動所吹噓的「理性王國」，也就是終止於德國威廉二世的「開明專制」。一句話，世界歷史各個領域的發展都在黑格爾時代的德國就已達到了頂峰和終點。

黑格爾何以得出這樣荒謬的結論呢？這是理解乃至批判黑格爾哲學體系的關鍵要害所

在。一語道破這個關鍵要害所在的還是恩格斯，他的話是這樣說的：

原因很簡單，因爲他不得不去建立一個體系而按照傳統的要求，哲學體系是一定要以某種絕對眞理來完成的。

這就是說，黑格爾哲學體系要求一種涵蓋一切的「絕對」作爲認識的最高峰和終止點，也就是作爲歷史發展的終止點，就是這個「絕對」或終止點扼殺了黑格爾辯證法本來應有的革命因素，這就是黑格爾哲學體系與辯證法之間不可調和的矛盾。

所謂黑格爾哲學體系就是黑格爾所特有的一種客觀唯心主義體系。哲學基本問題是思維與存在的關係，亦即精神與物質或思維主體與客觀世界的關係。問題在於：這兩個對立面，究竟哪個是第一性，哪個是第二性的？是思維產生存在還是存在產生思維呢？對這個基本問題過去有各種不同的答案，就形成了各種不同的哲學派別。最主要的派別實際上就是唯心主義和唯物主義兩家，前者認爲「心」或「精神」是第一性的，而後者則認爲「物」、「存在」或客觀世界是第一性的。唯心主義又分爲主觀唯心主義和客觀唯心主義兩派，前者認爲主體認識造成了客觀世界，後者認爲客觀存在的「理」或規律具體化爲客觀世界。黑格爾屬於客觀唯心主義而同時又是集過去各種唯心主義之大成的。他的出發點是「精神」或「心靈」，不過他所謂「精神」或「心靈」並不是某個人或人類中某一部分人的頭腦的作用或活動，而是超然於「有限的」具有肉體的人類之外、瀰漫宇宙、涵蓋一切的客觀存在的「理」或「理念」（Idee[2]）。客觀物質世界就是由這「理」外化或具體化出來的。「理」是一般，具體事物是特殊。黑格爾的這種客觀唯心主義還是按他的辯證法演化出來的。他認爲抽象的普遍的「理」本身中就含有它的對立面即具體的個別事物。這具體個別事物就是「理」所外化的另一體。「理」在未外化爲具體事物時，只有抽象的普遍性；事物在未受到「理」灌注生氣時，也只有抽象的個別特殊性，都還不算眞實，需互相否定、互相成全，才形成算得眞實的統一體。每一事有每一事的理，順辯證發展的上升次第，理與事各有高低等級，到了最高級，便是涵蓋一切理與事的「絕對」。未外化爲具體事物的抽象的理叫做「概念」。在外化中具體個別事物否定了「概念」的抽象普遍性，事物同時也受到概念的否定，兩者統一，成爲具體的「理念」，理才成爲眞實的理，事物也才成爲眞實的事物。「絕對」或最高理念便是萬物萬理的統一，又叫做「太一」。黑格爾替理念下的定義是：「理念不是別的，就是概念，概念所代表的實在，以及這兩者的統一」，就是這個意思。從此可見，黑格爾的客觀唯心主義實即唯理主義，其要義是理與事的統一，一般與特殊的統一，亦即思維與存在的統一以及哲學與歷史的統一。它否定了康德的不可知論，肯定了一切事物的必然性和合理性以及人類認識的不斷發展。

不過這只是問題的一個方面，問題的關鍵還在於思維決定存在還是思維反映存在。黑格爾不從具體客觀現實出發，而從一整套邏輯概念出發，企圖從邏輯概念推演出客觀世界，實際上是「首足倒置」，顯然是與馬克思主義的反映論相對立的。馬克思在《神聖家族》裡，用一個簡明例子一針見血地駁斥了黑格爾的理念產生客觀世界的謬論，他說：「要從現實的果實得出『果實』這個抽象的觀念是很容易的，而要從『果實』這個抽象的觀念得出各種現實的果實就很困難了。」所以上文引過的恩格斯肯定黑格爾的辯證哲學的那句話：「它本身也不過是這一過程（指客觀歷史發展過程——譯者注）在思維著的頭腦中的反映而已」，這雖是從黑格爾的辯證發展大前提出發本應得出的結論，而實際上黑格爾卻得出了相反的結論。從他的辯證發展大前提得出應得的結論的是馬克思主義創始人。

由於這種「首足倒置」，黑格爾既未解決思維與存在關係的問題，也沒有眞正擺脫康德的不可知論。思維與存在的關係既然「首足倒置」了，而思維所能得到的概念由低級到高級的上升又終止於「絕對」或最高理念。這就對歷史發展和人類認識都劃了止境。止境以內是「此岸」，一切都仿佛可知，止境以外便是「彼岸」，一切便不可知了。有人說，黑格爾的辯證法只能應用於過去，不能應用於未來，也就是指他把未來劃到不可知的「彼岸」。從此可見，黑格爾哲學體系的致命傷就是「絕對」這個概念。這個「絕對」就把他的本來帶有革命性的辯證發展觀點扼殺了，教人安於現存秩序，對未來極端悲觀。辯證發展是無限的，不

❷ 這個詞本義是「印象」或「觀念」，引申爲柏拉圖的「理式」和黑格爾的「理念」，客觀唯心主義實際是唯理主義。

能說到了時間上某一階段就達到「絕對」的高峰或終止點。「絕對」與「相對」是統一的，不能離開「相對」而有所謂「絕對」。世界歷史不斷向前發展，人類認識也就不斷提高和深入。這個道理恩格斯在《費爾巴哈與德國古典哲學的終結》裡反覆闡明過：

馬克思主義者承認，在絕對的總的宇宙發展過程中，各個具體過程的發展都是相對的，因而在絕對眞理的長河中，人們對於在各個一定發展階段上的具體過程的認識只具有相對的眞理性。無數相對的眞理之總和，就是絕對的眞理……客觀現實世界的變化運動永遠沒有完結，人們在實踐中對於眞理的認識也就永遠沒有完結。

從此可知，馬克思主義的認識論否定了在某一發展階段中，人類認識就已達到了黑格爾所說的「絕對」；它也否定了客觀世界有什麼不可知的「彼岸」，隨著歷史的發展，人類通過實踐會不斷地把未知的變成可知的。有了這種認識，黑格爾的不斷向上發展的辯證法的「合理內核」便可發揮效用了。

二、《美學》的結構，美的定義：「理念的感性顯現」，理性內容提到第一位

以上我們費了一些篇幅說明，黑格爾辯證法的合理內核與他的客觀唯心主義哲學體系的

基本矛盾，因爲這是理解和批判黑格爾的《美學》都必須抓住的綱，因爲《美學》是他的辯證法和客觀唯心主義哲學體系的具體運用。

《美學》是從概念或基本原則出發，來推演出藝術發展具體情況的。第一卷講的便是藝術美的基本原理。第二卷從藝術類型觀點追溯象徵型、古典型和浪漫型三種藝術的特徵及其歷史發展。第三卷從三種類型中代表藝術門類出發，討論建築、雕刻、繪畫、音樂和詩（包括戲劇）這些門類藝術的特徵及其歷史發展。原第三卷的論詩部分在本編中劃入第四卷。論詩部分特別重要，因爲黑格爾認爲詩是一切藝術的共同因素，一切藝術裡都必有詩，一切藝術發展階段都必出現詩；詩也是黑格爾本人研究較深的一門藝術，所以論詩部分是《美學》這部著作的精華所在，與第一卷有同等重要性。黑格爾所理解的詩其實就是文學或「語言的藝術」。

黑格爾的全部美學思想都是從藝術用感性形式表現理性內容這一基本原則推演出來的。藝術的特徵是美，所以他替美下的定義也就是藝術的定義，原文如下：

> 眞，就它是眞來說，也存在著。當眞在它的這種外在存在中直接呈現於意識，而且它的概念直接和它的外在現象處於統一體時，理念就不僅是眞的，而且是美的了。美因此可以下這樣的定義：美就是理念的感性顯現。

這裡「理念」就是「意蘊」，也就是內容；「感性顯現」是不假抽象思考而直接呈現於感官的具體形象，也就是形式。這兩方面的統一，就成了美的藝術。美必同時是眞，但藝術的眞與哲學的眞不同；哲學的眞是憑哲學思維從個別具體事例中推演出普遍原理而得來的；藝術的眞卻是直接憑感官從具體形象感知的。這種分別主要來自抽象思維與形象思維的分別，抽象思維屬於理性認識，形象思維屬於感性認識。黑格爾沒有看到感性認識與理性認識的密切聯繫，把兩者劃分得過死。仿佛藝術就絕對排除抽象思考，這是近代西方一般唯心主義美學家的通病，這一點下文談哲學取代藝術時還要談到。

藝術的首要因素是理性內容，這是黑格爾一貫堅持的。問題在於這種理性內容如何產生，又如何出現於藝術。黑格爾把這種理性內容追溯到他所說的「世界情況」。在他看，一般世界情況就是「藝術中有生命的個別人物所藉以出現的一般背景」，是「把心靈現實的一切現象都聯繫在一起的」，即「教育、科學、宗教乃至於財政、司法、家庭生活，以及一切其他類似現象的情況」的總和，總之，一般世界情況就是某特定時代的社會文化背景。一個時代的社會文化背景就形成當時流行的精神方面的「普遍力量」，黑格爾把它稱作「神」，也就是一個時代中大多數人所共有的宗教、道德、政治等方面的準則或人生理想。他認爲世界情況需結合具體情境，具體化爲人物性格，體現於動作，揭開矛盾，導致衝突和解決。普遍力量在人物性格上所形成的主觀情緒或人生態度叫做「情致」。「情致」就是「存在於人的自我中而滲透到全部心情的那種理性內容」。這種內容爲數不多，就是「戀愛、名譽、光榮、英雄氣質、友誼、親子愛之類的成敗所引起的哀樂」。例如莎士比亞的《哈姆雷特》悲劇所表現的「一般世界情況」是文藝復興時代社會文化背景，「情境」是這位王子的母親和他叔父通姦，殺害了他父親，「情致」是王子在企圖報仇中在當時流行的人生觀和倫理觀所形成的那種錯綜複雜的心情。在具體情境中，不同的人物性格可以代表不同的理想，例如這人代表政權王法，那人代表家庭骨肉恩愛，就會發生矛盾衝突，推動情節的發展。

三、在改造自然中實現自我，環境的「人化」和人的「對象化」；實踐觀點的萌芽

馬克思和恩格斯說過，「黑格爾常常在思辨的敘述中作出把握事物本身的、眞實的敘述」，這就是說，他根據客觀唯心主義邏輯推演出來的論斷往往符合客觀事實。他對於文藝反映一定時代社會文化背景的看法就是一個例子。從理念推演出客觀世界，這當然是「首足倒置」，但其中也還含有一方面的眞理。列寧在《哲學筆記》裡曾肯定了這一點：「觀念的東西轉化爲實在的東西，這個思想是深刻的，對於歷史是很重要的，並且就是從個人生活中也可看到，這裡有許多眞理」。列寧在這裡是從「意識反過來影響存在」或「精神轉化爲物質」這個馬克思主義的觀點來看問題的。這個問題涉及黑格爾的主體與客觀世界統一的看法，也涉及他對實踐與文藝關係的看法，値得特別注意。他在敘述人作爲主體與客觀世界的關係時說：

「有生命的個體一方面固然離開身外實在界而獨立，另一方面卻把外在世界變成爲他自己而存在的：他達到這個目的，一部分是通過認識，即通過視覺等等，一部分是通過實踐，使外在事物服從自己，利用它們、吸收它們來營養自己，因此在他的『另一體』裡再現自己」。「只有在人把他的心靈的定性納入自然事物裡，把他的意志貫徹到外在世界裡的時候，自然事物才達到一種較大的單整性。因此，人把他的環境人化了，使那環境可以使他得到滿足，對他不能保持任何獨立自在的力量。」

人還通過實踐的活動，來達到爲自己，因爲人有一種衝動，要在直接呈現於他面前的外在事物之中實現他自己，而且就在這實踐過程中認識他自己。人通過改變外在事物來達到這個目的，在外在事物上面刻下他自己內心生活的烙印，而且發現他自己的性格在這些外在事物中複現了。

這裡幾段引文代表黑格爾的主客體統一的中心思想，他是從認識與實踐的密切關係來考慮這個問題的。人在認識和實踐中就和外在世界打成一片，按自己的意志和性格來改變外在事物，使它們變成爲自己服務的，這樣就使環境人化了，在客觀世界上打下人的烙印了。同時人就在這實踐過程中認識自己、再現自己、肯定自己。值得注意的是在馬克思主義以前，黑格爾已把實踐的觀點提到重要的地位，馬克思在《關於費爾巴哈的提綱》裡曾指責費爾巴哈派唯物主義對事物「不從主體方面和實踐方面去理解，卻讓唯心主義抽象地發展了能動的

（即實踐的、主體的）方面」。這裡所說的唯心主義當然也包括黑格爾。他確實開始認識到主體方面實踐的重要性，隱約見到馬克思所說的「環境的改變和人的活動的一致」。他的美學思想確有實踐觀點的萌芽，他舉過一個淺顯的例子，說明藝術如何使人在外在事物中進行自我創造：

> 例如一個男孩把石頭拋在河水裡，以驚奇的神色去看水中所現的圓圈，覺得這是一個作品，在這作品中他看出他自己活動的結果。這種需要貫串在各種各樣的現象裡，一直到藝術作品裡的那種樣式的外在事物中進行自我創造。

所謂「自我創造」就是「自我肯定」或「自我實現」。馬克思在《爲〈神聖家族〉寫的準備論文》裡把這種自我創造和勞動聯繫起來說：

> 黑格爾把人的自我產生看作一種過程……這就是說，他看出了勞動的本質，他把對象性的（客觀的）人，眞正現實的人，看作他自己勞動的產品。

這就是說，他看出勞動的本質在於人在改變自然中產生自己、實現自己。這種思想黑格爾在談「英雄時代」最適合理想藝術時說得更清楚：

英雄們都親手宰牲畜、親手去燒烤、親自訓練自己所騎的馬，他們所用的器具也或多或少是親手製造出來的，犁、防禦武器、盔甲、盾、刀、矛都是他們自己的作品，或是他們都熟悉這些器具的製造方法。在這種情況之下，人見到他所利用的……一切東西，就感覺到它們都是他自己創造的，因而感覺到所要應付的這些事物就是他自己的事物，而不是在他主宰範圍之外的異化了的事物。

總之，到處都可見新發明所產生的最初歡樂，占領事物的新鮮感覺和欣賞事物的勝利感覺……在一切上面人都可以看出他的筋力，他的雙手的靈巧，他的心靈的智慧或英勇的結果……

不過這種重視勞動的思想在《美學》中只偶露萌芽，黑格爾的基本思想還是把人的自我實現看成是「理念」的自生發展或「外化」，所以馬克思在上引論文裡指出了這個局限性說：「黑格爾只知道而且只承認勞動的一種方式，即抽象的心靈的勞動」。❸

四 《美學》作爲藝術史大綱：三大歷史階段和三種藝術類型

《美學》不僅是一部美學理論著作，也是一部藝術史大綱。黑格爾把人類文化發展史看作人類精神逐漸征服自然的歷史。在原始時代，人類處在蒙昧狀態，精神還未醒覺，與自然一樣只是「自在」的。文化開始發展以後，人才逐漸有自意識，感覺自己與自然的分別和對立，要憑自己的認識和意志去影響自然、改變自然，這時人才成爲不僅是「自在」的，而且是「自爲」亦即「自覺」的。精神達到自覺，不但外在事物成爲人類認識和實踐的對象，而且人本身也由認識的主體變爲認識的對象，亦即變爲客觀存在的一部分。隨著文化的發展，人類精神在自覺方面也在發展，主要在於駕馭自然的能力日漸提高。理想的境界是精神能得心應手地運用自然，使精神與自然（亦即主體與客體）融合成爲和諧的統一體。藝術處在精神發展中的初級階段，與藝術對立的是宗教，宗教處在中間階段，這兩對立面的統一便構成最高階段的哲學。藝術既然是「理念的感性顯現」，也就是精神與自然統一的一個事例，因爲理念或理性內容來自精神方面，而感性形式來自感官所接觸的自然方面。這兩方面的關係可以處理得恰到好處、達到理想，也可以有所偏重，時而偏重感性自然即形式方面，時而偏重主體精神即內容方面。黑格爾就根據這些差異把藝術發展分爲三種類型，亦即三個階段。

最初的階段是象徵型藝術。在這個階段，人類剛擺脫蒙昧狀態，精神還沒有完全達到自覺，對於理性內容還只有一種朦朧的認識，因而找不到適合的感性形式去表達它，只能採用

---

❸ 關於這一節，請參看拙著《西方美學史》「結束語」部分爲新版補寫的《形象思維：從認識和實踐的觀點來看》一文。

符號來象徵朦朧認識到的精神內容。例如印度婆羅門教的「梵」只是一種沒有任何定性的渾然太一，由它本身推演不出任何具體形象來，於是就憑偶然的聯繫，把牛、猴之類動物當作「梵」來崇拜。內容既不明確，就很難說形式對內容是否適合。典型的象徵藝術是印度、埃及、波斯等東方民族的建築，如神廟、金字塔之類。這種藝術一般是用形式離奇而體積龐大的東西來象徵一個民族的抽象理想，所產生的印象往往不是內容與形式和諧的美，而是巨大物質壓迫心靈的那種「崇高風格」。總之，象徵型藝術在理性內容方面是不明確的，在感性形象方面是不適合的，而兩者的結合所用的象徵方式是牽強的，所以不符合藝術的理想。這種缺陷終於導致象徵型藝術的解體，過渡到較高類型的古典型藝術。❹

古典型藝術的特徵就在理性內容和感性形象達到了完滿的和諧一致，內容中沒有什麼沒有表現出來，而形象中也沒有什麼不是表現內容的。其原因在於人類已達到完全的自覺，對自己和對客觀世界都有了明確的認識。最典型的古典型藝術是希臘雕刻，在希臘雕刻裡，神總是作爲人而表現出來的。人首先從他本身上認識到神或絕對，人體既是精神的住所，所以也是精神的最適合的感性顯現形式。雕刻只表現靜態而不表現動作，它所表現的精神一般是靜穆和悅的。黑格爾把這種古典型藝術尊爲理想的藝術。但是精神是無限的、自由的，而古典型藝術用來表現精神的人體形式畢竟是有限的、不自由的。這種矛盾終於導致古典型藝術的解體和浪漫型藝術的產生。

黑格爾所理解的浪漫型藝術，就是從中世紀開始的在基督教統治之下的西方資產階級的藝術，不限於十八九世紀之交的浪漫運動。在浪漫型藝術裡，精神回到它本身，有自意識的人回到他的「自我」，沉沒到自己的內心生活中去，因而和外在客觀世界對立起來，採取了藐視現實的態度，憑創作主體個人的意志和願望對客觀世界的感性形象任意擺弄，這樣就失去了藝術內容與形式兩方面應有的和諧一致，同時，由於出發點是自我中心和個人主義，浪漫型藝術中的人物性格就不再像古典型人物性格那樣體現倫理、宗教和政治的普遍理想，而只體現主體個人的意志情感和願望。近代人的靈魂是一種分裂的靈魂。近代藝術中的衝突也主要是人物性格本身分裂的衝突、情感的激動和悵惘，不再有古典型藝術的那種靜穆和悅氣象。古典型藝術經常避免的罪惡、痛苦、醜陋之類消極現象，在浪漫型藝術裡卻占了很大的地位。

這種精神本身的分裂以及它與客觀世界的分裂，依黑格爾看來，不僅要導致浪漫型藝術的解體，而且要導致藝術本身的解體。從此人類就不能滿足於從感性形象去認識理念，精神就要進一步脫離物質，專注於精神本身，以哲學的方式去認識理念了。黑格爾雖不曾明說藝術終將滅亡，但他對於藝術的未來是極其悲觀的，他的話是這樣說的：

---

❹ 象徵（Symbolismus）即中國詩論中「比」的一種用法，是文藝用形象思維的一種起點，所以第二卷論象徵型藝術部分是研究形象思維的一種重要資料。象徵型藝術與原始神話分不開，和近代象徵主義流派有關聯而實質不同。

我們儘管可以希望藝術還會蒸蒸日上、日趨於完善，但是藝術的形式已不復是心靈的最高需要了。我們儘管覺得希臘神像還很優美，天父、基督和瑪利在藝術裡也表現得很莊嚴完美，但是這都是徒然的，我們不再屈膝膜拜了。

這種聲調畢竟是替藝術唱輓歌的聲調！

五、哲學取代藝術說，唯心史觀與唯物史觀的對立

黑格爾何以把藝術導致死胡同裡呢？這是由於他始終只能從資產階級的唯心史觀看問題，他處在西方資產階級上升時代，當時資本主義的禍害已開始暴露，在生產關係方面勞資對立日益尖銳化；在生產方式方面日益精密的分工制阻止了個人的全面發展，年復一年地拘守某一零件的機械操作，嘗不到創造事物和改變世界的樂趣；在社會關係方面，人，從自私自利的個人主義出發，爾虞我詐，鬧得個人與社會完全脫節。這些情況都不利於文藝的發展。關於這一點黑格爾是認識得很清楚的，他對於近代「工業文化」作過如下的描繪：

需要與工作（即勞動——譯者注）以及興趣與滿足之間的寬廣關係已完全發展了，每個人都失去他的獨立自足性而對其他人物發生無數的依存關係，他自己所需要的東西或是完

> 全不是他自己工作的產品，或是只有極小一部分是他自己工作的產品。還不僅此，他的每種活動並不是活的，不是各人有各人的方式，而是日漸採取按照一般常規的機械方式。在這種工業文化裡，人與人互相利用、互相排擠，這就一方面產生最酷毒狀態的貧窮，一方面產生一些富人。

從工業文化中的嚴格分工、利己的個人主義，以及貧富懸殊這些弊病見出資產階級文藝勢必趨於解體，黑格爾大體上是正確的。馬克思和恩格斯後來也著重地指出過資本主義社會情況不利於文藝的發展，把這一點看作資本主義必須推翻而代以共產主義的理由，並且展望到在共產主義社會中文藝將達到空前的繁榮。黑格爾卻從資產階級文藝的解體就斷定文藝本身也就必然解體。這種論斷是不能成立的。首先這種論斷就否定了黑格爾本人的辯證發展由低級逐漸上升到高級的觀點。象徵型藝術和古典型藝術不是也都有過解體階段而過渡到較高一級的新型藝術嗎？何以浪漫型的資產階級藝術解體之後就不能過渡到更高一級的新型藝術呢？黑格爾的答案是，藝術從此就要讓位於更高級的精神活動即哲學。他顯然忘記了他所奉爲理想的希臘古典藝術是和同樣繁榮的希臘古典哲學並存過的。他想像不到資產階級文藝解體之後還會有更高一級的社會主義文藝，和他看不到資本主義社會解體之後還會有更高一級的新型社會，理由是一致的，都要推原到他的唯心史觀。這種唯心史觀是和馬克思主義的唯物史觀直接對立的。依馬克思主義的唯物史觀，推動歷史向前發展的首先是經濟基礎或生產關係的總和，其次是法律的政治的上層建築，第三是藝術、宗教、哲學、倫理教條和政法觀點之類意識型態，是適應經濟基礎與上層建築的，雖然也對經濟基礎起重要的反作用，畢竟是第二性的。幾千年來的世界歷史發展都證實了這種辯證唯物史觀的正確性。黑格爾的唯心史觀則與此相反，推動歷史發展的不是生產實踐和經濟基礎而是精神基礎，歷史發展就是抽象概念或人類理想「外化」或「具體化」爲客觀世界的過程，而這過程終止於絕對理念，如上文已經解說過的。藝術發展之有止境，正因爲黑格爾眼中的人類精神的發展有止境。藝術發展在人類精神發展中只處在初級階段而且是局限於初級階段的。整部世界文藝史已澈底推翻了這種荒謬的悲以論調。

黑格爾的思想體系的階級烙印是很明顯的。他始終是站在德國具體社會情況下的資產階級立場來歪曲歷史發展的。他繼承啓蒙運動所鼓吹的理性和自由的餘緒，幻想資產階級的理性和自由這層外衣所掩蓋的個人主義在任何時代都是最高準則。他眼看當時資產階級現實生活並沒有所謂理性和自由，而只有個人主義所產生的種種醜惡現象，於是又幻想過去希臘時代曾經有過這種理性的自由。他所景仰的德國詩人席勒曾經把古希臘作爲他逃避現實的避風港。他本人也是如此，不但把希臘古典文藝懸爲理想，而且認爲荷馬所寫的「英雄時代」（亦即奴隸制開始的時代）的英雄人物性格都以他所說的「獨立自足」（亦即自由）爲特徵。「英雄時代」的好處，據說就在社會理想還沒有僵化爲束縛個人自由的呆板的政法制度和道德信條，個人還可以憑自己的認識和意志去行事，能替自己的行爲負責。黑格爾的英雄人物當然只限於奴隸主。即使奴隸主也還要依靠剝削奴隸的勞動。個人「獨立自足」這種反社會的口號，在任何社會裡都是反動的，而且也不可能成爲事實的。

六、自然美和藝術美的區別

接著還要約略提一下藝術美與自然美是否對立的老問題。黑格爾把他的《美學》看作「藝術哲學」，藝術以外的美當然不在他的討論範圍之內。他並沒有完全抹煞自然美。《美學》第一卷第一章就專門分析自然美，而且美的定義「理念的感性顯現」中的「感性」因素就屬於自然，爲藝術表現所必不可少的。不過他輕視自然美卻是事實。他說得很明白：

> 藝術美高於自然美，因爲藝術美是由心靈產生而且再生的（心靈就自然材料加工，表現爲藝術作品——譯者注），心靈及其產品比自然及其現象高多少，藝術美也就比自然美高多少。
>
> 自然美只是屬於心靈的那種美的反映，它所反映的只是一種不完全、不完善的形態。

舉例來說，荷蘭的風景畫和風俗畫所反映的只是平凡的自然。這種平凡的自然並不是因爲它本身有美的價值，而是因爲它反映了荷蘭人民和自然與外來侵略作過長期英勇鬥爭，才獲得自由和繁榮後所感到的欣慰和自豪感。在這個意義上，自然美其實還是一種雛形的藝術美，也必須含有精神因素。黑格爾還認爲人類愈向前發展，精神（即心靈）也隨之發展，標誌之一是自覺性愈來愈高，標誌之二是藝術愈來愈降低物質作用，提高精神作用，例如建築、雕刻、繪畫、音樂和詩這些主要藝術門類的演進，就是逐漸貶低物質因素而提高精神因素的過程。

七、《美學》的歷史背景，它在歷史上的進步意義和局限性

以上是黑格爾思想體系特別是美學思想的一些主要線索，我們看到其中矛盾重重，有成功的方面也有失敗的方面，有積極的方面也有消極的方面。這些都不能孤立地看，需結合當時社會背景來看。黑格爾處在十八和十九世紀之交，在西方歷史上是一個大轉變、大動盪的時代。最大的事件是法國啓蒙運動及其直接後果，法國資產階級革命。黑格爾從這一偉大時代潮流受到了積極的影響，幫助他形成了辯證發展的歷史觀和資產階級的自由和理性的理想。他所出生的德國在政治經濟方面都還很落後，在長期封建小朝廷割據紛爭之後，普魯士才開始統一德國，逐漸建成軍事帝國。社會基本上還處於封建型，資產階級還在依附封建力量，極爲軟弱。農工商各業都遠遠落後於英法，到十九世紀三十年代即黑格爾死後，德國才開始有大工業和工人運動。黑格爾當然不可能瞭望到未來的工人運動和無產階級革命。在階

級地位上他屬於軟弱的資產階級，但力求迎合普魯士王國的政治制度和理想。這就說明了他在思想上有很大的保守性和妥協性。在文化方面當時德國處境也很特殊。馬克思在《政治經濟學批判》導言裡，在提到物質生產和藝術生產不平衡時說過：「某些有重大意義的藝術形式只有在藝術發展的不發達階段上才是可能的……在整個藝術領域同社會一般發展的關係上（也）有這種情形」，古希臘是一個例證，近代德國也是一個例證。德國當時政治經濟狀況儘管很落後，哲學和文藝的繁榮都達到了近代西方的高峰。這種不平衡狀態曾引起過一些疑問和爭論，其實馬克思主義創始人早已作了解答。恩格斯在《德國的局勢》一文裡是這樣說的：

> 一切都已腐朽、衰頹，在迅速崩潰，連最微細的好轉希望也沒有……唯一好轉的希望在文學。（「文學」和下文「世界文學」都泛指一般文獻。——引者）

這就是說，一般德國知識分子在當時社會落後狀態之下，只有文化事業一條出路，這方面還有美好的希望。

此外，上述不平衡的發展單在德國本身還得不到完滿的解答，還要結合到德國以外的世界情況。馬克思、恩格斯在《共產黨宣言》裡，也就世界市場的形成情況對此作了解答：

> 過去那種地方的和民族的自給自足和閉關自守狀態，被各民族的各方面的互相往來和各方面的互相依賴所代替了。物質的生產是如此，精神的生產也是如此。各民族的精神產品成了公共的財產。民族的片面性和局限性日益成爲不可能，於是由許多種民族的和地方的文學形成了一種世界的文學。

世界文學既已形成，研究一個作家及其作品，不能片面孤立地從他所出生的那個國家和時代著眼，必須研究他所受到的全世界範圍的文化及其歷史的影響。黑格爾和歌德一樣，都是當時德國最淵博而且最敏感的學者，即是說，他受到了世界範圍的文化影響既廣且深，是文藝復興的繼承人，啓蒙運動的參與者，過去西方哲學的集大成者。當時已開始進入帝國主義時代，資產階級正在進行地理探險和殖民擴張，西方知識分子也日益放眼世界，到處尋求精神食糧，接觸到埃及、印度、波斯、中國乃至北美印第安族的文化，進行了大量翻譯和介紹。這方面德國學者的貢獻是很突出的。民歌和中世紀文物搜集和研究對當時浪漫運動也起了促進作用。溫克爾曼、萊辛和希爾特諸人對古代造型藝術（特別是希臘雕刻）的研究掀起了崇拜希臘古典的風氣，把十五六世紀文藝復興運動推進了一步，由此把拉丁古典文藝復興推進到希臘古典文藝復興。當時百家爭鳴風氣空前活躍。例如長達百年之久的古今優劣之爭到黑格爾時代還沒有結束。總之，黑格爾是在歐洲政局大動盪，學術空氣極濃厚的形勢中培育出來的，在哲學、歷史哲學、文藝作品及其理論各方面，都有比前此學者遠較廣闊的視野和遠較強大的促進動力，否則《美學》這部著作是寫不成的。他的成就是歷史發展理應達到的結果。

《美學》這部著作的基本矛盾和局限，上文在討論各個問題中已約略指出，它究竟有沒有值得借鑑和批判繼承的地方呢？

要解答這個問題，最穩妥的途徑是細心鑽研馬克思主義創始人關於文藝方面的論著。他們都細心閱讀過黑格爾的《美學》，對黑格爾進行過深刻的批判，肯定了他「把世界描寫爲處在不斷的運動變化、轉變和發展中，並企圖揭示這種運動和發展的線索」，《美學》就是把藝術描寫爲辯證發展過程，並揭示其發展線索的範例。它不僅是一部美學理論，尤其重要的是一部藝術發展史。他的基本錯誤在把物質與精神（存在與意識）的關係首足倒置的唯心史觀。馬克思主義的唯物史觀，正是由批判黑格爾的唯心史觀而吸收其辯證法中的合理內核而建立起來的。在這個意義上，黑格爾對馬克思主義唯物史觀畢竟是有所貢獻的。馬克思主義文藝理論中有許多觀點都可以溯源到黑格爾的《美學》，例如人在勞動過程中改造客觀世界中同時肯定自己和改造自己的實踐觀點，人的全面發展觀點，「外化」[5]和「異化」觀點，資本主義社會不利於文藝發展的觀點，典型環境和典型性格的觀點等等都是如此。譯者初讀馬克思的《經濟學・哲學手稿》這部對美學極爲重要的著作時，深以其艱晦難懂爲苦，到譯完黑格爾的《美學》以後再讀這部手稿，比過去就稍懂得多一點，因此深信學習《美學》有助於深入學習馬克思主義文藝理論。當然反過來說，更是如此，即深入學習馬克思主義文藝理論就能更正確地理解黑格爾的《美學》。此理願與美學界同志共參之，作爲一種入門練習，不妨把上引黑格爾《美學》關於實踐觀點的引文和馬克思《資本論》第一卷第三編第五章論「勞動」的一段話細心參較一下：

勞動首先是在人與自然之間所進行的一種過程，在這種過程中，人憑他自己的活動作爲媒介，來調解和控制他跟自然的物質交換。人自己也作爲一種自然力來對著自然物質。他爲著要用一種對自己生活有利的形式去占有自然物質，所以發動屬於身體的各種自然力，發動肩膀和腿以及頭和手。人在通過這種運動去對外在自然進行工作，引起它改變時，也就在改變他本身的自然（本性），促使他的原來睡眠著的各種潛力得到發展，並且歸他自己去統制。我們在這裡姑且不討論最原始的動物式的勞動……我們要研究的是人所特有的那種勞動。蜘蛛結網，頗類似織工紡織，蜜蜂用蠟來造蜂房，使許多人類建築師都感到慚愧，但是即使最庸劣的建築師也比最靈巧的蜜蜂要高明，因爲建築師在著手採用蠟來造蜂房之前，就已經在他的頭腦中把那蜂房構成了。勞動過程結束時所取得的成果已經在勞動過程開始時就存在於勞動者的觀念中，已經以觀念（或理想）的形式存在著了，他不僅造成自然物的一種形態改變，同時還在自然中實現了他所意識到的目的。這個目的就成了規定他的動作的方式和方法的法則（規律），他還必須使自己的意志服從這個目的。這種服從並不是一種零散的動作而是在整個勞動過程中，除各種勞動器官都緊張起來以外，還需行使符合目的的意志，這種活動表現爲注意。勞動的內容和進行方式對勞動者愈少吸引力，勞動力愈不能從勞動中感到自己運用身體和精神兩方面的各種力量的樂趣，他也就愈需要更多的注意。（參照原文對中譯文略有校改。——引者注）

馬克思在這裡從實踐觀點出發，把精神的生產活動和物質的生產活動看作是統一的，都是人在改造客觀世界，從而體現自己和改造自己的實踐過程。因此，這段關於勞動生產的教導不僅限於物質生產，而且也適用於文藝創造。文藝創造活動正如物質生產一樣，涉及整個人的精神和身體兩方面的各種力量，涉及自我意識、形象思維，也涉及由目的約制的理性考慮；涉及意志和情感，也涉及運動器官以及高度緊張中的聚精會神（即馬克思所強調的「注

❺「外化」可能有兩個不同的意思，一個是「對象化」，即把主體方面的精神因素轉化爲客觀的物質的東西，另一個是「異化」（Entfremdung, Alienation）或「疏遠化」，私有制就是「異化」的結果，例如勞動產品從工人「異化」到資本家手裡；由於分工制，工人得不到全面發展，他本來有的才能遭到了摧殘或凋萎，他的勞動本身對他也成爲和他自己相對立的「異化」了的活動。到了私有制廢除的共產主義社會，「異化」就不再存在。「異化」問題在近代馬克思主義理論家中一直在引起爭論，可參看斯特洛伊克（Dirk J. Struik）爲紐約國際出版局一九六四年新出版的馬克思的《經濟學哲學手稿》英譯本所寫的序言和名詞釋義，作者詳細追溯了「異化」觀念由黑格爾和費爾巴哈到馬克思的發展。他認爲馬克思後來雖不常談「異化」，卻沒有放棄這個概念，舉了《資本論》中《商品的拜物教》和第三卷引用過「異化」這個詞作爲例證。

意」）。無論是文藝創作還是物質生產都可以產生美感，即「從勞動中感到自己運用身體和精神兩方面的各種力量的樂趣」。因此，審美活動絕不限於康德所說的不涉及目的和利益計較，也不涉及理性概念的那種抽象的光禿禿的對於形式的感性觀照。如果研究美學的人都懂透了這個道理，便會認識到這種實踐觀點必然要導致美學領域裡的澈底革命，也就會對黑格爾的實踐觀點的萌芽作出正確估價和批判。

就黑格爾奉希臘古典藝術爲理想而對近代資本主義社會的文藝深致不滿來說，他似是厚古薄今；但是他認識到每一歷史階段的文藝特徵都是歷史發展的必然結果，取決於當時「一般情況」和「普遍力量」，希臘古典藝術絕不能在近代復活，所以他明確地反對復古倒退，反對德國著名詩人克洛普斯托克在近代企圖復活已死的北歐原始宗教，贊成歌德用不同的方式來處理希臘悲劇家所用過的材料。

由於從歷史發展觀點出發，重視每個時代的世界情況和具體情境，黑格爾很少脫離現實。他的文藝觀點大半是針對當時資產階級文藝的流弊而提出的。這特別表現在把內容提到第一位，把形式看成由內容決定的。「理念的感性顯現」這個美（即藝術）的定義就含有理性內容決定感性形式的意思。所謂「理性」並不是抽象概念，而是與具體形象融成一體的生活理想。對於今天我們社會主義文藝來說，內容決定形式是家喻戶曉的大道至理，對於當時西方資產階級文藝來說，這個提法卻是對風靡一世的形式主義和頹廢主義痛下針砭的。資本主義一登上歷史舞台就日漸暴露出它的弊病和危機，文藝上的反映就是消極的浪漫主義。

消極浪漫派都表現出厭惡現實而又看不到出路的悵惘心情。這派在德國代表的人物是蒂克、施萊格爾兄弟、甲可比和霍夫曼等人。他們根據康德門徒菲希特的唯我哲學，標榜所謂「滑稽」或「暗諷」，從自我中心出發，以玩世不恭的態度對待客觀世界的一切事物，把它們當作玩具，任自我盡情遊戲，隨意創造也隨意毀滅。他們認爲這種滑稽態度就是藝術家的人生態度。他們的作品大半已爲群眾所厭棄了，只有黑格爾一再批判過的霍夫曼（《謝皮拉翁兄弟》的作者）在史達林時代的蘇聯還有影響，所以又受到日丹諾夫的批判。消極浪漫主義的另一種表現就是感傷抑鬱，因爲主體既然沒有堅實的明確的理想，把世界一切都看成空虛的，自我也就必然空虛，因此也就往往產生黑格爾所說的「精神上的饑渴病」。這種人物性格表現在作品裡必然是軟弱的。黑格爾曾舉歌德的《少年維特的煩惱》爲例，說明「長久在德國統治著的那種感傷主義的軟弱」，接著還舉甲可比的作品的人物爲例，對這種軟弱性格作了逼眞的描繪和深刻的分析，說這種人「抱著自我優越感來看現實世界，以爲其中一切都值不得他關心」，「他只孤坐默想，像蜘蛛吐絲一樣，從自己肚子裡織出主觀幻想」，並且「要求世上一切人……都能了解和尊敬他的這種孤獨的靈魂美。如果旁人辦不到，他就傷心刺骨，一輩子不平」。這是許多消極浪漫派詩人和一般頹廢派作家的忠實寫照。

黑格爾一貫主張藝術內容的嚴肅性，認爲這種「滑稽」態度和「主體的幽默」是近代資本主義浪漫型藝術解體的徵兆，正如阿理斯托芬的喜劇和羅馬時代諷刺詩文的出現標誌著古典型藝術的解體是一樣道理。這道理就在於理想的藝術必須有「豐富而眞實的旨趣以及堅持人生重大理想的性格」。這種眞實旨趣和重大理想，是來自一定歷史階段的「一般世界情況」通過具體情境而體現爲個別具體人物的「情致」，來推動他發出動作的。黑格爾把人物性格看作「理想藝術表現的眞正中心」，關於人物性格，黑格爾除反對軟弱要求堅強以外，還反對片面性或抽象化，要求豐富性或完整性。他說：

每個人都是一個整體，本身就是一個世界，每個人都是一個完滿的有生氣的人而不是某種孤立的性格特徵的寓言式的抽象品。

爲著說明豐富性與抽象化的分別，黑格爾舉莎士比亞和莫里哀爲例。依他看，在描繪豐滿的人物性格方面，在近代當推莎士比亞爲首屈一指，他從來「不讓某一抽象的情致（例如馬克白的政權慾，茱麗葉的愛情或奧賽羅的妒嫉）去淹沒掉人物的豐富的個性，而是在突出一種情慾中，使人物還不失其爲一個完整的人」，他的人物性格的特點是「具有個性的、現實的、生動的、高度多樣化的」。至於莫里哀在喜劇裡，只片面地寫出人物的某一種抽象性格，如「慳吝」、「僞善」之類，這類「頑固的性格也是可厭的抽象品」。黑格爾在這裡要區別的正是馬克思和恩格斯分別寫給拉薩爾論悲劇信裡，都提到的莎士比亞和席勒的分別。馬克思在信裡說：「你應該更加莎士比亞化，我認爲你現在最大的毛病就是把個別人物變成時代精神的單純傳聲筒的席勒方式。」恩格斯也指責拉薩爾的戲劇觀點「太抽象而不夠現實主義」，接著說：「依我的戲劇觀點，我們不應爲了觀念性的東西而忘掉現實的東西，爲了席勒而忘掉莎士比亞……」這些觀點對文藝創作都是有益的教導，是對「主題先行」、「三突出」之類謬論的有力批判。

趁便可以說明恩格斯的《費爾巴哈與德國古典哲學的終結》這部經典著作，因譯文一字之差，在一般人心中可能引起的誤解。恩格斯在這部著作裡，正要說明馬克思是在批判繼承費爾巴哈和黑格爾所代表的德國古典哲學的基礎上，才建立起辯證唯物主義和歷史唯物主義的，並非說德國古典哲學到了馬克思時代就「終結」了。馬克思在舉世都把黑格爾看作「死狗」時鄭重聲明過「我是黑格爾的學生」，而且恩格斯在上述著作裡的最後一句話是「德國的工人運動是德國古典哲學的繼承者」。怎麼能認爲德國古典哲學到了馬克思時代就已「終結」呢？原來「終結」是譯原文Ausgang的。過去英、法、俄三種譯本也都把這個詞譯爲「終結」或「終點」，中譯因此也以訛傳訛。查一九六二年柏林德國科學院新出版的多卷本《現代德語大詞典》在Ausgang的四十四項下正引恩格斯的上述著作爲例來解釋這個詞有「一個時間段落」的意思。再查一九六四年美國紐約國際出版局印行的馬克思的《經濟學哲學手稿》新譯本在二三〇頁注文裡，引恩格斯的上述著作標題用Outcome譯Ausgang，Outcome是「結果」或「成果」，兩書都沒有用「終結」，「結果」顯然較妥。

關於譯注

以上是理解和批判黑格爾《美學》所應抓住的一些要點。其他值得注意的問題在這裡不能詳談，只在各章注腳中趁便點出。《美學》德文原文版的編者沒有加注，只附載詞彙的簡介和引得，英譯本偶爾有注，法譯本和俄譯本都基本上沒有加注。爲了大多數讀者的方便，譯者加了一些譯注。譯注分三種：⑴較難章節的釋義和提要，⑵點明從馬克思主義觀點看值得注意的一些問題，⑶詞彙和典故的簡介。譯者從事這項翻譯工作時斷時續，基本上是單做，很難得有尋師問友的機會，經常以孤陋寡聞爲苦。譯文和譯注雖屢經易稿或修改，不妥或錯誤的地方一定還很多，衷心請求認眞的讀者指出或提意見寄編輯部，備將來修改時參考。在此應趁便感謝一些讀者對早出版的本譯本第一卷所提的意見，這次複校第一卷時已儘量吸收。

朱光潛　一九七五年十月初稿
一九七八年九月校改

名詞索引

三畫

四畫

五畫

六畫

七畫

八畫

十四畫

十六畫

十八畫

黑格爾年表

Georg Wilhelm Friedrich Hegel，1770—1831

年代	生平記事
一七七〇年	八月二十七日，生於德國西南部符騰堡公國斯圖加特城。
一七七五年	母親開蒙。
一七七七年	進拉丁學校學習古典語文。
一七八〇年	進文科中學，愛好希臘悲劇，喜歡植物學、物理學。
一七八一年	母親病故。
一七八五年	讀《伊利亞特》、亞里斯多德《倫理學》。
一七八七年	八月撰寫《論希臘人和羅馬人的宗教》。
一七八八年	寫《古代詩人的某些特徵》、《論希臘、羅馬古典作家的著作給我們的若干教益》。 夏季中學畢業。 十月二十七日考取圖賓根新教神學院。
一七八九年	爆發法國大革命，積極參加活動。
一七九〇年	九月進行哲學學士論文答辯。 十月，謝林與黑格爾、荷爾德林同住一個寢室。
一七九一年	春末仲夏病假返家，期間讀林奈著作，萌發對植物學的興趣。
一七九二年	開始撰寫《人民宗教與基督教》至一七九四年止，未終篇。
一七九三年	六月進行神學論文答辯。 九月二十日，神學院畢業。 十月前往瑞士伯爾尼，在施泰格爾家當家庭教師。

年代	生平記事
一七九四年	暫停寫《人民宗教與基督教》。 十二月在書信中批評雅各賓專政。
一七九五年	五月日內瓦一遊、寫《耶穌傳》。 十一月寫《基督教的實證性》（一九九六年四月二十九日完稿）。
一七九六年	夏季寫《德國唯心義最早的系統綱領》。 秋季，辭去施泰格爾家庭教師工作，返鄉小住。
一七九七年	一月在美國法蘭克福商人戈格爾家任家庭教師。
一七九八年	春季出版從法文翻譯、評注法國吉倫特黨人、律師卡特（一七四八～一八一三）《關於瓦德邦（貝德福）和伯爾尼城先前國法關係的密信》（匿名）。 秋季撰寫《基督教精神及其命運》和《論符騰堡公國內政情況，特別是關於市議會之缺陷》。
一七九九年	一月十四日，父親去世。 二、三月評述詹姆斯．斯圖亞特《政治經濟學原理》。 夏秋時間撰寫《基督教及其命運》。
一八〇〇年	九月撰寫《體系札記》、《基督教的權威性》。 春、夏開始寫《德國法制》。
一八〇一年	一月辭去戈格爾家庭教師工作，離開法蘭克福到耶拿。 七月發表《費希特哲學體系與謝林哲學體系的差異》。 八月二十七日擔任耶拿大學編外講師。 九月在《愛爾蘭根文獻報》上，發表《論布特維克哲學》。 十月二十一日在耶拿第一次會見歌德。

年代	生平記事
一八〇二年	一月和謝林合辦《哲學評論雜誌》出版，第一期刊出《論哲學批判的本質及其與哲學現狀的關係》與《普通人類理智如何理解哲學——對克魯格先生的著作的分析》 三月《懷疑論和哲學的關係》刊於《雜誌》第一卷第二期。 七月《論信仰與知識，或主體性的反思哲學》刊於《雜誌》第二卷第一期。 冬季撰寫《倫理體系》。 十二月《論自然法的科學研究方法》刊於《雜誌》第二卷第二期。
一八〇三年	十二月接歌德從魏瑪送來徵求意見的文稿。
一八〇四年	一月應耶拿礦物學會聘為鑒定員。 八月加入威期特伐侖自然研究會成為正式會員。 夏、秋季撰寫《邏輯、形而上學、自然哲學》。
一八〇五年	三月得到歌德力薦，由私講師晉升為副教授。 五月，撰寫《精神現象學》。 從符騰堡當局得到批准：可在外邦正式領受職務。 冬季開始寫《精神現象學》。
一八〇六年	二月，《精神現象學》第一部分稿件完成。 十月十三日，拿破侖軍隊進占耶拿，十四日夜《精神現象學》全部完稿。
一八〇七年	一月擔任海德堡物理學會名譽會員。 二月五日非婚生子路德維希（一八〇七～一八三一）誕生。 三月《精神現象學》出版。 應《班堡日報》之聘，擔任編輯，直到一八〇八年十一月。發表《誰在抽象思維？》

年代	生平記事
一八〇八年	十一月初，在紐倫堡任文科中學校長（直到一八一六年十月），為高年級講哲學，為中年級講邏輯，兼教古典文學和高等數學。
一八〇九年	九月九日，發表學年年終演講。 撰寫《哲學入門》（一八一一年完稿）。
一八一〇年	為中年級講邏輯，為低年級講法律、倫理、宗教。 柏林大學創立。 給中高年級講宗教學。
一八一一年	四月，紐倫堡元老院議員卡爾·封·圖赫爾之女瑪麗（一七九一～一八五五）允婚。 九月十六日結婚，撰寫《邏輯學》。
一八一二年	春季《邏輯學》（即《大邏輯》）第一部分出版。 八月，女兒誕生後夭亡。 十月謝林來訪，不談哲學。 秋季，起草關於中學哲學教學的意見書。
一八一三年	六月九日長子卡爾誕生。 《邏輯學》第一卷第二部分出版。
一八一三年	十二月十五日任紐倫堡市學校事務委員會督導。
一八一四年	次子伊曼努爾誕生。
一八一五年	秋季遊慕尼黑，會見謝林。

年代	生平記事
一八一六年	秋初，《邏輯學》第二卷出版。 八月，辭去文科中學校長職務，到奧地利、法國、荷蘭度假。 冬季《邏輯學》第二卷出版。 十月遷居海德堡，任教海德堡大學。
一八一七年	一月《評雅可比著作第三卷》發表。 六月，《哲學全書》出版。 十一、十二月《評（一八一五～一八一六）符騰堡王國等級議會的辯論》刊於《海德堡文獻年鑒》第六十七～六十八、七十三～七十七期。
一八一八年	三月十二日，普魯士國王任命黑格爾為柏林大學教授。 九月十八日辭去海德堡大學教職，去柏林大學任教。 九月二十三日在魏瑪歌德處作客。 十月二十二日在柏林大學發表就職演說。
一八一九年	三月撰寫《法哲學原理》。
一八二〇年	與叔本華展開動物行為是否有意識的爭論。 七月十四日任勃蘭登堡科學考試委員會委員。 八月至九月初，遊德勒斯登旅行。 十月《法哲學原理》出版。
一八二三年	九月，荷蘭學者組織「和睦」社吸收為社員。

年代	生平記事
一八二六年	一月發表《論宗教改革者》刊於《柏林快郵報》第八至九期。 七月在家和友人聚會商議開展學術活動，籌備出版《科學評論年鑑》雜誌。
一八二七年	一月，黑格爾主編《科學評論年鑒》創刊。第一期發表評洪堡《論摩訶羅多著名詩篇〈薄伽梵歌〉》一文。 七月，《哲學全書》第二版出版。
一八二八年	三月至六月《年鑒》（第五十一～五十四期、第一〇五～一一〇期）發表《關於佐爾格的遺著和書信》文章。 四月至六月發表評哈曼著作的文章。刊於《年鑒》（第七十七～八十期、第一〇九～一一四期）。
一八二九年	一月、二月、六月刊於《年鑒》（第十～十一期、第十三～十四期、第三十七～四十期、第一一七～一二〇期）發表評匿名作者《論黑格爾學說，或絕對知識與現代泛神論》和評匿名作者《泛論哲學並專論黑格爾〈哲學全書〉》兩篇論文。 五月、六月發表評論舍爾《與基督信仰認識相似的絕對「知」與「無知」泛論》一文。刊於《年鑒》（第九十九～一〇二期、第一〇五～一〇六期）。 八至九月，遊布拉格和卡爾期巴德，最後一次會見謝林。 十月當選為柏林大學校長，十月十八日用拉丁文發表就職演說。
一八三〇年	夏季，普魯士科學院通過院士時，由於物理學家、數學家的反對，黑格爾未能進入普魯士科學院。 十月，《哲學全書》第三版出版。 柏林大學改選校長，黑格爾發表演說。

年代	生平記事
一八三一年	威廉三世授予三級紅鷹勛章。 四月，發表《論英國改革法案》部分章節刊於《普魯士國家總匯報》第一一五、一一六、一一八期，後被迫未能全文發表。 夏季，在克勞次貝格修訂《邏輯學》。 六月評A．奧勒特《理想實在論》的第一部分刊於《年鑑》（第一〇六～第一〇八期）。 九月，評J．格雷斯《論世界歷史分期與編年之基礎》一文刊於《年鑑》第五十五～五十八期。 十一月七日寫《邏輯學》第二版序言。 修訂《精神現象學》三十餘頁，並寫第二版序言。 十一月十三日感染霍亂，終止修訂《精神現象學》。 十一月十四日病逝於柏林寓所，葬於柏林市中央區。 十一月十七日馬海奈克、舒爾茨等七人組成故友遺著編委，搜集著作手稿、學生聽講筆記、來往信札，編輯出版《黑格爾全集》。

經典名著文庫037

美學 第三卷　下

Vorlesungen über die Ästhetik III (2)

作　　者 —— 【德】黑格爾（Hegel, G. W. F.）
譯　　者 —— 朱光潛
發 行 人 —— 楊榮川
總 經 理 —— 楊士清
文庫策劃 —— 楊榮川
主　　編 —— 蘇美嬌
特約編輯 —— 朗　慧
封面設計 —— 姚孝慈
著者繪像 —— 莊河源
出 版 者 —— 五南圖書出版股份有限公司
地　　址：台北市大安區 106 和平東路二段 339 號 4 樓
電　　話：02-27055066（代表號）
傳　　眞：02-27066100
劃撥帳號：01068953
戶　　名：五南圖書出版股份有限公司
網　　址：http://www.wunan.com.tw
電子郵件：wunan@wunan.com.tw
法律顧問 —— 林勝安律師事務所　林勝安律師
出版日期 —— 2018 年 10 月初版一刷
定　　價 —— 520 元

國家圖書館出版品預行編目資料

美學．第三卷 / 黑格爾著；朱光潛譯． -- 初版 -- 臺北市：五南，2018.10
面；公分
ISBN 978-957-11-9481-3（上冊：平裝）. —
ISBN 978-957-11-9482-0（下冊：平裝）
1. 美學
180　　106020571